“十四五”职业教育国家规划教材
“十二五”职业教育国家规划教材
高等职业院校汽车类新形态系列教材

新形态一体化教材

汽车使用性能与检测

（第四版）

周志国◎主　编
孙　伟　常　亮　王晓娟◎副主编
张琴友◎主　审

中国铁道出版社有限公司
CHINA RAILWAY PUBLISHING HOUSE CO., LTD.

内容简介

本书以汽车使用性能的理论和检测为主线，系统介绍了汽车动力性、燃料经济性、制动性等各项性能的概念、评价指标、影响因素、检测方法和标准及检测结果分析方法，使学生能对汽车技术状况做出等级评定并合理使用汽车。

本书把汽车有关标准及其检测设备、检测结果处理等内容有机地结合起来，形成新的教学体系，达到理论与实际的有机结合，以提高学生综合应用知识、解决实际问题的能力。

本书适合作为高职高专院校汽车专业群（汽车检测与维修技术、汽车制造与试验技术、汽车技术服务与营销、汽车电子技术等专业）的教材，也可作为汽车相关行业技术人员和管理人员的培训教材或参考书。

图书在版编目（CIP）数据

汽车使用性能与检测/周志国主编．—4 版．—北京：中国铁道出版社有限公司，2024.1（2025.1 重印）

“十四五”职业教育国家规划教材　“十二五”职业教育国家规划教材　高等职业院校汽车类新形态系列教材

ISBN 978-7-113-30582-6

Ⅰ.①汽…　Ⅱ.①周…　Ⅲ.①汽车-性能检测-高等职业教育-教材　Ⅳ.①U472.9

中国国家版本馆 CIP 数据核字（2023）第 185912 号

书　　名：汽车使用性能与检测
作　　者：周志国

策　　划：曾露平　何红艳　　　**编辑部电话：**（010）63551926
责任编辑：曾露平
封面设计：刘　颖
责任校对：安海燕
责任印制：赵星辰

出版发行：中国铁道出版社有限公司（100054，北京市西城区右安门西街 8 号）
网　　址：https：//www.tdpress.com/51eds
印　　刷：北京联兴盛业印刷股份有限公司
版　　次：2012 年 3 月第 1 版　2024 年 1 月第 4 版　2025 年 1 月第 2 次印刷
开　　本：787 mm×1 092 mm 1/16　**印张：**15.5　**字数：**406 千
书　　号：ISBN 978-7-113-30582-6
定　　价：49.00 元

第四版前言

党的二十大报告指出，“实现碳达峰碳中和是一场广泛而深刻的经济社会系统性变革”“完善能源消耗总量和强度调控，重点控制化石能源消费，逐步转向碳排放总量和强度‘双控’制度”“推动能源清洁低碳高效利用，推进工业、建筑、交通等领域清洁低碳转型”。汽车作为交通行业主要的运载工具之一，科学减排、创新降碳是汽车行业践行“双碳”目标的主流趋势。汽车性能与整车碳排放密切相关，因此，本书在第三版的基础上，紧跟汽车技术的发展，结合最新的国家标准及教师教学过程中提出的宝贵建议，进行修订，以满足学习者的个性化需求。编者在修订过程中，认真思考，正确处理“继承与更新”、“教与学”和“学与用”的关系，力争为广大读者奉上一本集专业性、实用性和新颖性于一体的教材。

本书内容包含汽车使用性能与检测的基本理论、基本方法及有关政策、法规、标准等，教学目标与汽车专业群的人才培养目标相吻合，通过12个任务的学习，完成学生实践能力和岗位能力的培养。本次修订，主要做了以下几个方面的工作：

(1) 加强专业性。以学生专业能力培养为主线，遵循分层次、分技能、分阶段的指导思想，注意基础理论和实践操作的有机融合，使其互相渗透，培养学生的实践能力和创造能力。根据GB 38900—2020《机动车安全技术检验项目和方法》、GB/T 18276—2017《汽车动力性台架试验方法和评价指标》、国家市场监督总局《家用汽车产品修理更换退货责任规定》（总局令第43号）等国家标准和规定对内容进行调整、更新，使教材内容更具专业性、先进性。

(2) 优化内容体系。本书主要面向高职高专院校汽车类专业学生和相关社会学习者，在知识点筛选过程中，立足实用，岗位能力所必需的知识点力争讲清、讲透，结合实践反复训练，其他相关知识点做简单介绍或以拓展知识的形式进行讲解，内容重点更加突出，知识结构更加完整和系统。

(3) 强化衔接。本书编写过程中考虑学生的知识接受情况，尽量做到深入浅出，通俗易懂，将固有的知识融入任务实施过程中。通过知识点的学习，让学生知道“做什么”；通过教学任务的实施，让学生学会“怎么做”。通过课程的整体学习，学生可直接从事相关的岗位工作。

(4) 产教结合。为保证教材的实用性，修订过程中不仅囊括最新的汽车检测技术与标准，而且与杭州汽车综合性能检测中心有限公司及浙江中通汽车公司等汽车维修企业紧密联系，同时邀请企业专家参与教材的审订工作。

（5）方便教学。汽车理论知识以汽车各种性能为主线，实际操作以汽车性能检测为依据。教材图文并茂，方便学生学习。每个任务均有学习目标，任务后有任务评价和习题，有利于教师在教学中把握重点、难点，便于学生复习和巩固所学知识。

本书由浙江交通职业技术学院组织修订，历时半年时间，是众人集体劳动的成果。本书由周志国任主编，孙伟、常亮任副主编，其中，任务1、任务3、任务5、任务11由周志国修订，任务2、任务7、任务9、任务10、任务12由孙伟修订，任务4、任务6、任务8由常亮修订。全书由张琴友主审。

本书在修订过程中得到了浙江省交通教育研究会、杭州汽车综合性能检测中心有限公司、浙江申浙汽车股份有限公司等专家和同仁的大力支持和帮助，同时也得到了兄弟学校的大力协助，在此一并表示感谢。

由于编者的能力有限，书中难免存在疏漏和不足之处，希望使用本书的教师、学生及有关专家提出批评和改进意见，以便日后修订提高。

编　者

2023年7月

第一版前言

汽车是现代社会重要的交通工具，实现门到门的便捷服务。

汽车使用性能是指汽车在一定的使用条件下，以最高效率工作的能力。它是决定汽车利用效率和方便性的结构特征表征。汽车检测是评价车辆性能、判断故障原因、考核维修质量的重要手段，是车辆运输业车辆技术管理的主要内容。它是检查、鉴定车辆技术状况和维修质量的重要手段，是促进维修技术发展，实现视情修理的重要保证。汽车性能检测主要包括：汽车的动力性、经济性、安全性、制动性等，汽车实行定期和不定期安全运行和环境保护方面的检测，目的是在汽车不解体情况下建立安全和公害监控体系，确保汽车具有符合要求的外观和车貌、良好的安全性能和环境相容性，在安全、高效和低污染状态下运行。

本课程共十二项任务，基本知识部分以汽车使用性能为主线，操作部分以检测报告单的各项指标为任务。汽车检测报告单就像人的体检报告单，要求学生读懂检测报告单，会用检测报告单确定汽车性能，判断故障原因。因此，就必须理解报告单检测项目与性能指标的关系、项目的国家标准、检测方法、检测设备。教材的内容密切联系岗位能力培养，紧跟汽车检测技术的发展步伐，把汽车使用性能与检测的基本理论和基本方法以及有关政策、法规、标准及其检测结果处理等内容有机地结合起来，形成新的项目课程教学体系。这样，既解决了过去课程多，相关内容重复，浪费大量学时的问题，又有利于实现知识的系统性、科学性与完整性，达到理论与实际的有机结合，以提高学生综合应用知识、解决实际问题的能力。

本课程推荐安排80课时，课时安排如下表，实训操作可几个组交替进行。

课时安排（80课时）

序　　号	内　　容	课　　时
任务一	汽车的动力性检测	14
任务二	汽车的燃料经济性检测	4
任务三	汽车的制动性检测	14
任务四	汽车的操纵稳定性检测	14
任务五	汽车的行驶安全性认识	2
任务六	汽车的舒适性检测	6

续表

序　　号	内　　容	课　　时
任务七	汽车排气污染物及噪声检测	8
任务八	汽车的通过性认识	2
任务九	汽车前照灯检测	4
任务十	汽车车速表检测	2
任务十一	汽车使用可靠性检测	6
任务十二	汽车的合理使用	4

本书由浙江交通职业技术学院组织编写，张琴友担任主编，周志国、刘美灵担任副主编。其中任务一、二、三、四、七、十一由张琴友编写，任务五、六由周志国编写，任务八、九、十由刘美灵编写，任务十二由朱福根编写。

本书在编写过程中得到了浙江省交通教育研究会、杭州市综合性能检测公司、浙江申浙汽车股份有限公司等专家同仁们的大力支持和帮助，同时也得到了浙江交通职业技术学院汽车分院领导和同事的大力协助，在此表示感谢。

由于编者的水平有限，书中难免存在不足和疏漏之处，诚望读者和有关专家给予指正。

编　者

2011 年 11 月

目　录

绪　论

汽车性能即汽车的使用性能，是指在一定的使用条件下，汽车以最高效率工作的能力。汽车常用的使用性能指标有动力性、燃料经济性、制动性、操作稳定性、废气排放、行驶平顺性和通过性等。

汽车检测技术是利用各种检测设备，对汽车在不解体情况下确定汽车技术状况或工作能力进行的检查和测量。汽车技术状况是定量测得表征某一时刻汽车外观和性能的参数值的总和。

汽车检测技术是依靠先进传感技术与检测技术，采集汽车的各种具有某些特征的动态信息，并对这些信息进行各种分析和处理、区分、识别并确认其异常表现，预测其发展趋势，查明其产生原因、发生部位和严重程度，提出针对性的维修措施和处理方法的技术。采用汽车检测技术既可减少过剩维修，又可避免突发性故障；既保证了汽车性能，又提高了经济效益。在采用一整套的故障诊断系统后，只有当汽车运行中发现故障预报（监测）才进行维护或更换零部件，摆脱维护和修理工作中传统的按行驶里程或时间的硬性规定，实现“定期检测、周期维护、视情修理”的方针。这就提高了汽车利用率，最大限度地减少维修的次数，以延长汽车使用寿命，并确保汽车运行的安全性、可靠性和经济性。

一、汽车综合性能检测的概念

汽车综合性能是指在用汽车动力性、安全性、燃料经济性、使用可靠性、排气污染物和噪声以及整车装备完整性与状态等多种技术性能的组合。

汽车综合性能检测站是按照规定的程序、方法，通过一系列技术操作行为，对在用汽车综合性能进行检测（验）评价工作并提供检测数据、报告的社会化服务机构，简称综检站。

国家标准 GB/T 17993—2017《汽车综合性能检验机构能力的通用要求》规定了汽车综合性能检测站开展汽车综合性能检测工作应具备的服务功能、管理、技术能力以及场地和设施的要求。它适用于汽车综合性能检测站建设、运行管理以及对汽车综合性能检测站的能力认定、委托检测和监督管理。

1. 汽车综合性能检测机构的服务功能

① 接受委托，对道路运输车辆技术状况及性能进行检验和评定。

② 接受委托，对车辆维修竣工质量进行检验。

③ 接受委托，对车辆改装、改造、技术评估以及相关新技术、科研鉴定等项目进行检验。

④ 接受交通、公安、环保、商检、质检、保险、司法等部门和机构的委托，依据相关标准对车辆进行规定项目的检验与核查。

2. 汽车综合性能检测机构的管理要求

（1）组织

① 汽车综合性能检验机构应有明确的法律地位，不具备法人资格的综检机构应经所

在法人单位授权。

② 综检机构应建立完善的组织机构，应有与从事检验活动相适应的管理人员和专业技术人员，岗位设置应符合 GB/T 17993—2017《汽车综合性能检验机构能力的通用要求》中对人员的相关要求。

（2）管理体系

① 综合性能检验机构（简称综检机构）。应建立与其承担的检验工作相适应的管理体系，并持续保证其公正性、独立性。管理体系文件应符合计量认证的相关要求。

② 管理体系文件包括内部文件和外来文件。内部文件至少包括：质量手册、程序文件、作业指导书以及相关的制度、守则、服务公约等。外来文件应包括：相关的法律、法规、规章、标准和规范等。

（3）文件控制

① 综检机构应建立并保持管理体系文件编制、审核、批准、标识、发送、保管、修订和废止等控制程序，管理体系文件应由综检机构最高管理者批准后使用，并通过适当的标识确保其现行有效。

② 管理体系文件应传达至有关人员，并被其获取、理解和执行。

③ 管理体系文件的修改、变更应经过最高管理者的批准，并确保所有发放使用的受控文件被替换。

④ 管理体系文件应存档，并规定不同文件的保存期限。

（4）服务

① 综检机构应通过适当的方式，公示检验标准、检验项目或参数、收费标准、检验流程、服务承诺、投诉监督方式以及检验人员招聘、岗位职责等信息。

② 综检机构出具的检验报告应采用规范的格式。

③ 综检机构征求客户意见，持续改进服务质量。

（5）申诉和投诉

① 综检机构应制定处理申诉和投诉的程序文件，并有效实施。

② 申诉和投诉处理程序应包括责任部门、处理程序、受理范围、受理期限和责任等内容。

（6）纠正措施、预防措施及改进

综检机构应制定纠正和预防事故和差错的程序文件，并有效实施。程序文件应包括责任部门、责任人、处理程序、纠正和预防措施、不良后果挽回和客户损失补偿以及处理结果跟踪。

（7）记录、报告

① 综检机构应制定记录、报告的程序文件，包括质量记录、技术记录和结果报告等。管理记录应包括来自内部质量管理的过程记录等。技术记录和结果报告包括检测过程记录、检测报告、检测结果统计和分析报告等。

② 记录、报告应符合相关法律、法规和标准的要求，包含的信息齐全准确，使用的文字、符号、计量单位、结论用语规范，并由相关人员签字确认。

③ 记录、报告应以便于存取的方式保存在安全环境中，检验记录、报告的保存期限不少于两年，其他记录的保存期限为 6 年。

（8）内部审核和管理评审

① 综检机构应制定程序文件，并定期对管理体系运行内部审核和管理评审，保证管理体系有效运行，并持续改进。

② 综检机构应定期对检测工作进行内部审核和管理评审，内部审核每年一次，管理评审 12 个月一次，内部审核和管理评审应覆盖管理体系的全部要素和所有活动。

3. 汽车综合性能检测机构的场地和设施

（1）基本要求

① 综检机构应合理规划和设置检测线车间（含外检）、检测线、检测工位、停车场、试车道路、业务厅等设施，并与检验能力相适应。

② 综检机构应配备消防设施和设备。

③ 综检机构的供电设施应符合 GB 50055—2011《通用用电设备配电设计规范》的有关规定。

④ 综检机构的建筑物防雷措施、防雷装置均应符合 GB 50057—2010《建筑物防雷设计规范》的有关规定。

⑤ 检测线地沟的长度应与承检车型相适应。地沟应设置通行通道及照明装置，地沟边沿应设置防止车辆跌入地沟的安全防护装置。

（2）检测车间

① 检测车间的长度、宽度和高度应适应承检车型检测的需要，并方便承检车辆进入和驶出。

② 检测车间应通风、防雨，并设置排（换）气装置和排水装置，并有温度、湿度、大气压力测量装置。

③ 检测车间路面的承载能力应适应承检车型的轴荷要求，行车路面纵向和横向坡度应不大于 0.1%，平整度应不大于 2‰。在滚筒反力式制动检验台工位前、后，对于 10 t（含）以上级检测线 6 m 内和 3 t 级检测线 3 m 内的行车地面，其附着系数应不低于 0.7，平板式制动检验台工位除外。

④ 检测车间内的采光和照明应符合 GB 50033—2013《建筑采光设计标准》和 GB 50034—2024《建筑照明设计标准》的有关规定。

（3）检测线

① 检测线应布置在检测车间内，并按检验流程合理分布。

② 检测线出入口应设引车道和必要的交通标志以及安全防护装置等。

（4）停车场和试车道路

① 停车场的面积应与检测业务量相适应，不得与试车道路和行车道路等设施共用。

② 试车道路的承载能力应适应承检车型的轴荷要求，试车道路应铺设平坦、硬实的水泥和沥青路面并设有规范的交通标志标线，路面附着系数应不小于 0.7。试验车道宽度应不小于 6 m，纵向坡度在任意 50 m 长度范围内应不大于 1.0%，横向坡度应不大于 3.0%。大型车辆试验车道应不小于 100 m，小型车辆试验车道应不小于 80 m。

③用于驻车制动性能检验的驻车坡道，坡度分别为 15% 和 20%，坡道的长度应当比承检车型的最大轴距长 1 m，宽度应当比承检车型的最大宽度宽 1 m。采用符合规定的驻车制动检测设备检验时，可不构建驻车坡道。

二、汽车综合性能检测的特征

汽车综合性能检测是伴随着汽车技术的发展而发展的。在汽车发展的早期，汽车综合性能检测主要是有经验的专业人员通过眼看、耳听、手摸的方式进行。随着现代科学技术的进步，逐渐转向运用各种先进仪器设备，安全、迅速、准确地对汽车进行不解体检测，其发展日趋完善。目前，汽车综合性能检测主要具有以下三方面的特征。

① 检测设备标准化。我国汽车综合性能检测工作经历了从无到有、从小到大，从引进技术、引进检测设备到自主研究、开发、推广、应用，从单一性能检测到综合性能检测逐步完善的发展阶段，取得了很大的进步。目前，我国综检站使用的所有设备都做到了依据标准进行制造、校准和检定。

② 检测内容复杂化。GB 38900—2020《机动车安全技术检验项目和方法》规定汽车综合性能检测的项目包括八大项，项目多、内容复杂。主要检测项目包括：道路运输车辆的动力性、燃料经济性、制动性、转向操纵性、照明和信号装置及其他电气设备、排放与噪声控制、密封性、整车装备。

③ 检测技术设备智能化。随着计算机技术的发展，汽车综合性能检测设备已大量运用光、机、电一体化技术，并采用了计算机测控，建立了全自动检测线。有些检测设备具有专家系统和智能化功能，能对汽车技术状况进行全面的检测，并能诊断出汽车故障发生的部位和原因。汽车检测技术和设备正越来越智能化。

三、汽车性能检测站工位布置

检测站主要由一条或数条检测线组成。功能齐全的检测站，除检测线外，还经常配备有停车场、清洗站、维修车间、办公区和生活区等。对于不同的汽车安全检测站和综合性能检测站，其具体工位布置可以有所区别，但就其功能而言，大致都由以下几种工位组成。

1. 安全环保检测线

安全环保检测线可以由三工位、四工位或五工位组成，三工位的主要用在手动和半自动的安全环保检测线，而全自动安全环保检测线一般都由汽车资料输入及安全检查工位、侧滑制动车速表工位、灯光尾气工位、车底检查工位、综合判断及主控制室工位组成。下面就以此为例介绍工位设备和检测项目。

图 0-1 所示为国产五工位全自动安全环保检测线。

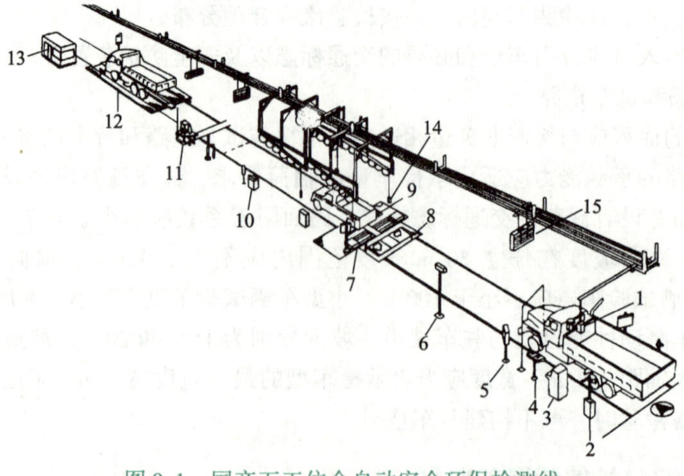

图 0-1　国产五工位全自动安全环保检测线

1—进线指示灯；2—烟度计；3—汽车资料登录计算机；4—安全装置检查不合格项目输入键盘；5—烟度计检验程序指示器；6—电视摄像机；7—制动试验台；8—侧滑试验台；9—车速表试验台；10—废气分析仪；11—前照灯检测仪；12—车底检查工位；13—主控制室；14—车速表检测申报开关；15—检验程序指示器

(1) 汽车资料输入及安全检查工位

本工位除将汽车资料输入主控制计算机外，还进行汽车上部的灯光和安全等装置的外观检查（lamps and safety device inspection），简称L工位。

主要设备：① 进线指示灯；② 汽车资料登录计算机（包括键盘及显示屏）；③ 工位测控计算机；④ 检验程序指示器及其控制器；⑤ 轮胎自动充气机；⑥ 轮胎花纹测量器；⑦ 检测锤子；⑧ 不合格项目输入键盘；⑨ 电视摄像机；⑩ 光电开关。

检测项目：由检查人员人工检查汽车的灯光、安全装置、防护装置、操纵装置、工作仪表和车身等是否装备齐全、工作正常、连接可靠和符合规定。检查的重点是灯光和安全装置。具体检查项目见表0-1。

表0-1 汽车外观检查项目

序 号	检查项目	序 号	检查项目
1	远光灯	16	离合器、变速器
2	近光灯	17	制动踏板自由行程
3	制动灯	18	转向器自由转动量
4	倒车灯	19	驻车制动
5	牌照灯	20	油箱、油箱盖
6	示廓灯、辅助灯、标志灯	21	挡泥板
7	室内灯	22	防护网及连接装置
8	车厢、座位	23	电器导线
9	车门、车窗	24	发动机
10	车身	25	发电机、蓄电池
11	后视镜、下视镜、侧视镜	26	灭火器
12	风窗玻璃	27	仪表、仪表灯
13	刮水器	28	机油压力报警器
14	喇叭	29	半轴螺栓
15	轮胎、轮胎螺栓	30	座椅安全带

(2) 侧滑制动车速表工位

本工位由侧滑检测（alignment inspection）、轴重检测（weight inspection）、制动检测（brake test）和车速表检测（speedometer test）组成，简称ABS工位。

主要设备：① 工位测控计算机；② 侧滑试验台；③ 轴重计或轮重仪（如果制动试验台本身带有轴重测量装置，则不必另外装备轴重计或轮重仪）；④ 制动试验台；⑤ 车速表试验台及车速检测申报开关；⑥ 检验程序指示器；⑦ 光电开关；⑧ 反光镜。

检测项目：① 检测前轮侧滑量；② 检测各轴轴重；③ 检测各轮制动拖滞力和制动力，求轴制动力和、制动力差和轴制动力占轴荷的百分比；④ 检测手制动力；⑤ 检测车速表指示误差。

(3) 灯光尾气工位

本工位主要由前照灯检测（head light test）、排气检测（exhaust gas test）、烟度检测（diesel smoke test）和喇叭噪声级检测（noise test）组成，简称HX工位。

主要设备：① 工位测控计算机；② 前照灯检验仪；③ 废气分析仪；④ 烟度计；⑤ 声级计；⑥ 检验程序指示器；⑦ 停车位置指示器；⑧ 光电开关；⑨ 反光镜。

检测项目：① 检测前照灯发光强度和光束照射方向；② 检测汽油车怠速排放污染物或柴油车自由加速烟度；③ 检测喇叭噪声级。

(4) 车底检查工位

车底检查（pit inspection）工位，简称 P 工位。

主要设备：① 工位测控计算机；② 检验程序指示器及其控制器；③ 地沟内举升平台；④ 检测锤子；⑤ 不合格项目输入键盘；⑥ 对讲话筒及扬声器；⑦ 光电开关；⑧ 车辆到位警告灯或报警器；⑨ 地沟内电视摄像机。

检测项目：本工位是车辆底部的外观检查，由检测人员在地沟内人工检查底盘各装置及发动机的连接是否牢固可靠，有无弯扭断裂及漏油、漏水、漏气、漏电等现象，具体检查项目见表 0-2。

表 0-2　车底检测项目

序　号	检 查 项 目	序　号	检 查 项 目
1	发动机及其连接	16	油路、气路、电路
2	车架	17	储气筒
3	前梁	18	传动轴、万向节、伸缩节
4	转向器的转向轴及其万向节	19	中间支承
5	转向器支架	20	离合器及操纵机构
6	转向垂臂	21	变速器
7	转向器	22	主传动器
8	转向主销及其轴承	23	避振器
9	横直拉杆	24	钢板弹簧夹及 U 形螺栓
10	前悬架连接	25	排气管及消声器
11	前吊耳销子	26	制动系拉杆、驻车制动器
12	后悬架连接	27	后桥壳
13	后吊耳销子	28	缓冲器、保险杠、牵引钩
14	各部杆系	29	是否漏油、漏水、漏气、漏电
15	各种软管	30	油箱、蓄电池等的固定

(5) 综合判断及主控制室工位

主要设备：① 主控制计算机、键盘及显示器；② 打印机；③ 监察电视（电视摄像机显示器）；④ 控制台及主控制键盘；⑤ 稳压电源；⑥ 不间断电源。

检测项目：汽车到达本工位时已全部检测完毕，主控制计算机将各工位检测结果综合判定后，由打印机集中打印检测结果报告单，交给汽车驾驶人。

2. 综合检测线

综合检测线有两种类型：全能综合检测线和一般综合检测线，前者包含安全环保检测线的主要检测设备，能对车辆技术状况进行全面检测，也能对车辆进行安全环保检测；而后者不包括安全环保检测线的主要检测设备，主要由底盘测功机组成。

以全能综合检测线为例，综合检测线的工位设备与检测项目如下：

(1) 外观检查及前轮定位工位

该工位包括车上、车底外观检查和前轮定位检测。

主要设备：① 轮胎自动充气机；② 轮胎花纹测量器；③ 检测锤子；④ 地沟内举升平台和地沟上举升器；⑤ 就车式车轮平衡机；⑥ 声发射探伤仪；⑦ 侧滑试验台；⑧ 前轮定位试验台或前轮定位检验仪；⑨ 转向盘自由行程检测仪；⑩ 传动系游动角度检验仪和底盘松旷量检测仪。

检测项目：① 车上、车底外观检查项目同全自动安全环保检测线；② 就车检测车轮不平衡量；③ 对万向节枢轴等安全机件进行探伤；④ 检测前轮侧滑量；⑤ 检测前轮最大转向角、主销后倾角、主销内倾角，并视需要检测前轮前束值和前轮外倾值；⑥ 检测转向盘自由行程；⑦ 检测传动系游动角度；⑧ 检测轮毂轴承、主销和纵横拉杆等处的底盘松旷量。

（2）制动工位

主要设备：① 轴重计或轮重仪（如果制动试验台本身带有轴重测量装置，则不必另外装备轴重计或轮重仪）；② 反力式制动试验台。

检测项目：① 检测各轴轴重；② 检测各轮制动拖滞力和制动力，求轴制动力和、制动力差和轴制动力占轴荷的百分比。

（3）底盘测功工位

该工位能模拟汽车道路行驶，因而可组织较多的检测设备同时、可交叉地对汽车发动机、底盘和电气设备等进行综合动态检测。本工位配备的设备众多，能检测的项目也较多。

主要设备：① 底盘测功试验台；② 发动机综合参数测试仪（汽、柴油机合一或分开）；③ 电器综合测试仪；④ 气缸压力测试仪；⑤ 气缸漏气测试仪；⑥ 真空表或真空测试仪；⑦ 油耗计；⑧ 废气分析仪；⑨ 烟度计；⑩ 声级计；⑪ 机油清净性分析仪；⑫ 发动机无负荷测功仪；⑬ 发动机异响分析仪；⑭ 传动系异响分析仪；⑮ 前照灯检验仪；⑯ 温度计或温度仪。

检测项目：① 检测驱动车轮输出功率或驱动力，模拟车辆各种速度行驶，进行加速性能、等速性能和滑行性能等试验，检测百千米耗油量和经济车速等；② 对发动机的点火系、供油系、电气设备、动力性、气缸密封性和各部异响等进行检测、分析和诊断；③ 检测汽油车怠速或其他工况排放的 CO 和 HC 浓度；④ 检测柴油车自由加速烟度或全负荷烟度；⑤ 检测前照灯的发光强度和光束照射方向；⑥ 检测喇叭噪声和汽车车内、外噪声；⑦ 检测、分析并诊断传动系异响；⑧ 检测各总成温度和发动机排气温度。

当该工位上的有些项目检测时间过长时，也可在前面的工位上提前进行。例如，机油清净性分析，可以在第一工位上对机油取样，接着到分析仪上进行分析，以平衡与其他项目的检测进度。

在综合检测线上，允许对车辆做必要的调试。例如，调试时间过长，应出线在维修（或调试）车间内进行。当在综合检测线上进行安全环保检测时，应按安全环保检测线规定的项目进行。

四、汽车性能检测站工艺路线

对于一个完整的综合性能检测站，需检车辆进站后的工艺流程路线，如图 0-2 所示。

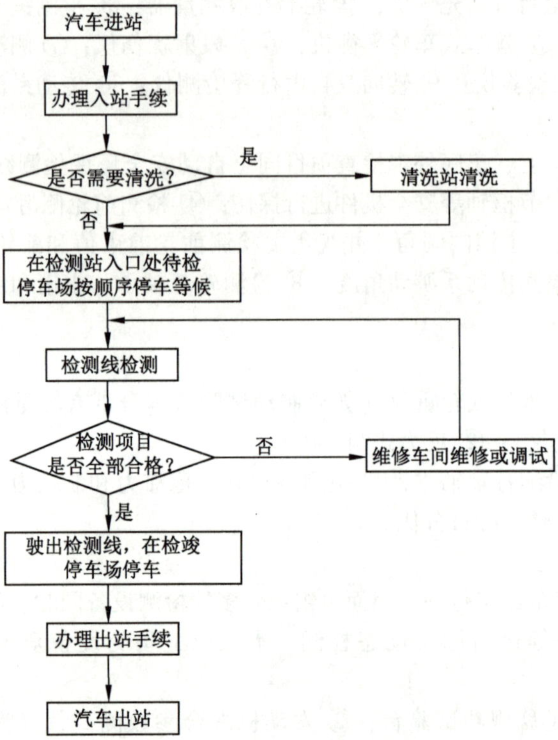

图 0-2　综合性能检测站工艺流程路线

习　　题

1. 汽车综合性能检测站有哪些服务功能？
2. 汽车综合性能检测的特征有哪些？
3. 汽车性能检测站的工艺路线是什么？

任务1 汽车的动力性检测

学习目标

☑ 掌握汽车动力性的评价指标；
☑ 掌握汽车驱动力平衡方程及功率平衡方程；
☑ 了解影响汽车动力性的主要因素；
☑ 掌握利用底盘测功机检测汽车动力性的方法。

任务描述

随着汽车行驶里程的不断增多，发动机和底盘的技术状况都有所下降，导致动力性变差，油耗增加，势必降低汽车的运行效率，因此需要及时对汽车的动力性进行有效的检测，为汽车的使用与维护提供依据，保证汽车始终在良好的动力性能下运行，确保运输效率和行车安全。

本任务是利用底盘测功机来测量汽车驱动轮的轮边稳定车速（见附录B道路运输车辆性能检验记录单），并与国家标准进行比较，判断是否合格，分析不合格的原因。

相关知识

汽车动力性是指汽车在良好平直路面上直线行驶时由汽车受到的纵向外力决定的、所能达到的平均行驶速度。汽车的动力性越好，平均行驶速度越高，其运输效率也就越高。因此，运输效率之高低很大程度上取决于汽车的动力性。所以，动力性是汽车各种性能中最基本、最重要的性能。

一、汽车的动力性评价指标

视频
汽车动力性检测

从尽可能获得高的平均行驶速度出发，汽车的动力性主要由最高车速、加速时间和最大爬坡度三方面的指标来评定。

1. 汽车的最高车速

汽车的最高车速是指汽车在平直良好的路面（混凝土或沥青路）上，能够达到的最高稳定行驶速度。

2. 汽车的加速时间

（1）原地起步加速时间

原地起步加速时间又称起步换挡加速时间，是指用规定的低挡起步，以最大的加速度逐步换到最高挡后，加速到某一规定的车速所需的时间。其规定车速各国或地区不同，对轿车常用0～80 km/h或0～100 km/h。也可用加速行驶规定距离所需的时间来衡量，其规定距离一般为400 m、800 m或1 000 m，起步加速时间越短，动力性越好。

（2）超车加速时间

超车加速时间又称直接挡加速时间，指用最高挡或次高挡，由某一预定车速开始，全力加速到某一高速所需的时间。超车加速时间越短，其高挡加速性能越好。

3. 汽车的最大爬坡度

汽车的上坡能力对于在山区行驶车辆的平均行驶速度有很大的影响，通常用最大爬坡度 i_{max} 来表示。最大爬坡度 i_{max} 是指汽车满载时用变速器最低挡位在风速不大于 3 m/s 的条件下，在干燥、清洁良好路面（混凝土或沥青）上等速行驶所能克服的最大道路纵向坡度。在坡度不长的道路上，利用汽车加速惯性能通过的坡度称为极限坡度。

有时也以汽车在一定坡道上必须达到的车速来表明汽车的爬坡能力。轿车最高车速大，加速时间短，经常在较好的路面上行驶，一般不强调爬坡能力。但是，为了保证其良好的加速能力，发动机的功率要求较大，故其爬坡能力自然较强；货车在各种不同道路上行驶，除了具有较高的最高车速和加速能力以外，还应具有足够的爬坡能力，一般 i_{max} 在 30%，即 16.7° 左右；越野车在坏路或无路条件下行驶，爬坡能力非常重要，其 i_{max} 可达 60%，即 31°左右。

二、汽车的驱动力

发动机输出的转矩经传动系传至驱动轮，驱动轮转动，产生一个与汽车行驶方向一致的作用力，这就是汽车的驱动力 F_t，如图 1-1 所示。

其大小为

$$F_t = \frac{T_t}{r} = \frac{T_{tq} i_g i_o \eta_T}{r}$$

视频

汽车驱动力

式中 T_t——驱动轮上的转矩；

T_{tq}——发动机输出转矩；

i_g——变速器的传动比；

η_T——传动系效率；

i_o——主减速器的传动比；

r——车轮半径。

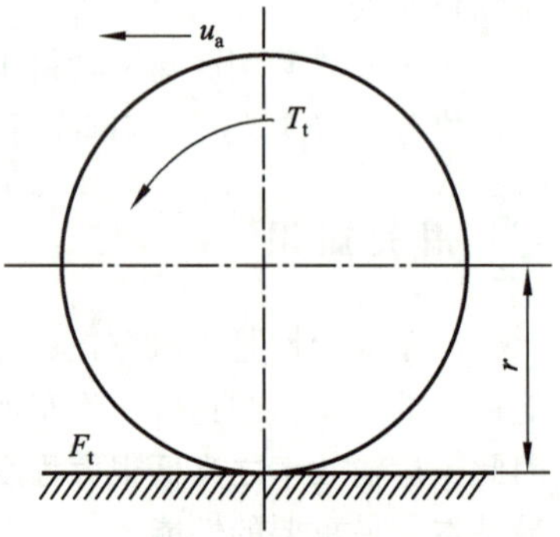

图 1-1 汽车驱动力图

驱动力的大小与下列因素有关。

1. 发动机转矩

发动机的转矩可根据其使用外特性确定。使用外特性曲线是带上全部附件时的发动机在试验台架做成的。

严格地讲，台架试验是在发动机工况相对稳定，即保持水、机油温度于规定的数值，并且在各个转速不变时测得的转矩、油耗数值。在实际使用中，发动机的工况经常是不稳定的。发动机的热状况、可燃混合气的浓度与台架试验有显著差异。所以，在不稳定工况下，发动机所提供的功率要比稳定工况时低 5%～8%，电喷发动机要下降得少一些。但由于发动机变工况时功率不易测量，所以在进行动力性能估算时，一般沿用台架试验稳定工况时所测得的使用外特性中的功率和转矩曲线。

2. 传动系的机械效率

发动机的有效功率为 P_e，经传动系在传动过程中损失的功率为 P_T，则驱动轮得到的功率仅为 $P_e - P_T$，那么传动系机械效率可表示为

$$\eta_T = (P_e - P_T)/P_e = 1 - P_T/P_e$$

传动系内损失的功率 P_T 是在离合器、变速器、传动轴、主减速器、驱动轮轴承等处机械损失和液力损失功率的总和，其中变速器和主减速器损失的功率所占比例最大。

机械损失是指齿轮传动副、轴承、油封等处的摩擦损失，其大小主要决定于啮合的齿轮对数、传递转矩的大小及装配加工的精度等。

液力损失是指消耗于润滑油的搅动、润滑油与旋转零件表面的摩擦等功率损失。其大小主要决定于转速、润滑油黏度、工作温度和油面的高度等。

虽然 η_T 受到多种因素影响，但在动力性计算时，一般把它取为常数。一般轿车取0.9～0.92，单级主传动货车取0.85，驱动形式为4×4的汽车取0.85，驱动形式为6×6的汽车取0.8。

3. 车轮半径

充气轮胎的车轮，在不同状况下有不同的半径。

自由半径 r_0：处于无载状态下的车轮半径。

静力半径 r_s：在车重作用下，轮心到地面的距离。

滚动半径 r_r：在满载行驶状态，根据车轮滚过的圈数 n_w 和汽车驶过的距离 s(m)，按下式计算出来的半径

$$r_r = \frac{s}{2\pi n_w}$$

显然，对汽车进行运动学分析时，应用滚动半径；而进行动力学分析时应用静力半径；进行粗略分析时，通常不计其差别，统称车轮半径 r，即认为 $r_r \approx r_s \approx r$。

4. 汽车的驱动力图

表示汽车驱动力与车速之间函数关系的曲线，即 F_t-u_a 曲线，称为汽车的驱动力图。它直观地显示了驱动力随车速变化的规律。对应于不同的挡位，有不同的驱动力曲线。

在发动机使用外特性曲线中，传动系传动比、传动系效率、车轮半径等参数已知或确定后，就可绘出汽车的驱动力图，如图1-2(a)所示。

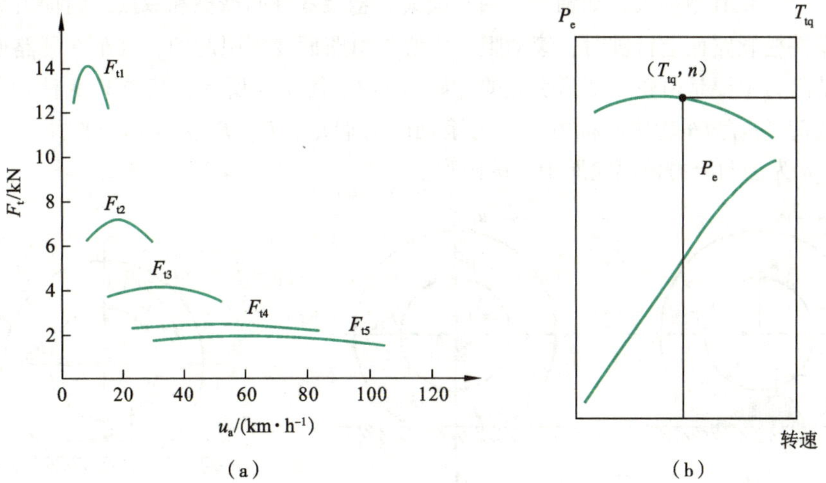

图1-2　某汽车的驱动力图和使用列特征曲线图

作图步骤如下：

① 直角坐标系，横坐标为车速 u_a，纵坐标为驱动力 F_t。

② 在使用外特性曲线上每隔200～400 r/min取一点(T_{tq},n)，如图1-2(b)所示，并计

算在某一挡位下，发动机处于某一状态时的汽车驱动力和车速。

$$\begin{cases} F_t = \dfrac{T_t}{r} = \dfrac{T_{tg} i_g i_o \eta_T}{r} \\ u_a = 0.377 \left(\dfrac{rn}{i_g i_o} \right) \end{cases}$$

③ 在 F_t-u_a 坐标上做出相应的点，将所得的点连成圆滑的曲线，就得到了该挡位下的驱动力曲线。对应不同的挡位，有不同的驱动力曲线。

由于所作的驱动力图是根据发动机使用外特性曲线制成，它表示该挡位在该速度下的最大驱动力，当节气门开度减小时，相对应的驱动力也减小，故曲线下方的区域都可成为汽车的实际工作区。

三、汽车的行驶阻力

汽车在水平道路上等速行驶时必须克服来自地面的滚动阻力 F_f 和来自空气的空气阻力 F_w；当汽车在坡道上坡行驶时，还必须克服重力沿坡道的分力，称为上坡阻力 F_i；汽车加速行驶时还需要克服其惯性力，称为加速阻力 F_j。因此，汽车行驶的总阻力为

$$\sum F = F_f + F_w + F_i + F_j$$

上述诸阻力中滚动阻力和空气阻力在任何行驶条件下均存在。上坡阻力和加速阻力仅在一定行驶条件下存在。在水平道路上等速行驶时没有加速阻力和上坡阻力。

视频

汽车行驶阻力

1. 滚动阻力

（1）滚动阻力的产生

滚动阻力是当车轮在路面上滚动时，两者之间相互作用力以及相应的轮胎和支撑面变形所产生的能量损失的总称。具体包括：

① 道路塑性变形损失；

② 轮胎弹性迟滞损失；

③ 其他损失，如轴承、油封损失、悬架零件间摩擦和减振器内损失等。

汽车在松软路面上行驶时，滚动阻力主要是由路面变形引起的；汽车在硬路面上行驶时，滚动阻力主要是由轮胎变形引起的，如图 1-3、图 1-4 所示。其中 W 为法向载荷，F_z 为法向载荷，F_{p1} 为车轮中心推力，T_f 为滚动阻力偶矩，F_{x1}、F_{x2} 为切向反作用力，T_t 为驱动力矩，a 为法向合力偏离轮胎中心的距离。

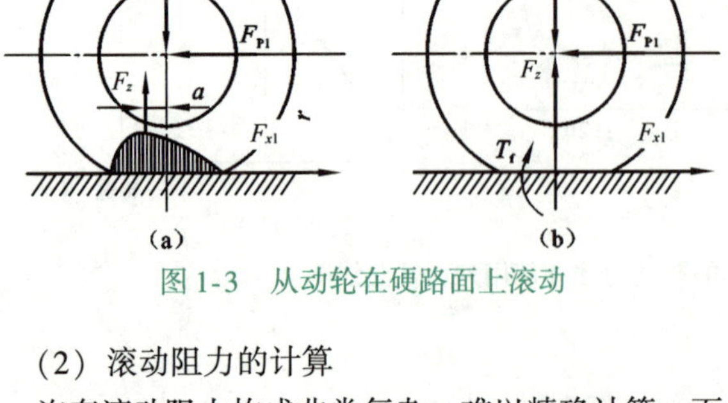

图 1-3　从动轮在硬路面上滚动

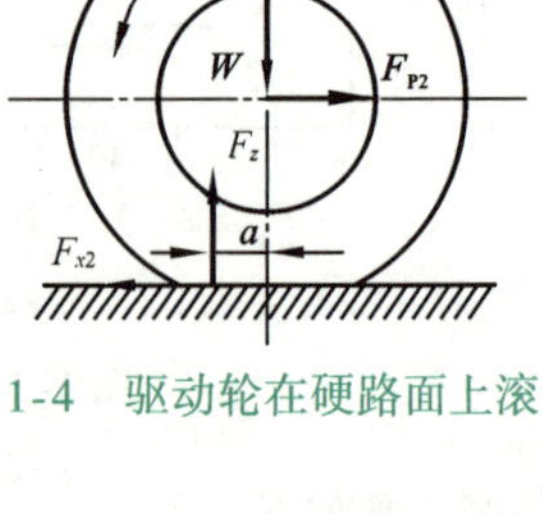

图 1-4　驱动轮在硬路面上滚动

（2）滚动阻力的计算

汽车滚动阻力构成非常复杂，难以精确计算，而且驱动轮与从动轮也不完全相同。汽车滚动阻力按下式计算：

$$F_{\mathrm{f}}=G\cdot f$$

式中　F_{f}——滚动阻力；

G——汽车总重；

f——滚动阻力系数。

滚动阻力系数表示了单位车重的滚动阻力。汽车在不同路面上的滚动阻力系数值不等。

(3) 影响滚动阻力系数的因素

滚动阻力系数的数值由试验确定。其数值与轮胎（结构、材料、气压）、道路（路面的种类与状况）及使用条件（行驶速度与受力情况）有关。

① 轮胎的结构、帘线及橡胶品种对滚动阻力都有影响。在保证轮胎有足够的强度和寿命的前提下，减少帘布层数，可以使胎体减薄而减小滚动阻力系数。子午线轮胎，因帘线层数少，因此其滚动阻力系数较一般轮胎的滚动阻力系数小，而且随车速的变化小。胎面花纹磨损的轮胎，比新轮胎的滚动阻力系数小。

② 轮胎气压对滚动阻力系数影响很大。气压降低时，在硬路面上轮胎变形大，因此滚动阻力系数增大；气压过高，在软路面上行驶时，路面产生很大塑性变形，将留下轮辙，同样使滚动阻力系数增大。

③ 路面的种类和状况不同，使滚动阻力系数在很大范围内变化。坚硬、平整而干燥的路面，滚动阻力系数最小。路面不平，滚动阻力系数将成倍增长。这是因为路面不平会引起轮胎和悬架机构的附加变形及减振器内产生的阻力要成倍地消耗能量。松软路面由于塑性变形很大，使滚动阻力系数增加很多。

车速在 50 km/h 以下时，不同路面上的滚动阻力系数值见表 1-1。

表 1-1　滚动阻力系数的数值表

路面类型	滚动阻力系数 f	路面类型	滚动阻力系数 f
良好的沥青或混凝土路面	0.010～0.018	压紧土路	0.050～0.150
一般的沥青或混凝土路面	0.018～0.020	泥泞土路（雨季或解冻期）	0.100～0.250
碎石路面	0.020～0.025	干沙	0.100～0.300
良好的卵石路面	0.025～0.030	湿沙	0.060～0.150
坑洼的卵石路面	0.035～0.050	结冰路面	0.015～0.030
压紧土路（干燥的）	0.025～0.035	压紧的雪道	0.030～0.050

④ 行车速度对滚动阻力系数影响很大。如图 1-5 所示，车速在 100 km/h 以下时，滚动阻力系数变化不大。车速在 100 km/h 以上时增长较快。车速达某一高度时，如 150～200 km/h，滚动阻力系数迅速增长，因为这时轮胎将发生驻波现象，即轮胎周缘不再是圆形而呈明显的波浪状，出现驻波后，滚动阻力系数显著增加。而且轮胎的温度也很快增加，胎面与轮胎帘布层会产生脱落，出现爆破现象，这对高速行驶的车辆很危险。

在进行汽车动力性分析时，一般取良好硬路面滚动阻力系数值。对于轿车，当 $u_{\mathrm{a}}\leqslant 50$ km/h 时，$f=0.016\,5$；当 $u_{\mathrm{a}}>50$ km/h 时，f 值可按下式估算

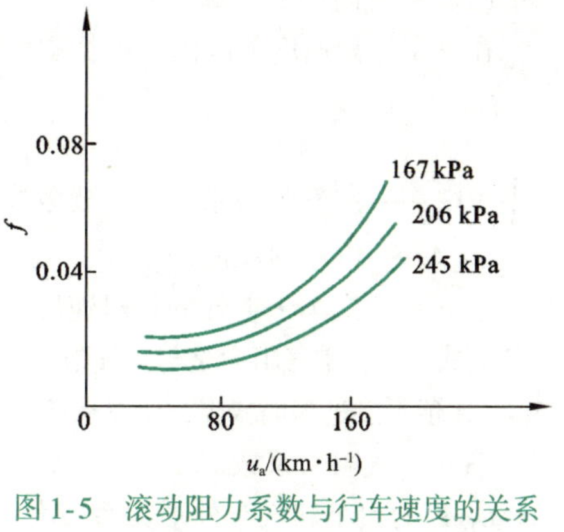

图 1-5　滚动阻力系数与行车速度的关系

$$f=0.0165[1+0.01(u_a-50)]$$

货车轮胎气压高，行驶速度低，f 值估算公式为

$$f=0.0076+0.000056u_a$$

在使用中如果轮胎气压不足，前后轴的平行性差，前轮定位失准等都会使滚动阻力系数增加。当有侧向力作用时，地面对轮胎产生侧向反作用力，引起轮胎的侧向变形，滚动阻力系数将大幅度增加，例如在转弯行驶时。

应用表 1-1 时，对于轿车，轮胎气压较低，轮胎变形较大，其滚动阻力系数值应偏向上限。对于载货汽车，轮胎气压较高，其滚动阻力系数值应偏向下限。

2. 空气阻力

汽车在空气介质中行驶时，受到的空气作用力在行驶方向上的分力称为空气阻力。

（1）空气阻力的组成

空气阻力包括摩擦阻力和压力阻力两大部分。

摩擦阻力是由空气的黏性在车身表面产生的切向力的合力在行驶方向的分力。摩擦阻力与车身表面粗糙度及表面积有关。

压力阻力是作用在汽车外形表面上的法向压力的合力在行驶方向上的分力。它包括以下 4 个部分：

① 形状阻力。汽车行驶时，空气流经车身，在汽车前方空气相对被压缩，压力升高，车身尾部和圆角处空气压力较低，形成涡流，引起负压。由于汽车前后部压力差所引起的阻力称为形状阻力。形状阻力大小与车身主体形状有很大关系，例如车头、车尾的形状及风窗玻璃的倾角等。

② 干扰阻力。凸出于车身表面的部分所引起的空气阻力，如门把手、后视镜、翼子板、悬架导向杆、驱动轴等。

③ 诱导阻力。汽车上、下部压力差（即升力）在水平方向的分力。

④ 内循环阻力。发动机冷却系、车身内通风等需空气流经车体内部时形成的阻力。

以上 4 种阻力的合力在汽车行驶方向上的分力即为空气阻力。

以轿车为例，这几部分阻力所占比例见表 1-2。

表 1-2　空气阻力组成

组成	摩擦阻力	形状阻力	干扰阻力	诱导阻力	内循环阻力
比例	8% ~10%	55% ~60%	12% ~18%	5% ~8%	10% ~15%

（2）空气阻力的计算

在汽车行驶速度范围内，根据空气动力学原理，空气阻力的数值通常由下式确定

$$F_w=\frac{C_D A v_a^2}{21.15}$$

式中 C_D——空气阻力系数，主要取决于车身形状；

A——汽车迎风面积，m^2；

v_a——汽车于空气的相对速度，km/h。

上式表明，空气阻力是与空气阻力系数 C_D 及迎风面积 A 成正比的。为了保证必需的乘坐空间，A 值不能过多地减少，所以从结构上降低空气阻力主要应以降低空气阻力系数 C_D 入手。

（3）空气阻力系数 C_D

C_D 值的大小和汽车外形关系极大，这要求汽车外形的流线型好。C_D 值可通过风洞试

验测定。现代空气动力学的原理，汽车车身常采用下列方法降低 C_D 值，如图 1-6 所示。

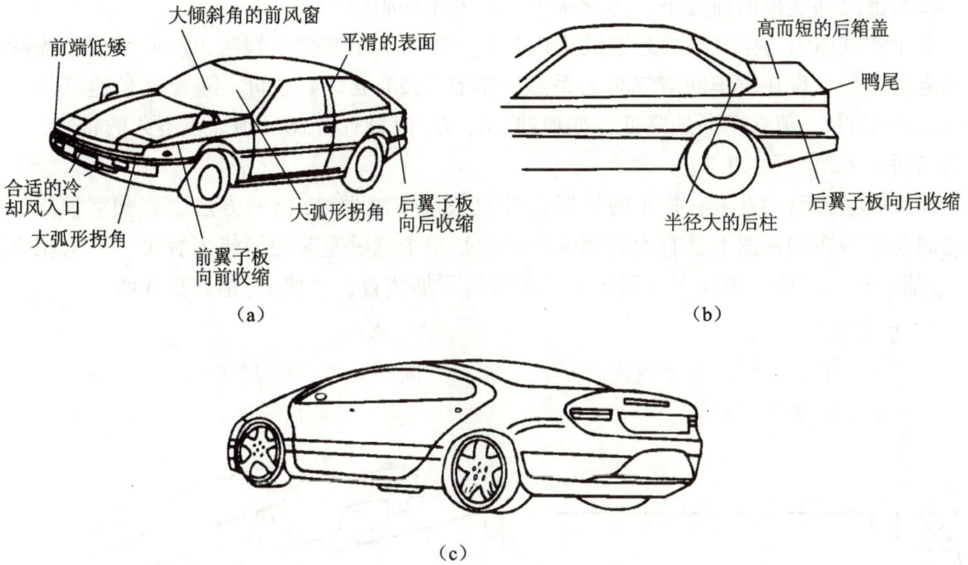

图 1-6　汽车车身与 C_D 值

① 整车：

a. 在汽车侧视图上，汽车应前低后高，使车身呈 1°～2°的负迎角。这可减少流入车底的空气量，使 C_D 值下降，并可减少升力。

b. 在俯视图上，车身两侧应为腰鼓形，前端呈半圆状，后端有些收缩。

② 车身前部：

a. 发动机罩向前下方倾斜，面与面的交接处为大圆弧的圆柱面。

b. 风窗玻璃为圆弧状，尽可能躺平且与中部拱起的车顶盖圆滑过渡。前风窗玻璃与水平线夹角为 30°左右时，C_D 值最低。

c. 前后玻璃支柱应圆滑，窗框高出玻璃面的程度应尽可能小。

d. 用埋入式前照灯、小灯、刮水器和门把，灯的玻璃罩与车头车尾组成圆滑的整体。

e. 后视镜等凸出物的形状应接近流线型。

f. 保险杠与车头连成连续圆滑的整体。

g. 在保险杠之下的车头处，安装适当长度的向前或前下方伸出的阻流板，虽然它本身产生一定的阻力，但它能抑制车头处较大涡流的产生。

③ 汽车后部：

a. 在汽车侧视图上，后窗玻璃与水平线呈 25°以下的称为快背式车身；呈 25°～50°夹角的称为舱背式车身。最好采用快背式或舱背式。

b. 在其后端装有凸起的扰流板。它具有阻滞作用，使流过车身上表面气流的速度降低，从而降低了垂直于后窗表面的负压力的绝对值，使空气阻力减小。

c. 在外观上有行李厢的称为折背式车身，它的后窗玻璃与水平线尽可能呈 30°，并采用短而高的行李厢。

④ 车身底部：

a. 所有零部件在车身下应尽量齐平，最好有平滑的底板盖住底部。

b. 盖板从车身中部或从车轮以后上翘约为 6°，这可顺利地引导车身下的气流流向尾部，减少在车尾后形成的涡流，使 C_D 值下降。

⑤ 发动机冷却进风系统：恰当地选择进出风口位置、尺寸和形状，很好地设计通风道，在保证冷却效果的前提下，尽量减少气流内循环阻力。

由于空气阻力与空气阻力系数成正比关系，轿车为了减少空气阻力就必须要考虑降低空气阻力系数。现在轿车的空气阻力系数一般在 0.28 至 0.4 之间。随着汽车速度的不断提高，汽车的 C_D 值在不断地降低，如奥迪 A6，C_D 值只有 0.26。预计在不久的将来，实际应用的轿车 C_D 值可达 0.2。

随着高速公路的发展，货车的外形设计也采用了减少 C_D 值的方法。驾驶室顶盖、风窗玻璃及前脸在侧视图上具有大的圆弧，特别是整个驾驶室装用导流板装置，可大幅度减少 C_D 值。试验表明，半挂车采用图 1-7 所示的附加装置，可使 C_D 值减少 30% 。

3. 上坡阻力

当汽车上坡行驶时，汽车重力在平行于路面方向的分力，称为汽车的上坡阻力，用 F_i 表示，如图 1-8 所示。

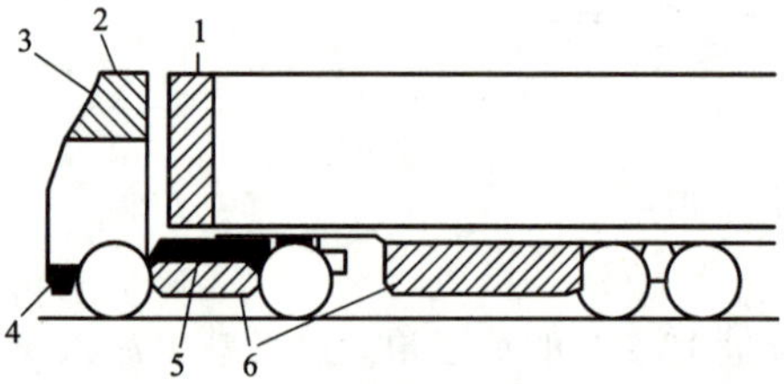

图 1-7 半挂车减少空气阻力的附加装置

1—间隔衬罩；2—车顶导流板；3—车顶导流罩；4—扰流器；5—底板；6—侧裙

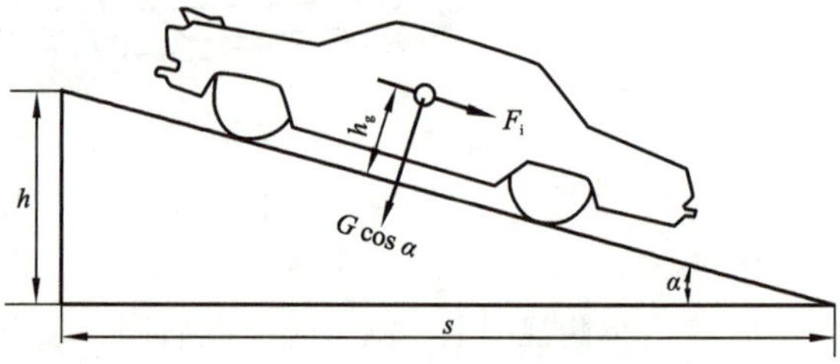

图 1-8 汽车的上坡阻力

F_i 与汽车重力及坡度角 α 的关系为

$$F_i = G\sin\alpha$$

道路坡度常用坡高与底长之比的百分数来表示。

$$i = \frac{h}{s} \times 100\% = \tan\alpha$$

我国各级公路及高速公路允许的纵向坡度一般较小。根据设计车速不一样，其最大值幅度为 3% ~10% ，可认为

$$\sin\alpha \approx \tan\alpha \approx i$$

由于上坡阻力与滚动阻力均属于与道路有关的阻力，而且均与车重成正比，故有时把这两种阻力合在一起称为道路阻力，用 F_ψ 表示，即

$$F_\psi = F_f + F_i$$

在坡道上
$$F_f = FG \cdot \cos\alpha$$

所以
$$F_\psi = G(f\cos\alpha + \sin\alpha)$$

令
$$\psi = f\cos\alpha + \sin\alpha$$

式中，ψ 称为道路阻力系数，表示单位车重的道路阻力。当 α 较小时，$\psi = f + i$，则

$$F_\psi = G\psi$$

值得注意的是，当汽车下坡时，F_i 为负值，即行驶阻力变成动力。

4. 加速阻力

汽车加速行驶时，需要克服其加速运动时的惯性力，就是加速阻力 F_j。为便于计算，通常把汽车的质量分为平移质量和旋转质量两部分。加速时不仅平移的质量产生惯性力，

旋转的质量还要产生惯性力偶矩。为便于计算，一般把旋转质量的惯性力偶矩转化为平移质量的惯性力，并以系数δ作为计入旋转质量惯性力偶矩后的汽车质量换算系数，因而汽车加速阻力F_j可写成

$$F_j=\delta\frac{G}{g}\cdot\frac{\mathrm{d}u}{\mathrm{d}t}$$

式中 δ——汽车旋转质量换算系数；

G——汽车重力，N；

g——重力加速度，m/s^2；

$\mathrm{d}u/\mathrm{d}t$——行驶加速度，m/s^2。

δ主要与飞轮的转动惯量、车轮的转动惯量以及传动系的传动比有关。

$$\delta=1+\frac{1}{m}\cdot\frac{\sum I_\omega}{r^2}+\frac{1}{m}\cdot\frac{I_f i_g^2 i_0^2\eta_T}{r^2}$$

式中 I_ω——车轮的转动惯量，$kg\cdot m^2$；

I_f——飞轮的转动惯量，$kg\cdot m^2$。

在进行汽车动力性初步计算时，可按经验公式估算δ值

$$\delta=1+\delta_1+\delta_2 i_g^2$$

这里的δ_1是考虑曲轴、飞轮、离合器总成旋转质量影响的系数，轿车$\delta_1=0.05\sim0.07$，货车$\delta_1=0.04\sim0.05$，载质量大的汽车取小值；δ_2是考虑全部车轮旋转质量影响的系数，若空车重量为G_0，总重量为G，对轿车$\delta_2=0.05G_0/G$；货车$\delta_2=0.07G_0/G$。

四、汽车驱动力平衡方程

汽车必须有一定的驱动力，以克服各种行驶阻力，才能正常行驶。表示汽车驱动力与行驶阻力之间关系的等式，称为汽车的驱动力平衡方程，即汽车的行驶方程式

$$F_t=F_f+F_w+F_i+F_j$$

或者

$$\frac{T_{tg}i_g i_g\eta_T}{r}=Gf\cos\alpha+\frac{C_D A v_a^2}{21.15}+G\sin\alpha+\frac{\delta G}{g}\cdot\frac{\mathrm{d}u}{\mathrm{d}t}$$

上式说明了汽车行驶中驱动力与各行驶阻力的平衡关系，其平衡关系不同，则汽车的运动状态不同。

汽车驱动力平衡方程可由严格的受力分析推导而得，这里不进行推导。

五、汽车行驶的驱动与附着条件

1. 汽车行驶的驱动条件

由汽车驱动力平衡方程可知：

若$F_t=F_f+F_w+F_i$时，汽车将等速行驶。

若$F_t>F_f+F_w+F_i$时，汽车将加速行驶。

若$F_t<F_f+F_w+F_i$时，汽车将无法起步或减速行驶直至停车。

所以汽车的驱动条件为

$$F_t\geqslant F_f+F_w+F_i$$

当发动机的转速特性、变速器的传动比、主减速比、传动效率、车轮半径、空气阻力系数、汽车迎风面积以及汽车质量等初步确定后，便可使用此式分析在附着性能良好的典

型路面（混凝土、沥青路面）上的行驶能力，即确定汽车在节气门全开时可能达到的最高车速、加速能力和爬坡能力。

2. 汽车行驶的附着条件

要提高汽车的动力性，可以采用增加发动机转矩、加大传动系传动比等措施以增大汽车的驱动力来实现。但是这些措施只有在驱动轮与路面不发生滑转现象时才有效。如果驱动轮在路面滑转，则增大驱动力只会使驱动轮加速旋转，地面切向反作用力并不会增加，汽车仍不能行驶。这种现象说明地面作用在驱动轮上的切向反作用力受地面接触强度的限制，并不能随意加大，即汽车行驶除受驱动条件制约外，还受轮胎与地面附着条件的限制。

地面对轮胎切向反作用力的极限值（无侧向力作用时）称为附着力，记作 F_{φ}。在硬路面上附着力取决于轮胎与路面间的相互摩擦，它与驱动轮法向作用力 F_z 成正比，常写成

$$F_{\varphi}=F_z\varphi$$

式中，φ 称为附着系数，它是由轮胎和路面的结构特性决定的，表示轮胎与路面的接触强度。

在硬路面上，附着系数 φ 反映了轮胎与路面的摩擦作用。当轮胎与路面接触时，路面的坚硬微小凸起能嵌入变形的轮胎中，增加了轮胎与路面的接触强度，对轮胎滑转有一定的阻碍作用。

在松软路面上，附着系数不仅取决于轮胎与土壤间的摩擦作用，同时还取决于土壤的抗剪切强度。因为只有当嵌入轮胎花纹沟槽的土壤被剪切脱开基层时，轮胎在接地面积内才产生相对滑动，车轮才发生相对滑转。

因此，如果驱动轮产生滑转，汽车将不能正常行驶。为避免驱动车轮产生滑转现象，汽车行驶还需要满足附着条件。汽车行驶的附着条件可近似写成

$$F_t\leqslant F_{\varphi}+F_z\varphi$$

式中　F_z——作用在所有驱动轮上的地面法向反作用力。

双轴汽车后轮驱动时，$F_{\varphi}=F_2$，F_2 是后轮的地面法向反作用力，故附着条件为

$$F_{\varphi}\leqslant F_2\varphi$$

全轮驱动的汽车（如4×4、6×6 型汽车），F_{φ} 是作用于所有驱动车轮的地面法向反作用力。

3. 汽车的驱动与附着条件

将汽车的驱动条件与附着条件联写，则得

$$F_f+F_w+F_i\leqslant F_t\leqslant F_z\varphi$$

这就是汽车行驶的必要与充分条件，称为汽车行驶的驱动与附着条件。

汽车行驶首先要满足驱动条件，即汽车本身具有产生足够驱动力的必要条件。这就要求汽车发动机能产生足够大的转矩和功率，汽车传动系有一定的传动比，以保证驱动力足够大，足以克服各种行驶阻力，即 $F_t>F_f+F_w+F_i$。但是该条件只是汽车行驶的必要条件，就是说，汽车行驶只满足驱动条件是不够的。

推动汽车行驶的驱动力 F_t 是地面对驱动轮的切向反作用力，是地面作用于汽车的外力。路面对汽车作用的驱动力的最大值，要受附着力的限制，驱动力 F_t 不能超过附着力 F_{φ}，只能小于或等于附着力 F_{φ}。因此为了保证汽车正常行驶，轮胎与地面必须有良好的附着性能，即附着力足够大，地面才能在附着力的限制下对驱动轮作用足够的切向反作用力。因此，在附着力的限制之内，驱动力才能真正发挥出来。

4. 影响附着系数的因素

附着系数主要取决于路面的种类与状况、轮胎的结构和气压以及其他一些使用因素。

（1）路面的种类与状况

坚硬路面的附着系数较大，路面的坚硬微小凸起部分嵌入轮胎的接触面，使接触强度增大。因长期使用已经磨损和风化的路面附着系数会降低。气温升高时，路面硬度下降，附着系数也会下降。路面被细沙、尘土、油污等覆盖时，都会使附着系数下降。

松软土壤的抗剪切强度较低，其附着系数较小。潮湿、泥泞的土路，土壤表层因吸水量多，抗剪切强度更差，附着系数下降很多，是汽车越野行驶困难的原因之一。

路面的结构对排水能力也有很大影响。路面的宏观结构应具有一定的不平度而且有自动排水的能力；路面的微观结构应粗糙而且有一定的尖锐棱角，以穿透水膜直接与胎面接触。

（2）轮胎的结构和气压

轮胎花纹对 φ 值影响也较大。具有细而浅花纹的轮胎在硬路面上有较好的附着能力；具有宽而深的花纹的轮胎，在软路面上，使附着能力有所提高。增加胎面的纵向花纹，在干燥的硬路面上，由于接触面积减小，附着系数值有所下降；但在潮湿的路面上有利于挤出接触面中的水分，改善附着能力。

为了提高轮胎的“抓地”能力，现在的轮胎胎面上常有纵向的曲折大沟槽，胎面边缘上有横向沟槽，使轮胎在纵向、横向均有较好的“抓地”能力，并提高了在潮湿地面上的排水能力。宽断面和子午线轮胎由于与地面的接触面积增大，附着系数值较高。

轮胎的磨损会使胎面花纹深度减小，附着系数值将显著下降。

降低轮胎气压，可使硬路面上附着系数值略有增加，所以采用低压胎可获得较好的附着性能。在松软的路面上，降低轮胎气压，则轮胎与土壤的接触面积增加，胎面凸起部分嵌入土壤的数目也增多，因而附着系数显著提高。如果同时增加车轮轮辋的宽度，则效果更好。对于潮湿的路面，适当提高轮胎气压，使轮胎与路面的接触面积减小，有助于挤出接触面间的水分，使轮胎得以与路面较坚实的部分接触，因而可提高附着系数。

（3）行车速度

汽车行驶速度提高时，多数情况下附着系数是降低的。这对于汽车的高速制动尤为不利。在硬路面上提高行驶速度时，由于路面微观凹凸构造来不及与胎面完善地嵌合，所以附着系数值有所降低。在潮湿的路面上提高行驶速度时，由于接触面间的水分来不及排出，所以附着系数显著降低。在软土壤上，由于高速车轮的动力作用容易破坏土壤的结构，所以提高行驶速度对附着系数产生极不利的影响。只有在结冰的路面上，车速高时，与轮胎接触的冰层受压时间短，因而在接触面间不容易形成水膜，故附着系数略有提高。但要特别注意，在冰路上提高行驶速度会使行驶稳定性变坏。

（4）车轮相对于地面的滑转率

图1-9所示为驱动轮纵向附着系数与其滑转率的关系图。从图中可以看到，当驱动轮滑转率 S_x 从0开始增加时，纵向附着系数 φ_x 也随之增加，当 S_x 达到 S_t（一般是0.08～0.30）时，纵向附着系数达到最大值 $\varphi_{x\max}$，此后，如果 S_x 继续增加，纵向附着系数 φ_x 反而随之下降，当 S_x 达到1时，即车轮发生纯滑转时，其纵向附着系数要远小于 $\varphi_{x\max}$，所以从动力性上考虑，驱动轮的滑转率最好处于 S_t 附近的一个小邻域内，但同时考虑到车辆侧向附着系数随纵向滑转率的增大而急剧减小，所以从侧向附着系数上考虑，并注意到车辆的方向稳定性，一般认为驱动轮的最佳滑转率在小于 S_t 的范围内，可取0.08～0.15。

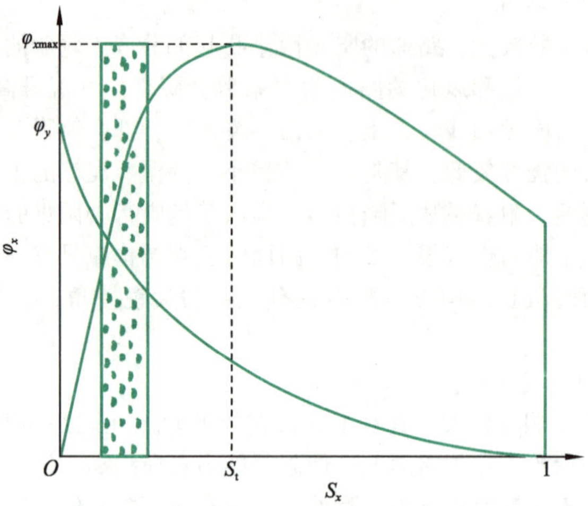

图 1-9　汽车加速上坡时的受力图

汽车的附着力与地面对车轮的法向反作用力成正比。而驱动轮的地面反作用力与汽车的总体布置、行驶状况及道路坡度有关。图 1-10 所示为汽车加速上坡时的受力图。

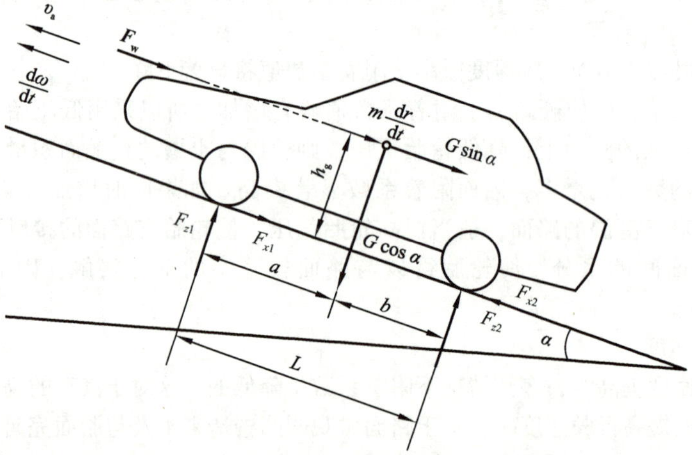

图 1-10　汽车加速上坡时的受力图

图中　m——汽车质量；

h_g——汽车质心高度；

F_{z1}，F_{z2}——作用在前、后轮上的地面法向反作用力；

F_{x1}，F_{x2}——作用在前、后轮上的地面切向反作用力；

L——汽车轴距；

a，b——汽车质心至前、后轴之间的距离。

若将作用在汽车上诸力对前、后轮与道路接触中心取力矩（将质心与空气阻力中心近似看作重合），则得

$$F_{z1}=\frac{G_b-(F_i+F_j+F_w)h_g}{L}$$

$$F_{z2}=\frac{G_a+(F_i+F_j+F_w)h_g}{L}$$

$G_a(G_b)$为汽车在水平路面上静止时前、后轴上的静载荷；$(F_i+F_j+F_w)h_g$ 为行驶中产生的动载荷。当汽车上坡或加速时，前轮载荷减小，而后轮载荷增加；汽车下坡或减速时，载荷变化与此相反。

由此可见，在一定附着系数的路面上，不同驱动方式的汽车具有不同的汽车附着力。后轮驱动的汽车在上坡和加速时，其驱动轮的法向反作用力大，驱动轮的附着力大，能得到的驱动力大，其加速能力和上坡能力好。

只有四轮驱动汽车才有可能充分利用整部汽车的重力来产生汽车附着力。当四轮驱动汽车前、后驱动轮的附着力分配刚好等于其前、后轮法向反作用力的分配时，得到的附着力最大。

六、汽车的驱动力-行驶阻力平衡图与动力特性图

1. 汽车的驱动力-行驶阻力平衡图

为了清晰而形象地表明汽车行驶时的受力情况及其平衡关系，一般是将汽车行驶方程式用图解法来进行分析。就是说在汽车驱动力图上把汽车行驶中经常遇到的滚动阻力和空气阻力也算出并画上，做出汽车驱动力-行驶阻力平衡图，并以它来确定汽车的动力性。

图1-11所示为一具有五挡变速器汽车驱动力-行驶阻力平衡图。图上既有各挡的驱动力，又有滚动阻力以及滚动阻力和空气阻力叠加后得到的行驶阻力曲线。

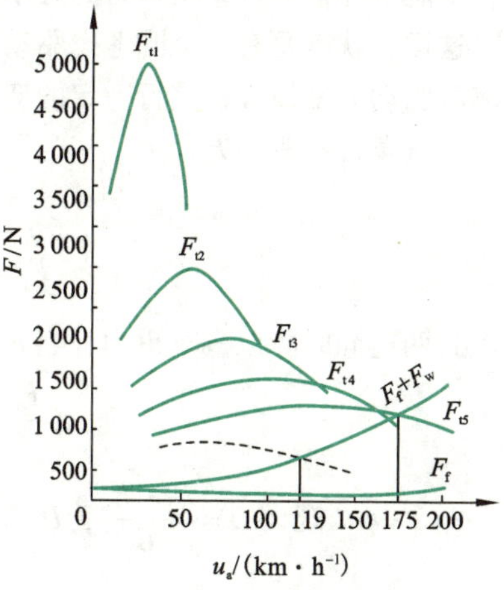

图1-11　具有五挡变速器汽车驱动力-行驶阻力平衡图

从汽车的驱动力-行驶阻力平衡图上可以清楚地看出不同车速时驱动力和行驶阻力之间的关系。汽车以最高挡行驶时的最高车速，可以直接在图上找到。显然，F_t 曲线与 F_f+F_w 曲线的交点便是 u_{amax}。因为此时驱动力和行驶阻力相等，汽车处于稳定的平衡状态。图中最高车速为175 km/h。

从图1-11中还可以看出，当车速低于最高车速时，驱动力大于行驶阻力。这样，汽车就可以利用剩余的驱动力加速或爬坡。当需要在119 km/h等速行驶时，驾驶人可以关小节气门开度（图中虚线），此时发动机只用部分负荷特性工作，相应地得到虚线所示驱动力曲线，以使汽车达到新的平衡。

汽车的加速能力可用它在水平良好路面上行驶时能产生的加速度来评价，其数值可由汽车在水平路面上的驱动力平衡方程式得到，即

$$\frac{\mathrm{d}u}{\mathrm{d}t}=\frac{g}{\delta G}[F_t-(F_f+F_w)]$$

加速度的大小与汽车行驶的挡位和速度有关，低挡时，加速度较大；同一挡位速度较低时，加速度较大。但由于加速度的数值不易测量，实际中常用加速时间来表明汽车的加速能力。譬如用直接挡（变速器传动比为1的挡）行驶时，由最低稳定速度加速到一定距离或80% u_{amax}所需的时间表明汽车的加速能力。

汽车的上坡能力用最大爬坡度表示。汽车最大爬坡度是指汽车满载、节气门全开、以最低挡在良好路面上行驶，所能克服的最大道路坡度，记为 i_{max}。

当汽车以全部剩余驱动力克服最大坡度时，加速度为0，此时的驱动力平衡方程为

$$F_i = F_t - (F_f + F_w)$$

式中

$$F_i = G\sin\alpha$$

$$F_f = Gf\cos\alpha$$

因为 F_f 的数值本身较小，而且当 α 较小时，$\cos\alpha \approx 1$，故可认为

$$G\sin\alpha = F_t - (F_f + F_w)$$

$F_t - (F_f + F_w)$ 的数值可由驱动力-行驶阻力平衡图上相应线段的长度按比例尺而得到。并按下式求出道路坡度角

$$i = \tan\alpha$$

第一挡最大爬坡度由 $\alpha_{imax} = \arcsin\dfrac{F_{imax} - Gf}{G}$ 换算成 i_{max} 值。

应当指出，上述确定的汽车动力性指标，尚未考虑附着条件的限制。

2. 汽车的动力特性图

利用汽车的驱动力-行驶阻力平衡图，可以确定一台汽车的最高车速、加速能力和上坡能力，可以评价同一类型汽车的动力性，但是对于不同类型的汽车不能进行评价。因为汽车的道路阻力和加速阻力均与汽车质量有关，空气阻力则与汽车外形等因素有关，因此，不能单纯根据汽车驱动力的大小，简单地判定汽车的动力性。

这样，就需要有一个既考虑驱动力又包括汽车质量和空气阻力的综合性参数。为此，将汽车驱动力平衡方程进行一定的变换，即可求得评价不同汽车动力性的参数。

由汽车行驶驱动方程

$$F_t = F_f + F_w + F_i$$

$$F_t = Gf + Gi + F_w + \delta m\frac{du}{dt}$$

将上式两边同时除以汽车重力，当 α 较小时，整理得

$$\frac{F_t - F_w}{G} = f + i + \frac{\delta}{g}\cdot\frac{du}{dt}$$

$f + i = \psi$，现设 $D = \dfrac{F_t - F_w}{G}$，D 为汽车的动力因数，则

$$D = f + i + \frac{\delta}{g}\cdot\frac{du}{dt} = \psi + \frac{\delta}{g}\cdot\frac{du}{dt}$$

动力因数 D 标志汽车单位重力所具有的克服道路阻力和加速阻力的能力。只要汽车的动力因数相同，则不论 F_t、G、C_D、A 等参数有何不同，汽车都能克服同样的坡度。若汽车的 δ 值也相同，则汽车也能产生同样的加速度。因此，常把动力因数作为表征汽车动力性的主要指标。

动力因数随汽车行驶速度变化的关系，称为汽车的动力特性。表示动力特性的曲线称为汽车的动力特性图，它是以车速 u_a 为横坐标，以动力因数 D 为纵坐标，根据 F_t-u_a、F_ω-u_a 曲线做出，如图 1-12 所示。利用动力特性图，分析求解汽车的动力性问题，较之用驱动力-行驶阻力平衡图更为简单方便。

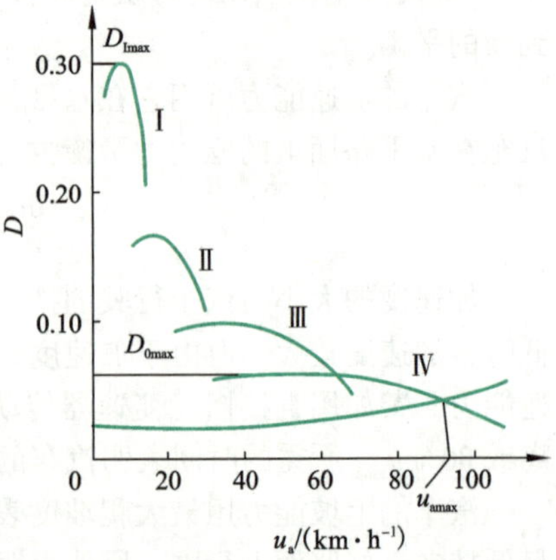

图 1-12 动力特性图

七、汽车的功率平衡

汽车在行驶中，不仅驱动力与行驶阻力互相平衡，在每一瞬时，发动机发出的功率 P_e 也始终等于机械传动损失功率与全部运动阻力所消耗的功率，这就是汽车的功率平衡。其功率平衡方程式为

$$P_e = \frac{1}{\eta_T}(P_f + P_w + P_i + P_j)$$

其中：

滚动阻力消耗功率：$P_f = \frac{Gf\cos\alpha u_a}{3\ 600}$；

上坡阻力消耗功率：$P_i = \frac{G\sin\alpha u_a}{3\ 600}$；

空气阻力消耗功率：$P_w = \frac{C_D A u_a^3}{76\ 140}$；

加速阻力消耗功率：$P_j = \frac{\delta G u_a}{3\ 600g} \cdot \frac{du}{dt}$。

式中　G——汽车的重力；

f——滚动阻力系数；

α——道路坡道角；

u_a——汽车的行驶速度；

C_D——空气阻力系数；

A——汽车迎风面积；

δ——汽车旋转质量换算系数。

与驱动力-行驶阻力平衡图类似，功率平衡方程式也可以用图像来表示，称为功率平衡图。图 1-13 所示为某汽车的功率平衡图。

图 1-13 中，最高挡时发动机功率曲线与阻力功率$(P_i + P_w)/\eta_T$ 曲线相交点的车速，便是在良好水平路面上行驶汽车的最高车速 u_{amax}，而 u_p 是发动机最大功率相对应的车速。

当汽车在良好水平路面上以 u'_a的速度等速行驶时，汽车的阻力功率为线段 bc，此时，驾驶人控制节气门在某一开度，发动机功率如图 1-13 中虚线所示，以维持汽车等速行驶。

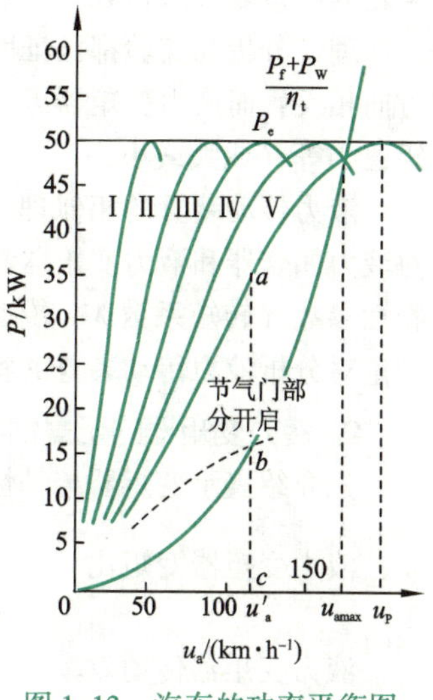

图 1-13　汽车的功率平衡图

但是汽车在最高挡以行驶速度为 u'_a行驶时，发动机能产生的最大功率为线段 ac，线段 ab 可用来加速或爬坡。称 $P_e - \frac{1}{\eta_T}(P_i + P_w)$ 为汽车的后备功率。

这就是说，在一般情况下维持汽车等速行驶所需发动机功率并不大，节气门开度较小。当需爬坡或加速时，驾驶人加大节气门开度，使汽车的全部或部分后备功率发挥作用。因此汽车后备功率越大，其加速能力、爬坡能力越强，汽车的动力性越好。

利用功率平衡定性地分析设计与使用中有关动力性能问题比较清晰简便，同时也能很

清楚地看出行驶时发动机的负荷率的变化，所以对于以后汽车燃料经济性的分析也是比较方便的。

八、装有液力变矩器汽车的动力性

前面研究的是传统机械传动汽车的动力性问题。而现代汽车为了提高性能、操作简便、起步和换挡平顺等，已有很多装用了液力变矩器。特别是近年来的中、高级轿车上，配有液力变矩器加自动变速器构成传动系统的车辆数量日益增多。由于液力变矩器的传力性质与传统形式的离合器存在较大差异。所以在发动机特性不变的情况下，汽车的驱动力将发生一定的改变；驱动力是汽车动力性分析的基础，所以要研究液力传动汽车的动力性，关键在于其驱动力的分析。

1. 液力传动装置的基本特点

液力传动有偶合器和变矩器两种形式，与汽车上传统的离合器传动比较，离合器的传力性质简单、直观，在离合器正常不打滑的情况下，若不计极小的机械损失，离合器能将发动机发出的动力（转矩和功率）原封不动地传递下去。而液力传动装置（偶合器和变矩器）因结构以液体为工作介质的缘故，其传力性质与离合器存在较大的差别。

液力传动是一种以液体为工作介质的能量转换装置，主要包括能量的输入部件（称为泵轮，接受发动机传来的机械能，并将其转换为液体的动能）和能量的输出部件（称为涡轮，将液体的动能转换为机械能输出）。如果液力传动装置只有以上两个部件，这种传动装置便是液力偶合器；如果除上述两部件外还有一个固定的导流部件（称为导轮，装在泵轮的出口处或入口处），这种传力装置便是液力变矩器。

理论分析和实验都已证明，液力偶合器的涡轮转矩值与泵轮转矩值恒相等，但其作用方向相反；而液力变矩器因有固定导轮的作用，使涡轮输出的转矩值不再与泵轮输入的转矩值相等（或大或小）。

液力传动装置的相似理论也表明，几何相似的液力传动装置的原始特性都是一样的，对液力偶合器和液力变矩器都是如此。所谓原始特性是指几何相似的液力传动装置的基本特性参数（转矩系数 λ、传动效率 η 和变矩比 K 等）随速比 i 的变化关系。应该注意相似理论对分析液力传动装置的特性是极其重要的。

2. 液力变矩器的无量纲特性

先介绍表示变矩器传动性能的三个参数：

液力变矩器变矩比 $$K=\frac{T_T}{T_p}$$

液力变矩器传动效率 $$\eta=\frac{T_T n_T}{T_p n_p}=Ki$$

泵轮转矩系数 $$\lambda_p=\frac{T_p}{\rho g D^5 n_p^2}$$

式中 T_T——涡轮输出转矩；

T_p——泵轮输入转矩；

n_T——涡轮转速；

n_p——泵轮转速；

i——变矩器速比；

ρ——工作油的密度；

D——变矩器的有效直径。

通常情况下，只用 λ_p、K 和 η 这三个参数表示变矩器的特性。其中，λ_p 表示变矩器的穿透性，即涡轮上转矩和转速的变化对泵轮轴上转矩和转速的影响；K 表示变矩器的变矩性，一般车用变距器 K 的最大值为 2 ~ 3；η 表示变矩器的经济性，一般为 84% ~87%，最大可达 89% ~92%。在液力变矩器的台架试验中测得 T_p、T_T、n_p 和 n_T 等数据，就可以得到变矩比 K、速比 i、传动效率 η 以及泵轮转矩系数 λ_p 等无量纲特性，如图 1-14 所示。

泵轮转矩系数 λ_p 与速比 i 的关系表明了变矩器的“透过性”。所谓“透过性”，即指变矩器涡轮载荷的变化对泵轮工况的影响程度。

在任何速比下，泵轮转矩系数维持不变的液力变矩器称为“非透过性”变矩器。这类变矩器，当汽车行驶条件改变时，涡轮轴上转矩的变化，只影响涡轮轴转速的改变，而对泵轮转速无任何影响。非透过性液力变矩器的泵轮转矩与泵轮转速的关系 $T_p = f(n_p)$ 是一条抛物线（见图 1-15），这条曲线与发动机转矩曲线的交点就决定了发动机的转速。只要发动机节流阀不变，当外界阻力发生变化时，汽车运动状况也随之做相应的变化，而发动机的转速是不变的。

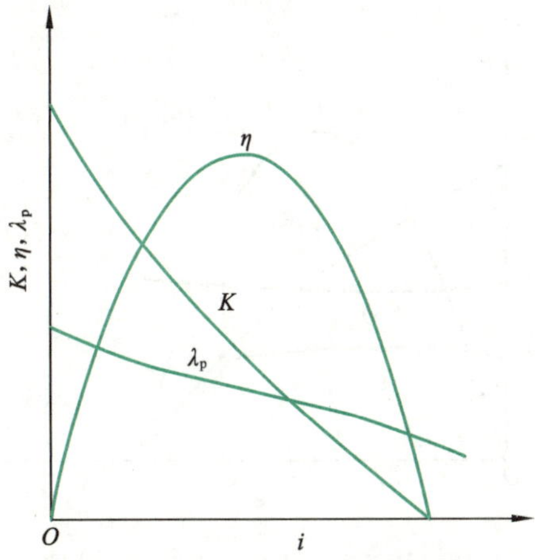

图 1-14　液力变矩器的无量纲特性

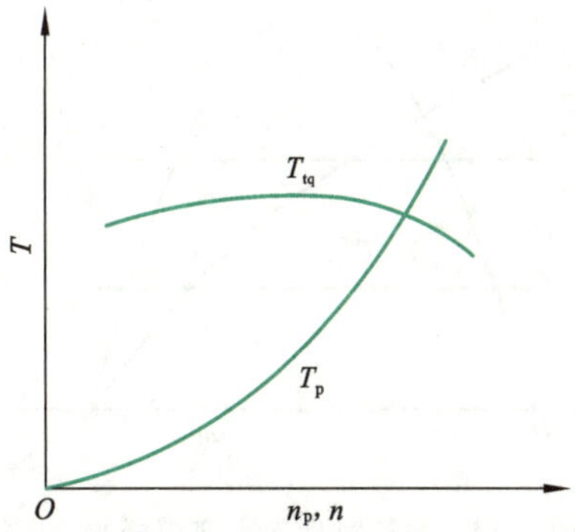

图 1-15　“非透过性”变矩器的转矩曲线与发动机外特性曲线

对“透过性”液力变矩器，汽车行驶阻力的变化、行驶速度的变化，在发动机节流阀开度不变的条件下，会影响到发动机的转速，也就是说，泵轮转矩系数 λ_p 不是一个常数。透过性液力变矩器的泵轮转矩曲线是一组曲线（见图 1-16）。一个速比对应一个 λ_p 值，确定一条泵轮转矩曲线。不同的速比有不同的 λ_p 值，确定了一组泵轮转矩曲线。这些曲线与发动机转矩曲线的交点，就是不同速比时发动机的工作转速。例如，汽车起步时，涡轮转速为 0，即速比 $i=0$，相应的泵轮转矩系数为 λ'_p，发动机以 n'_p 转速运转。随着汽车速度增加，涡轮转速 n_T 增加，速比 i 也加大，这时且 λ'_p 减小到 λ''_p，则发动机转速为 n''_p；汽车速度再增加，n_T 和 i 继续增加，n''_p 再减小至 n'''_p，则发动机转速为 n'''_p。所以，透过性液力变矩器扩展了发动

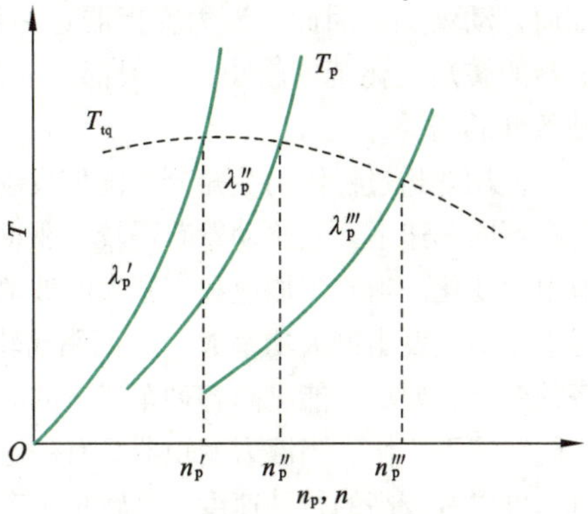

图 1-16　透过性液力变矩器的泵轮转矩曲线与发动机转矩曲线

机运转的转速和转矩范围。

液力变矩器的透过性程度以透过度 p 表示

$$p=\frac{T_{p0}}{T_{pc}}=\frac{\lambda_{p0}}{\lambda_{pc}}$$

式中 T_{p0}——涡轮不转动时，泵轮的转矩；

λ_{p0}——涡轮不转动时，泵轮的转矩系数；

T_{pc}——变矩比 $K=1$ 时，泵轮的转矩；

λ_{pc}——变矩比 $K=1$ 时，泵轮的转矩系数。

$p=1\sim1.2$，为非透过性液力变矩器；$p>1.2$，为透过性液力变矩器。一般轿车 $p\geqslant2$，其他车辆 $p=1.3\sim1.8$。

在发动机节流阀全开时，液力变矩器的输出转矩 T_T 与输出转速的关系曲线称为液力变矩器的输出特性。发动机外特性 T_{tq}-n 曲线与不同速比时液力变矩器转矩曲线的交点，是节流阀全开时发动机与液力变矩器的共同工作点。根据液力变矩器无量纲特性可以求出变矩器的输出特性。图 1-17 所示为非透过性液力变矩器的输出特性。图 1-18 所示为透过性液力变矩器的输出特性。

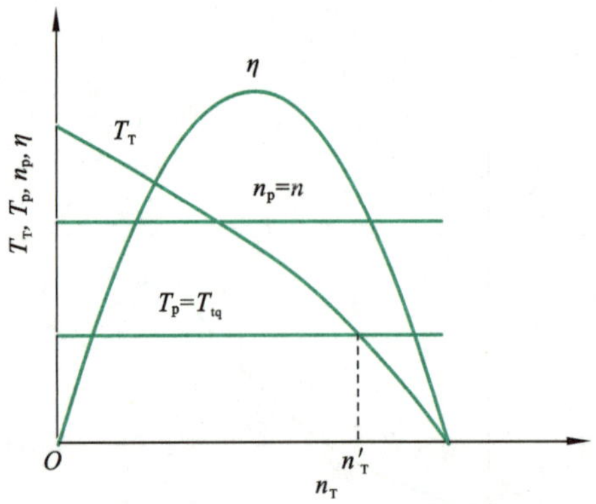

图 1-17 非透过性液力变矩器的输出特性

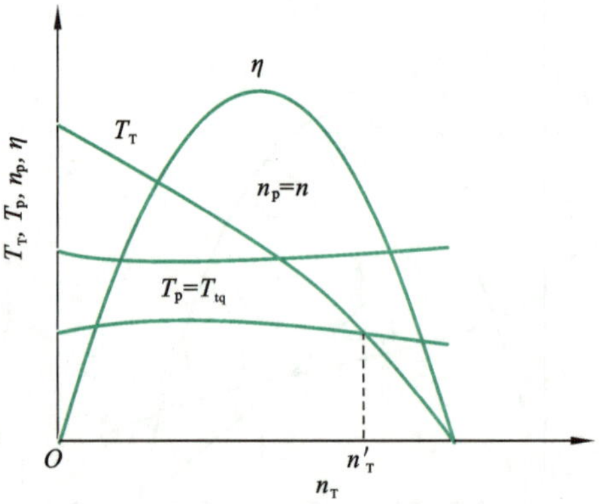

图 1-18 透过性液力变矩器的输出特性

3. 装有液力变矩器汽车的动力性

装有液力变矩器的汽车，由于液力变矩器的变矩比 K 随速比 i 的减小而增加，即随涡轮转速的降低而增加，所以汽车起步时转矩较大，并且保证传动系传动比随汽车阻力的增加而自动增加。因此，液力变矩器是一种无级变速器，能扩大转矩的变化范围。但液力变矩器的转矩变化范围较小，一般都同三挡、四挡自动机械变速器串联使用，以适应汽车行驶条件的需要。

使用非透过性液力变矩器，能使发动机在节流阀全开时，处于 n_p 转速下发出最大功率，能在不同车速下，使驱动轮获得较大驱动力。但液力变矩器的传动效率随着速比 i 的不同而有很大变化。当起步加速和克服大的坡道阻力时，速比 i 很小，液力变矩器处于低效率工况，尽管发动机发出最大功率 P_{emax}，而驱动轮上的驱动功率并不很大。考虑到液力变矩器传动效率的变化，要尽可能提高各种车速下的驱动力，液力变矩器应该是透过性的，使发动机能在不同转速下工作。当液力变矩器具有一定透过性时，涡轮轴可以得到较大的转速 n_T，也就是汽车可以有较高的行驶速度，其转矩也有所增加，并有较宽的高效率工作范围。

这样，汽车起步时，可从发动机获得较大转矩，而随着汽车加速的需要，发动机的转速增加，使汽车可以获得较高的速度，因而改善了汽车的动力性。

加速时，涡轮的转速逐渐提高，涡轮输出转矩逐渐减小。当 $n_T = n'_T$时，$K = 1$，涡轮输出转矩等于泵轮输入转矩。若进一步提高速比，$T_T < T_p$，则效率下降，液力变矩器处于不利的工况。所以，现代汽车采用综合式液力变矩器，在 $K = 1$ 后，液力变矩器就转入液力偶合器工况。

为了提高燃油经济性，有的汽车上的液力变矩器在 $K = 1$ 时，发动机功率直接由锁止离合器进行传递，液力变矩器的效率接近100% 。汽车的动力性和燃油经济性都得到提高。

所以，综合式液力变矩器和带有锁止离合器的液力变矩器，防止了高速区传动效率的降低而提高了汽车的动力性与燃油经济性。

装有液力变矩器的汽车，在低速下能发出很大的驱动力并稳定行驶，对于在松软地面或雪地行驶的越野性也有重大意义。

在高速行驶时，装有液力变矩器的汽车的动力性并无改善。装有锁止离合器的液力变矩器，高速行驶时，驱动力与一般齿轮变速器的相等，所以动力性仍能有所改善。

液力变矩器在各种汽车上应用日益广泛的主要原因，并不着眼于改善汽车在良好路面上的动力性，而是使操作轻便，不会由于阻力过大而导致发动机熄火，因此能显著地减轻驾驶人的劳动强度，也适合于驾驶技术不高的人驾驶。

九、影响汽车动力性的主要因素

为了提高汽车的动力性，使汽车具有合理的动力性参数，必须对影响汽车动力性的各种因素进行分析。从对汽车行驶方程式的分析中可知，汽车的动力性与汽车结构参数和使用条件密切相关。

1. 发动机参数的影响

发动机功率越大，汽车的动力性越好。设计中发动机最大功率的选择必须保证汽车预期的最高车速。

最高车速越高，要求的发动机功率越大，其后备功率也大，加速爬坡能力必然较好。但发动机功率不宜过大，否则在常用条件下，发动机负荷过低，燃料消耗增加。

单位汽车质量所具有的发动机功率称为比功率或功率利用系数。

发动机外特性曲线形状对动力性也有较大的影响。图 1-19 所示为两台发动机的外特性曲线，但其最大功率与其相对应的转速相等。由图可见，外特性曲线 1 的后备功率较大，使汽车具有较大的加速能力和上坡能力，因而动力性能较好。同时使汽车具有较低的临界车速，换挡次数可以减少，因而有利于提高汽车的平均行驶速度。

2. 传动系参数的影响

（1）传动系机械效率

传动系损失功率可表示为 $P_T = P_e(1 - \eta_T)$，可见传动系机械效率越高，传动损失越小，发动机有效功率更多地转变为驱动功率，汽车动力性好。目前可在润滑油中加入减磨添加剂和选用黏度适当且受温度影响小的润滑油，对提高传动效率有明显效果。

（2）主减速器传动比

当变速器处于直接挡时，主减速器传动比将直接影响汽车的动力性。

图 1-20 所示为其他条件相同而主减速器传动比不同的直接挡功率平衡图，只有当$i_0 = i_{02}$时，汽车的最高车速 u_{amax} 等于发动机最大功率相对应的车速，即 $u_{amax} = u_p$ 最高，此时得到 u_{amax} 的最大值。其他条件不变，无论使主减速器传动比 i_0 增大还是减小，都使汽车的最高车速降低。

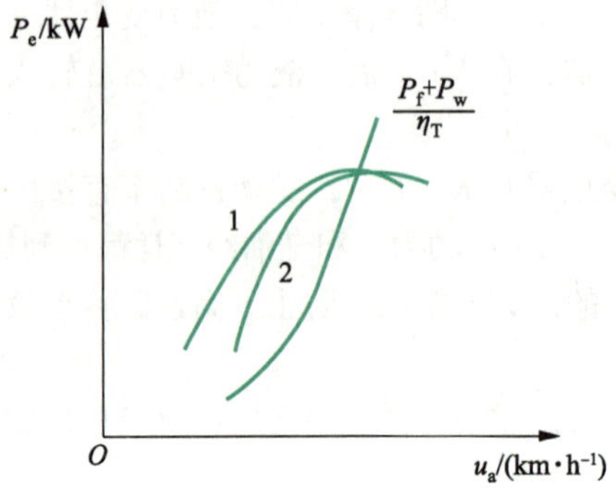

图 1-19　外特性曲线形状不同的汽车动力平衡图

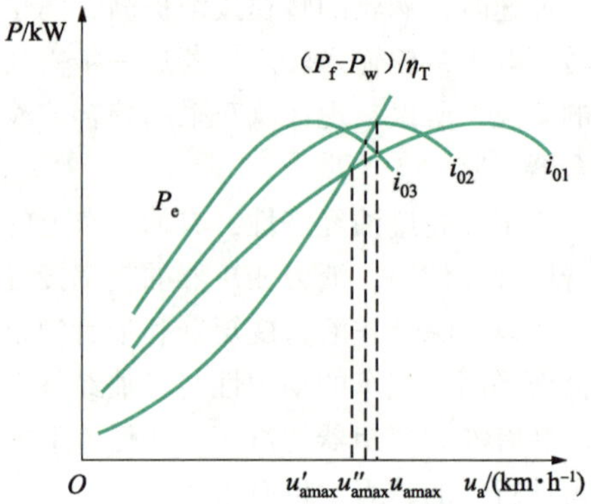

图 1-20　主减速器传动比不同时的功率平衡图

（3）变速器的挡数

变速器挡数增加，发动机在接近最大功率工况下工作的机会增加，发动机的平均功率利用率高，可得到的后备功率大。例如，在两挡变速器的一挡与直接挡之间增加两个挡位时，如图 1-21 所示，汽车的最高车速和最大爬坡度均不变。但在一定的速度范围，可利用的后备功率增大了（图 1-21 中阴影线表示的区域），有利于汽车的加速和上坡。

（4）变速器传动比

变速器一挡传动比对汽车动力性影响最大。传动比越大，汽车的最大爬坡度越大。但必须满足附着条件，当一挡发出最大驱动力时，驱动轮不应产生滑转。

变速器各挡的传动比应按等比级数分配，这样汽车在换挡加速过程中功率利用程度最高，加速时间最短。

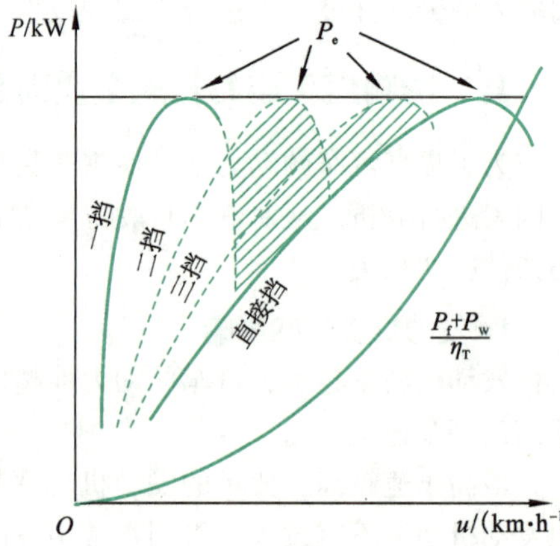

图 1-21　变速器的挡数对汽车动力性的影响

3. 汽车总质量的影响

汽车总质量对汽车的动力性有很大影响，除了空气阻力外，所有运动阻力都与汽车总质量有关。在其他条件相同的情况下，汽车总质量增加，则汽车动力性下降。所以，减轻汽车自重，会改善汽车动力性能。

在货车中，为了提高运货量，采用挂车，则汽车的总质量增加，汽车的动力性变差。但是，由于运货量增加，只要运输生产率增加，对汽车运输仍是有利的。

4. 使用因素的影响

汽车的动力性能还在不同程度上受到汽车运行条件的影响，如道路、气候、海拔、驾驶技术、技术维护与调整、交通规则与运输组织等。在汽车使用过程中，加强维护，采用正确的驾驶方法、合理的运输组织，充分发挥汽车的动力性能，以提高运输速度与运输生产率。

十、汽车动力性的检测标准

汽车动力性检测项目主要有加速性能检测、最高车速检测、汽车底盘输出功率检测。动力性检测可依据的标准：GB/T 18344—2016《汽车维护、检测、诊断技术规范》、

GB 38900—2020《机动车安全技术检验项目和方法》、GB 7258—2017《机动车运行安全技术条件》。

文本

GB/T 18276–2017

在用营运车辆动力性要求：

车辆动力性以 GB/T 18276—2017《汽车动力性台架试验方法和评价指标》中规定的汽车动力性评价指标如下：

① 汽车在发动机最大扭矩工况或额定功率工况时的驱动轮输出功率。

② 汽车在发动机额定功率工况或最大扭矩工况下的驱动轮轮边稳定车速。

采用驱动轮轮边稳定车速作为评价指标时，压燃式发动机车辆采用额定功率工况，点燃式发动机车辆采用最大扭矩工况；在进行维修质量监督抽查或对动力性检测结果有异议时，采用驱动轮输出功率作为评价指标。

汽车动力性检测结果限值规定如下：

① 驱动轮输出功率限值。最大扭矩工况下，驱动轮输出功率限值为最大扭矩点功率 P_m 值的 51%；额定功率工况下，驱动轮输出功率限值为额定功率 P_e 值的 49%。

② 驱动轮轮边稳定车速限值。额定功率工况下，驱动轮轮边稳定车速限值取 V_e；最大扭矩工况下，驱动轮轮边稳定车速限值取 V_m。

汽车动力性检测结果判定方法如下：

① 采用最大扭矩工况或额定功率工况的驱动轮输出功率评价时，当校正驱动轮输出功率大于或等于限值，判定该车动力性为合格。

② 采用额定功率工况下的驱动轮轮边稳定车速评价时，当驱动轮轮边稳定车速 V_w 大于或等于 V_e 时，判定该车动力性为合格。

③ 采用最大扭矩工况下的驱动轮轮边稳定车速评价时，当驱动轮轮边稳定车速 V_w 大于或等于 V_m 时，判定该车动力性为合格。

当校正驱动轮输出功率或驱动轮轮边稳定车速小于限值时，允许复检一次。一次复检合格，则判定该车动力性为合格。当检测结果和复检结果均小于限值，判定该车动力性为不合格。

知识拓展

汽车底盘测功试验台

1. 汽车底盘测功试验台的功能

汽车底盘测功在滚筒式底盘测功试验台上进行，该试验台又称底盘测功试验台或底盘测功机，是一种汽车底盘综合性能检测设备，其基本功能有：

① 测试汽车驱动轮输出功率。

② 测试汽车的加速性能。

③ 测试汽车传动系的传动效率和汽车的滑行能力。

④ 校验车速表。

辅以油耗计和废气分析仪等设备，该试验台还可以检测汽车燃油经济性和废气排放性能等。

2. 汽车底盘测功试验台的结构原理

滚筒式底盘测功试验台一般由滚筒装置、功率吸收装置（又称加载装置）、测量装置和辅助装置四部分组成。图 1-22 所示为国产 DCG-10C 型汽车底盘测功试验台机械部分的结构示意图，该试验台适用于轴载质量不大于 10 t、驱动轮输出功率不大于 150 kW 的滚筒式试验台。

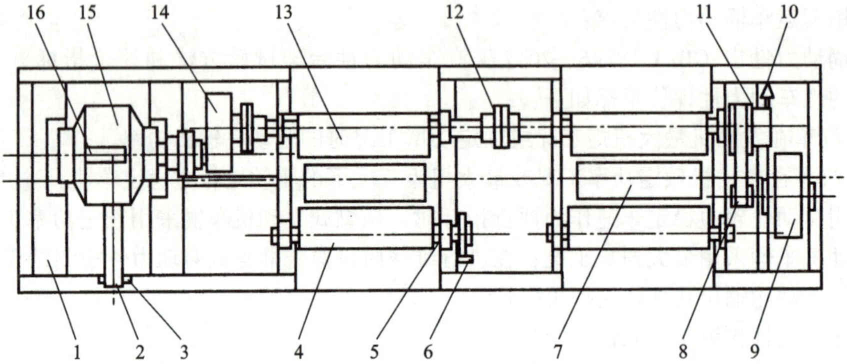

图 1-22 国产 DCG-10 C 型汽车底盘测功试验台机械部分的结构示意图

1—框架；2—测力杠杆；3—压力传感器；4—从动滚筒；5—轴承座；6—速度传感器；7—举升装置；8—传动带轮；9—飞轮；10—电刷；11—离合器；12—联轴器；13—主动滚筒；14—变速器；15—电涡流测功器；16—冷却水入口

(1) 滚筒装置

滚筒相当于连续移动的路面，被检汽车的车轮在其上滚动。常用的有单滚筒和双滚筒两种，如图 1-23 所示。

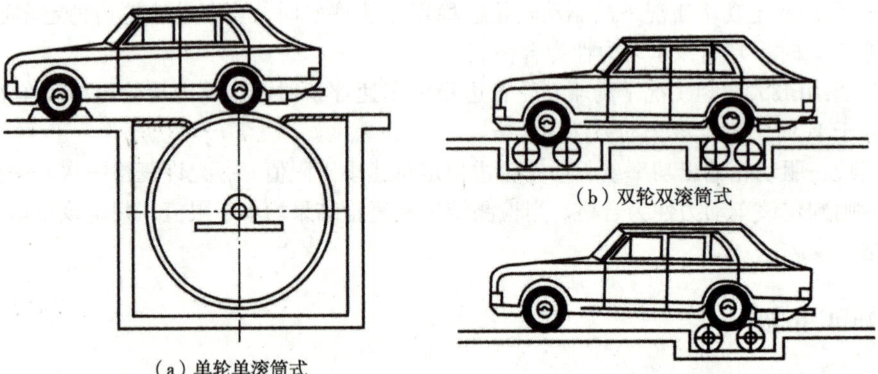

(a) 单轮单滚筒式

(b) 双轮双滚筒式

(c) 单轮双滚筒式

图 1-23 滚筒装置的类型

① 单滚筒试验台：支撑汽车两边驱动车轮的滚筒均为单个滚筒的试验台，称为单滚筒试验台。单滚筒试验台的滚筒直径一般较大，车轮与滚筒的接触更接近与路面接触的实际情况，使轮胎与滚筒的滑转率小、滚动阻力小，因而测试精度较高。但这种试验台的制造、安装、检测都比较复杂，且成本较高，不适用于汽车维修企业、汽车检测站等生产性试验。

② 双滚筒试验台：支撑汽车两边驱动车轮的滚筒均为两个滚筒的试验台称为双滚筒试验台。双滚筒试验台的滚筒直径较小，车轮与滚筒的接触与其在路面上不一样，致使滑转率增大，滚动阻力增大，滚动损失增加，故测试精度较低。但这种试验台结构简单，安装、使用方便，且成本较低，因而适用于汽车制造单位、维修企业和交通管理部门，其中单轮双滚筒试验台应用更为广泛。

(2) 功率吸收装置（即加载装置）

在底盘测功试验台上进行测功试验时，用试验台上的功率吸收装置模拟车辆在道路上行驶时受到的各种阻力，使汽车在试验台上的受力情况同行驶在道路上基本一致。功率吸收装置吸收并测量汽车发动机经传动系传至驱动车轮上的功率和牵引力。常用的功率吸收装置有水力测功器、电力测功器和电涡流测功器。

① 水力测功器：用水作为制动介质，水在测功器的转子和定子之间起连接作用，而形成制动力矩。通过调节进出水量，可以得到不同的制动功率。在水流量一定时，测功器的制动转矩随转子转速的增加而提高。这种测功器精度较低，目前应用较少。

② 电力测功器：电力测功器又称为平衡电机，作为负载用时相当于直流发电机，可以吸收功率；作为驱动机械用时相当于直流电动机，可以输出功率。利用电子控制的电力测功器能很好地模拟汽车的行驶阻力和惯性力，扩大了滚筒试验台的适用范围。但制造成本较高，一般科研单位使用较多。

③ 电涡流测功器：电涡流测功器具有测量精度高、振动小、结构简单且易于调控、并具有较宽的转速和功率范围，因此，汽车检测站和汽车维修企业使用的滚筒式底盘测功试验台，多采用电涡流测功器，如图1-24所示。

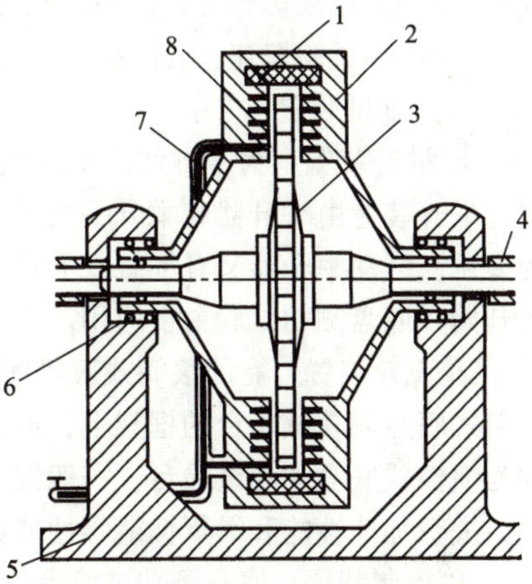

图1-24　水冷电涡流测功器

1—励磁线圈；2—定子；3—转子；4—联轴器；5—底座；6—轴承；7—冷却水管；8—冷却室水沟

电涡流测功器的定子内部沿圆周布置有励磁线圈和涡流环，转子在励磁线圈和涡流环内转动。转子的外圆上加工有或镶有与圆柱齿轮相仿的、均匀分布的齿与槽，齿顶与涡流环留有一定空气隙。

当励磁线圈通以直流电时，在其周围形成磁场，磁感线通过转子、空气隙、涡流环和定子形成闭合磁路。由于转子外圆上的齿与槽是均布的，因而转子周围的空气隙也大小相间地均布，通过的磁感线也疏密相间。当转子旋转时，这些疏密相间的磁感线也同步旋转。由于通过涡流环上任一点的磁感线是呈周期性变化的，因而在涡流环上感生涡电流。该涡电流与产生它的磁场相互作用而产生了对转子的制动力矩，因而测功器吸收了驱动车轮的输出功率。通过调节励磁电流的大小，可以改变制动力矩（即吸收功率）的范围。电涡流测功器将吸收的功率而产生的涡电流转化为热能，因此涡流环的温度较高，需对其进行冷却，冷却方式有风冷式和水冷式两类。

（3）测量装置

测功器不能直接测出汽车驱动轮的输出功率值。需要测出旋转运动时转速和转矩，或直线运动时的速度与牵引力，再换算成其功率值。所以，测功试验台必须配有测力装置与测速装置。

① 测力装置：测力装置用于测驱动车轮的驱动力。驱动车轮对滚筒施加的驱动力所形成的转矩，由测功器定子与转子间的制动作用而传给可摆动的定子，定子则通过一定长度的测力杠杆2（见图1-22）传给测力装置，然后由指示装置显示出来。

常用的测力装置有机械式、液压式和电测式三种形式，目前应用较多的是电测式。电测式测力装置一般在测力杠杆外端安装压力传感器3（见图1-22），将测力杠杆传来的力变成电信号，经处理后送到指示装置，再由指示装置显示出来。

② 测速装置：底盘测功试验台在进行测功、加速、等速、滑行和燃料经济性等试验时，都需要测试试验车速，因此必须配备测速装置。测速装置多为电测式，一般由速度传

感器6（见图1-22）、中间处理装置和指示装置组成。常见的速度传感器有磁电式、光电式和测速发电机等形式，它们安装在从动滚筒一端，随滚筒一起转动，能把滚筒的转动转变为电信号。与测速发电机配套的指示装置是一电压计，电压计的刻度盘以 km/h 标定。

③ 功率指示装置：如果测力装置为电测式，指示装置能直接指示驱动车轮的输出功率。特别是微机控制的底盘测功试验台，测力传感器和速度传感器输出的电信号送入微机处理后，可在指示装置上直接显示驱动轮的输出功率数值。

测力装置为机械式和液压式的试验台，其指示装置仅能指示驱动车轮的驱动力，驱动车轮的输出功率 P_k(kW) 应根据测得的驱动力和对应的试验车速按下式计算

$$P_k=\frac{Fu}{3\,600}$$

式中　F——驱动车轮的驱动力，N；

u——试验车速，km/h。

（4）辅助装置

① 举升装置：为了方便汽车进出底盘测功试验台，在主、从动滚筒之间设有举升装置。举升装置由举升器和举升平板组成。举升器有气动、液动和电动三种形式，以气动最为多见。气动举升器又有气缸式和气囊式之分，气囊式结构简单、制造容易、成本低廉，已开始在底盘测功试验台上应用。

② 飞轮装置：有的滚筒式底盘测功试验台还装有飞轮装置。飞轮由滚动轴承支撑在滚筒式底盘测功试验台的框架上，通过离合器与主滚筒相连。带有飞轮的底盘测功试验台称为惯性式底盘测功试验台，一般按照被测汽车的质量选取飞轮质量，模拟汽车的旋转惯量，进行加速性能和滑行性能等性能试验。飞轮的质量一般按照被测车辆的质量选取。

③ 控制装置：底盘测功试验台的控制装置和指示装置往往制成一体，安置在底盘测功试验台机械部分左前方，呈柜式结构，便于操作和观察。图1-25所示为国产DCG-10C型底盘测功试验台控制柜面板图，通过操作控制柜面板上的按键和旋钮控制试验过程，结合显示窗、功能灯、警告灯和指示灯等显示试验结果。带有打印机的底盘测功试验台，还可打印出所测数据或曲线图。多数测功试验台附有供被检车辆发动机散热器用的冷风装置和为防止被检车辆在检测时驶出滚筒的纵向约束装置（三角木和钢质索链）。

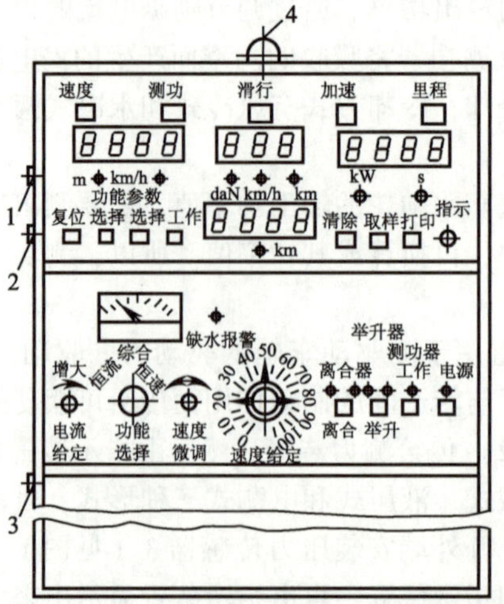

图1-25　国产DCG-10C型底盘测功试验台控制柜面板图

1—取样盒插座；2—打印机数据线插座；3—打印机电源线插座；4—警告灯

第五轮仪

在道路试验中检测车辆的整车性能时，经常要使用第五轮仪，可以测出车辆行驶的距离、时间和速度。当第五轮仪用于检测车辆的制动性能时，能测出制动距离、制动时间和制动初速度。

结构原理：在进行车辆道路试验时，为了测量车辆的行程和速度，虽然可以利用汽车的里程表和速度表，但这种方法不够准确。因为车辆驱动轮的滚动半径直接受着驱动力矩、地面对轮胎的切向反作用力、车轴载荷、轮胎气压及磨损程度等因素的影响。此外，车用里程表和速度表本身的精度也较低。为了消除这些因素对测量精度的影响，在车辆旁边附加一个测量用的轮子，故称第五轮仪。第五轮仪一般由传感器部分和记录仪部分组成，并附带一个脚踏开关。传感器部分与记录仪部分由导线（信号线）连接。脚踏开关带有触点的一端套在制动踏板上，另一端接在记录仪上。

① 传感器部分：传感器的作用是把汽车行驶的距离变成电信号。它一般由充气车轮、传感器、支架、减振器和连接装置等组成，如图1-26所示。充气车轮为轮胎式，安装在支架上，支架通过连接装置固定在汽车的侧面或尾部的车身上。在减振器压簧的作用下，充气车轮紧贴地面，并随汽车的行驶而滚动。对于四轮汽车来说，安装上去的充气车轮就像汽车的第五轮一样，故称为第五轮仪。当充气车轮在路面上滚动一周时，汽车行驶了充气车轮周长的距离。在充气车轮中心处安装有传感器，可以把轮子在路面上滚动的距离变成电信号。

常用的传感器有光电式和磁电式两种类型。

光电式传感器是在轮子的中心一侧固定有圆形的光孔板，其上沿圆周均布有若干小孔，在小孔的两侧分别装有光源和光敏管。光源和光敏管固定在支架上。当轮子转动时，光孔板随之转动。每转过一个小孔，光源的光线穿过小孔照射光敏管一次，光敏管就产生一个电脉冲信号，并通过导线送入记录仪。国产F15-3型第五轮仪使用的光孔板加工有155个小孔，轮子旋转一周传感器发出155个电信号。

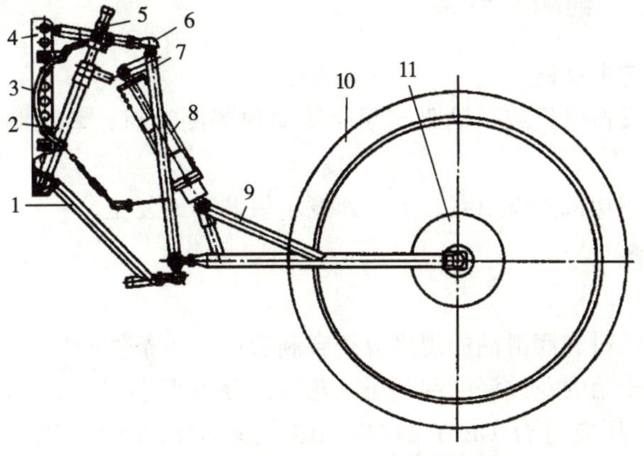

图1-26 第五轮仪的传感器部分

1—下臂；2—调节机构；3—固定板；4—上臂；5—手把；6—活节头；7—立架；8—减振器；9—支架；10—充气车轮；11—传感器

磁电式传感器也是安装在轮子的中心，由永磁环、线圈、内齿环、外齿盘和车轴等组成，并形成闭合磁回路。内齿环沿圆周加工有内齿，与充气车轮固装在一起。外齿盘沿圆周加工有外齿与车轴固装在一起，车轴固装在支架上，工作中不转动。当轮子旋转时，内齿环围绕外齿盘转动，二者之间的间隙发生变化，于是闭合磁路的磁阻发生变化，通过线圈的磁通量发生变化，线圈两端则输出类似正弦波的电信号。国产 WLY-5 型微机五轮仪使用的外齿盘上加工有 176 个齿，当轮子旋转一周时，传感器发出 176 个电信号。轮子周长为 1 760 mm，随轮胎充气压力的变化而变化。

② 记录仪部分：记录仪的作用是把传感器送来的电信号和内部产生的时间信号，进行控制、计数并计算出车速，然后指示出来。电子式记录仪，如 PT5-3 型等五轮仪的记录仪，是由测距、测时、测速、音响和稳压等部分组成的，整机各元件均安装在一个金属盒子内，从传感器送来的电信号，经整形电路整形成矩形脉冲后通过控制器。其中一路送入测距电路进行测距计数，再经数据选择器及译码器由荧光数码管直接显示汽车行驶距离；另一路送入车速计数电路，通过时标电路以 0.36 s 瞬时车速值通过寄存器、译码器，由另一组数码管直接显示汽车行驶速度。测时则是把从石英谐振器经分频电路取出的 1 kHz 频率，通过控制器送入测时计数器进行以毫秒为单位的测时计数，并通过数据选择器、译码器由荧光数码管直接显示汽车行驶时间。制动系反应时间的检测是通过一个传感器——附有磁钢的摆锤完成的。当车辆制动时，从驾驶人的脚踩上制动踏板（脚踏开关的触点闭合）时开始时间计数，到车辆刚出现减速度，摆锤因惯性作用向前摆动时，干簧管受摆锤磁钢影响闭合后送出闭合信号，数码管立即停止时间显示，因而测出了制动系的反应时间。

套在制动踏板上的脚踏开关，当驾驶人踩制动踏板时闭合，通过导线输入记录仪作为测量制动距离、制动系反应时间和制动全过程时间等的开始信号。

任务实施

台架检测具有不受外界试验条件与环境条件的影响，试验周期短，节省财力，测量方便等优点，因此，车辆使用过程中的动力性检测主要在底盘测功机上进行，下面将着重介绍用底盘测功试验台检测汽车动力性能。

一、汽车动力性检测（台架）

1. 汽车底盘测功机准备

① 预热。采用反拖电机或车辆驱动滚筒转动预热测功机，直至测功机滑行时间趋于稳定。

② 示值调零。测功机静态空载、力、速度示值调零或复位。

2. 受检汽车准备

① 车辆空载。

② 车辆使用的燃料和润滑油的规格应符合制造厂技术条件的规定。

③ 检查驱动轴轮胎的花纹深度和气压。花纹深度不得小于 1.6 mm，轮胎中不得夹有杂物；轮胎干燥，气压应符合 GB/T 2977—2016《载重汽车轮胎规格、尺寸、气压与负荷》的规定。

④ 采集受检车辆的以下参数信息：发动机额定功率 P_e，单位为 kW；发动机最大扭矩 M_e，单位为 N · m；发动机最大扭矩转速 n_m，单位为 r/min；货车、自卸车、半挂汽车列车最大总重力 G，单位为 kg；客车车长 L，单位为 mm；汽车驱动轴空载质量 G_P，单位为 kg。

⑤ 车辆应预热至发动机、传动系达到正常工作温度状况，发动机冷却液温度应达到

正常工作温度。

⑥ 关闭汽车正常行驶非必需的附属装备，如空调系统等。

3. 测试方法

测试前，引车员将汽车平稳驶上测功机，置汽车驱动轮于滚筒上，驱动轮轴线应与滚筒轴线平行，固定汽车非驱动轮。测量并记录检测环境的温度、湿度、大气压力。

1）驱动轮输出功率检测

（1）最大扭矩工况检测

根据车辆参数信息按下式计算最大扭矩工况车速，或选取最大扭矩工况车速 V_m 推荐值（参见 GB/T 18276—2017《汽车动力性台架试验方法和评价指标》）：

$$V_m = 0.377 \times \frac{rn_m}{ii_o}$$

式中　r——驱动轮轮胎半径，m；

n_m——最大扭矩转速，当最大扭矩转速为一范围时，取均值，r/min；

i——变速器传动比，i 取 1；

i_o——主减速器传动比。

测试步骤如下：

① 起动汽车，逐步加速，变速器接入直接挡（自动变速器应置于 D 位），使汽车以直接挡的最低车速稳定运转。

② 按公式确定的最大扭矩工况车速设定速度，测功机进行定速测功。

③ 测功机加载，将加速踏板踩到底，待汽车速度在设定速度下稳定 5 s，读取不少于 3 s 内的测功机测得功率的平均值并记录。

在读数期间，实际车速应稳定在设定速度 ±0.5 km/h 范围内。

（2）额定功率工况检测

① 固定好车辆并起动。

② 将加速踏板踩到底，测功机加载扫描最大功率点，记录最大功率点速度 V_p，单位为 km/h。

③ 设定测功机按速度 V_p 进行定速测功，待汽车速度在设定速度下稳定 5 s，读取不少于 3 s 内的测功机测得功率的平均值并记录。

在读数期间，实际车速应稳定在 V_p 的 ±0.5 km/h 范围内。

汽车驱动轮输出功率 P 应按下式计算：

$$P = P_g + P_c + P_f$$

式中　P_g——测功机测得功率，kW；

P_c——测功机内部损耗功率，kW；

P_f——轮胎滚动阻力消耗功率，kW。

测试过程中，测功机内部损耗功率应按下式计算：

$$P_c = \frac{F_{tc}V}{3\ 600}$$

式中　V——检测速度，取值为 V_p 或 V_m，km/h；

F_{tc}——测功机内阻，按表 1-3 取值，或采用反拖法定期分别测量测功机在 50 km/h 和 80 km/h 时的内阻作为额定功率工况和最大扭矩工况测量时的测功机内阻，N。

表 1-3 台架内阻 F_{tc} 推荐值

工　况	二轴四滚筒式台架内阻 F_{tc}/N	三轴六滚筒式台架内阻 F_{tc}/N
额定功率工况	130	160
最大扭矩工况	110	140

轮胎滚动阻力消耗功率 P_f 应按下式计算：

$$P_f = \frac{G_R g f_c V}{3\ 600}$$

式中 g——重力加速度，$g=9.8\ m/s^2$；

G_R——汽车驱动轴空载质量，kg；

f_c——台架滚动阻力系数，最大扭矩点台架滚动阻力系数取 1.5f，额定功率点台架滚动阻力系数取 2f，f 是汽车在水平硬路面上行驶的滚动阻力系数，见表 1-4。

表 1-4 滚动阻力系数值

轮　胎	f
子午胎	0.006
斜交胎	0.010

按照 GB/T 18276—2017《汽车动力性台架试验方法和评价指标》提供的方法，将驱动轮输出功率 P 修正为标准环境状态下的校正驱动轮输出功率 P_0。

2）驱动轮轮边稳定车速检测

（1）额定功率工况检测

① 检测时将车辆固定好。

② 测功机不加载的条件下，起动被检车辆，逐步加速，选择直接挡，测取加速踏板踩到底的最高稳定车速。当最高稳定车速大于 95 km/h（对于危险货物运输车辆，其最高稳定车速大于 80 km/h）时，应降低一个挡位，重新测取最高稳定车速，并按下式计算额定功率车速 V_e：

$$V_e = 0.87 V_a$$

式中 V_a——加速踏板踩到底所挂挡位的最高稳定车速，km/h。

③ 将挡位挂回确定的挡位，逐步踩下加速踏板到最大位置，同时测功机进行恒力加载至$(F_E \pm 20)$N 范围内并稳定 3 s 后，开始测取车速，当 3 s 内的车速波动不超过 ±0.5 km/h 时，该车速即为驱动轮轮边稳定车速 V_w，检测结束。

检测环境下的功率吸收装置加载力 F_E 按下式计算：

$$F_E = F_e - F_{tc} - F_c - F_f - F_t$$

式中 F_e——V_e 车速点，检测环境下发动机达标功率换算在驱动轮上的驱动力，N；

F_{tc}——底盘测功机内阻，N；

F_c——轮胎滚动阻力，N；

F_f——V_e 车速点，发动机附件消耗功率换算在驱动轮上的阻力，N；

F_t——车辆传动系允许阻力，N。

上式中各参数计算如下：

① F_e 的计算：

$$F_e = \frac{3\ 600 \times \eta \times P_e}{\alpha_d \times V_e}$$

式中　η——功率比值系数，$\eta=0.75$；

α_d——压燃式发动机功率校正系数，计算方法见 GB/T 18276—2017 附录 B。

② F_{tc}的计算：F_{tc}按表 1-3 取值，或采用反拖法定期测量测功机在 80 km/h 时的内阻作为 F_{tc}值。

③ F_c的计算：

$$F_c = f_c \times G_R \times g$$

式中　f_c——台架滚动阻力系数，V_e大于或等于 70 km/h 时，f_c取 $2f$；V_e小于 70 km/h 时，f_c取 $1.5f_o$，f按表 1-4 取值。

④ F_f的计算：

$$F_f = \frac{3\,600 \times f_p \times P_e}{V_e}$$

式中　f_p——V_e车速点，发动机附件消耗功率系数。当发动机铭牌（或说明书）功率参数以额定功率表征时，f_p取 0.1；以净功率表征时，f_p取 0.06；以车辆铭牌最大净功率表征时，f_p取 0。

⑤ F_t的计算：

$$F_t = 0.18 \times (f_e - F_f)$$

（2）最大扭矩工况检测

① 检测时将车辆固定好。

② 测功机不加载的条件下，起动被检车辆，逐步加速，选择变速器第 3 挡位，采用加速踏板控制车速，当外接转速表（外接转速表无法稳定测取转速时，可观察发动机转速表）的转速稳定指向发动机最大扭矩转速 n_m时，测取当前驱动轮轮边线速度，记作最大扭矩车速 V_m。当最大扭矩车速 V_m大于 80 km/h 时，应降低 1 个挡位，重新测取最大扭矩车速 V_m。当最大扭矩转速为一范围时，n_m取其均值。当 n_m大于 4 000 r/min 时，按 n_m = 4 000 r/min 测取 V_m。

③ 将挡位挂回上一步确定的挡位，逐步踩下加速踏板，使车速超过 V_m，同时测功机进行恒力加载至($F_M \pm 20$)N 范围内并稳定 3 s 后，开始测取车速，当 3 s 内的车速波动不超过 ±0.5 km/h 时，该车速即为驱动轮轮边稳定车速 V_w，检测结束。

检测环境下的功率吸收装置加载力 F_M，按下式计算：

$$F_M = F_m - F_{tc} - F_e - F_f - F_t$$

式中　F_m——V_m 车速点，检测环境下发动机达标扭矩换算在驱动轮上的驱动力，N。

上式中各参数计算如下：

① F_m的计算：

$$F_m = \frac{0.377\eta M_e n_m}{\alpha_a \times V_m}$$

式中　α_a——点燃式发动机功率校正系数，计算方法见 GB/T 18276—2017。

② F_{tc}的计算：F_{tc}按表 1-3 取值，或采用反拖法定期测量测功机在 50 km/h 时的内阻作为 F_{tc}值。

③ F_c的计算：

$$F_c = f_c \times G_R \times g$$

式中　f_c——台架滚动阻力系数，V_e大于或等于 70 km/h 时，f_c取 $2f$；V_e小于 70 km/h 时，f_c 取 $1.5f_o$，f按表 1-4 取值。

④ F_f的计算：

$$F_f = \frac{0.377 \times f_m \times M_e \times n_m}{V_m}$$

式中　f_m——V_m车速点，发动机附件消耗功率系数，取0.06。

⑤ F_t的计算：

$$F_t = 0.18 \times (f_m - F_f)$$

二、汽车动力性的道路试验（选做）

1. 汽车动力性道路试验

一般而言，这项试验应该满足下面的条件：

① 试验道路应是清洁、干燥、平坦的混凝土或沥青铺成的直线路面，长2~3 km，宽不小于8 m，纵向坡度在0.1%以内；试验必须是无雨无雾天气，相对湿度小于95%，气温0~400 ℃，风速不大于3 m/s。

② 试验汽车的装载质量为厂定的最大装载质量，且装载物均匀分布，固定牢靠，不应随潮湿等条件变化而改变其质量；轮胎气压应符合该试验车技术条件的规定，误差不超过±10 kPa。

③ 试验车使用的燃料与润滑油（脂）和制动液的牌号和规格应符合该车技术条件和现行国家标准的规定，同一次试验必须使用同一批燃料和润滑油。

④ 试验用仪器、设备必须经过检定，符合精度要求。

2. 汽车最高车速试验

试验前应检查试验汽车的转向机构、各部分紧固件的紧固情况及制动系的效能。试验应关闭车门窗，以保证试验安全。

在符合试验条件的道路上，选择中间200 m为测量路段，并用标杆做好标记，测量路段两端为试验加速区间。选择合适的加速区间，使汽车在驶入测量路段前能够达到最高的稳定车速。试验汽车在加速区间以最佳的加速状态行驶，在到达测量路段前保持变速器（及分动器）在汽车设计最高车速的相应挡位，节气门全开，使汽车以最高稳定车速通过测量路段，以秒表或光电测时仪记录通过时间（也可以用第五轮仪直接测出汽车车速）。试验往返各进行一次，记录试验结果。

3. 汽车加速性能试验

测定汽车进行加速试验前应检查汽油发动机节气门以保证能全开，柴油发动机喷油泵供油拉杆行程应能达到最大位置。

汽车最高挡或次高挡加速性能试验，是在试验路段上选取合适长度的路段，作为加速性能的测试路段，在两端放置标杆作为记号。汽车在变速器预定挡位，以稍高于该挡最低稳定车速起（选5的整数倍的速度，如30 km/h、35 km/h、40 km/h）做等速行驶，用第五轮仪监测初速度。当车速稳定后（±1 km/h），驶入试验路段，迅速将加速踏板踩到底，使汽车加速行驶至该挡最高车速的80%以上。对于轿车应达到100 km/h以上，用第五轮仪记录汽车的初速度和加速行驶的全过程。试验往返各进行一次，往返加速试验的路段应重合。

汽车起步连续换挡加速性能试验时，将汽车停于试验路段一端，变速器置于该车的起步挡位（Ⅰ挡或Ⅱ挡），迅速起步，并将加速踏板快速踩到底，使汽车尽快加速行驶，当发动机达到最大功率转速时，力求迅速无声地换挡，换挡后立即将节气门全开，用等五轮仪测定汽车加速行驶的全过程，往返各进行一次，往返试验的路段应重合，记录试验结果。

4. 汽车上坡能力试验

为了测定汽车的最大爬坡度，应有一系列不同坡度的坡道，其长度应大于汽车长度的2~3倍。试验时汽车使用传动系最低挡，以临界车速驶至坡前，随即迅速将节气门全开，直至试验终了。这样汽车满载所能通过的最陡坡道，便是汽车的最大爬坡度。

三、检测结果分析

当被测车辆的检测结果低于标准值时，说明驱动轮输出功率不足。其原因主要有两个方面：一是发动机技术状况不良，本身输出功率低；二是传动系的功率损失大。发动机的功率可用无负载测功方法来检查，传动系的功率损失可能在离合器、变速器（分动器）、中央制动器、万向传动机构、主减速器、差速器和轮毂等处，可利用底盘测功机反拖试验来确定。

汽车使用中，机械效率随着传动系技术状况的变化而变化。新车的机械效率并不是最高，只有传动系完全走合后，各部调整最佳时，才使机械效率达到最大值，滑行距离最长。随着车辆的继续使用，磨损逐渐扩大、润滑条件变差，配合情况逐渐恶化，摩擦损失也逐渐增加，因而机械效率也就逐渐降低。所以底盘测功机能为评价底盘总的技术状况提供重要的参考数据。

四、安全事项

① 超过试验台允许轴重或轮重的车辆一律不准上试验台进行检测。

② 走合期间的新车和大修车不宜进行底盘测功。

③ 检测过程中，切勿拨弄举升器托板操纵手柄，车前方严禁站人，以确保检测安全。

④ 检测额定功率和最大扭矩相应转速工况下的驱动轮输出功率时，一定要开启冷却风扇并密切注意各种异响和发动机的冷却水温。

⑤ 试验台不检测期间，不准在上面停放车辆。

任务评价（工作单）

姓名__________ 日期__________

汽车底盘输出功率的检测

完成此工作单后，你将应该能够正确使用底盘测功机检测底盘输出功率。

工具和材料

一辆实训用汽车（教师可预先设定故障或情景）及其维修手册，底盘测功机及其说明书。

所检测汽车的描述

制造年份__________ 制造商__________

VIN __________ 型号__________

发动机型号__________ 车辆行驶里程__________

步骤

1. 试验台的准备

① ____。

② ______________________________。
③ ______________________________。
④ ______________________________。
⑤ ______________________________。

2. 被测车辆的准备

① ______________________________。
② ______________________________。
③ ______________________________。

3. 检测方法

4. 检测结果

______________________________。

5. 结果分析

汽车底盘输出功率的检测考核评分表

时间：40 min　班级：________　考生姓名：________

序号	考核内容	配分	评分标准	扣分	得分
1	正确选择并使用工具	10	工具、仪器选择使用不当，一次扣 3 分		
2	检测前的准备	10	仪器及设备调整不当，一次扣 5 分		
3	检测进程	30	按照正确操作步骤检测，不当一次扣 5 分		
4	结果的处理和分析	20	根据检测结果，能进行正确的分析，不当一次扣 5 分		
5	整理工具，清理现场	10	每缺一项扣 5 分		
6	着装及安全文明生产	10	因违规操作，发生人身和设备事故，记 0 分		
7	按时完成	10	每超时 1 min 扣 5 分，超时 3 min 结束考核		
8	分数合计				

操作时间：________　考核教师：________

习　　题

1. 汽车动力性的评价指标是什么？
2. 汽车行驶时有哪些行驶阻力？
3. 试说明轮胎滚动阻力的定义、产生机理和作用形式。
4. 滚动阻力系数与哪些因素有关？
5. 空气阻力由哪几部分组成？降低空气阻力系数的结构措施有哪些？
6. 什么是汽车的附着力？影响附着系数的因素是什么？

7. 试分析影响汽车动力性的因素。
8. 汽车的驱动与附着条件是什么？写出其表达式。
9. 什么是传动系的机械效率？它与哪些因素有关？
10. 根据汽车的驱动力-行驶阻力图分析汽车的动力性。
11. 根据汽车的动力特性图分析汽车的动力性。
12. 超车时该不该换入低一挡的排挡？
13. 空车、满载时汽车动力性有无变化？为什么？
14. 试述动力性道路试验的方法。
15. 汽车底盘测功机有哪几种类型？简述其基本组成。
16. 汽车发动机功率、转矩和转速的关系是什么？

任务2 汽车的燃料经济性检测

学习目标

☑ 掌握汽车燃油经济性评价指标；

☑ 掌握汽车燃油经济性试验方法；

☑ 了解常有油耗仪的结构及工作原理。

任务描述

在汽车运输成本中燃料消耗费用占总费用的比重较高，所以燃料消耗费用的降低意味着汽车运输成本的下降和经济效益的提高。

汽车燃料消耗降低，可以节省石油资源，减少国家对进口石油的依赖性；同时也降低发动机产生的碳排放，起到减少温室气体，防止地球变暖的作用。

滑行性能的好坏关系到车辆运行的燃料消耗的多少，若车辆的滑行性能好，加上驾驶人的合理驾驶，可以节省大量的燃料；滑行性能的好坏也能反映出对车辆传动系、行驶系等的装配、调整、润滑油的使用等状况，也就是车辆的维修保养情况亦可以从滑行性能中反映出来。

本任务是利用底盘测功机来测量在用车的等速百千米油耗和滑行距离（见附录B道路运输车辆性能检验记录单），并与国家标准进行比较，判断是否合格，分析不合格的原因。

相关知识

汽车的燃料经济性是指汽车以最小的燃料消耗完成单位运输工作量的能力，或指单位行程的燃料消耗量。汽车的燃料经济性是汽车的主要性能指标之一。

一、燃料经济性的评价指标

视频

燃料经济性的评价指标

评价汽车燃料经济性的指标很多，不同国家所采用的评价参量是不同的，大致有以下几种：

（1）每升燃油行驶里程

每升燃油行驶里程表示汽车消耗1 L燃油可行驶的里程数。常用单位是km/L。

（2）百公里燃油料消耗量 Q_s

百公里油耗量表示汽车每行驶100 km所消耗的平均燃油量（以体积计算），常用单位为L/100 km。

（3）百吨公里燃料消耗量 Q

百吨公里燃料消耗量表示汽车运行过程中，每完成100 t · km运输量所消耗的燃油量，常用单位为L/(100 t · km)。

在我国及欧洲，燃油经济性指标的单位为L/100 km，其数值越大，汽车的燃油经济性就越差。美国为MPG（miles per gallon），指每加仑燃油能行驶的英里数（1 mile = 1 609.344 m），其数值越大，汽车的燃油经济性就越好。

二、不同工况的油耗

1. 等速行驶工况百公里燃料消耗量

等速百公里燃料消耗量指汽车在一定载荷下（我国标准规定轿车为半载，货车为满载），以最高挡在水平良好路面按某一车速等速行驶100 km的燃料消耗量。在试验时，测出每隔10 km/h或20 km/h速度间隔的等速百公里燃料消耗量，然后连成曲线，即可得到汽车的等速行驶百公里燃料消耗量曲线，用它来评价汽车的燃油经济性，如图2-1所示。

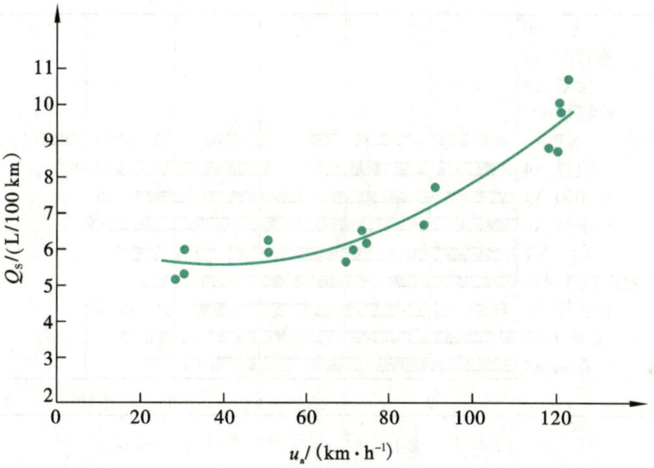

图2-1　汽车等速行驶百公里燃料消耗量曲线

图2-2、图2-3、图2-4分别为排量1.8 L的汽车在车速60 km/h、90 km/h、120 km/h油耗的比较。

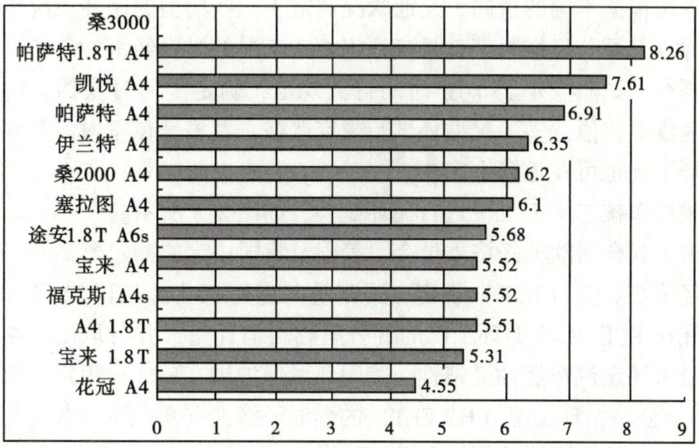

图2-2　排量1.8 L的汽车在车速60 km/h油耗的比较

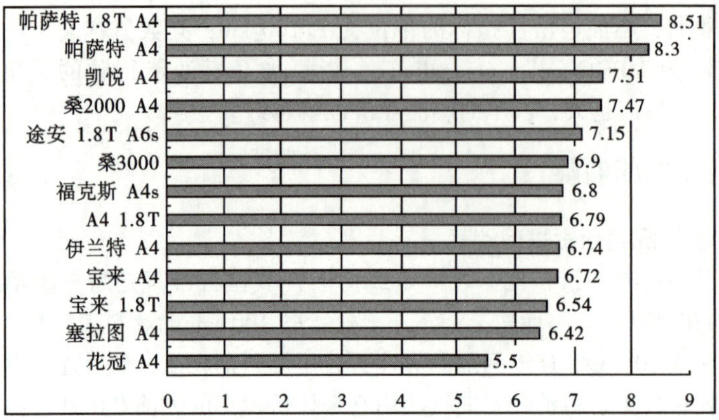

图 2-3　排量 1.8 L 的汽车在车速 90 km/h 油耗的比较

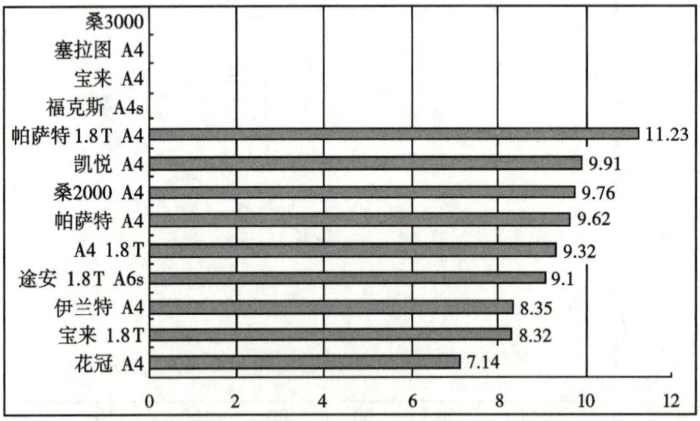

图 2-4　排量 1.8 L 的汽车在车速 120 km/h 油耗的比较

2. 循环行驶工况百公里燃料消耗量

由于等速百公里燃料消耗量不能全面反映汽车的实际运行情况，特别是在市区行驶中频繁使用的加速、减速、怠速、停车等行驶工况，其实际消耗的燃料量与等速行驶时相差较大。因此，各国根据本国的道路、交通状况制定了一些典型的循环工况来模拟汽车的实际运行工况，并以其百公里燃料消耗量来评定相应工况的燃料经济性。

多工况循环行驶试验规定了车速-时间行驶规范，确定了何时换挡、何时制动以及行车的速度、加速度等数值。多工况循环试验规定严格，大多是在室内汽车底盘测功机上进行，简单的循环工况也可在道路上完成。

我国规定乘用车按二十五工况进行循环试验，如图 2-5 所示。

图 2-6 给出了联合国欧洲经济委员会、美国及我国法定的测定燃油经济性的循环行驶工况图。欧洲经济委员会（ECE）规定，要测量车速为 90 km/h 和 120 km/h 的等速百公里燃料消耗量和按 ECE- R.15 循环工况的百公里燃料消耗量，并各取 1/3 相加作为混合百公里燃料消耗量来评定汽车燃油经济性。美国环境保护局（EPA）规定，要测量城市循环工况（UDDS）及公路循环工况（HWFET）的燃油经济性（单位为每加仑燃油汽车行驶的英里数，mile/gal），并按下式计算综合燃油经济性。

$$\text{综合燃油经济性}=\frac{1}{\dfrac{0.55}{\text{城市循环工况燃油经济性}}+\dfrac{0.45}{\text{公路循环工况燃油经济性}}}$$

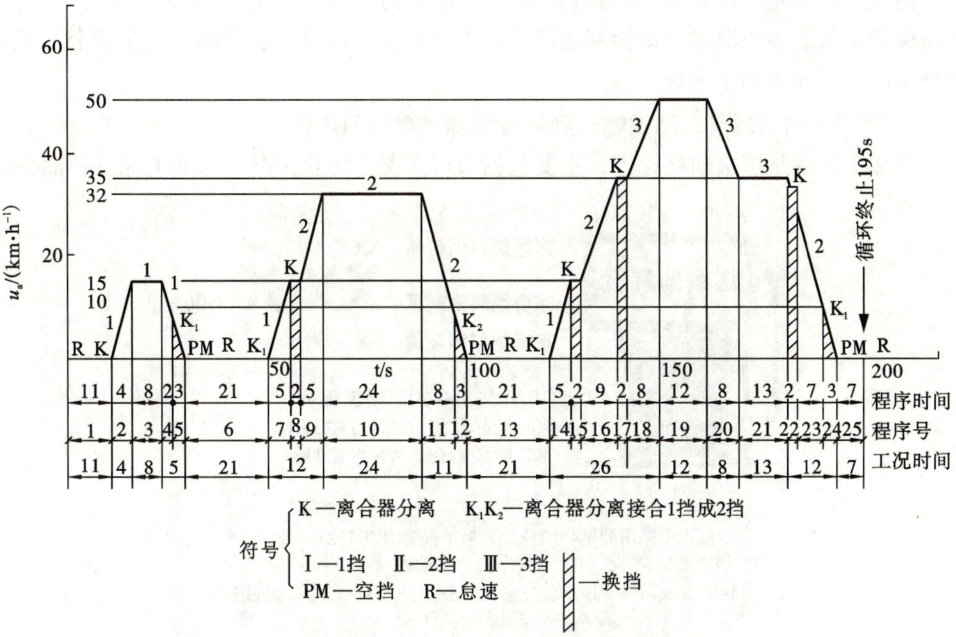

图 2-5　乘用车二十五工况市区循环试验

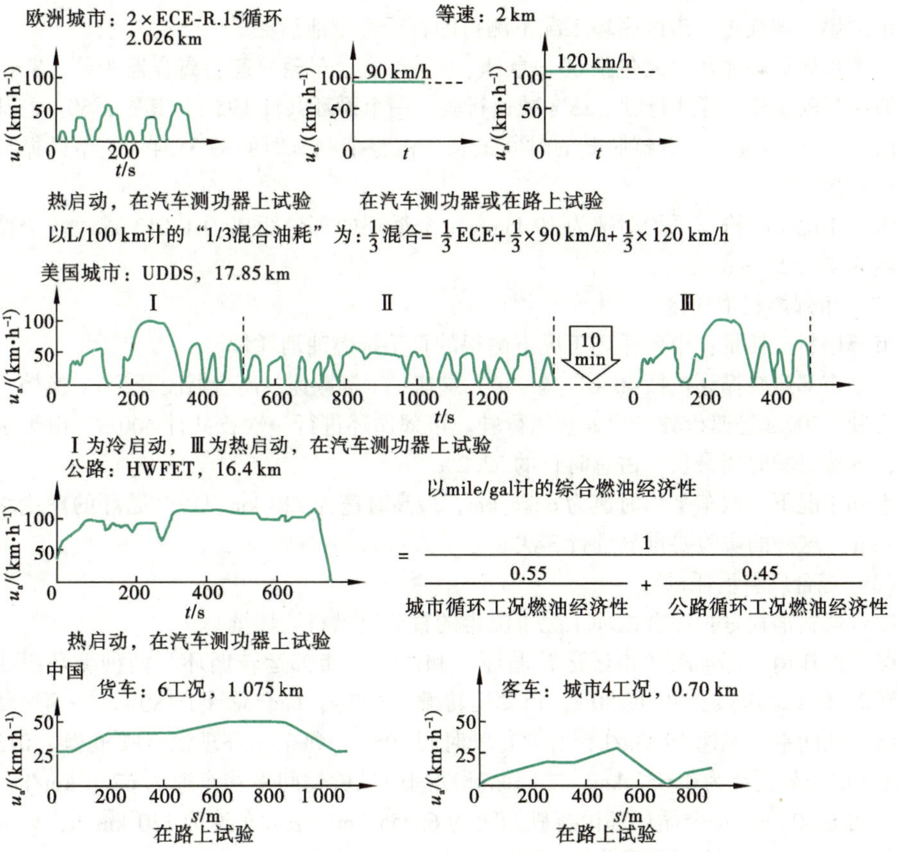

图 2-6　测定汽车燃油经济性的行驶工况

循环工况规定了车速-时间行驶规范，确定了何时换挡、何时制动以及行车的速度、加速度等数值。多工况循环试验规定严格，大多是在室内汽车底盘测功机上进行，简单的循环工况也可在道路上完成。

3. 市区燃料消耗量、市郊燃料消耗量和综合燃料消耗量

图 2-7 所示是国家油耗标志，主要包括市区工况、综合工况、市郊工况三种油耗。

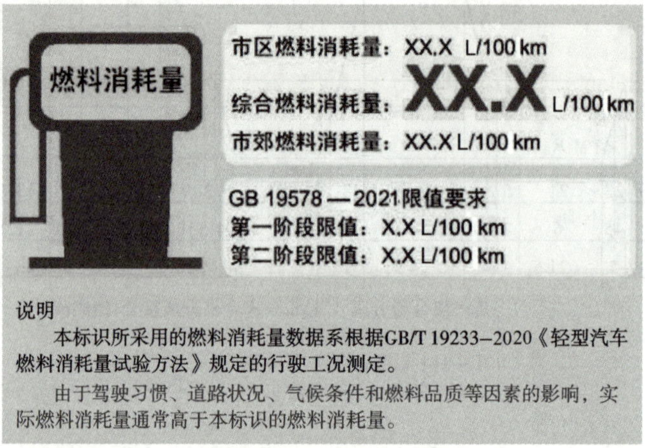

图 2-7　国家油耗标志

（1）市区燃料消耗量

市区燃料消耗量：市区循环工况下测得的百千米燃油消耗量。

一个市区运转循环单元包括 60 s 怠速、9 s 怠速、车辆减速、离合器脱开、8 s 换挡、36 s 加速行驶、57 s 等速行驶、25 s 减速行驶。一个循环共计 195 s。其中，60 s 怠速以及 9 s 怠速、车辆减速、离合器脱开的时间最长，占整个测试时间的 35. 4% 。市区循环要连续进行 4 次。

市区工况下，汽车平均时速为 19 km，每个循环的理论距离为 1. 013 km，4 个循环的总距离为 4. 052 km。

（2）市郊燃料消耗量

市郊燃料消耗量：市郊循环工况下测得的百千米燃油消耗量。

一个市郊运转循环包括 40 s 怠速、10 s 怠速、车辆减速、离合器脱开、6 s 换挡、103 s 加速行驶、209 s 等速行驶、32 s 减速行驶。市郊循环进行一次，共计 400 s。由于是市郊工况，等速行驶时间最长，占总时长的 52. 2% 。

市郊工况下，汽车平均时速为 62. 6 km，最高时速为 120 km。每个循环的理论距离为 6. 955 km。这样的实验要重复进行 3 次。

（3）综合燃料消耗量

综合燃料消耗量：综合循环工况下测得的百公里燃料消耗量。

综合油耗由一部 4 次“市区运转循环”和两部“市郊运转循环”两种循环组成。市区运转循环每次 195 s，共计 780 s，市郊运转循环 400 s，综合总计 1 180 s。一部循环期间中，试验期间平均车速 19 km/h，有效行驶时间 195 s，每个循环理论行驶里程 1. 013 km，4 个循环的当量距离为 4. 052 km。二部循环期间中试验期间平均车速为 62. 6 km/h，有效行驶时间为 400 s，每个循环理论行驶距离为 6. 955 km，最大车速为 120 km/h，最大加速度为 0. 833 m/s^2，最大减速度为 -1.389 m/s^2。

图 2-8 所示为市区工况、市郊工况、综合工况循环图。

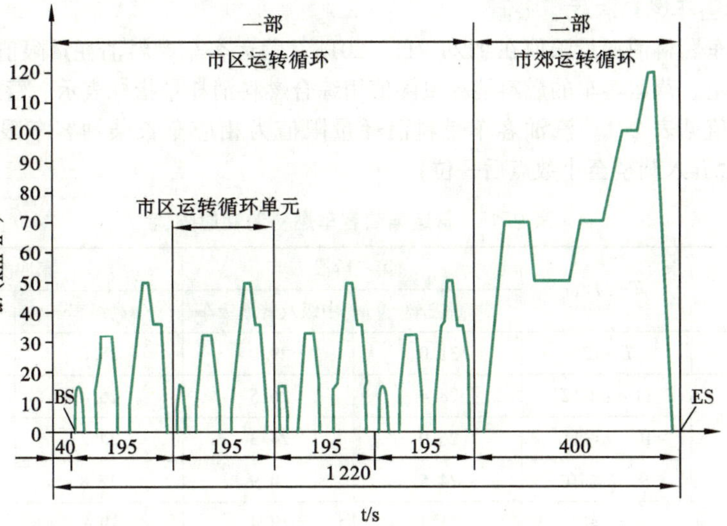

图2-8　市区工况、市郊工况、综合工况循环

三、燃料消耗量限值

1. 乘用车燃料消耗量限值

GB 19578—2021《乘用车燃料消耗量限值》规定了乘用车燃料消耗量的限值。汽油、柴油两用燃料及双燃料车辆的燃料消耗量按GB/T 19233—2020进行测量，插电式及非插电式混合动力车辆的燃料消耗量应按GB/T 19753—2021进行。

装有手动挡变速器且具有三排以下座椅的车辆的燃料消耗量限值应按式（2-1）～式（2-3）计算，计算结果圆整（四舍五入）至小数点后两位：

如果整车整备质量CM≤750，则

$$FC_L = 5.82 \tag{2-1}$$

如果750＜CM≤2 510，则

$$FC_L = 0.0041 \times (CM - 1415) + 8.55 \tag{2-2}$$

如果CM＞2 510，则

$$FC_L = 13.04 \tag{2-3}$$

式中　CM——整车整备质量，kg；

FC_L——车型燃料消耗量限值，L/100 km。

其他车辆的燃料消耗量限值应按式（2-4）～式（2-6）计算，计算结果圆整（四舍五入）至小数点后两位：

如果整车整备质量CM≤750，则

$$FC_L = 6.27 \tag{2-4}$$

如果750＜CM≤2 510，则

$$FC_L = 0.0042 \times (CM - 1415) + 9.06 \tag{2-5}$$

如果CM＞2 510，则

$$FC_L = 13.66$$

式中　CM——整车整备质量，kg；

FC_L——车型燃料消耗量限值，L/100 km。

2. 营运客车燃料消耗量限值

营运客车燃料消耗量限值在 JT/T 711—2016《营运客车燃料消耗量限值及测量方法》中进行了规定。营运客车的燃料消耗量限值用综合燃料消耗量指标表示。营运柴油客车燃料消耗量限值见表 2-1。汽油客车燃料消耗量限值为相应车长柴油客车限值的 1.15 倍(取值按四舍五入圆整至小数点后一位)。

表 2-1 营运柴油客车燃料消耗量限值 单位：L/100 km

车 型	车长 L/m	第三阶段		第四阶段	
		高级车	中级及普通级车	高级车	中级及普通级车
特大型	$L>12$	31.0	29.0	28.8	27.0
大型	$11<L\leqslant12$	28.4	26.5	26.4	24.6
	$10<L\leqslant11$	26.0	24.3	24.2	22.6
	$9<L\leqslant10$	24.5	20.9	22.8	19.4
中型	$8<L\leqslant9$	21.3	18.4	19.8	17.1
	$7<L\leqslant8$	19.0	16.4	17.7	15.3
	$6<L\leqslant7$	16.1	15.1	15.0	14.0
小型	$L\leqslant6$	15.3	13.9	14.2	12.9

注：对于新申请车型配置，自标准发布之日起 6 个月后开始实施执行第三阶段限值，18 个月后开始实施第四阶段限值。

3. 营运货车燃料消耗量限值

营运货车燃料消耗量限值用综合燃料消耗量指标表示。在 JT/T 719—2016《营运货车燃料消耗量限值及测量方法》中进行了规定。柴油货运汽车（单车）、自卸汽车（单车）及半挂汽车列车的燃料消耗量限值见表 2-2 ~ 表 2-4。汽油货车燃料消耗量限值为相应总质量柴油货车限值的 1.15 倍（取值按四舍五入圆整至小数点后一位）。

表 2-2 营运柴油汽车（单车）燃料消耗量限值

车辆总质量 T/kg	第三阶段限值/(L/100 km)	第四阶段限值/(L/100 km)
$3\,500<T\leqslant4\,500$	14.2	13.2
$4\,500<T\leqslant7\,000$	16.3	15.2
$7\,000<T\leqslant9\,000$	19.4	18.0
$9\,000<T\leqslant12\,000$	22.6	21.0
$12\,000<T\leqslant18\,000$	26.1	24.3
$18\,000<T\leqslant20\,000$	29.8	27.7
$20\,000<T\leqslant25\,000$	33.2	30.9
$25\,000<T\leqslant31\,000$	36.1	33.6

表 2-3 营运柴油自卸汽车（单车）燃料消耗量限值

车辆总质量 T/kg	第三阶段限值/(L/100 km)	第四阶段限值/(L/100 km)
$3\,500<T\leqslant4\,500$	15.2	14.1

续表

车辆总质量 T/kg	第三阶段限值/(L/100 km)	第四阶段限值/(L/100 km)
4 500 < T≤7 000	17.8	16.6
7 000 < T≤9 000	21.1	19.6
9 000 < T≤12 000	24.4	22.7
12 000 < T≤18 000	27.0	25.1
18 000 < T≤20 000	32.5	30.2
20 000 < T≤25 000	35.9	33.4
25 000 < T≤31 000	38.9	36.2

表 2-4　营运柴油半挂汽车列车燃料消耗量限值

列车总质量 T/kg	第三阶段限值/(L/100 km)	第四阶段限值/(L/100 km)
T≤27 000	37.5	34.9
27 000 < T≤35 000	40.1	37.3
35 000 < T≤43 000	43.4	40.4
43 000 < T≤49 000	46.3	43.1

4. 轻型商用车辆燃料消耗量限值

GB/T 20997—2015《轻型商用车辆燃料消耗量限值》对轻型商用车燃料消耗量限值进行了规定。该标准适用于以点燃式发动机或压燃式发动机为动力，最大设计车速大于或等于 50 km/h 的 N_1类和最大设计总质量不超过 3 500 kg 的 M_2类车辆。本标准不适用于不能燃用汽油或柴油的车辆，以及带有专用作业装置的车辆（如扫路车、洒水车、防弹运钞车等）和消防车、警车、工程抢险车、救护车等特种车辆。

轻型商用车燃料消耗量的限值见表 2-5 和表 2-6。如果具有以下一种或多种特征：

① N_1类全封闭厢式车辆。

② N_1类罐式车辆。

③ 全轮驱动的车辆。

其限值是表 2-5 和表 2-6 所示的限值乘以 1.05，求得的数值圆整（四舍五入）至小数点后一位。

表 2-5　N_1 类车辆燃料消耗量限值

整车整备质量 CM/kg	汽油车型燃料消耗量限值/(L/100 km)	柴油车型燃料消耗量限值/(L/100 km)
CM≤750	5.5	5.0
750 < CM≤865	5.8	5.2
865 < CM≤980	6.1	5.5
980 < CM≤1 090	6.4	5.8
1 090 < CM≤1 205	6.7	6.1
1 205 < CM≤1 320	7.1	6.4
1 320 < CM≤1 430	7.5	6.7
1 430 < CM≤1 540	7.9	7.0

续表

整车整备质量 CM/kg	汽油车型燃料消耗量限值/（L/100 km）	柴油车型燃料消耗量限值/（L/100 km）
1 540 < CM≤1 660	8.3	7.3
1 660 < CM≤1 770	8.7	7.6
1 770 < CM≤1 880	9.1	7.9
1 880 < CM≤2 000	9.6	8.3
2 000 < CM≤2 110	10.1	8.7
2 110 < CM≤2 280	10.6	9.1
2 280 < CM≤2 510	11.1	9.5
2 510 < CM	11.7	10.0

表 2-6　最大设计总质量不大于 3 500 kg 的 M_2 类车辆燃料消耗量限值

整车整备质量 CM/kg	汽油车型燃料消耗量限值/（L/100 km）	柴油车型燃料消耗量限值/（L/100 km）
CM≤750	5.0	4.7
750 < CM≤865	5.4	5.0
865 < CM≤980	5.8	5.3
980 < CM≤1 090	6.2	5.6
1 090 < CM≤1 205	6.6	5.9
1 205 < CM≤1 320	7.0	6.2
1 320 < CM≤1 430	7.4	6.5
1 430 < CM≤1 540	7.8	6.8
1 540 < CM≤1 660	8.2	7.1
1 660 < CM≤1 770	8.6	7.4
1 770 < CM≤1 880	9.0	7.7
1 880 < CM≤2 000	9.5	8.0
2 000 < CM≤2 110	10.0	8.4
2 110 < CM≤2 280	10.5	8.8
2 280 < CM≤2 510	11.0	9.2
2 510 < CM	11.5	9.6

注：对新认证车，执行日期为 2018 年 1 月 1 日；对在生产车，执行日期为 2020 年 1 月 1 日。

视频

影响汽车燃料经济性的主要因素

四、理论油耗

在汽车的设计、制造和改装时，常用计算法来估算汽车的燃油经济性。其通过理论计算得到的汽车油耗称理论油耗。

五、影响汽车燃料经济性的主要因素

汽车的燃油经济性主要取决于发动机的有效燃油消耗率和汽车行驶阻力及传动系效率。一切有利于发动机的有效燃料消耗率降低、汽车行驶阻力降低及传动系效率提高的措施都可以使汽车的燃料经济性提高。

（1）发动机

发动机对汽车油耗的影响主要有以下几个方面：

① 发动机的结构：发动机的油耗对汽车的油耗有决定性的影响，而发动机的油耗取决于发动机的结构。优化发动机结构，如提高压缩比，采用直喷式发动机和稀薄混合气的分层燃烧。广泛采用电控燃油喷射技术、强制怠速断油装置、闭缸技术，都可以提高发动机的燃油经济性。

② 发动机的种类：柴油机由于压缩比比汽油机要高得多，因此柴油机比汽油机的油耗要低得多。试验和实用都证明，一般装备柴油发动机的轿车比装备汽油发动机的轿车节油 18% 左右，柴油发动机载货汽车比汽油发动机载货汽车节油 30% 左右。目前世界各国正在积极推行轻型货车和轿车的柴油化进程，在总质量为 2 ~ 5 t 的载货汽车中，德国有 95% 左右已用柴油机，日本约为 90% 。

③ 发动机的负荷率：发动机的负荷率通常是指发动机阻力矩的大小，发动机克服阻力矩必须消耗燃油。增加负荷率就意味着增加发动机每一工作循环的供油量。汽油机通过节气门位置来控制，柴油机通过喷油泵每一循环供油量来控制。因此把汽油机节气门全开或柴油机喷油泵供油在柴油机标定功率位置时称为发动机的全负荷；汽油机节气门不是全开或柴油机喷油泵供油位置小于标定功率位置时称为部分负荷。反映到汽车上，当加速踏板踩到底时，发动机为全负荷；加速踏板部分踩下时，发动机为部分负荷。发动机的燃油消耗量随发功机负荷的变化而变化，在负荷率为 80% ~90% 时燃油消耗量最低，低负荷和全负荷时燃油消耗量都将增加。目前的汽车在平路上以常用速度行驶时，发动机的负荷率约为 20% ，发动机在燃油消耗量较高的范围内工作。因此为了节约燃油，在行驶条件许可的情况下，不必追求汽车装备大功率的发动机以增加负荷率。

（2）整车结构

整车结构对汽车油耗的影响主要有以下几个方面：

① 传动系：汽车传动系效率越高，传递动力过程中能量损失越小，汽车的油耗就越低。目前机械齿轮变速器要比液力自动变速器的传动效率高，因此自动变速器的汽车虽然驾驶方便，但汽车油耗要高。这是机械齿轮变速器没有被自动变速器完全取代的主要原因。对于机械齿轮变速器其挡位设置增多，能增加发动机处于经济工况下工作的机会，有利于提高汽车的燃料经济性。对于无级变速器，因为无级变速器在任何工作条件下都提供了使发动机处于最经济工况下工作的可能性，所以无级变速器能始终维持较高的机械效率，使汽车的燃料经济性显著提高。汽车一般用高挡位行驶比用低挡位行驶省油。

② 汽车总质量：汽车总质量影响到汽车的滚动阻力、坡道阻力和加速阻力，对汽车的燃油经济性影响很大。因此在保证汽车的被动安全、刚度、噪声、振动和平顺性等性能提高或者不降低的前提下通过结构优化设计、轻量化材料的应用、材料厚度的减薄及合理的制造工艺等手段实现车身轻量化，是提高汽车燃料经济性的一个方向。

减轻汽车整备质量的主要途径：进行计算机优化设计，充分利用材料的强度和刚度；采用高强度低合金钢、铝合金、塑料、陶瓷和各种纤维强化材料来制造某些零部件；改进汽车结构，简化汽车传动系，如采用 FF 布置（发动机前置前驱动）、不用装备胎的高可靠性轮胎、单片弹簧悬架、承载式车身及空冷发动机等；减小车身尺寸，在用车不随意增加附加载荷等。

③ 汽车的外形：为克服空气阻力而消耗的发动机功率与汽车行驶速度的三次方成正

比。汽车速度不高时，空气阻力对汽车的燃料消耗影响不大，但当车速超过 50 km/h，空气阻力对汽车燃料经济性的影响逐步加大。减少空气阻力主要是通过减少汽车的空气阻力系数来实现的。汽车制造厂通过整车的风洞试验研究使汽车外形接近最优化。作为汽车使用者，不在车顶安装行李架，货车装载品用篷布盖好，高速行驶时不打开车窗等措施都能降低空气阻力系数。

④ 轮胎：轮胎结构对滚动阻力影响很大，改善轮胎的结构，可以减少汽车的油耗。目前降低滚动阻力的最好办法是使用子午线轮胎。子午线轮胎与普通斜交轮胎相比，滚动阻力一般要下降 20% ~30% 。另外，轮胎的花纹及气压对汽车的油耗都有较大的影响。图 2-9 所示为某车型装用不同轮胎时的等速百千米燃油消耗量曲线。

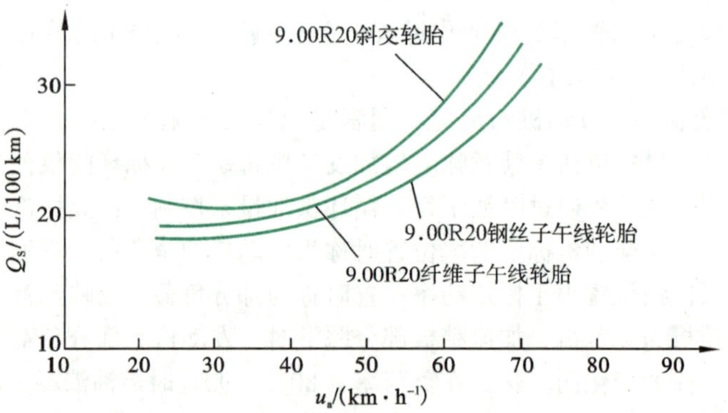

图 2-9 装用不同轮胎时的等速百公里燃料消耗量曲线

（3）汽车的技术状况

汽车随着使用时间的增长，其性能也在逐步发生变化。当感觉车辆有异样时，应立即对车辆进行检查。车辆的技术状况差、故障多，对汽车的行驶油耗影响很大。研究表明，汽车发动机技术故障对汽车油耗的影响见表 2-7。

表 2-7 汽车发动机技术故障对汽车油耗的影响

汽车技术故障名称	故障造成的油耗增加率/%	汽车技术故障名称	故障造成的油耗增加率/%
空气滤清器和进气管堵塞	4.5	8 缸发动机 2 个火花塞失灵	40
因气缸活塞组和气门密封不严、活塞环烧蚀，气缸垫损坏造成气缸漏气	4	6 缸发动机 1 个火花塞失灵	25
火花塞电极烧蚀	8	6 缸发动机 2 个火花塞失灵	60
8 缸发动机 1 个火花塞失灵	15		

除汽车发动机故障外，汽车底盘部分的技术状况，如变速器、制动器、轴承、前束调整不当，轮胎气压不足等，也会导致汽车油耗大幅度增加。汽车行驶中，发动机冷却系统温度过高或过低，也可使汽车油耗上升 12% ~15% 。

综上所述，为了减少汽车燃料消耗量和降低运输成本，企业要选购技术经济性指标先进、载质量大、自重轻、经济车速高、燃料特性曲线平坦的汽车。注意汽车的选型和动力合理配套，扩大柴油汽车的比例。

在使用技术方面：要维护发动机和底盘的良好技术状况；提高管理水平，合理调度和采用拖挂运输；要大力推广子午线轮胎。

在驾驶技术方面：尽可能增加高挡使用时间，做到高挡小节气门开度，提高发动机负荷率；也可采用加速滑行法提高发动机负荷率，降低有效燃料消耗率；避免急加速、急减速；在保证安全的前提下，适当提高平均车速和尽量采用预见性制动，做到"脚轻手快，换挡敏捷，缓慢加速，合理制动"十六字操作要领。

此外，发动机的类型、压缩比、燃料及燃烧、变速器的挡数等综合因素都影响汽车的燃料经济性。

六、汽车节能的措施

视频

提高燃料经济性的方法与措施

"节能减排"是保证可持续发展的基础，在汽车日常使用过程中，通过一些简单的方法来提高燃油经济性，在节约开支的同时，也保护了环境。主要从以下几个方面着手进行。

1. 车辆维护方面

① 车辆必须定期进行保养维护，确保车辆处于良好工作状态。

② 定期对轮胎气压进行检查，气压低会增加车辆的行驶阻力。

③ 定期对车辆空调散热器、发动机水箱表面进行清洁，提高散热的效果，有助于提高发动机的工作效率。

④ 发动机加注机油要适量，机油过多会增加发动机运行的阻力，出现加速不良或燃油消耗过多等问题。

⑤ 空气滤清器要经常检查清理，灰尘或其他污染物会影响进气量，造成发动机燃烧不完全现象。

2. 车辆驾驶使用方面

① 避免高转速低挡位行驶。

② 避免猛踩加速踏板，急加速。

③ 合理控制跟车距离、仔细观察道路情况、尽可能早地做出判断，尽可能少地实施制动、避免紧急制动。

④ 采用经济车速（70～80 km/h）行驶，有助于减少燃油的消耗。

⑤ 行驶中换挡要恰当，高速低挡、低速高挡都会增加燃油的消耗。

⑥ 夏季使用空调时，温度设定值不要太低，温度过低会迅速增加燃油的消耗。

⑦ 高速行驶不要采用关闭空调打开窗户的方式，因为汽车为克服气流形成的阻力所消耗的燃油远远大于开空调消耗的燃油。

3. 其他方面注意事项

① 车辆行李厢中尽量不要放置多余的物品，额外的负荷会增加车辆燃油的消耗。

② 改装宽胎会增加车辆的行驶阻力，增加车辆的燃油消耗。

③ 不要对车辆外观进行任意改装，任意改装车辆会使行驶阻力增大，增加车辆的燃油消耗。

④ 车辆行驶的路况，也会明显影响燃油消耗量。如高速公路、城市道路、山区道路三者间的燃油消耗存在较大差别。

4. 混合动力电动汽车节油的主要原因

① 为了满足急加速、以很高车速行驶与快速上坡对驱动功率的要求，传统的内燃机汽车所配备的发动机功率往往相当大。例如，金牛座（Taurus）轿车在水平良好路面上以 100 km/h 和 120 km/h 匀速行驶时，要求发动机提供的功率大致是 20 kW 和 36 kW，但其配备的发动机最大功率达 114 kW，这样大的功率储备主要是用于大加速度；高车速以及坡道等行驶工况。因此，在一般的情况下，发动机节气门开度小、负荷率低，发动机常常工作在一个不经济的区域内，相应的燃油消耗率高。然而，对于混合动力电动汽车，其储能元（如蓄电池）的补偿作用平滑了内燃机的工况波动，在汽车的一般行驶中能够吸收、储存能量，而在需要提供大功率时提供电能，从而在混合动力驱动系统中可以使用小型的发动机并可以使发动机的工作点处于高效率的最优工作区域内。

② 混合动力电动汽车可以在汽车停车等候或低速滑行等工况下关闭内燃机，节约燃油。

③ 在混合动力电动汽车的电力驱动部分中，电机能够作为发电机工作。当汽车减速滑行或紧急制动时，可以利用发电机回收部分制动能量，转化成电能存入蓄电池，从而进一步提高汽车的燃油经济性。

七、汽车燃料消耗检测数据处理

1. 检测结果的重复性检验

① 检测结果的重复性按第 95 百分位来判断；

② 标准差：第 95 百分位分布的标准差 R 与重复性检测次数 n 有关，见表 2-8。

表 2-8　标准差 R 与重复性检测次数 n 的关系

n	2	3	4	5	6
R/(L/100 km)	$0.053Q_{mp}$	$0.063Q_{mp}$	$0.069Q_{mp}$	$0.073Q_{mp}$	$0.085Q_{mp}$

注：Q_{mp}为每次检测时，n 次检测所得百千米燃料消耗量算术平均值（L/100 km）。

③ 重复性检验如下：

ΔQ_{max}为每次检测时，n 次检测结果中最大值与最小值之差，单位为 L/100 km。

$\Delta Q_{max} < R$ 时，则检测结果的重复性好，不必增加检测次数。

$\Delta Q_{max} > R$ 时，则检测结果的重复性差，必须增加检测次数。

2. 检测数据的校正

燃料消耗量的检测值均应校正到标准状态下的数值。

① 标准状态：环境温度为 20 ℃；大气压力为 100 kPa；汽油密度为 0.742 g/cm³；柴油密度为 0.830 g/cm³。

② 校正公式为

$$Q_{mj} = Q_{mp}/(C_1 \times C_2 \times C_3)$$

式中　Q_{mj}——检测百千米燃料消耗量校正值，L/100 km；

Q_{mp}——检测百千米燃料消耗量算术平均值，L/100 km；

C_1——环境温度校正系数，$C_1 = 1 + 0.0025(20 - T)$，T 为检测时的环境温度，℃；

C_2——大气压力校正系数，$C_2 = 1 + 0.0021(P - 100)$，$P$ 为检测时的大气压力，kPa；

C_3——燃料密度的校正系数：汽油机 $C_3=1+0.8(0.742-G_s)$，柴油机 $C_3=1+0.8(0.83-G_d)$，其中 G_s 为检测时的汽油平均密度（g/cm^3），G_d 为检测时的柴油平均密度（g/cm^3）。

八、碳平衡法计算燃油消耗量

在用车到综合性能检测站进行具体的燃油经济性检测时，常采用传统的检测方法进行检测，即在汽车驶上底盘测功机台架的转鼓之后，需要拆卸燃油管路，接上检测仪器（传感器或油耗仪），排除油路中的气泡，才可以进行模拟加载检测油耗。这样，检测仪器的一拆一装，被检车辆油路的一拆一装，会改变原有的燃油供给状态（油压改变）。测量时如果油路中的气泡未排除干净，油耗检测仪会将气泡的容积也记入油耗测量值，使测量结果高于实际值。测量完毕后，如果油路中仍有气泡，会使车辆供油系产生气阻，存在安全隐患。同时，燃油经济性检测工位的步长（检测用时）通常需要 20 ~ 30 min，约为其他工位（如灯光检测、制动检测）步长的 5 ~ 10 倍。因此，期待一种既准确又便捷的检测方法来适应现代汽车检测技术的发展要求。

GB/T 19233—2020《轻型汽车燃料消耗量试验方法》中，规定了用碳平衡法计算燃油消耗量的试验和计算方法。现简单介绍下此种检测方法的基本原理，具体计算方法请参阅相关标准。

碳平衡法即根据质量守恒定律，汽（柴）油经过发动机燃烧后，排气中碳质量总和与燃烧前的燃油中碳质量总和相等。根据已知燃料中 H/C 的质量比，通过测量一定容积废气的含碳量来确定燃料消耗量，通过对尾气中 CO、CO_2、HC 及其容积排放的分析，得到排气中单位里程（或时间）内的碳元素量，再与所用汽油中碳元素含量相比而间接得出燃油消耗量的方法。归结起来，碳平衡指的是碳元素质量守恒，即进入发动机的一定量的燃油中所含的碳元素质量与该燃油燃烧后排出的废气所含的碳元素质量相等；碳平衡法正是基于这样的质量守恒原理，从分析一定体积的废气的含碳量入手，根据燃油的碳氢质量比，间接计算出燃油消耗量。

九、滑行距离的检验要求

可以用底盘测功机，也可以用路试的方法测试汽车的滑行距离。无论采用哪种方法，测得的滑行距离均应符合表 2-9 规定的要求。汽车滑行初速度为 30 km/h。

表 2-9　车辆滑行距离要求

汽车整备质量 M/kg	双轴驱动车辆滑行距离/m	单轴驱动车辆滑行距离/m
$M<1\,000$	≥104	≥130
$1\,000\leqslant M\leqslant 4\,000$	≥120	≥160
$4\,000<M\leqslant 5\,000$	≥144	≥180
$5\,000<M\leqslant 8\,000$	≥184	≥230
$8\,000<M\leqslant 11\,000$	≥200	≥250
$M>11\,000$	≥214	≥270

知识拓展

汽车油耗计

1. 油耗计的结构原理

汽车燃油消耗量是通过油耗计来进行测量的。油耗仪的种类很多，按测试方法可分为容积式油耗仪、质量式油耗仪、流量式油耗仪和流速式油耗仪等。这里主要介绍常用的容积式油耗仪。

容积式油耗仪的工作原理是使被测流体充满一定容积的测量室，通过测量充满测量室的次数，则可测得被测流体的总量，再除以测量时间间隔或行驶里程即可得出平均燃油消耗量。

图 2-10 所示为行星活塞式油耗仪流量转换机构的工作原理图。该装置由十字形配置的四个活塞和旋转曲轴构成，流量转换机构用于将一定容积的燃油流量转变为曲轴的旋转运动。

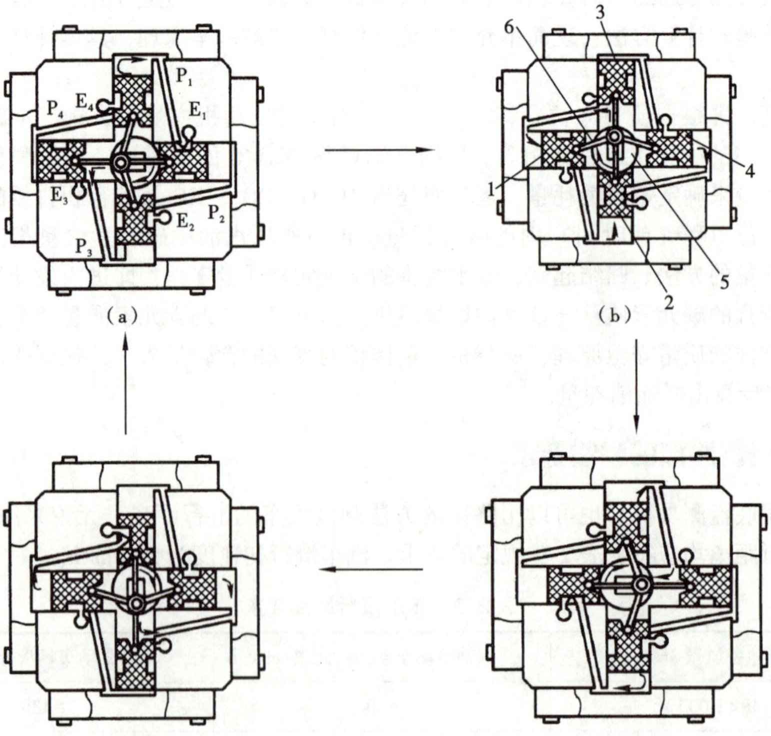

图 2-10　行星活塞式油耗仪流量转换机构工作原理图

1、2、3、4—活塞；5—曲轴；6—连杆；P_1、P_2、P_3、P_4—油道；E_1、E_2、E_3、E_4—排油口

燃油在泵油压力作用下推动活塞运动，再由活塞运动推动曲轴旋转，曲轴旋转一周即四个活塞各往复运动一次，完成一个进排油循环。活塞在油缸中处于进油行程还是排油行程，取决于活塞相对于进排油口的位置。图 2-10(a)表示活塞 1 处于进油行程，从其曲轴箱来的燃油通过 P_3 推动下行，并使曲轴做顺时针旋转，此时活塞 2 处于排油行程终了，活塞 3 处于排油行程中，燃油从活塞 3 上部通过 P_1 从排油口 E_1 排出，活塞 4 处于进油行

程终了。当活塞和曲轴位置如图2-10(b)所示时，活塞1进油终了，活塞2处于进油行程，通道 P_4 导通，活塞3排油终了，活塞4处于排油行程，燃油从 P_2 经排油口 E_2 排出。同理，可描述位置如图2-10(c)、(d)各活塞的进排油状态。如此反复，在燃油泵泵油压力的作用下，就可完成定容量、连续泵油的作用。曲轴旋转一周，各缸分别排油一次，其排油量为

$$V = 4 \times \frac{\pi d^2}{4} \times 2h = 2h\pi d^2$$

式中　V——四缸排油量，cm^3；

4——4个油缸；

$\pi d^2/4$——某一活塞截面积，cm^2；

$2h$——2倍的曲轴偏心距，cm。

由此可见，经上述流量转换机构转换后，测量从测燃油消耗量转化为测流量变换机构曲轴的旋转圈数。这可由装在曲轴一端的信号转换装置完成，一般采用光电测量装置进行信号转换，将曲轴旋转圈数转化为电脉冲信号。

信号转换机构又称燃油流量传感器，其结构如图2-11所示，下部是一微型计量电动机，上部是一个转速/脉冲变换器，将电动机旋转信号通过光栅转变为电脉冲信号。信号转换机构由磁性联轴节、转轴、光栅板、发光二极管、光敏管、电缆插座及壳体等组成。磁性联轴节上有主动磁铁和从动磁铁。主动磁铁装在曲轴上，从动磁铁装在转轴上，转轴通过轴承支撑在壳体内，转轴的上端固定有转动光栅板，在固定光栅板上、下方有发光二极管和光敏管。当曲轴转动时，由于一对永久磁铁的吸引作用，转轴及其上的转动光栅板也随之转动，通过发光二极管和光敏管的光电作用，将曲轴的转动变成光电脉冲信号送入计量显示仪。显然，该电脉冲数与曲轴转过的圈数成正比，经过内部运算处理后，即可在显示装置上显示出流经的燃油量。

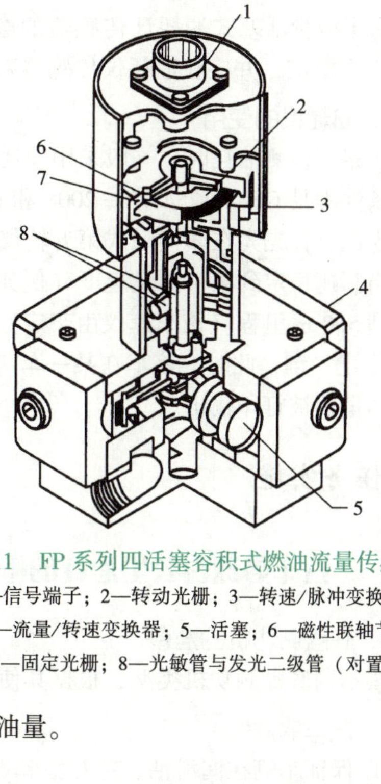

图2-11　FP系列四活塞容积式燃油流量传感器

1—信号端子；2—转动光栅；3—转速/脉冲变换器；4—流量/转速变换器；5—活塞；6—磁性联轴节；7—固定光栅；8—光敏管与发光二级管（对置）

2. 油耗仪的安装方法及注意事项

将油耗仪传感器串联在燃料系供油管路上。柴油机应串联在柴油滤清器与喷油泵之间，从高压回油管和低压回油管流回的燃油应接在油耗仪传感器与喷油泵之间，以免重复计量，如图2-12(a)所示；电控燃油喷射发动机应串联在燃油滤清器与燃油分配管之间，从燃油压力调节器经回油管流回燃油箱的燃油应接在油耗计传感器与燃油分配管之间，避免重复计量，如图2-12(b)所示。串联好的传感器应放置平稳或吊挂牢固。

传感器的进出油管最好为透明塑料管，以便观察燃油中有无气体。供油管路中有气体会导致测量误差。当发现管路不断产生气泡时，应仔细检查并消除不密封部位。汽油蒸气会形成气阻，因此油耗仪传感器和供油管路等应远离热源。

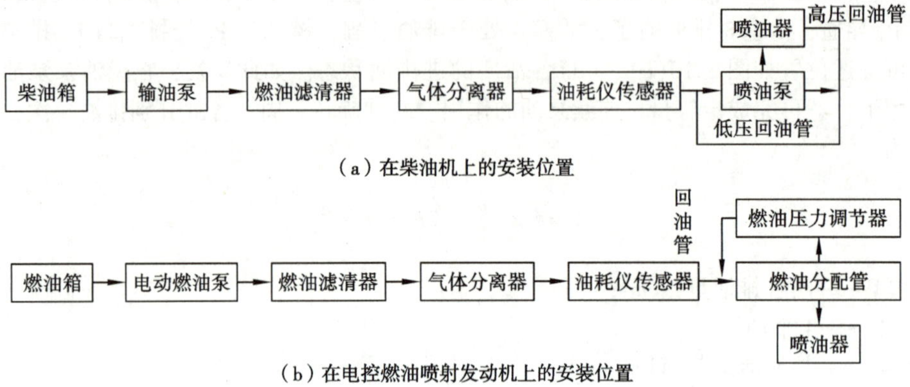

（a）在柴油机上的安装位置

（b）在电控燃油喷射发动机上的安装位置

图 2-12　油耗仪传感器和气体分离器的安装位置

测量开始前应将供油管路中的气体排净。测量中若发现油耗仪传感器出油管有气泡，应将数据作废，重新测量。

为了减少活塞式油耗计传感器的磨损，防止活塞卡阻，被测燃油在密闭容器内应经 24 h 以上沉淀，并应在油耗仪传感器入口处安装纸质燃油滤清器，以保证燃油的清洁性。

3. 油耗仪的使用

在路试检测油耗时，一般采用油耗传感器与非接触式或接触式第五轮仪配合使用。在所有条件满足 GB/T 12545. 1—2008 和 GB/T 12545. 2—2001 下开始路试，以非接触式第五轮仪为例，首先先在非接触式第五轮仪上定好测量距离（500 m），测量挡位，然后开始检测，当车速稳定到某一测量速度（例如 50 km/h），在车速仪上按下“开始”键，直至该车跑满 500 m 里程（该车速仪由于定好 500 m 距离，故在 500 m 自动停止计量），随后按下“停止”键，此时，该车在某一车速下 500 m 里程所消耗的燃油量和已被换算好的百千米耗油量即被打印输出。

任务实施

一、汽车等速百公里油耗的检测

1. 底盘测功机的准备

按不同底盘测功机类型，根据其使用手册规定调整至规定状态。

2. 汽车的准备

① 保证车辆在润滑油、冷却液和燃油的温度达到正常状态。

② 车辆的纵向中心对称平面与滚筒轴线垂直；车辆的固定系统不应增加驱动轮的载荷。

③ 车辆达到试验温度时，就应以接近试验速度的速度在测功机上行驶足够长的距离，以便调节辅助冷却装置来保证车辆温度的稳定性。该阶段持续时间不得低于 5 min。

④ 测量行驶距离不应少于 2 km。

⑤ 试验时，速度变化幅度不大于 0. 5 km/h。

⑥ 车辆为空载。

3. 检测方法

① 在底盘测功机上设定检测车速：营运客车为60 km/h；其他车辆为50 km/h。

② 将被测汽车驱动轮平稳驶至底盘测动机滚筒上，启动汽车，逐步加速并换至直接挡（无直接挡至最高挡），使车速达到规定的车速。给测功机加载 P_{PAU}，使其模拟汽车满载等速行驶在平坦良好路面时的行驶阻力功率 P。

$$P = P_{PAU} + P_{PL} + P_{F}$$

式中 P——汽车满载等速行驶在平坦良好路面时的行驶阻力功率；

P_{PAU}——底盘测功机吸收单元的吸收功率；

P_{PL}——测功机内部摩擦损失功率，由底盘测功机生产厂家给出；

P_{F}——汽车驱动轮、传动系等的摩擦损失，由测功机使用者自行测定。

其中行驶阻力功率 P 可按汽车在平坦良好路面等速行驶所消耗的功率值计算得到。

③ 待车速稳定后开始测量，要求测量不低于500 m距离的燃料消耗量。连续测量两次并记录测量段的燃料消耗量、时间或距离。

④ 计算等速百公里燃料消耗量和两次的算术平均值。

$$Q_{m} = \frac{F}{S} \times 100$$

式中 Q_{m}——满载百公里燃料消耗量检测值，L/100 km；

F——燃料消耗量，mL；

S——测量距离，m。

⑤ 校正到标准状态下燃料消耗量。

二、滑行距离检验

1. 检验前仪器及车辆准备

① 车辆轮胎气压、花纹深度符合标准规定，胎面清洁。

② 传动系润滑油油温不低于50 ℃。

③ 根据测试汽车的基准质量选定底盘测功机的相应当量惯量，当底盘测功机所配备的飞轮系统的惯量级数不能准确满足测试汽车的当量惯量需要时，可选配与测试汽车整备质量最接近的转动惯量级，但应对检测结果做必要的修正。

2. 检验程序

① 根据受检车型，在底盘测功机上设定加速及滑行速度区间。

② 待检测汽车空载，将驱动轮置于底盘测功机滚筒上，举升器下降，用挡车器挡住非驱动轴车轮，前桥驱动车辆拉紧驻车制动并调整活动挡轮使其靠近车轮。

③关闭空调系统等非汽车运行所必需的耗能装置，启动汽车，按引导系统提示加速至高于规定车速后，置变速器于空挡，利用系统储藏的动能，使其运转直至车轮停止转动。

④ 记录汽车从规定速度区间内的加速时间及滑行距离。

⑤ 举升器上升，脱开惯量模拟飞轮，前桥驱动车辆卸掉活动挡轮，检测结束。

三、结果分析

当汽车耗油量比说明书多10%以上时，车况肯定有问题。任何额外的能量消耗都可以使油耗增加。具体可以从上述提高燃料经济性的方法与措施中所论述的几方面寻找原因。

四、安全注意

① 被测车辆旁必须配备性能良好的灭火器。

② 油耗传感器所用油管应透明、耐油、耐压，油管接头用合格的环形夹箍，不得用铁丝缠绕，并确保无渗漏。

③ 拆卸油管时，必须用沙盘接油，不允许用棉纱或其他易燃物接油，不允许燃油流到发动机排气管上。

④ 测试时，发动机盖应打开，以便观察有无渗漏现象，测试完毕，安装好原管路后启动发动机，在确保无任何渗漏时，方可盖上发动机盖。

任务评价（工作单）

姓名＿＿＿＿＿＿＿　日期＿＿＿＿＿＿＿

用汽车底盘输出功率的检测汽车等速百千米油耗

完成此工作单后，你将应该能够正确使用底盘测功机检测汽车等速百千米油耗。

工具和材料

一辆实训用汽车（教师可预先设定故障或情景），底盘测功机及其说明书。

所检测汽车的描述

制造年份＿＿＿＿＿＿　制造商＿＿＿＿＿＿＿

VIN＿＿＿＿＿＿＿＿　型号＿＿＿＿＿＿＿＿

发动机型号＿＿＿＿＿　车辆行驶里程＿＿＿＿

步骤

1. 试验台的准备

① ＿＿＿＿＿＿＿＿＿＿＿＿＿＿＿＿＿＿＿＿＿＿＿＿。

② ＿＿＿＿＿＿＿＿＿＿＿＿＿＿＿＿＿＿＿＿＿＿＿＿。

③ ＿＿＿＿＿＿＿＿＿＿＿＿＿＿＿＿＿＿＿＿＿＿＿＿。

④ ＿＿＿＿＿＿＿＿＿＿＿＿＿＿＿＿＿＿＿＿＿＿＿＿。

⑤ ＿＿＿＿＿＿＿＿＿＿＿＿＿＿＿＿＿＿＿＿＿＿＿＿。

2. 被测车辆的准备

① ＿＿＿＿＿＿＿＿＿＿＿＿＿＿＿＿＿＿＿＿＿＿＿＿。

② ＿＿＿＿＿＿＿＿＿＿＿＿＿＿＿＿＿＿＿＿＿＿＿＿。

③ ＿＿＿＿＿＿＿＿＿＿＿＿＿＿＿＿＿＿＿＿＿＿＿＿。

3. 检测方法

4. 检测结果

＿＿＿＿＿＿＿＿＿＿＿＿＿＿＿＿＿＿＿＿＿＿＿＿＿＿。

5. 结果分析

汽车燃油经济性的检测考核评分表

时间：40 min　　班级：________　　考生姓名：________

序号	考 核 内 容	配分	评 分 标 准	扣分	得分
1	正确选择并使用工具	10	工具、仪器选择使用不当，一次扣3分		
2	检测前的准备	10	仪器及设备调整不当，一次扣5分		
3	检测进程	30	按照正确操作步骤检测，不当一次扣5分		
4	结果的处理和分析	20	根据检测结果，能进行正确的分析，不当一次扣5分		
5	整理工具，清理现场	10	每缺一项扣5分		
6	着装及安全文明生产	10	因违规操作，发生人身和设备事故，记0分		
7	按时完成	10	每超时1 min扣5分，超时3 min结束考核		
8	分数合计				

操作时间：__________　　考核教师：__________

习　　题

1. 汽车燃油经济性的评价指标有哪几种？
2. 什么是等速百千米燃油消耗量？
3. 汽车燃料消耗量试验有哪些主要内容？如何进行试验？
4. 汽车燃料消耗仪有哪些种类？
5. 试简述质量式油耗仪的结构及工作原理。
6. 试简述容积式油耗仪的结构及工作原理。
7. 试简述汽车等速百千米油耗在底盘测功机上的测试方法。
8. 试简述电喷车和柴油车进行燃料消耗量测试时应如何安装油耗仪。

任务3 汽车的制动性检测

学习目标

☑ 掌握汽车制动性评价指标；
☑ 掌握车辆制动过程和制动力；
☑ 熟悉影响汽车制动力的主要因素；
☑ 熟悉制动力检测的方法并对结果进行判断。

任务描述

汽车的制动性能是汽车的主要性能之一，制动性能直接关系到汽车行车安全，重大交通事故往往是与制动距离太长、紧急制动时发生侧滑等情况有关，因此汽车的制动性能是汽车行驶的重要保障，也是汽车制造厂、使用者、汽车维修和管理人员关心的重要性能之一。

本任务是利用制动试验台来测量汽车行车制动力、制动力的平衡、制动协调时间、车轮阻滞力、驻车制动力（见附录B道路运输车辆性能检验记录单），并与国家标准进行比较，判断是否合格，分析不合格的原因。

相关知识

汽车行驶时能在短距离内停车且维持行驶方向稳定性和在下长坡时能维持一定车速的能力，称为汽车的行车制动性。

汽车在一定坡道上能长时间停车不动的性能称为汽车的驻车制动性。

视频
制动性能评价指标

一、汽车制动性能的评价

汽车制动性的评价指标有以下三个：

（1）汽车的制动效能

汽车的制动效能是指汽车迅速减速直至停车的能力。它又可用以下三个指标进行评价，即在良好路面上，汽车以一定的初速度制动到停车的制动距离、制动时的减速度和制动力。它是制动性能最基本的评价指标。

（2）制动效能的恒定性

制动效能的恒定性是指车辆抵抗制动效能的热衰退和水衰退的能力。即汽车在高速行驶或下长坡以及涉水连续制动时制动效能的稳定程度。汽车的制动过程实际上是把汽车行驶的动能通过制动器吸收转换为热能的过程。制动器自身温度升高以后，制动力下降，制动减速度减小，制动距离增大，称为制动器的热衰退。

（3）制动时的方向稳定性

制动时的方向稳定性是指制动时汽车按照驾驶人给定方向行驶的能力。即是否会发生制动跑偏（制动时汽车偏驶，但后轮沿前轮的轨迹运动）、侧滑（制动时汽车一轴或双轴发生横向滑动，前、后轮轨迹不重合）或失去转向能力（如前轮抱死拖滑，汽车将失去转向能力）。

二、制动时车轮的受力分析

汽车制动的目的是使汽车从一定的车速减速到较低的速度或直至停车，以保障汽车安全行驶，使具有一定运动速度的汽车减速或停车的外力是由地面制动力和空气阻力提供的。由于空气阻力相对较小，所以必须由路面提供汽车制动所需的阻力，这个阻力便称为地面制动力。为在地面生成制动力，就在汽车上设置了制动装置，以确保地面能生成汽车制动时所需要的制动。

下面分析一个车轮在制动时的受力状况，以说明影响汽车地面制动力的主要因素。

1. 地面制动力

视频

制动力分析

汽车在制动过程中人为地使汽车受到一个与其行驶方向相反的外力，汽车在这一外力作用下迅速地降低车速以至停车，这个外力称为汽车的制动力。一般汽车多用车轮制动器使汽车车轮受到与汽车行驶方向相反的地面切向反作用力的作用，故这时的汽车制动力又称地面制动力。地面制动力用 F_{xb} 表示，如图 3-1 所示。

显然，从力矩平衡可得到

$$F_{xb}=\frac{T_{\mu}}{r} \tag{3-1}$$

式中　T_{μ}——制动器的摩擦力矩；

r——车轮半径。

2. 制动器制动力

制动器制动力是为克服制动器摩擦力矩而在车轮周缘所需施加的切向力，以符号 F_{μ} 来表示。它等于把汽车架离地面，踩住制动踏板后，在车轮周缘扳动车轮直至它能转动所施加的切向力。

$$F_{\mu}=\frac{T_{\mu}}{r} \tag{3-2}$$

3. 地面制动力、制动器制动力与地面附着力的关系

汽车的地面制动力首先取决于制动器制动力，同时又受地面附着条件的限制，只有制动器制动力足够，同时地面附着力较高时，才能获得较高的地面制动力。这样，地面制动力既取决于制动器制动力，又受地面附着力的制约，它们的关系如图 3-2 所示。

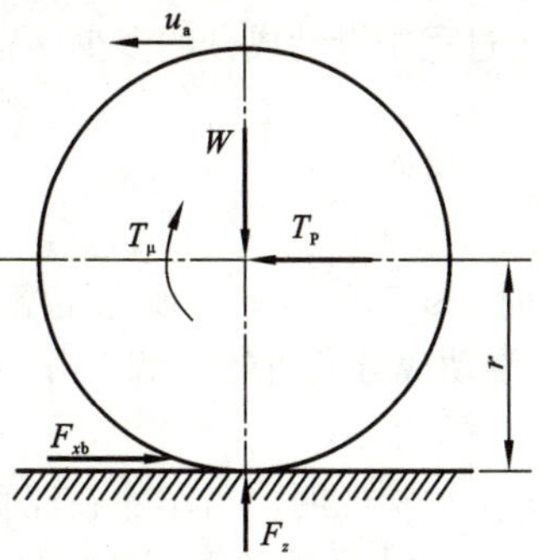

图 3-1　车轮在制动时的受力分析

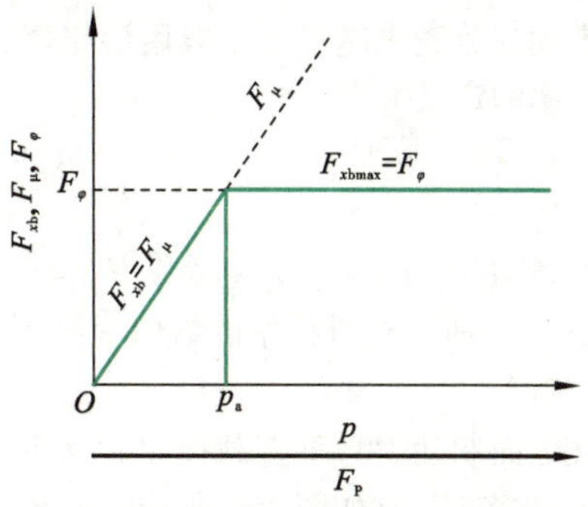

图 3-2　汽车制动时地面制动力、制动器制动力和地面附着力之间的关系

由图 3-2 可知，当制动系管路压力或制动踏板力较小，未达到某一极限时，制动器摩擦力矩不大，地面制动力足以克服制动器摩擦力矩推动车轮滚动。此时，地面制动力就等于制动器制动力，并随制动系管路压力（制动器制动力）的增长成正比增大，直至某一限值，地面制动力便不再随制动管路压力继续增加，而达到最大值，制动器制动力却随制动管路压力继续增大。这是由于地面附着力制约了地面制动力的继续增大，地面附着力便成了地面制动力的极限，地面制动力不可能大于地面附着力，即

$$F_{xb} \leqslant F_{\varphi} = F_z \varphi \tag{3-3}$$

最大地面制动力 F_{xbmax} 为

$$F_{xbmax} = F_z \varphi \tag{3-4}$$

三、汽车制动时车轮的运动方式分析

视频

制动车轮运动分析

上面曾假设车轮的运动只有滚动和抱死拖滑。但仔细观察汽车制动过程，发现胎面留在地面上的印痕从车轮滚动到抱死拖滑是一个渐变的过程。图 3-3 所示是汽车制动过程中逐渐增大踏板力时轮胎留在地面上的印痕。

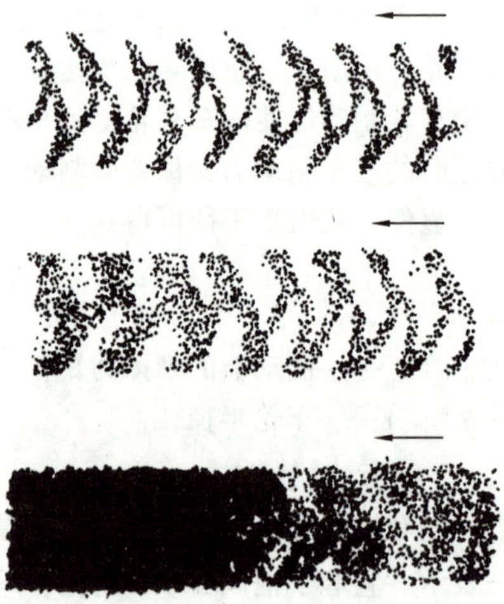

图 3-3　制动时轮胎在地面上的印痕

印痕基本上可分三个阶段：

第一阶段：印痕的形状与轮胎胎面花纹基本上一致，车轮还接近于单纯的滚动，可以认为

$$u_w \approx r_{r0} \omega_w \tag{3-5}$$

式中　u_w——车轮中心的速度；

r_{r0}——没有地面制动力时的车轮滚动半径；

ω_w——车轮的角速度。

第二阶段：车轮边滚边滑。轮胎花纹的印痕可以辨认出来，但花纹逐渐模糊，轮胎不只是单纯的滚动，胎面与地面发生一定程度的相对滑动，此时

$$u_w > r_{r0} \omega_w \tag{3-6}$$

第三阶段：纯滑动。车轮被制动器抱住，在路面上做完全的拖滑，此时

$$\omega = 0 \tag{3-7}$$

从这三个阶段的变化情况可以看出，随着制动强度的增加，车轮滚动的成分越来越少，而滑动成分越来越多。一般用滑移率 s 来说明这个过程中滑动成分的多少。

滑移率的定义为

$$s = \frac{u_w - r_{r0}\omega_w}{u_w} \times 100\% \tag{3-8}$$

在纯滚动时，$u_w = r_{r0}\omega_w$，滑移率 $s = 0$；在纯拖滑时，$\omega_w = 0$，$s = 100\%$；边滚边滑时，$0 < s < 100\%$。所以，滑移率的数值说明了车轮运动中滑动成分所占的比例，滑移率越大，滑动成分越多。

定义地面制动力与垂直载荷之比为制动力系数 φ_b。实验证明，当车轮在路面上滑动时，φ_b 与滑移率 s 有如图 3-4 所示的关系。从图可见，制动力系数随滑移率 s 的增大近似直线上升，达最大值后，便随滑移率 s 继续增大逐渐减小。这是由于车轮与路面间的滑动摩擦系数小于静摩擦系数，因此地面附着系数在达到最大值后就逐渐降低。

制动力系数的最大值称为峰值附着系数 φ_p，对应的滑移率称为峰值滑移率 s_p，s_p = 15% ~20% 。在峰值滑移率左边，虽然有一定的滑移率，但车轮并没有同路面发生真正的相对滑动。滑移率大于零的原因是轮胎的滚动半径变大。当出现路面制动力时，轮胎前面即将与路面接触的胎面受到拉伸而伸长，轮胎滚动半径与路面制动力成正比增大，直至峰值滑移率后，轮胎接地面积中才出现局部的相对滑移。

在峰值滑移率 φ_p 的左边，地面附着力能跟随汽车制动力矩的增加，提供足够的路面制动力（矩），而这时的横向附着系数 φ_s 也较大，具有足够的抗侧滑能力，故一般称峰值滑移率 φ_p 的左边为制动稳定区。

在峰值滑移率 φ_p 的右边，制动力系数 φ_b 随滑移率 s 的增大而减小，即随着车轮制动器摩擦力矩的继续增大，地面制动力反而在逐渐减小。制动器摩擦力矩与路面制动力差值的急剧扩大，就使车轮迅速减速而趋向“抱死”停转，发生拖滑。从峰值滑移率 s_p 增长到 100% 滑移率的这一过程几乎是瞬间完成的，仅需 0.1 s 左右的时间。在滑移率达到 100% 时，纵向制动力系数 φ_s 称为滑动附着系数，其值大约降低 1/3 ~ 1/4。

附着系数的数值主要取决于道路的材料、路面的状况、轮胎结构、胎面花纹、轮胎材料和汽车行驶的速度等因素。

图 3-5 表示不同路面状况对纵向附着系数的影响。由图可见，路面虽然不同，纵向附着系数与滑移率的特性是一致的，只是纵向附着系数的数值不同而已。

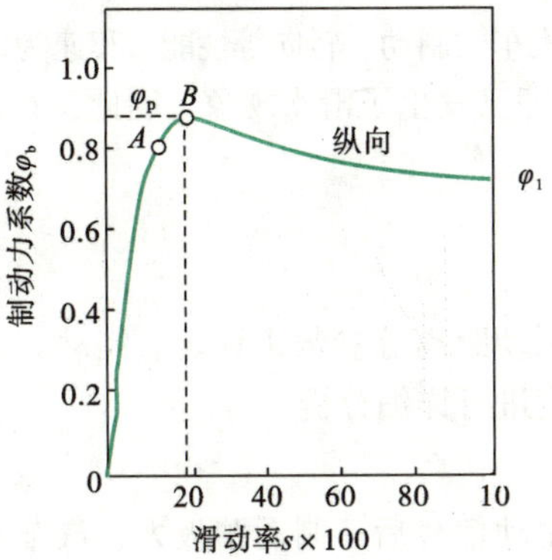

图 3-4　制动力系数随滑动率变化的关系

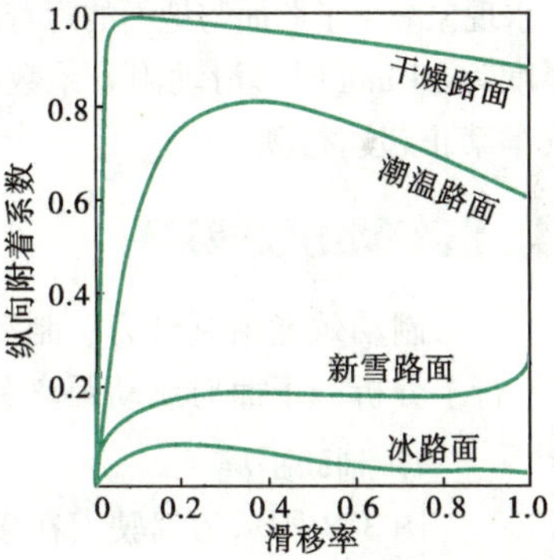

图 3-5　不同路面附着系数与滑移率

轮胎对附着系数有重要的影响，胎面花纹影响轮胎的“抓地”能力、排水能力。增大轮胎与其地面的接触面积会提高附着性能，因此低气压、宽断面的轮胎和子午线轮胎的附着系数就较一般轮胎高。轮胎的磨损会影响轮胎的附着能力，轮胎的附着系数将随胎面花纹深度的减低显著下降。图 3-6 显示了胎面花纹深度对附着系数的影响。

汽车的行驶速度对附着系数的影响也较大。行驶速度越高，附着系数就越低。图 3-7 显示了载货汽车行驶速度与附着系数的关系。

汽车行驶时可能遇到两种附着能力很小的危险情况：一种情况是刚开始下雨，路面上只有少量雨水时，雨水与路面上的尘土、油污相混合，形成黏度高的水液，滚动的轮胎无法排挤出胎面与路面间的水液膜；由于水液膜的润滑作用，附着性能将大为降低，平滑的路有时会同冰雪路面一样滑溜。另外一种情况是高速行驶的汽车经过有积水层的路面，出现了滑水（hydroplaning）现象。轮胎在有积水层的路面上滚动时，其接触面分为 A、B、C 三区域：A 区是水膜区，C 区是胎面与路面直接接触产生附着力的主要区域，B 区是 A 区与 C 区的过渡区，是部分穿透的水膜区，路面的突出部分与胎面接触，提供部分附着力。轮胎低速滚动时，由于水的黏滞性，接触面前部的水需要一定时间才能挤出，所以接触面中轮胎面的前部将越过楔形水膜即 A 区滚动。车速提高后，高速滚动的轮胎迅速排挤水层，由于惯性，接触区的前部水中产生动压力，其值与车速的二次方成正比。压力使胎面与地面分开，即随着车速的增加，A 区水膜在接触区中向后扩展，B、C 区相对缩小；在某一车速下，在胎面下的动水压力的升力等于垂直载荷时，轮胎将完全漂浮在水膜上面而与路面毫不接触，B、C 区不复存在，这就是滑水现象。

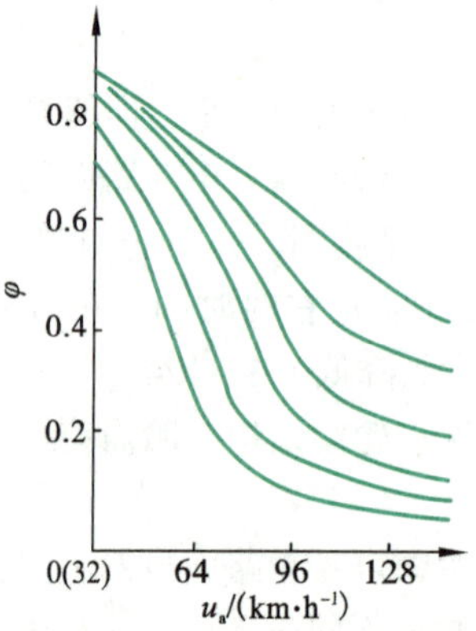

图 3-6　轮胎胎面花纹深度对附着系数的影响

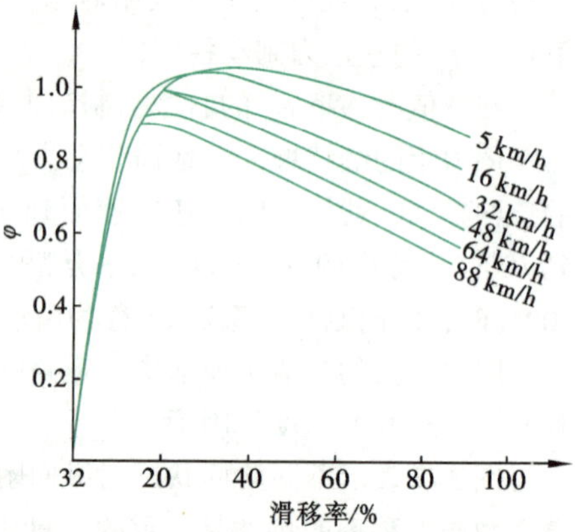

图 3-7　汽车行驶速度与附着系数的关系

滑水现象减小了胎面与地面的附着能力，影响汽车的制动、转向等性能。车速为100 km/h，水膜厚度为 10 mm 时，滑动附着系数接近于零，即已发生了滑水现象。因此，在以上情况下，汽车禁止超速行驶。

四、汽车制动效能分析

视频

制动效能分析

制动效能由制动力、制动减速度和制动距离等参数来评定。制动力前面已进行了分析，下面对制动距离和制动减速度进行详细分析。

1. 制动距离

图 3-8 所示为驾驶人在接受了紧急制动信号后，制动踏板力、汽车制动减速度与制动时间的关系曲线，图 3-8(a)所示为实际测得的曲线，图 3-8(b)所示为经过简化的曲线。

驾驶人接到紧急停车信号时，并没有立即行动，如图 3-8(b)中的 a 点，而是经过 τ_1' 后才意识到应进行紧急制动，并移动右脚，再经过 τ_1'' 后才踩到制动踏板。从 a 点到 b 点所经过的时间 $\tau_1 = \tau_1' + \tau_1''$ 称为驾驶人反应时间。这段时间一般为 0.3 ~ 1.0 s。在 b 点后，随着驾驶人踩制动踏板的动作，踏板力迅速增大，至 d 点时达到最大值，不过由于制动蹄是由回位弹簧拉着，蹄片与制动鼓间存在间隙，所以要经过 τ_2'，即至 c 点。地面制动力才起作用，使汽车开始产生减速度。由 c 点到 e 点是制动器制动力增长过程所需的时间 τ_2''。$\tau_2 = \tau_2' + \tau_2''$ 称为制动器的作用时间。制动器作用时间一方面取决于驾驶人踩制动踏板的速度。另外更重要的是受制动系结构形式的影响。τ_2 一般为 0.2 ~ 0.9 s。由 e 到 f 为持续制动时间 τ_3，其减速度基本不变。到 f 点时驾驶人松开踏板，但制动力的消除还需要一段时间，τ_4 一般在 0.2 ~ 1.0 s。这段时间过长会耽误随后起步行驶的时间。另外，若因车轮抱死而使汽车失去控制，驾驶人采取措施放松制动踏板时，又会使制动力不能立即释放。

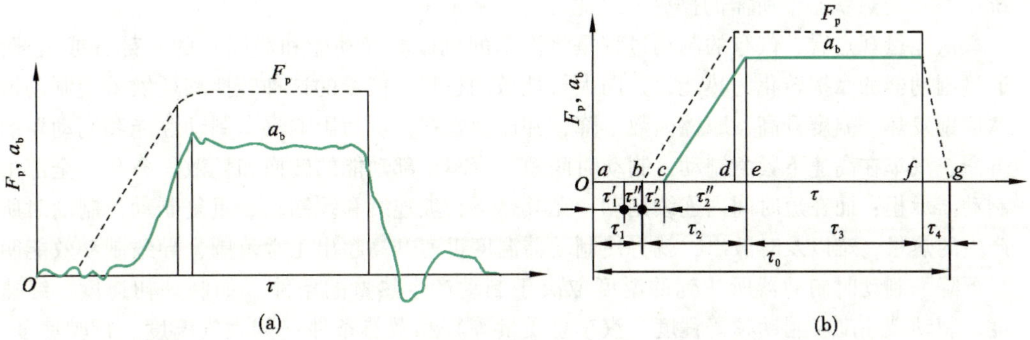

图3-8 汽车的制动过程

汽车在制动阶段内驶过的距离即制动距离

$$S=\frac{1}{3.6}\left(\tau_2'+\frac{\tau_2''}{2}\right)u_{a0}+\frac{u_{a0}^2}{25.92a_{bmax}} \tag{3-9}$$

从式（3-9）可以看出，决定汽车制动距离的主要因素：制动器起作用的时间、最大制动减速度即附着力（或最大制动器制动力）以及制动初速度。

2. 制动减速度

一般认为制动到抱死状态，具有最大的地面制动力，因而产生最大制动减速度。这时车轮在路面上拖滑，在路面上留下黑色的印痕。

在平直路面上，当所有车轮都抱死时，汽车的地面制动力

$$F_{xbmax}=\sum Z\varphi=G\varphi \tag{3-10}$$

制动时的空气阻力 F_w 相对于 F_{xbmax} 较小，可忽略不计。按牛顿第二定律 $G\varphi=Gj_a/g$

$$j_a=g\varphi \tag{3-11}$$

上式表明，制动到所有车轮都处于抱死状态时，所能达到的制动稳定减速度和车轮与路面的附着系数 φ 成正比，比例系数为重力加速度，与汽车的总质量无关。

GB 7258—2017 采用充分发出的平均减速度 MFDD（m/s^2）来评价。

充分发出的平均减速度是在车辆制动试验中用速度计测得了制动距离和速度的情况下，用 $u_b \sim u_e$ 速度间隔车辆驶过的距离，根据下列公式计算平均减速度 MFDD：

$$\text{MFDD}=\frac{u_b^2-u_e^2}{25.92(S_e-S_b)}$$

式中 u_b——$0.8u_0$，试验车速，km/h；

u_e——$0.1u_0$，试验车速，km/h；

u_0——试验车制动初速度，km/h；

S_b——试验车速从 u_0 到 u_b 之间车辆行驶的距离，m；

S_e——试验车速从 u_0 到 u_e 之间车辆行驶的距离，m。

五、汽车制动效能恒定性分析

1. 抗热衰退性能

热衰退是指由于摩擦热的影响使制动器摩擦材料的摩擦系数下降，导致制动效能暂时降低的现象。热衰退是目前制动器不可避免的现象，只是有程度的差别。制动器热衰退程度用热衰退率评价。在产生相同制动力的条件下，制动器冷状态下所需的操纵力（制动系

统压力）与热状态下所需的操纵力之比称为热衰退率。

从能量观点看，汽车的制动过程是将汽车的机械能（动能和势能）的一部分或全部，通过制动器的摩擦转化为热能，并向大气耗散的过程。能量的这种转换和耗散就使制动器摩擦副发热、温度升高、摩擦因数下降，并产生磨损，从而影响汽车制动性能和制动器的寿命。汽车在高速下紧急制动，制动时间短，汽车全部动能的转换和耗散任务几乎全部由制动器承担；而在短时间内连续制动，尤其是下长坡连续和缓制动、重复制动，制动时所产生的热量，难以及时散出，就将使制动器温度迅速升高超出正常范围，导致制动效能明显下降。制动时制动器所达到的温度取决于制动产生热量的条件（如制动初速度、终速度、制动减速度、制动频繁程度、汽车总质量等）和散热条件（如大气温度、行驶速度、制动器通风环境、制动器受热零件的热容量、散热面积等）。汽车行驶的环境条件和行驶工况是随机的，因此制动器的热衰退程度主要还是取决于制动器摩擦副材料和制动器结构。

在制动过程中制动器摩擦衬片表面的温度经常可达到300～400 ℃。摩擦衬片一般都是用石棉摩擦材料制造，石棉摩擦材料在温度升到一定程度时，摩擦系数将显著下降。当温度升到300 ℃以上时，石棉分解出焦油状物，在摩擦表面上起到润滑作用，使摩擦系数下降；而在温度达到800 ℃时，石棉就会完全脱去结晶水而分解，助长了热衰退现象。为提高制动器的热稳定性，除改进石棉摩擦材料的组成成分和压制工艺外，最好采用热稳定性好的、无石棉摩擦材料作为摩擦衬片，如金属摩擦材料。

此外，制动器结构也对抗热衰退产生影响。盘式制动器热稳定性优于鼓式制动器，这是由于盘式制动器散热效果好。采用非金属材料摩擦衬片的制动器，由于非金属材料摩擦衬片的绝热性能，其所能吸收的热量很少，绝大部分由制动鼓（制动盘）吸收。鼓式制动器散热条件差，制动鼓受热，胀大变形，就使制动蹄与制动鼓只在中部接触，鼓式制动器的热稳定性也因此不如盘式制动器。

国际标准 ISO/DIS 6597 推荐，以一定的车速连续制动 15 次，每次的制动强度为 3 m/s^2，最后的制动效能应不低于规定的冷试验制动效能（5.8 m/s^2）的60%，条件是制动踏板力不变。

2. 制动效能的水衰退

水衰退是指制动器摩擦表面浸水使制动效能下降的现象。制动器摩擦表面浸水后，由于水的润滑作用就使摩擦系数下降，从而导致制动器制动效能降低。

水衰退的程度可用制动器浸水后的制动效能与浸水前的制动效能的比值（%）表征。若水衰退发生在汽车一侧车轮制动器上，就将造成左右车轮制动力不等，进而恶化汽车制动时的方向稳定性。

汽车制动时产生的热量可使制动器摩擦衬片干燥。因此，为了保证安全，汽车涉水后应踩几下制动踏板，制动蹄与制动鼓发生摩擦产生热量，可使制动器迅速干燥，恢复正常，这种现象称为水恢复。

实验研究表明，盘式制动器的水衰退影响比鼓式制动器要小，水恢复也较鼓式制动器快。这是由于盘式制动器的效能因数（在制动盘或制动鼓的作用半径上所得到的摩擦力与输入力之比）受摩擦系数下降的影响较小，而且制动器中的水分会被旋转的制动盘甩出，同时制动器摩擦块的压力较高，也易于将摩擦衬片上的水分挤出和擦干。鼓式制动器的排水干燥就较为困难，需经较多次数的制动才能恢复原有制动性能。盘式制动器的抗水衰退性和水恢复性就明显优于鼓式制动器。

六、汽车制动时方向稳定性分析

汽车制动时的方向稳定性是指在制动过程中，汽车按驾驶人给定的轨迹行驶的能力，即维持直线行驶或按预定弯道行驶的能力。在制动过程中会出现因制动跑偏、侧滑或失去转向能力，而导致汽车失控、偏离原来的行驶方向，从而引发严重的交通事故。调查表明，发生人身伤亡的交通事故中，与侧滑有关的比例在潮湿路面上约为30%，在冰雪路面上为70%～80%。而侧滑的产生有50%是由制动引起的。紧急制动时的危险情况主要包括：

（1）制动跑偏

制动跑偏是指汽车直线行驶制动时，在转向盘固定不动的条件下，汽车自动向左侧或右侧偏驶的现象。

制动跑偏主要是由于汽车左、右车轮，特别是转向轴左、右车轮制动力不相等造成的。图3-9所示为汽车转向轴左右轮制动力 F_{1l}、F_{1r} 不等引起的汽车制动跑偏的受力分析。图中左轮制动力大于右轮制动力（$F_{1l}>F_{1r}$，F_j 为汽车惯性力），它们对各自主销形成的力矩便不相等，且方向相反，并使转向轮向左偏转一个角度（向力矩大的方向偏转）。尽管转向盘不动，由于转向杆系中存在间隙及杆件弹性的影响，转向轮左右轮制动力不等所形成的力矩仍会引起转向轮跑偏。左右轮制动力不相等，还会对汽车质心形成一个不平衡力矩，为平衡左右轮制动力不等所产生的绕质心的力矩，必然会在前、后轴地面引起侧向作用力 F_{y1}、F_{y2}。当转向轮主销有后倾时，这个侧向力 F_{y1} 也会对转向轮产生一偏转力矩，从而加大了车轮的偏转，使汽车跑偏增强。

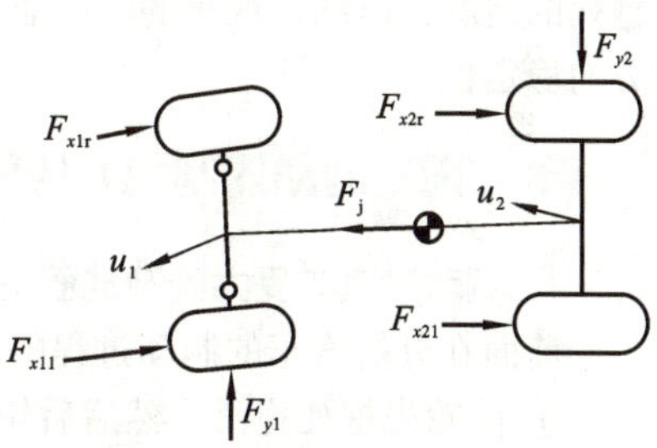

图3-9　制动跑偏时的受力分析

转向轴左右轮制动力不等是难以避免的，因为各轮制动器摩擦副表面状况、轮胎状况、制动器的调整状况，以及左、右轮与路面接触状况不可能完全一致。问题是左右轮制动力不相等到什么程度才会造成汽车不容许的跑偏。

根据国外相关研究证明，制动跑偏随转向轴左、右轮制动力不等度的增加而增大；同一左、右轮制动力不等度的制动跑偏随制动过程延续时间的延长而增大。在其他条件一定时，制动过程延续时间的长短就取决于制动初速度，制动初速度越高，制动过程的延续时间就越长，同一制动力不等度的制动跑偏也就越严重；在左、右轮制动力不等度相同的条件下，锁住转向盘的制动跑偏比转向盘撒手时小；制动跑偏的程度还受后轮抱死与否的影响。左、右轮制动力不等度相同，后轮抱死时的制动跑偏的程度明显大于后轮未抱死时的跑偏；后轮未抱死时，一般允许转向轴左、右轮制动力相差10%～30%，若差值太大肯定会引起明显的制动跑偏。

此外，制动时汽车悬架导向杆系与转向系拉杆在运动学上不协调，发生杆系间的运动干涉，也会导致转向轮偏转引起跑偏。

杆系运动干涉引起的制动跑偏方向是固定的，因此是系统性的，通过正确的设计就可避免。定型汽车使用过程中，因转向杆系间的运动干涉所导致的制动跑偏，是转向轴变形、杆系变形、调整不当等汽车使用因素造成的，只要正确、合理使用汽车，基本上可以避免。

为防止车辆出现跑偏现象，用制动力法检测汽车的制动效能时，提出了左、右轮制动器动力平衡性的要求。

（2）制动侧滑

汽车若受外界侧向力或因左、右轮制动力不等所引起的侧向力作用，易使车轮丧失横向附着能力，车轴沿横向滑动，即产生侧滑。

制动时发生侧滑，特别是后轴侧滑，将引起汽车剧烈的回转运动，严重时可使汽车调头。制动时若后轴比前轴车轮先抱死拖滑，就可能发生后轴侧滑。

（3）转向能力的丧失

当前轮抱死或先于后轮抱死，前轮的横向附着系数为零，尽管操纵转向盘使前轮偏转，路面却产生不了对前轮的侧向力，汽车因而丧失了转向能力。

总之，从保证汽车方向稳定性的角度出发，首先不能出现只有后轴车轮抱死或后轴车轮比前轴车轮先抱死的情况，以防止后轴侧滑。其次，尽量减少只有前轮抱死或前后轮都抱死的情况，以维持汽车的转向能力。最理想的就是避免任何车轮抱死，以确保制动时的方向稳定性。

七、前后制动器制动力的比例关系

1. 制动时汽车受力图及地面法向反作用力

前面在分析汽车的制动过程中，可能出现如下三种情况：

① 前轮先抱死拖滑，然后后轮抱死拖滑；

② 后轮先抱死拖滑，然后前轮抱死拖滑；

③ 前、后车轮同时抱死拖滑。

其中①是稳定工况，但在制动时汽车丧失转向能力；情况②中，后轴可能出现侧滑，是不稳定工况；而情况③可以避免后轴侧滑，同时前转向轮只有在最大制动强度下才使汽车失去转向能力，较之前两种工况，附着条件利用情况较好。所以，前、后制动器制动力分配的比例将影响汽车制动时的方向稳定性和附着条件利用程度。

在分析前、后制动器制动力分配比例以前，必须先了解在制动时地面作用于前、后车轮的法向反作用力。图 3-10 所示为汽车制动时的汽车受力情况。

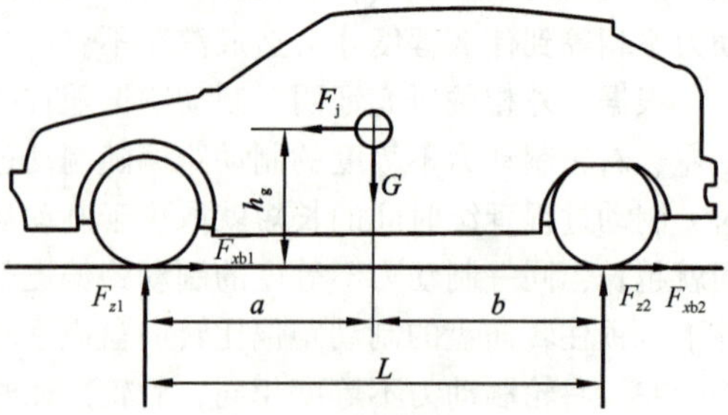

图 3-10　汽车制动时汽车受力情况

图 3-10 中忽略了滚动阻力偶矩、空气阻力以及旋转质量惯性力偶矩。若忽略制动时车轮边滚边滑的过程，并对后轮接地点取力矩，则得

$$F_{z1}L = Gb + m\frac{du}{dt}h_g \qquad (3\text{-}12)$$

式中 F_{z1}——地面对前轮的法向作用力；

G——汽车重力；

b——汽车质心至后轴中心线的距离；

m——汽车质量；

h_g——汽车质心高度；

$\frac{du}{dt}$——汽车减速度。

对前轮接地点取力矩，则得

$$F_{z2}L = Ga - m\frac{du}{dt}h_g \tag{3-13}$$

式中　F_{z2}——地面对后轮的法向反作用力；

a——质心至前轴中心线的距离。

所以

$$\left.\begin{aligned} F_{z1} &= \frac{G}{L}\left(b + \frac{h_g}{g}\frac{du}{dt}\right) \\ F_{z2} &= \frac{G}{L}\left(a - \frac{h_g}{g}\frac{du}{dt}\right) \end{aligned}\right\} \tag{3-14}$$

若在不同附着系数的路上制动，前、后轮都抱死（不论次序如何），则 $F_{xb} = F\varphi = G\varphi$，此时有

$$\left.\begin{aligned} F_{z1} &= \frac{G}{L}(b + \varphi h_g) \\ F_{z2} &= \frac{G}{L}(a - \varphi h_g) \end{aligned}\right\} \tag{3-15}$$

说明随着附着系数的变化，前、后轮的法向反作用力变化很大。

2. 理想的前、后轮制动器制动力分配

理论上看，制动时前、后轮同时抱死拖滑，是制动的理想状态，制动效果最佳。在任意附着系数 φ 的路面上，均能保证前后轮同时抱死拖滑的前后轮制动器制动力分配，称为理想分配。

在任何附着系数的路面上，前、后车轮同时抱死的条件为前、后轮制动器制动力之和等于附着力，并且前、后轮制动器制动力分别等于各自的附着力。前、后轮制动器制动力 $F_{\mu1}$、$F_{\mu2}$ 的关系为

$$F_{\mu2} = I\,F_{\mu1} = \frac{1}{2}\left[\frac{G}{h_g}\sqrt{b^2 + \frac{4h_g I}{G}F_{\mu1}} - \left(\frac{Gb}{h_g} + F_{\mu1}\right)\right] \tag{3-16}$$

由式（3-16）画成的曲线，即为理想的前、后轮制动器制动力分配曲线，简称 I 曲线，如图 3-11 所示。

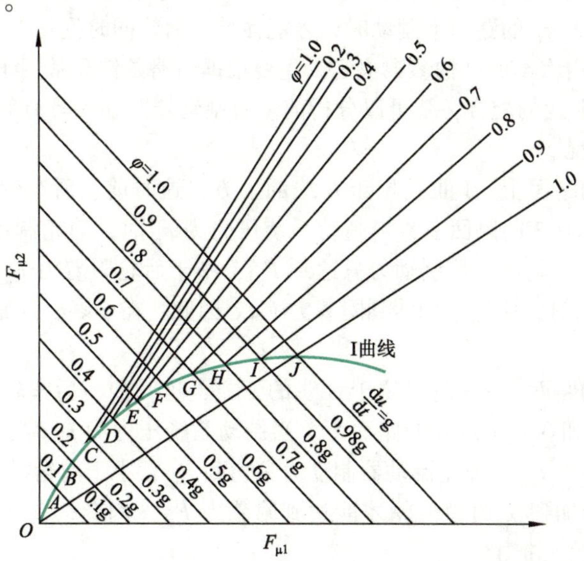

图 3-11　理想的前、后制动器制动力分配曲线

3. 制动器制动力分配系数

两轴汽车的前、后制动器制动力之比为一定值。常用前制动器制动力与汽车总制动器制动力之比表明分配的比例，称为制动器制动力分配系数，并以符号β表示，即

$$\beta=\frac{F_{\mu1}}{F_{\mu}} \tag{3-17}$$

式中　F_{μ}——汽车总制动器制动力。

故

$$\frac{F_{\mu1}}{F_{\mu2}}=\frac{\beta}{1-\beta} \tag{3-18}$$

若用$F_{\mu2}=\beta F_{\mu1}$表示，则$F_{\mu2}=\beta F_{\mu1}$为一直线，此直线通过坐标原点，且其斜率为

$$\tan\theta=\frac{\beta}{1-\beta} \tag{3-19}$$

这条直线称为实际前、后制动器制动力分配线，简称β线。图3-12给出了某一货车的β线，同时还给出了该货车空载和满载时的I曲线。

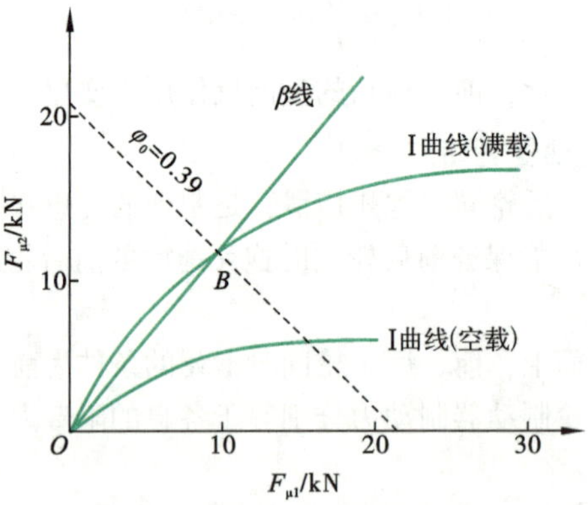

图3-12　某货车的β线与I曲线

可以看出，β线与I曲线在B点相交，对应于这一点的附着系数φ_0称为同步附着系数。它是反映汽车制动性能的一个重要参数，它说明前、后制动器制动力为固定比值的汽车只有在附着系数为φ_0的路面上制动时，才能使前、后轮同时抱死。

同步附着系数由汽车的结构参数决定，主要根据道路条件和常用车速来选择。

利用β线与I曲线的配合，就可以分析前、后制动器制动力具有固定比值的汽车在各种路面上的制动情况。

① 在$\varphi<\varphi_0$的路面上，I曲线位于β线的上方，这时前、后车轮不能同时抱死。设$\varphi_0=0.55$，如在$\varphi=0.3$的路面上，当制动系统压力为p_{p1}时，前轮制动器制动力$F_{\mu1}$达到附着极限等于$F_{\varphi1}$，后轮制动器制动力只达到$F_{\mu2}$，小于后轮附着力$F_{\varphi2}$，只有当制动系统压力由p_{p1}增加到p_{p2}时，后轮才能达到附着力$F_{\varphi2}$。因此，在$\varphi<\varphi_0$的路面上制动时，前轮先于后轮抱死拖滑。

② 在$\varphi>\varphi_0$的路面上，I曲线位于β线的下方，这时前、后车轮也不能同时抱死拖滑。设$\varphi_0=0.55$，如在$\varphi=0.70$的路面上，当制动系统压力为p_{p1}时，后轮制动器制动力$F_{\mu2}$达到附着极限等于$F_{\varphi2}$，前轮制动器制动力只达到$F_{\mu1}$，小于前轮附着力$F_{\varphi1}$，只有当制动系统压力由p_{p1}增加到p_{p2}时，前轮才能达到附着力$F_{\varphi1}$。因此，在$\varphi>\varphi_0$的路面上制动时，后轮先于前轮抱死拖滑。

可见，当β线位于I曲线下方，制动时总是前轮先抱死。前面已经指出，前轮先抱死

虽是一种稳定工况，但车辆丧失转向能力；当β线位于I曲线上方，制动时总是后轮先抱死，因而容易发生后轴侧滑使汽车失去方向稳定性。

③ 在$\varphi=\varphi_0$的路面上，制动时汽车的前、后轮将同时抱死，此时的减速度为$g_{\varphi0}$，即$0.55g$，也是一种稳定工况，但也失去了转向能力。

八、影响制动性的主要因素

1. 轴间负荷分配的影响

汽车的制动性与汽车的结构及其使用条件有关。诸如汽车轴间负荷的分配、载质量、制动系的结构、利用发动机制动的情况、行驶速度、道路情况、驾驶方法等，均对制动过程有很大影响。

汽车制动时，前轴负荷增加，后轴负荷减小。如果前、后轮制动器制动力根据轴间负荷的变化分配，符合理想分配的条件，则前、后轮同时抱死。如果前、后轮制动器制动力的比例为定值，则只有在具有同步附着系数的路面上，前、后轮才能同时抱死。当$\varphi>\varphi_0$时，后轮先抱死；当$\varphi<\varphi_0$时，前轮先抱死；空载时总是后轮先抱死。

2. 制动力的调节和车轮防抱死

（1）制动力的调节

为了防止制动时后轮抱死而发生危险的侧滑，汽车制动系的前、后轮制动器制动力的实际分配线（β线）应当总在理想的前、后轮制动器制动力分配曲线（I曲线）下方。为了减少前轮失去转向能力的倾向和提高制动系效率，β线越接近I曲线越好。如果能按需要改变β线使之达到上述目的，将比前、后轮制动器制动力具有固定比值的汽车具有更大的优越性。为此，在现代汽车制动系中装有各种压力调节装置。常见的压力调节装置有限压阀、比例阀、载荷控制比例阀、载荷控制限压阀等。

（2）车轮的防抱死

采用按理想制动器制动力分配曲线来改变β线的制动系能提高汽车制动时的方向稳定性，且制动系效率也较高。但各种调节装置的β线常在I曲线的下方，因此不管在什么φ值的路面上制动时，前轮仍将抱死而可能使汽车失去转向能力。另外，从φ-s曲线可知，汽车的附着能力和车轮的运动状况有关。当滑移率$s=15\%\sim20\%$时，附着系数最大；而车轮完全抱死，$s=100\%$时，附着系数反而下降。一般汽车的制动系，包括装有调节阀能改变β线的制动系都无法利用峰值附着系数，在紧急制动时，常常是利用较小的滑动附着系数使车轮抱死。

为了充分发挥轮胎与地面间的潜在附着能力，全面满足对汽车制动性的要求，已采用了多种形式的制动防抱死装置。有了防抱死装置，在紧急制动时，能防止车轮完全抱死，而使车轮处于滑移率为15%～20%的状态。此时，纵向附着系数最大，侧向附着系数也很大，从而使汽车在制动时不仅有较强的抗后轴侧滑能力，保证汽车的行驶方向稳定性，而且有良好的转向操纵性。由于利用了峰值附着系数，也能充分发挥制动效能，提高制动减速度和缩短制动距离。

（3）汽车载质量的影响

对于载质量较大的汽车。因前、后轮的制动器设计，一般不能保证在任何道路条件下都使其制动力同时达到附着极限，所以汽车的制动距离就会由于载质量的不同而发生差异。实践证明，对于载质量为3 t以上的汽车，大约载质量每增加1 t，其制动距离平均要增加1 m。即使是同一辆汽车，在装载质量和方式不同时，由于重心位置变动，也会影响汽车的制动距离。

（4）车轮制动器的影响

车轮制动器的摩擦副、制动鼓的构造和材料，对于制动器的摩擦力矩和制动效能的热衰退都有很大影响。在设计制造中应选用好的结构形式及材料，在使用维修中也应注意摩擦片的选用。

制动器的结构形式不同，其制动器效率也不同。制动器效能因数大，则在制动鼓半径和制动器张力相同的条件下，制动器所能产生的制动力矩也大。但当制动器摩擦副的摩擦系数下降时，其制动力矩将显著下降，制动性能的稳定性较差。

制动器的技术状况不仅和设计制造有关，而且和使用维修情况有密切关系。制动摩擦片与制动鼓的接触面积不足或接触不均匀，都将降低制动摩擦力矩。而且局部接触的面积和部位不同，也将引起制动性能的差异。

制动摩擦片的表面不清洁，如沾有油、水或污泥，则摩擦系数将减小，制动力矩即随之降低。如汽车涉水之后水渗入制动器，其摩擦系数将急剧下降 20% ~30% 。

（5）制动初速度的影响

制动初速度高时，需要通过制动消耗的运动能量也大，故制动距离会延长。制动初速度越高，通过制动器转化产生的热量也越多，制动器的温度上升也越大。制动蹄片的摩擦性能会随温度的升高而降低，导致制动力衰减，制动距离增长。

（6）利用发动机制动

发动机的内摩擦力矩和泵气损耗可用来作为制动时的阻力矩，而且发动机的散热能力要比制动器强得多。一台发动机，在单位时间内大约有相当于其功率 1/3 的热量必须散发到冷却介质中去。因此，可把发动机当作辅助制动器。

发动机常用做减速制动和下坡时保持车速不变的惯性制动，一般用较低的挡位来下坡。

必须注意的是，在紧急制动时，发动机不仅无助于制动，反而需要消耗一部分制动力去克服发动机旋转质量的惯性力。因此，这时应脱开发动机与传动系的连接。

发动机的制动效果对汽车制动性的影响很大。它不仅能在较长的时间内发挥制动作用，减轻车轮制动器的负担，而且由于传动系中差速器的作用，可将制动力矩平均地分配在左、右车轮上，以减少侧滑甩尾的可能性。在光滑的路面上，这种作用就显得更为重要。此外由于发动机的制动作用，在行车中可显著地减少车轮制动器的使用次数，对改善驾驶条件颇为有利。同时，又能经常保持车轮制动器处于低温而能发挥最大制动效果的状态，以备紧急制动时使用。

有些适合山区使用的柴油车，为了加强发动机的制动效果，在排气歧管的末端安装有排气制动器。排气制动器中设有阀门，制动时将阀门关闭，以增大排气歧管中的反压力，从而产生制动作用。这种方法称为排气制动。这时发动机作为“耗功机”（压缩机）。特别是在下长坡时，用发动机进行辅助制动，更能发挥其特殊的优越性。应用这种方法，一般可使发动机制动时所吸收的功率达到发动机有效功率的 50% 以上。

（7）道路条件的影响

道路的附着系数 φ 限制了最大制动力，故它对汽车的制动性有很大的影响。当制动的初速度相同时，随着 φ 值的减小，制动距离随之增加。由于冰雪路面上的附着系数特别小，所以制动距离增大。特别要注意冰雪坡道上的车辆，应充分利用发动机制动。有计算表明，在冰雪路面上，利用发动机制动的辅助作用可使制动距离缩短 20% ~30% 。在冰雪路面上制动时方向稳定性变坏，当车轮被制动到抱死时侧滑的危险程度将更大。汽车在冰雪路面上行驶时，最好应加装防滑链。

（8）驾驶技术的影响

驾驶技术对汽车制动性有很大影响。制动时，如能保持车轮接近抱死而未抱死的状态，便可获得最佳的制动效果。经验证明，在制动时，如迅速交替地踩下和放松制动踏板，即可提高其制动效果。因为，此时车轮边滚边滑，轮胎着地部分不断变换，故可避免由于轮胎局部剧烈发热胎面温度上升而降低制动效果。在紧急制动时，驾驶人如能急速踩下制动踏板，则制动系的协调时间将缩短，从而缩短制动距离。在光滑路面上不可猛烈踩制动踏板，以免因制动力过大而超过附着极限，导致汽车侧滑。

九、较常见的几种电控制动系统

ABS 防抱死制动系统

ASC +（T）自动平衡防滑/循迹（加速防滑及轮胎抓地控制系）（宝马）

ASD 防滑差速器控制系统（奔驰）

ASR 加速防滑控制系统/驱动防滑控制系统（奔驰、大众、奥迪）

BAS 辅助制动系统（奔驰/宝马）

CBC 弯道制动控制系统（宝马）

DBC 动态制动控制系统（宝马）

DSC 动态行车稳定系统（宝马）

DTC 动态牵引力控制系统（宝马）

EBD 电子制动力分配系统（大众/现代）

EBV 电子制动力分配系统

EDL、EDS 电子差速锁止系统

ESP 电子（车身）稳定程序（奔驰、奥迪）

ETS 循迹控制系统（奔驰）

EBC/MSR 发动机转矩控制系统（宝马）

TCS 驱动防滑控制系统（现代）

TRAC/IRC 牵引力控制系统（丰田/本田）

VSA 车辆稳定辅助控制系统（本田）

VSC 车辆稳定控制系统（丰田）

十、制动检测标准

GB 7258—2017《机动车运行安全技术条件》对机动车台试和路试制动试验的检测结果的合格标准进行了规定。

视频

制动性能检测标准

1. 路试检测制动性能标准

（1）用制动距离检验行车制动性能

机动车在规定的初速度下制动距离和制动稳定性要求应符合表3-1的规定。对空载检验的制动距离有质疑时，可用表3-1规定的满载检验制动距离要求进行。

表 3-1　制动距离和制动稳定性要求

机动车类型	制动初速度/（km·h^{-1}）	空载检验制动距离要求/m	满载检验制动距离要求/m	试验通道宽度/m
三轮汽车	20	≤5.0		2.5
乘用车	50	≤19.0	≤20.0	2.5
总质量小于或等于 3 500 kg 的低速货车	30	≤8.0	≤9.0	2.5
其他总质量小于或等于 3 500 kg 的汽车	50	≤21.0	≤22.0	2.5
铰接客车、铰接式无轨电车、汽车列车（乘用车列车除外）	30	≤9.5	≤10.5	3.0*
其他汽车、乘用车列车	30	≤9.0	≤10.0	3.0*
两轮普通摩托车	30	≤7.0		
边三轮摩托车	30	≤8.0		2.5
正三轮摩托车	30	≤7.5		2.3
轻便摩托车	20	≤4.0		
轮式拖拉机运输机组	20	≤6.0	≤6.5	3.0
手扶变型运输机	20	≤6.5		2.3

* 对车宽大于 2.55 m 的汽车和汽车列车，其试验通道宽度（单位：m）为“车宽（m）+0.5”。

（2）用充分发出的平均减速度检验行车制动性能

汽车、汽车列车在规定的初速度下急踩制动时充分发出的平均减速度及制动稳定性要求应符合表 3-2 的规定，且制动协调时间对液压制动的汽车应小于或等于 0.35 s，对气压制动的汽车应小于或等于 0.6 s，对汽车列车、铰接客车和铰接式无轨电车应小于或等于 0.8 s。对空载检验的充分发出的平均减速度有质疑时，可用表 3-2 规定的满载检验充分发出的平均减速度进行。

表 3-2　制动减速度和制动稳定性要求

机动车类型	制动初速度/（km·h^{-1}）	空载检验充分发出的平均减速度/（m·s^{-2}）	满载检验充分发出的平均减速度/（m·s^{-2}）	试验通道宽度/m
三轮汽车	20	≤3.8		2.5
乘用车	50	≤6.2	≤5.9	2.5
总质量小于或等于 3 500 kg 的低速货车	30	≤5.6	≤5.2	2.5
其他总质量小于或等于 3 500 kg 的汽车	50	≤5.8	≤5.4	2.5
铰接客车、铰接式无轨电车、汽车列车（乘用车列车除外）	30	≤5.0	≤4.5	3.0*
其他汽车、乘用车列车	30	≤5.4	≤5.0	3.0*

* 对车宽大于 2.55 m 的汽车和汽车列车，其试验通道宽度（单位：m）为“车宽(m)+0.5”。

进行制动性能检验时的制动踏板力或制动气压应符合以下要求：

① 满载检验时，气压制动系的气压表的指示气压≤额定工作气压；液压制动系的踏板力：乘用车≤500 N，其他机动车≤700 N。

② 空载检验时，气压制动系的气压表的指示气压≤750 kPa；液压制动系的踏板力，对乘用车≤400 N，其他机动车≤450 N。

摩托车（正三轮摩托车除外）检验时，踏板力应小于或等于350 N，手握力应小于或等于250 N。正三轮摩托车检验时，踏板力应小于或等于500 N。

三轮汽车和拖拉机运输机组检验时，踏板力应小于或等于600 N。

（3）驻车制动性能检验

在空载状态下，驻车制动装置应能保证机动车在坡度为20%（对总质量为整备质量的1.2倍以下的机动车为15%）、轮胎与路面间的附着系数大于或等于0.7的坡道上正、反两个方向保持固定不动，时间不应大于或等于2 min。检验汽车列车时，应使牵引车和挂车的驻车制动装置均起作用。

检测时操纵力要求：驻车制动应通过纯机械装置把工作部件锁止，并且驾驶人施加于操纵装置上的力，手操纵时，乘用车应小于或等于400 N，其他机动车应小于或等于600 N；脚操纵时，乘用车应小于或等于500 N，其他机动车应小于或等于700 N。

注意，在规定的测试状态下，机动车使用驻车制动装置能停在坡度值更大且附着力符合要求的试验坡道上时，应视为达到了驻车制动性能检验规定的要求；在不具备试验坡道的情况下，可参照相关标准使用符合规定的仪器测试驻车制动性能。

2. 台试检测制动性能标准

（1）行车制动性能检验

① 制动力百分比要求。汽车、汽车列车在制动检验台上测出的制动力应符合表3-3的要求。对空载检验制动力有质疑时，可用表3-3规定的满载检验制动力要求进行检验。使用转鼓试验台检验时，可通过测得制动减速度值计算得到最大制动力。

摩托车的前、后轴制动力应符合表3-3的要求，测试时只允许乘坐一名驾驶人。

检验时制动踏板力或制动气压按上述的规定。

表3-3　台试检验制动力要求

机动车类型	制动力总和与整车重量的百分比		轴制动力与轴荷[a]的百分比	
	空　载	满　载	前　轴[b]	后　轴[b]
三轮汽车	—		—	≥60[c]
乘用车、其他总质量小于或等于3 500 kg的汽车	≥60	≥50	≥60[c]	≥20[c]
铰接客车、铰接式无轨电车、汽车列车	≥55	≥45	—	—
其他汽车	≥60[d]	≥50	≥60[c]	≥50[e]
挂车	—	—	—	≥55[f]
普通摩托车	—	—	≥60	≥55[f]
轻便摩托车	—	—	≥60	≥50

a. 用平板制动检验台检验乘用车、其他总质量小于或等于3 500 kg的汽车时应该按左右轮制动力最大时刻所分别对应的左右轮动态轮荷之和计算。

b. 机动车（单车）纵向中心线中心位置以前的轴为前轴，其他轴为后轴；挂车的所有车轴均按后轴计算；用平板制动试验台测试并装轴制动力时，并装轴可视为一轴。

c. 空载和满载状态下测试均应满足此要求。

d. 对总质量小于或等于整备质量1.2倍的专项作业车应大于或等于50%。

e. 满载测试时后轴制动力百分比不做要求；空载用平板制动试验台检验时应大于或等于35%；总质量大于3 500 kg的客车，空载用反力滚筒式制动试验台测试时应大于或等于40%，用平板制动试验台检验时应大于或等于30%。

f. 满载状态下测试时应大于或等于45%。

② 制动力平衡要求（两轮、边三轮摩托车、前轮距小于或等于460 mm的正三轮摩托车和轻便摩托车除外）。在制动力增长全过程中同时测得的左右轮制动力差的最大值，与全过程中测得的该轴左右轮最大制动力中大者（当后轴制动力小于该轴轴荷的60%时为与该轴轴荷）之比，对新注册车和在用车应分别符合表3-4的要求。

表3-4 台试检验制动力平衡要求

类型	前轴	后轴（及其他轴）	
		轴制动力大于或等于该轴轴荷60%时	制动力小于该轴轴荷60%时
新注册车	≤20%	≤24%	≤8%
在用车	≤24%	≤30%	≤10%

③ 制动协调时间要求。汽车的制动协调时间，对液压制动的汽车应小于或等于0.35 s，对气压制动的汽车应小于或等于0.60 s；铰接客车、铰接式无轨电车的制动协调时间应小于等于0.80 s。

④ 车轮阻滞率要求。进行制动力检验时，汽车、汽车列车各车轮的阻滞力均应小于或等于轮荷的10%。

（2）驻车制动性能检验

当采用制动检验台检验汽车和正三轮摩托车驻车制动装置的制动力时，机动车空载，使用驻车制动装置，驻车制动力的总和大于或等于该车在测试状态下整车重量的20%，但总质量为整备质量1.2倍以下的机动车应大于等于15%。

对机动车台试检验制动性能结果有异的，在空载状态下按路试检验进行复检。对空载状态复检结果有异议的，以满载路试的复检结果为准。

知识拓展

制动试验台结构与工作原理

一、反力式滚筒试验台的工作原理和结构

1. 反力式滚筒试验台的工作原理

无论是哪种类型的反力式滚筒制动试验台，其工作原理都是一样的。当车辆开到试验台上，使车轮停放在每对滚筒之间，滚筒在电动机驱动下带动车轮转动，相当于车不动，路（滚筒）以一定速度在移动，然后对车轮采取制动，车轮的制动力作用在滚筒上，该力与滚筒的转动方向相反。此时，与滚筒相连的减速器（扭力箱）在反作用力矩的作用下发生一定程度的翻转，测力杠杆一端的力或位移经传感器转换成与制动力大小成比例的电信号。电信号经放大滤波后，送往A/D转换器转换成相应数字量，经计算机采集、存储和处理后形成检测结果，检测结果由数码管显示或由打印机打印出来。打印格式与内容由软件设计而定。一般可以把左、右轮最大制动力，制动力和制动力差，阻滞力和制动力-时间曲线等一并打印出来。在制动力过程中，当左、右车轮制动力和的值大于某一值（如50 N）时，计算机即开始采集数据，采集过程所经历时间是一定的（如3 s）。经历了规定

的采集时间后，计算机发出指令使电动机停转，以防止剥伤。在有第三滚筒的制动试验台上，制动过程中第三滚筒的转速信号由传感器转变成电信号后输入计算机，计算车轮与滚筒之间的滑差率。当滑差率达到一定值（如25%）时，计算机发出指令使电动机停转。如车轮不驶离制动试验台，延时电路将电动机关闭3～10 s后再自动启动。检测过程结束，车辆即可驶出制动试验台。其制动力测量工作原理如图3-13所示。

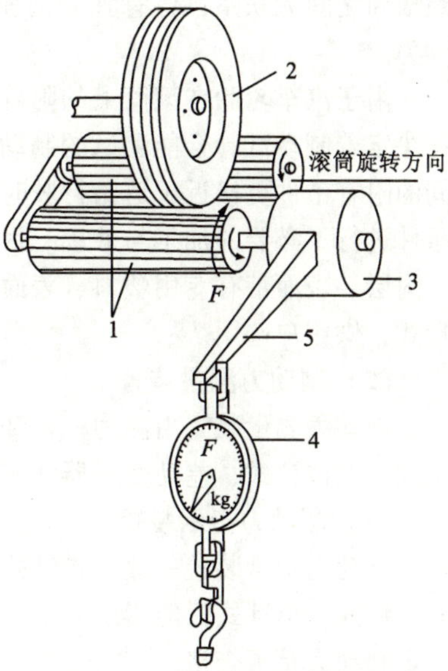

图3-13　制动力的测量方法示意图

1—滚筒；2—车轮；3—驱动电机；4—测力计；5—杠杆

2. 反力式滚筒试验台的结构

反力式滚筒试验台一般均采用单轴测试，通常采用一字形布局。它主要由驱动装置、滚筒组、举升装置、制动力测量装置和制动力指示装置等基本部分组成，较完善和先进的制动试验台还有轴荷设定装置、制动性能指示装置以及制动性能评价装置等，设备本身由微机控制，自动指示。一般在左、右两侧分别设置制动力承受装置、制动力测量装置和驱动装置是，共享一套制动力指示装置如图3-14所示。

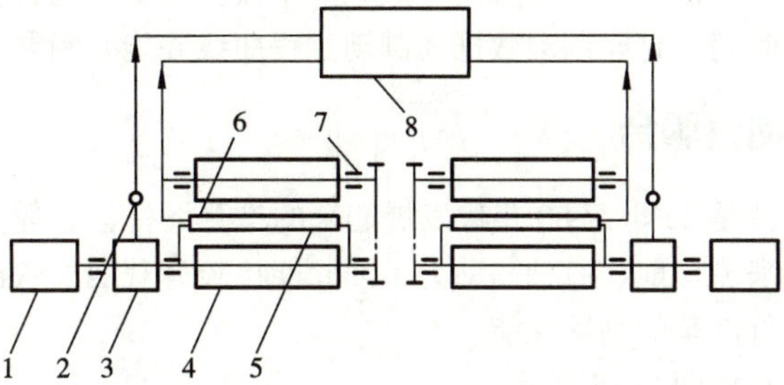

图3-14　单轴反力式制动试验台

1—电动机；2—压力传感器；3—减速箱；4—滚筒；5—第三滚筒；6—电磁传感器；7—链传动；8—测量指示仪表

驱动装置由电动机、减速器和传动链条等组成。由于反力式制动试验台测试车速很低，小于2～2.5 km/h，因此需要的驱动电动机功率较小。由于传动效率小，因此试验台结构紧凑、轻巧。

减速器的作用是减速增扭。减速器的减速比是根据驱动电机转速和滚筒测试转速来确定的。由于测试车速低，滚筒转速也较低，一般低于30～60 r/min，有的甚至低于10 r/min，故要求减速器的减速比较大，减速比最高可达150。

减速器的外壳为浮动式，其外壳支撑在支架的两个轴承中，在传递制动转矩时，减速器外壳能绕主动滚筒中心线摆动，把制动转矩（即滚筒承受的制动力）传给测力杠杆，因此试验台的减速器又称扭力箱。

（1）制动力承受装置

制动力承受装置由4个滚筒组成，左、右各一对单独设置并分别用轴承安置在试验台的框架上。滚筒相当于一个活动路面，用来支撑被检车辆并承受和传递制动力。左、右两组滚筒之间无联系，各有独立的驱动装置，因此可以单独测试同一轴上左、右车轮的制动力。

由于汽车轮胎在滚筒上的附着条件与在道路上不同，而轮胎与滚筒之间的附着系数直接决定着制动试验合能测试的制动力大小，为了增大滚筒表面的附着系数，使轮胎在滚筒间的附着条件更接近于道路行驶时的实际情况，国内生产的试验台厂家均对滚筒表面附着条件进行了必要的加工与处理。目前有滚筒纵向开浅槽、高硅合金铸铁、表面带有特殊水泥附层、表面带有专用塑料、表面带有熔烧铝矾土沙粒、表面喷镀高铬不锈钢滚筒等多种形式，供用户选用。

（2）制动力测量装置

制动力测量装置由测力杠杆和检测机构组成。检测机构的形式如油压式、自整角电动机式、电位计式、差动变压器和应变片式等。

（3）制动力指示装置

制动力指示装置一般有指针式、组合式和自动控制式。指针式指示装置又分为单针式和双针式，单针式只能指示一个车轮的制动力；双针式可同时指示左右制动力，但均不能判定制动力是否合格。

组合式制动力指示装置将指示仪表与制动力计算装置组合为一体，直接指示左、右轮制动力和与差值的装置。

自动控制指示装置由微型计算机、显示器和打印机等组成。它能显示出左、右轮制动力和两轮制动力之和与差值，并可将其换算成相当于被测车轴重的百分比，同时显示制动协调时间和制动释放时间，打印制动数据和制动过程曲线并能判断制动性能是否合格。

二、平板式制动试验台

平板式制动试验台是20世纪80年代发展起来的检测设备，它凭借汽车在测试平板上的实际紧急制动过程来测定前、后轴制动力，因此能比较客观地反映汽车制动器产生的制动力的大小，正确评价汽车的制动性能。

平板式制动试验台如图3-15所示，它是由四块表面轧花的测试平板、控制柜和踏板压力计等组成。

测试平板是制动力和垂直力的承受与传递装置。面板为一长方形钢板，其下面4个角上安置4个压力传感器，压力传感器底部加工成可以放置钢珠的纵向V形沟槽，底板与压力传感器底部的纵向沟槽对应处也加工有可以放置钢珠的纵向沟槽。这样，面板既可以通过钢珠在底板上沿纵向移动，又可以通过钢珠将作用于面板上的垂直力传递到底板上。此外，面板还经过一根装有拉力传感器的纵向拉杆固结在底板上。当汽车行驶到四块测试平板上进行制动时，这些压力传感器和拉力传感器就能同时测出每个车轮作用于测试平板上的制动力与垂直力。

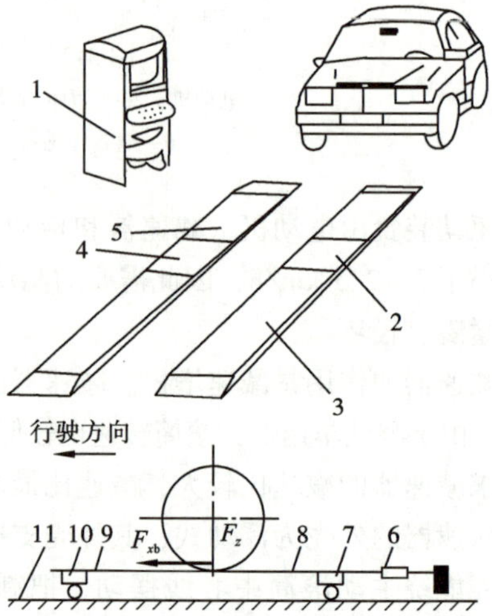

图3-15 平板式制动试验台

1—控制柜；2—侧滑测试平板；3、5—制动－轮荷测试平板；4—空板；6—拉力传感器；7、10—压力传感器；8—面板；9—钢珠；11—底板

控制柜包括数据采集系统、计算机、键盘打印机、显示器及遥控接收模块等。

踏板压力计是用来测量制动时制动踏板力的装置，除常见的有线式以外，还有红外线式和无线式等。测量时，将其固定在汽车制动踏板上方。

平板式试验台结构简单、安装方便、检测速度快、工作可靠性高。由于被测车辆采用紧急制动方式，基本反映制动过程的实际情况，尤其能反映由于车辆制动引起的动态轴荷变化，从而防止了附着性能对制动力检测的影响，完全可以检测轿车高速制动时车身重心向前转移引起的前轴最大制动器制动力。由于平板式制动试验台可对汽车前后桥制动力同时进行检测，而且在检测台上的测试条件和实际车辆制动时的情况基本一致，因此测试结果能反映前后桥的同步情况和前后制动力的分配，对装有比例阀的车辆制动性能测试更为有利。

任务实施

汽车制动性能的检测可参照 GB 38900—2020《机动车安全技术检验项目和方法》、GB 7258—2017《机动车运行安全技术条件》、GB 21670—2008《乘用车制动系统技术要求及试验方法》等标准。

一、台试空载制动检验

汽车制动性能检验设备相关要求如下：

① 机动车制动检验宜采用滚筒反力式制动检验台或平板制动检验台，并应根据所检验车辆的轴荷选择相应承载能力的制动台。

② 轴（轮）重仪应水平安装，安装时称重台上表面与地平面的高差不得超过 ±5 mm。

③ 制动台前后地面的附着系数应不小于 0.7。

④ 用于检验多轴及并装轴车辆的滚筒反力式制动检验台，应具有台体举升功能并满足：滚筒中心距为 460 mm、主副滚筒高差为 30 mm 时，副滚筒上母线与地面水平面的高度差为 +40 mm。当滚筒中心距增大或减小 10 mm，副滚筒上母线与地面水平面的高度差相应增大或减小 2 mm；当主副滚筒高差减小 10 mm，副滚筒上母线与地面水平面的高度差相应增大 4 mm。

汽车制动性能检验前应准备工作如下：

① 制动检验台滚筒（或平板）表面应清洁，没有异物及油污。

② 检验辅助器具应齐全。

③ 检查轮胎是否沾有泥、水、油污等杂物，要特别注意检查轮胎花纹内或后轴双轮胎间嵌入的小石子与石块，应清除干净。

④ 检查轮胎气压，使其符合出厂规定值。

⑤ 气压制动的车辆，储气筒压力应能保证该车各轴制动力测试完毕时，气压仍不低于起步气压（未标起步气压者，按 400 kPa 计）；液压制动的车辆，根据需要将踏板力计装在制动踏板上。

1. 用滚筒反力式制动检验台检验

① 被检车辆正直居中行驶，各轴依次停放在轴（轮）重仪上，并按规定时间（不少于3 s）停放，测出静态轴（轮）荷（轮重、制动分列式）。

② 被检车辆正直居中行驶，将被测试车轮停放在制动台滚筒上，变速器置于空挡，松开制动踏板；对于全时四轮驱动车辆，非测试轮应处于附着系数符合要求的辅助自由滚

筒组上，变速器置于空挡；采用具有举升功能的滚筒反力式制动检验台时，对于多轴车辆及并装轴车辆，举升台体至规定位置，测出左右轮空载轮荷，计算得出该轴空载轴荷（或直接测得该轴空载轴荷）。

③ 起动滚筒电机，稳定 3 s 后实施制动，将制动踏板逐渐慢踩到底或踩至规定制动踏板力，测得左、右车轮制动力增长全过程的数值及左、右车轮最大制动力，并依次测试各车轴；对驻车制动轴，操纵驻车制动操纵装置，测得驻车制动力数值。

④ 可采取相关措施防止被检车辆在滚筒反力式制动检验台上后移，以适应制动检测需要。

2. 用平板制动检验台检验

① 检验员将被检车辆以 5～10 km/h 的速度滑行，置变速器于空挡后（对自动变速器车辆可位于 D 位），正直平稳驶上平板。

② 当被测试车轮均驶上平板时，急踩制动，使车辆停止，测得各车轮的轮荷（对小型、微型载客汽车应为动态轮荷，对于并装双轴、并装三轴车辆的左右两侧可以按照 1 个车轮计）、最大轮制动力、轮制动力增长全过程的数值等。

③ 重新起动车辆，待车辆驻车制动轴驶上平板时操纵驻车制动操纵装置，测得驻车制动力数值。

④ 车辆制动停止时如被测试车轮已离开平板，则此次制动测试无效，应重新测试。

检测过程中发生特殊情形，可按以下方式处置：

① 在滚筒反力式制动检验台上检验时，被测试车轮在滚筒上抱死但整车制动率未达到合格要求时，应在车辆上增加足够的附加质量或相当于附加质量的作用力（在设备额定载荷以内，附加质量或作用力应在该轴左右车轮之间对称作用，不计入轴荷）后，重新测试。

② 在滚筒反力式制动检验台上检测受限的车辆或底盘动态检验过程中点制动时无明显跑偏，但左右轮制动力差不合格的车辆，应换用平板制动检验台或采用路试检验。

③ 对加装肢体残疾人操纵辅助装置的汽车，应通过操纵辅助装置检验制动性能。检验行车制动性能时施加在制动和加速迁延手柄表面上的正压力不应大于 300 N，检验驻车制动性能时驻车制动辅助手柄的操纵力应不大于 200 N。

二、台式加载制动检验

加载制动检验宜采用具有台体举升功能的滚筒反力式制动检验台进行，多轴货车、由并装轴挂车组成的汽车列车的第一轴和最后一轴不进行加载制动检验。具体方法如下：

① 被检车辆正直居中行驶，将被测试车的第二轴停放在制动台滚筒上，变速器置于空挡，松开制动踏板。

② 通过举升台体对测试轴加载，举升至副滚筒上母线离地 100 mm（或轴荷达到 11 500 kg 时），停止举升；测出左右轮轮荷，计算得出该轴加载状况下的轴荷（或直接测得该轴加载状况下的轴荷）。

③ 起动滚筒电动机，稳定 3 s 后实施制动，将制动踏板逐渐慢踩到底或踩至规定制动踏板力，测得左、右车轮制动力增长全过程的数值及左、右车轮最大制动力。

④ 重复①、②、③步骤，依次测试各车轴。

三、路试制动检验（选做）

1. 行车制动

路试制动性能检验应在纵向坡度不大于1%、轮胎与地面间的附着系数不小于0.7的硬实、清洁、干燥的水泥或沥青路面上进行。检验时车辆变速器应置于空挡。检验前应对检验场地进行安全检查，并采取必要的防护及封闭措施，确保检验过程的安全。

对于不适用于仪器设备制动检验的车辆，用制动距离或者充分发出的平均减速度（MFDD）和制动协调时间判定制动性能。有疑问时应安装踏板力计，检查达到规定制动效能时的制动踏板力是否符合标准。

在试验路面上，按照 GB 7258 划出规定的试车道的边线，被测车辆沿着试车道的中线行驶。使用便携式制动性能测试仪进行测试时，行驶至规定初速度后，置变速器于空挡，急踩制动踏板，使车辆停止，测量充分发出的平均减速度（MFDD）和制动协调时间，并检查车辆有无驶出车道边线；当使用第五轮仪或非接触式速度仪进行测试时，行驶至高于规定的初速度后，置变速器于空挡，滑行到规定的初速度时，急踩制动踏板，使车辆停止，测量车辆的制动距离和检查车辆有无驶出车道边线。

对已在制动检验台上检验过的车辆，制动力平衡及前轴制动率符合要求，但整车制动率未达到合格要求时，用便携式制动性能测试仪检测，对于小（微）型载客汽车及其他总质量不大于4 500 kg的汽车的制动初速度应不低于30 km/h，对于其他汽车、汽车列车及无轨电车，制动初速度应不低于20 km/h，急踩制动踏板后测取 MFDD 及制动协调时间。

2. 驻车制动

将车辆驶上坡度为20%（总质量为整备质量的1.2倍以下的车辆为15%），附着系数不小于0.7的坡道上，按正反两个方向保持固定不动，其时间不少于2 min，检验车辆的驻车制动是否符合要求。

在用机动车检验时，在不具备试验坡道的情况下，可参照相关标准使用符合规定的仪器测试驻车制动性能。

四、检测结果分析

① 各车轮制动力均偏低：主要原因为制动踏板自由行程太大，制动液中有空气或制动液变质，制动主缸故障，真空助力器或液压助力系统有故障。

② 同制动回路两车轮制动力均偏小：该回路中有空气或分泵或管路漏油，也有可能总泵中相应主腔密封不良。

③ 单个车轮制动力偏小：该车轮制动器有故障。

④ 若后轴车轮均存在制动力偏小，可能是感载比例阀故障，也可能是制动力分配系统设计原因。

⑤ 制动力平衡不合格的原因：除以上②、③原因外，两侧制动器间隙不一致、轮毂失圆、轮胎花纹、磨损程度、气压不一致也是原因之一。

⑥ 各车轮阻滞力都超限的主要原因：制动主缸卡滞；制动踏板自由行程调整不当；制动踏板传动机构卡滞；由于加了错误型号的制动液造成制动缸内皮碗膨胀卡滞。

⑦ 个别车轮阻滞力超限原因：制动轮缸回位不良；车轮制动器间隙调整过小；制动蹄回位弹簧故障；驻车制动机构卡滞。

⑧ 各车轮制动协调时间过长的原因：制动踏板自由行程过大；车轮制动器间隙过大。

⑨ 驻车制动不合格原因：驻车制动调整不良；驻车制动机构因长期不用造成锈蚀卡滞。

五、注意事项

① 车辆进入试验台时，轮胎不得夹有泥、砂等杂物，除驾驶人外不得有其他乘员。

② 测制动时不得转动转向盘。

③ 在制动检验时，车轮如在滚筒上抱死，制动力未达到要求时，可换用路试或其他方法检验。

④ 空载检验时：

气压制动系：气压表的指示气压≤750 kPa；

液压制动系：踏板力，乘用车≤400 N；其他机动车≤450 N。

任务评价（工作单）

姓名__________　　日期__________

汽车制动性的检测

完成此工作单后，你将应该能够正确使用制动试验台检测汽车的制动性能。

工具和材料

一辆实训用汽车（老师可预先设定故障或情景）及其维修手册，反力式滚筒试验台。

所检测汽车的描述

制造年份__________　　制造商__________

VIN __________　　型号__________

发动机型号__________　　车辆行驶里程__________

步骤

1. 试验台的准备

① ______________________________。

② ______________________________。

③ ______________________________。

④ ______________________________。

⑤ ______________________________。

2. 被测车辆的准备

① ______________________________。

② ______________________________。

③ ______________________________。

3. 检测方法

4. 检测结果______________________________。

5. 结果分析

汽车制动性能检测考核评分表

时间：40 min　班级：________　考生姓名：________

序号	考核内容	配分	评分标准	扣分	得分
1	正确选择并使用工具	10	工具，仪器选择使用不当一次扣3分		
2	检测前的准备	10	检测前应该先预热汽车，并熄火，10分		
3	经验法的检测	10	仪器检测之前用经验法检测，10分		
4	检测过程和方法	15	检测步骤不当一次扣3分		
5	测量结果的处理和分析	25	能正确分析制动特性曲线，10分 能说明不合格原因，15分		
6	整理工具，清理现场	10	每缺一项扣10分		
7	安全文明生产	10	因违规操作，发生重大人身、设备事故，0分		
8	按时完成	10	每超时一分钟扣5分，超时3 min结束考核		
9	分数合计				

操作时间：__________　考核教师：__________

习　题

1. 汽车制动性的评价指标有哪些？
2. 在车辆紧急制动过程中，地面制动力和制动器制动力如何变化？
3. 什么是制动距离，有哪些影响因素？
4. 充分发出的平均减速度如何进行测定？
5. 什么是车轮阻滞力，它的实际意义是什么？
6. 车辆制动性能的路试和台试的检测项目有哪些？分别针对的标准值是多少？
7. 制动试验台有哪几种类型？分别有哪些零部件组成？
8. 制动台试的步骤及注意点有哪些？

任务 4 汽车的操纵稳定性检测

学习目标

- ☑ 理解轮胎的侧偏特性；
- ☑ 理解汽车转向特性；
- ☑ 理解汽车的纵翻和侧倾的条件；
- ☑ 理解汽车转向轮摆振的原因。

任务描述

随着汽车行驶里程的不断增多，会出现行驶跑偏、转向沉重、摆振、轮胎异常磨损等故障，严重影响行车安全，因此需要及时对汽车的操纵稳定性有关项目进行有效的检测，保证行车安全。通过本任务的学习将会解决这些问题。

本任务是利用侧滑试验台等设备来检测汽车转向轮侧滑量、转向轮自由转动量、转向盘操纵力、前轮定位的检测（见附录 B 道路运输车辆性能检验记录单），并与标准进行比较，判断是否合格，分析不合格的原因。

相关知识

汽车的操纵稳定性是指驾驶人不感到过分紧张、疲劳的条件下，汽车能遵循驾驶人通过转向系及转向轮给定的方向行驶，且当遇到侧向力（如侧向风、汽车在横坡行驶时重力的侧向分力等）时，汽车能抵抗干扰而保持稳定行驶的能力。

汽车的操纵稳定性包含互相联系的两个部分，即操纵性和稳定性。操纵性是指汽车能够确切地响应驾驶人转向指令的能力；稳定性是指汽车受到外界干扰时保持稳定行驶的能力，两者很难断然分开，故统称为操纵稳定性。汽车的操纵稳定性不仅影响到汽车驾驶的操纵方便程度，而且也是决定高速汽车安全行驶的一个主要性能。随着道路的改善，车速的提高及汽车的操纵稳定性日益受到重视，成为现代汽车的重要使用性能之一。

在汽车操纵稳定性的研究中，我们常把汽车整车作为一个系统，通过系统的输入和输出物理参数之间的关系，来表征汽车的操纵稳定性。

汽车操纵稳定性涉及的问题较为广泛，它要采用较多的物理参量从几个方面来评价。作为基本学习内容，本章将着重讨论汽车在转向盘阶跃输入下的稳态响应。

转向盘角阶跃输入下进入的稳态响应，是表征汽车操纵稳定性的转向盘角位移输入下的时域响应。

汽车在转弯时，实际输入的物理参数显然是转向盘转角，但为了简化分析过程，假设转向盘转角与前轮偏转角之间为单纯的线形关系，即

$$\delta_{s\omega}(t)=i_{\omega}\delta(t) \tag{4-1}$$

式中　$\delta_{s\omega}(t)$——转向盘转角随时间变化的函数；

i_ω——转向系角传动比，假设为常数；

$\delta(t)$——前轮偏转角随时间变化的函数。

所谓的前轮偏转角 δ 是指假想的设置在前轴中点的车轮偏转角，如图4-1所示。δ 的大小为

$$\delta = \frac{1}{2}(\delta_1 + \delta_2) \tag{4-2}$$

式中　δ_1，δ_2——左、右前轮的偏转角。

因此，在下面的分析中，均以前轮偏转角 δ 作为输入量。

阶跃输入函数是工程上常用的输入函数之一，对于前轮角阶跃函数而言，其数学表达式为

$$\delta(t) = \begin{cases} 0 & t<0 \\ \delta_0 & t \geqslant 0 \end{cases} \tag{4-3}$$

如图4-2所示。

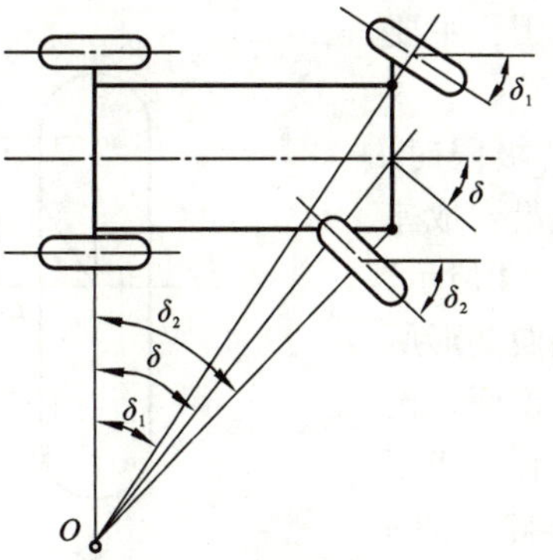

图4-1　前轮偏转角示意图

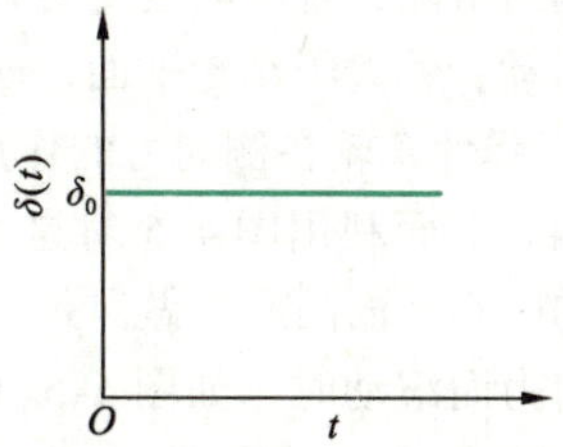

图4-2　前轮角阶跃函数

一、轮胎的侧偏特性

轮胎的侧偏特性主要是指侧偏力与侧偏角之间的关系，它是研究汽车操纵稳定性的基础。

1. 轮胎的坐标系

为了讨论方便，建立如图4-3所示轮胎坐标系。取垂直于车轮轴线的轮胎中分平面为车轮平面；坐标原点为车轮平面和地面的交线与车轮旋转轴线在地平面上投影线的交点。x 轴为车轮平面与地平面的交线，规定向前为正；z 轴与地平面垂直，规定向上为正；y 轴在地平面上，规定面向车轮前进方向时指向左方为正。侧偏角 α 是轮胎接地印迹中心（即坐标原点）位移方向与 x 轴的夹角，图示方向为正；外倾角 γ 是垂直平面（xOz）与车轮平面的夹角，图示方向为正。

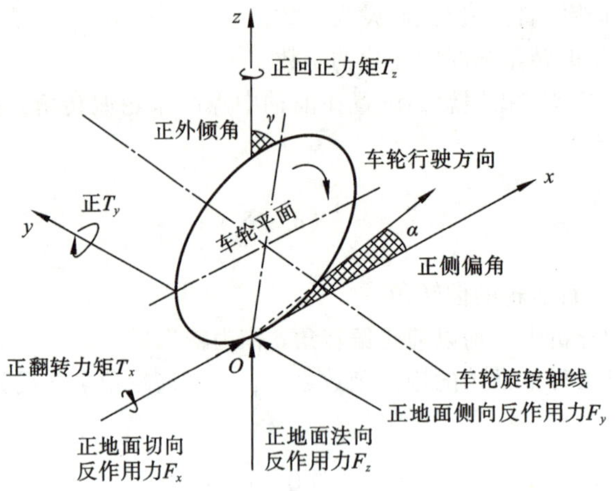

图 4-3　轮胎坐标系

2. 轮胎的侧偏现象

汽车行驶时，由于各种侧向力的作用，相应地在地面上产生地面侧向反作用力 F_Y，F_Y又称作侧偏力。车轮在侧向力 F_y 和侧偏力 F_Y 的作用下，其运动方向偏离了车轮平面方向，这种现象称为轮胎的侧偏现象。分析其原因，主要有以下两方面：

① 当侧偏力 F_Y 达到车轮与地面间的附着极限时，车轮发生侧向滑动，若滑动速度为 Δu，车轮便沿合成速度 u'方向运动，偏离了车轮平面 cc 方向，如图 4-4 所示。

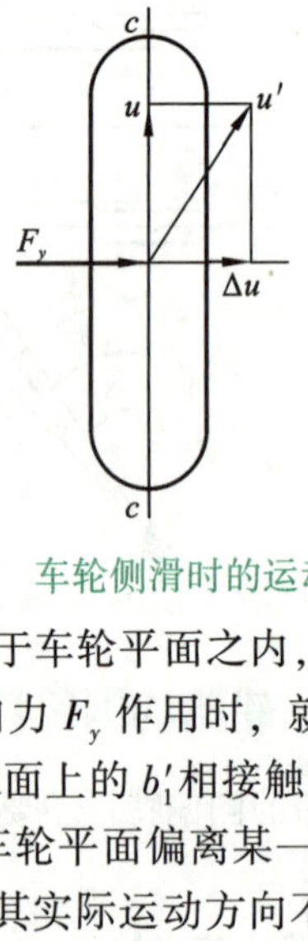

图 4-4　车轮侧滑时的运动简图

② 由于弹性车轮在侧向力的作用下产生侧向变形所引起的侧偏。下面利用图 4-5 对这个现象进行说明。设想在车轮的中心平面圆周上做出 a、b、c……标记，当车轮未受侧向力而滚动时，如图 4-5(b) 所示，车轮上的 b 点将与支撑面上的 b_1 点相接触，c 点将与 c_1 点相接触，依此类推，从而可得车轮在支撑面上的运动轨迹 af_1。由于 af_1 处于车轮平面之内，因此车轮的运动方向与车轮平面一致，没有侧偏现象。当车轮受到侧向力 F_y 作用时，就会产生如图 4-5(c) 所示的侧向变形，一旦滚动，车轮上的 b 点将与支承面上的 b_1'相接触，c 点将与 c_1'相接触，依此类推。车轮在支撑面上的运动轨迹 af_1'相对于车轮平面偏离某一角度 α。换言之，弹性车轮在侧向力作用下，由于车轮的侧向弹性变形，其实际运动方向不再是车轮平面所指的方向，而是偏离了一个角度，这个角度 α 称为侧偏角。从图中可以看出，侧偏方向与侧向力 F_y 的方向一致，与侧偏力 F_Y 的方向相反。当汽车转弯时，侧偏方向则与离心力方向一致，因此也可用离心力方向来定义 α 的正值。显然，侧偏角 α 的数值与侧向力 F_y 的大小有关；换言之，侧偏角 α 的数值与侧偏力 F_Y 的大小有关。

3. 轮胎的侧偏特性

轮胎的侧偏特性是指侧偏力 F_Y 与侧偏角 α 之间的数值关系。图 4-6 所示为侧偏力-侧偏角曲线。曲线表明，侧偏角不超过 3°～4°时，可以认为 F_Y 与 α 呈线性关系，随着侧偏力的增大，侧偏角也增大。侧偏角增至某一数值后（$\alpha = 10°$），由于轮胎与路面开始局部滑移，侧偏角增长加快，当侧偏力等于附着力时，车轮发生侧滑。汽车正常行驶时，侧偏角一般不超过 4°～5°，故认为侧偏力与侧偏角呈线性关系，即

视频

汽车轮胎的侧偏特性

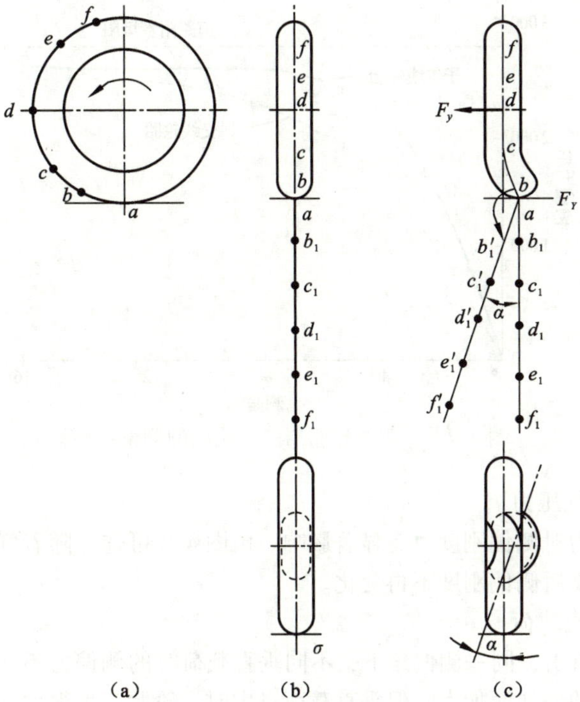

图4-5　弹性车轮和侧偏现象

$$F_Y = k\alpha \tag{4-4}$$

式中　k——F_Y-α 曲线在 $\alpha = 10°$时的斜率，称为侧偏刚度。

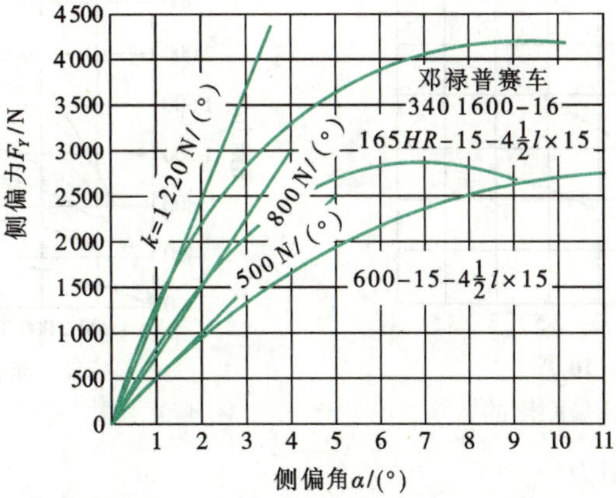

注：垂直载荷W=3 000 N，胎压P_i=180 kPa，速度u=16.7 m/s。

图4-6　侧偏特性曲线

4. 影响侧偏刚度的因素

（1）轮胎的尺寸、形式和结构

尺寸较大的轮胎有较高的侧偏刚度。子午线轮胎接地面宽，一般侧偏刚度较高，如图4-7所示。

轮胎断面高 H 与断面宽 B 之比 $H/B \times 100\%$ 称为扁平率。早期轮胎的扁平率为100%，现代轮胎的扁平率逐渐减小，目前不少轿车已采用扁平率为60%的宽轮胎。扁平率对轮胎侧偏刚度影响很大，采用扁平率小的宽轮胎是提高侧偏刚度的主要措施。

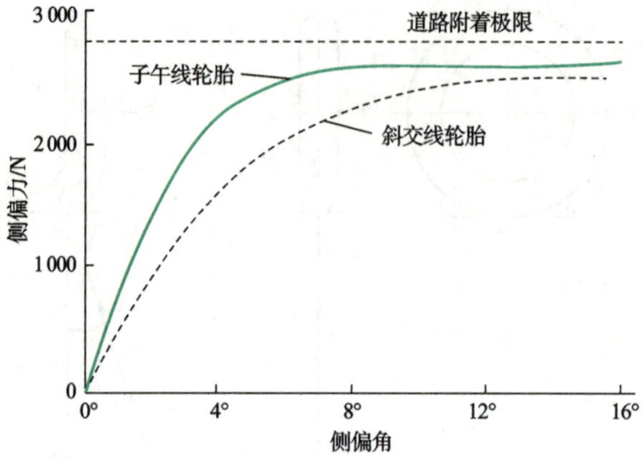

图 4-7　子午线轮胎与斜交轮胎的侧偏特性

（2）轮胎的充气压力

轮胎的充气压力对侧偏刚度也有显著影响。由图 4-8 可知，随着气压的增加，侧偏刚度增大，但气压过高后侧偏刚度不再变化。

（3）轮胎的垂直载荷

由图 4-9 可以看出，同一侧偏角下，不同垂直载荷时的侧偏力不一样。一般情况，侧偏刚度随垂直载荷的增加而加大，但垂直载荷过大时，轮胎产生很大的径向变形，侧偏刚度反而有所减小。侧偏刚度最大时的垂直载荷约为额定载荷的 150%。

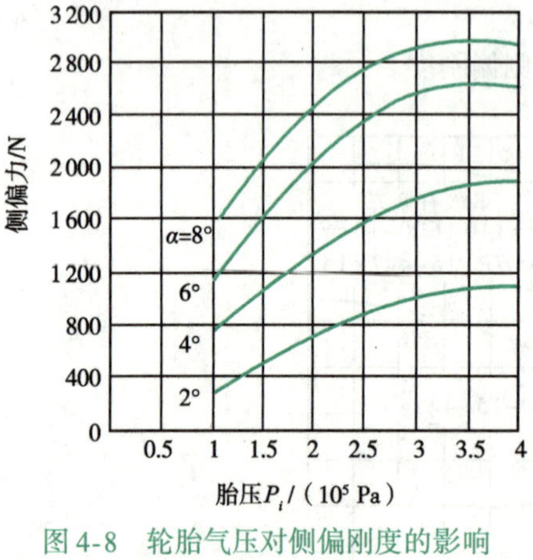

图 4-8　轮胎气压对侧偏刚度的影响

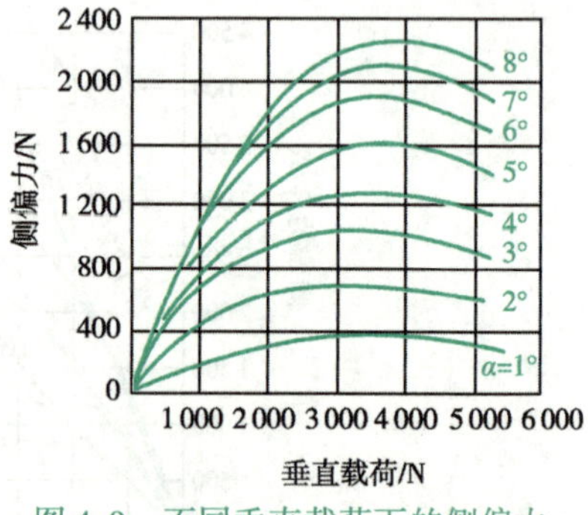

图 4-9　不同垂直载荷下的侧偏力

（4）地面切线反作用力

上面讨论的是没有切向反作用力作用时轮胎的侧偏特性。实际上，在轮胎上常同时作用有侧向力与切向力。由试验得到的曲线（见图 4-10）表明，一定侧偏角下，驱动力或制动力增加时，侧偏力逐渐有所减小，这是由于轮胎侧向弹性有所改变的关系。当纵向力相当大时，侧偏力显著下降。因为此时接近附着极限，切向力已耗去大部分附着力，而侧向力能利用的附着力很少。由图 4-10 还可看出，这组曲线的包络线接近于一个椭圆，一般称为附着椭圆。它确定了在一定附着条件下切向力与侧偏力合力的极限值。

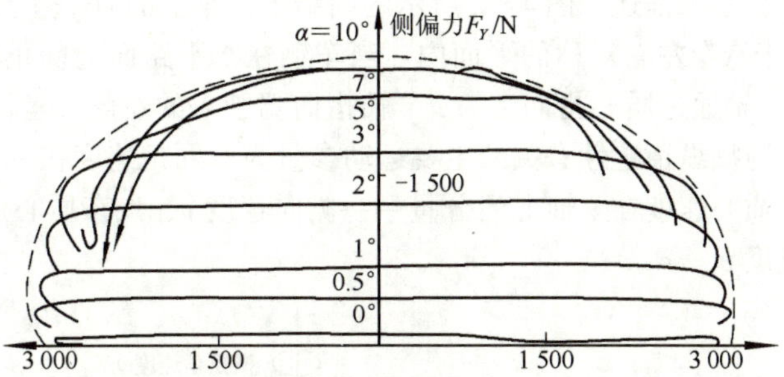

图4-10　地面切线反作用力对侧偏特性的影响

（5）路面及其粗糙程度、干湿状态对侧偏特性的影响

路面及其粗糙程度、干湿状态对侧偏特性，尤其是最大侧偏力有很大影响。粗糙路面较光滑路面的最大侧偏力大；同种路面干态较湿态的最大侧偏力大。路面有薄水层时，由于滑水现象，会出现完全丧失侧偏力的情况。图4-11表明一轮胎在不同轮胎胎面、路面粗糙度和水层厚度等条件下，最大侧偏力的降低情况。水层厚1.02 mm时，在粗糙路面上，开有4条沟槽的胎面能防止滑水现象。水层厚7.62 mm时，不论胎面有无沟槽，路面是否粗糙，当车速为80 km/h时均出现滑水现象，此时最大侧偏力为零。

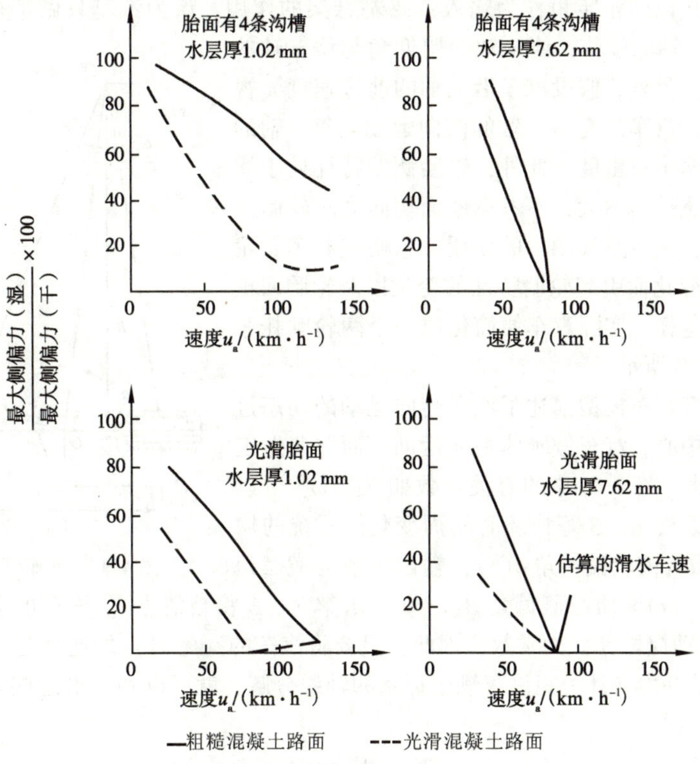

图4-11　轮胎胎面、路面粗糙程度、水层厚度和滑水现象的关系

二、汽车的转向特性

1. 汽车转向时运动微分方程

为了描述前轮偏转后汽车的运动状况，通常需要建立一个固结于运动着的汽车上的动

坐标系——车辆坐标系来描述。图 4-12 所示的固结于汽车上的 $Oxyz$ 直角动坐标系就是车辆坐标系，xOz 处于汽车左右对称的平面内。当车辆在水平路面上静止状态下，x 轴平行于地面指向前方，z 轴通过质心指向上方，y 轴指向驾驶人的左侧，坐标系的原点 O 常可令其与质心重合。与操纵稳定性有关的主要运动参量为车厢角速度在 z 轴上的分量——横摆角速度 ω_r、汽车质心速度在 y 轴上的分量——侧向速度 v、汽车质心加速度在 y 轴上的分量——侧向加速度 a_Y 等。

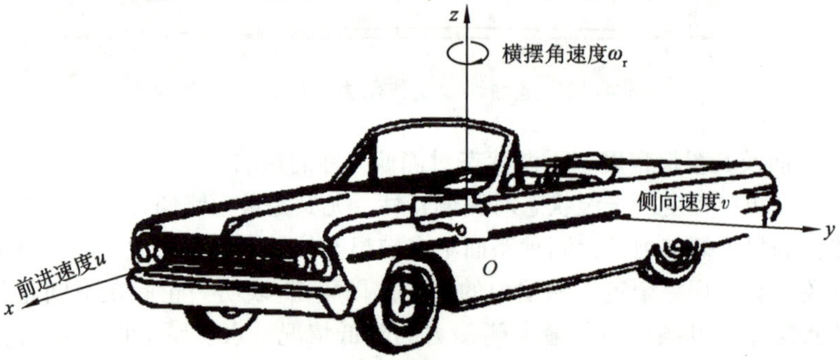

图 4-12　车辆坐标系

为了便于掌握操纵稳定性的基本特性，建立汽车转向时运动微分方程，将忽略转向系统的影响，直接以前轮转角作为输入；忽略悬架的作用，认为汽车只做平行于地面的运动，即汽车沿 z 轴的位移，绕 y 轴的俯仰角与绕 x 轴的侧倾角均为零。另外，假设汽车沿 x 轴的前进速度 u 视为不变。因此，汽车只有沿 y 轴的侧向运动与绕 z 轴的横摆运动这样两个自由度。此外，轮胎侧偏特性处于线性范围。假设驱动力不大，不考虑地面切向力对轮胎侧偏特性的影响，没有空气动力的作用，忽略左右车轮轮胎由于载荷的变化而引起轮胎特性的变化以及轮胎回正力矩的作用。这样，实际汽车便简化成一个两轮摩托车模型，如图 4-13 所示。

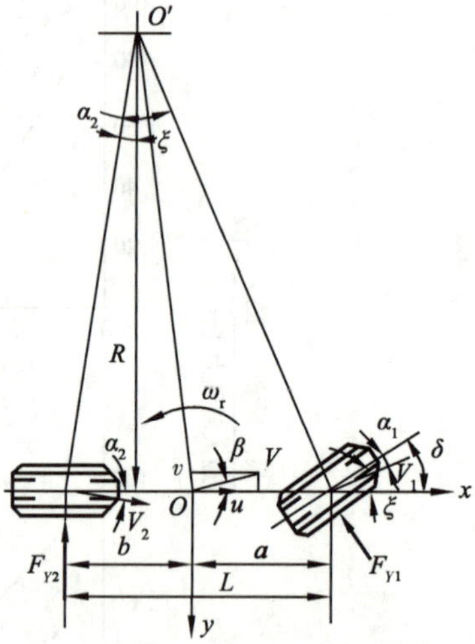

图 4-13　两轮摩托车模型

上述两轮摩托车模型描述了汽车转向运动的动态过程，O' 为瞬时中心，汽车做刚体平面运动，而并非做定轴转动。图 4-13 中的有关参数如 F_Y、ω_r、v 以及角度 δ、α、β 等均随时间而变化。系统的输入函数为前轮偏转角 $\delta(t)$，输出函数为横摆角速度 $\omega_r(t)$ 和质心侧偏角 $\beta(t)$（在求解时，β 将被消去）。汽车的质量分布参数（如转动惯量等）为常数，因此，只要将汽车的（绝对）加速度与（绝对）角加速度及外力与外力矩沿车辆坐标系的轴线分解，就可以列出沿这些坐标轴的运动微分方程。

动画

机械转向系统原理

$$\left.\begin{aligned} F_{Y2} + F_{Y1}\cos\delta &= ma_y \\ aF_{Y1}\cos\delta - bF_{Y2} &= I_z\omega_r \end{aligned}\right\} \tag{4-5}$$

式中　I_z——汽车绕 z 轴的转动惯量。

考虑到 δ 角度较小，尤其是高速行驶时更是如此，可以近似认为 $\cos\delta = 1$，同时把 $F_Y = k\alpha$ 代入式（4-5），得

$$\left.\begin{aligned}k_1\alpha_1+k_2\alpha_2&=ma_Y\\ak_1\alpha_1-bk_2\alpha_2&=I_z\omega_r\end{aligned}\right\}\tag{4-6}$$

下面确定汽车质心绝对加速度在 y 轴上的分量 a_Y。

如图4-14所示，Ox 与 Oy 为车辆坐标系的纵轴与横轴。质心速度 V 于 t 时刻在 Ox 轴上的分量为 u，在 Oy 轴上的分量为 v，由于汽车转向行驶时伴有平移和转动，在 $t+\Delta t$ 时刻，不但车辆坐标系中质心速度的大小与方向均发生变化，而且车辆坐标系的纵轴与横轴的方向也发生变化。

由图4-14看出，汽车质心绝对加速度在 y 轴上的分量 a_Y 为

$$a_Y=\dot{v}+u\omega_r\tag{4-7}$$

前后侧偏角与有关参数的关系可利用图4-13和图4-15来确定。图中 V_1，V_2 分别为前后轴中点的速度，β 为质心侧偏角，$\beta=v/u$。ξ 为 V_1 与 x 轴的夹角，其值为

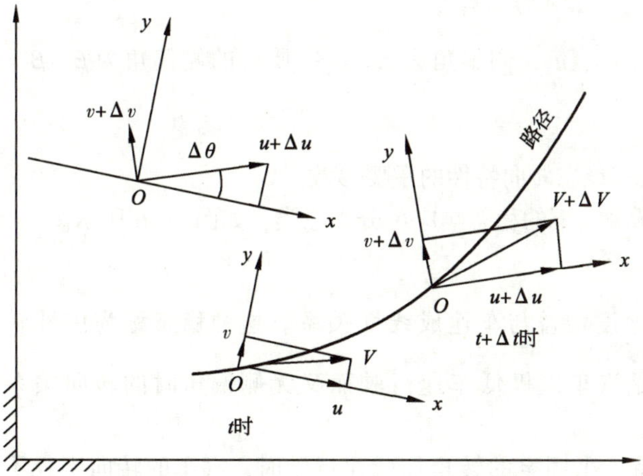

图4-14　利用动坐标系分析汽车的运动

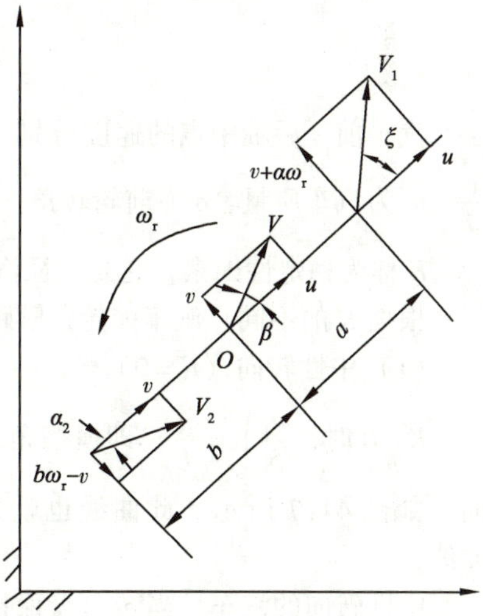

图4-15　汽车转向运动速度分析图

$$\xi=\beta+\frac{a\omega_r}{u}\tag{4-8}$$

从而可得

$$\left.\begin{aligned}\alpha_1&=\delta-\xi=\delta-\beta-\frac{a\omega_r}{u}\\\alpha_2&=\frac{b\omega_r-v}{u}=\frac{b\omega_r}{u}-\beta\end{aligned}\right\}\tag{4-9}$$

将式（4-8）、式（4-9）代入式（4-6），整理后得汽车转向运动微分方程式为

$$\left.\begin{aligned}&(k_1+k_2)\frac{v}{u}+\frac{1}{u}(ak_1-bk_2)-k_1\delta=mu\omega_r\\&(ak_1-bk_2)\frac{v}{u}+\frac{\omega_r}{u}(a^2k_1+b^2k_2)-ak_1\delta=0\end{aligned}\right\}\tag{4-10}$$

2. 前轮角阶跃输入下的稳态响应

汽车等速行驶时，在前轮角阶跃输入下进入的稳态响应就是等速圆周行驶。常用输出与输入的比值，如稳态时的横摆角速度与前轮转角之比来评价稳态响应。这个比值称为稳态横摆角速度增益，也称为转向灵敏度，以符号 $\left.\frac{\omega_r}{\delta}\right)_s$ 表示。

稳态横摆角速度 ω_r 为定值，此时 $\omega_r=0$、$\omega_r=0$，又 $\beta=v/u$，由式（4-10）可得

$$\left.\begin{aligned}(k_1+k_2)\frac{v}{u}+\frac{1}{u}(ak_1-bk_2)-k_1\delta=mu\omega_r\\(ak_1-bk_2)\frac{v}{u}+\frac{\omega_r}{u}(a^2k_1+b^2k_2)-ak_1\delta=0\end{aligned}\right\}\tag{4-11}$$

将上两式联立并消去 v，可求出稳态横摆角速度增益为

$$\left.\frac{\omega_r}{\delta}\right)_s=\frac{u/L}{1+\frac{m}{L^2}\left(\frac{a}{k_2}-\frac{b}{k_1}\right)u^2}=\frac{u/L}{1+Ku^2}\tag{4-12}$$

式中

$$K=\frac{m}{L^2}\left(\frac{a}{k_2}-\frac{b}{k_1}\right)$$

汽车前、后轴中点的速度分别为 u_1、u_2，侧偏角为 α、α_2，质心的侧偏角为 β，$\beta=\frac{v}{u}$。m 为汽车质量，δ 为前轮转角。

K 称为稳定性因素，它是表征汽车稳态转向特性的重要参数。

根据 K 的不同，汽车前轮角阶跃输入下的稳态响应可分为三类，如图 4-16 所示。

（1）中性转向（$K=0$）

$K=0$ 时，$\left.\frac{\omega_r}{\delta}\right)_s=\frac{u}{L}$，即横摆角速度增益与车速成线性关系。这种稳态称为中性转向，如图 4-17 所示。此曲线也就是汽车以极低车速行驶而又无侧偏角时的转向关系曲线。

中性转向的汽车，当转向盘保持一个固定的转角加减速行驶时，汽车的转向半径不变，即转向半径与车速无关。此时，转向半径 $R=L/\delta$。

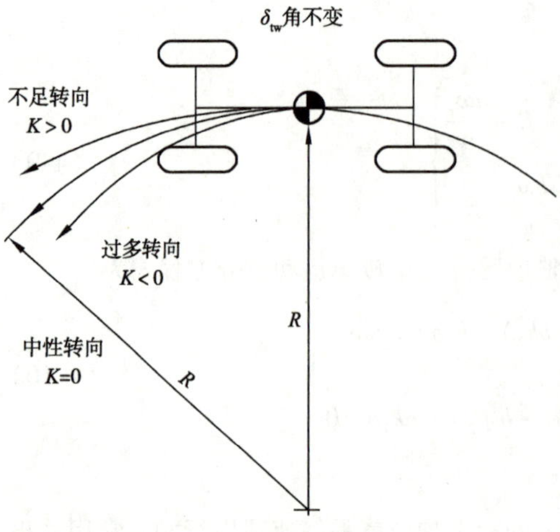

图 4-16　汽车的三类稳态响应

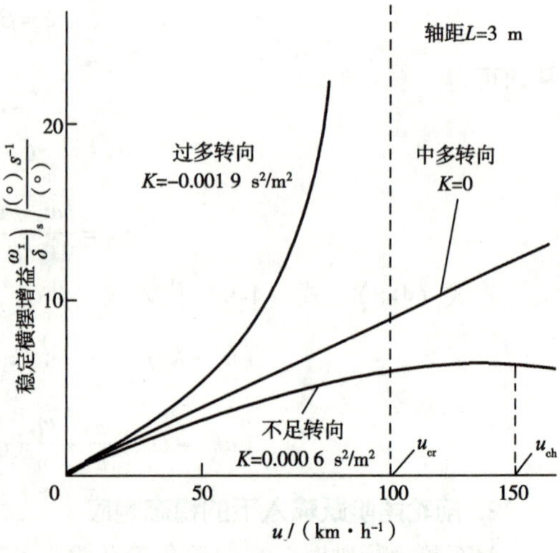

图 4-17　汽车的稳态横摆角速度增益曲线

（2）不足转向（$K>0$）

$K>0$ 时，$\left.\frac{\omega_r}{\delta}\right)_s - \frac{u}{L}$为一条低于中性转向汽车稳态横摆增益线且下弯的曲线。K 愈大，横摆角速度增益曲线愈低，不足转向量愈大。可以证明，当车速为 $u_{ch}=\sqrt{1/K}$时，汽车稳态横摆增益达到最大值，且其横摆角速度增益为与轴距 L 相等的中性转向汽车横摆角速度增益的一半。u_{ch}称为特性车速。

当转向盘保持一个固定的转角，汽车以不同的固定车速行驶时，随着车速的增加，不足转向汽车的转向半径 R 增大。

（3）过多转向（$K<0$）

$K<0$ 时，$\left.\frac{\omega_r}{\delta}\right)_s - \frac{u}{L}$曲线随着车速的增加而向上弯曲。当车速为 $u_{ch}=\sqrt{1/K}$时，稳态横摆角速度增益趋于无穷大，u_{cr}称为临界车速。

当转向盘转角固定不变，汽车以不同的固定车速行驶时，其转向半径只随着车速的增加而减小。

过多转向汽车达到临界车速时将失去稳定性。因为 ω_r/δ 为无穷大时，只要有极小的前轮转角便会产生极大的横摆角速度。这意味着汽车转向半径极小，汽车容易发生急转而侧滑或翻倒。

因此，以上三种转向特性中，汽车应具有不足转向。

3. 表征稳态转向特性的其他参数

为了便于分析，汽车的稳态转向特性还可以采用其他的一些参数来描述。

（1）前、后轮侧偏角之差$(\alpha_1-\alpha_2)$

为了测定汽车的稳态响应，常输入一固定转向盘转角，令汽车以不同等速度做圆周行驶，测出其前、后轮侧偏角的绝对值 α_1、α_2，并以$(\alpha_1-\alpha_2)$与侧向加速度 a_Y（绝对值）的关系曲线来评价汽车的稳态响应，如图 4-18 所示。

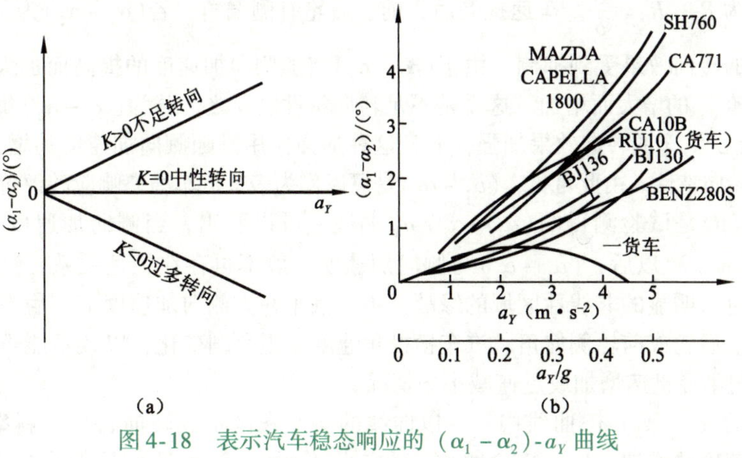

图 4-18 表示汽车稳态响应的（$\alpha_1-\alpha_2$）-a_Y 曲线

现在讨论$(\alpha_1-\alpha_2)$值与汽车稳定性因数 K 的关系。由上述可知

$$K=\frac{m}{L^2}\left(\frac{a}{k_2}-\frac{b}{k_1}\right) \tag{4-13}$$

将式（4-13）右边上下均乘以侧向加速度 a_Y，于是

$$K=\frac{1}{a_Y-L}\left(\frac{F_{Y2}}{k_2}-\frac{F_{Y1}}{k_1}\right)$$

由于侧向加速度 a_Y 与前、后轮的侧偏角$\frac{F_{Y2}}{k_1}$、$\frac{F_{Y1}}{k_2}$符号相反，当前、后轮侧偏角 α_1、α_2 取绝对值时，侧向加速度 a_Y 亦取绝对值，上式可写成

$$K=\frac{1}{a_Y L}(\alpha_1-\alpha_2) \tag{4-14}$$

由式（4-14）可知，$\alpha_1-\alpha_2>0$ 时，$K>0$，为不足转向；当 $\alpha_1-\alpha_2=0$ 时，$K=0$，为中性转向：当 $\alpha_1-\alpha_2<0$ 时，$K<0$ 时，为过多转向。$(\alpha_1-\alpha_2)$ 与 a_Y 呈线性关系，其斜率为 lK，参看图 4-18(a)。

为了进一步说明（$\alpha_1-\alpha_2$）与稳态响应的内在联系，下面讨论（$\alpha_1-\alpha_2$）值与汽车转向半径 R 的关系。

前面已求得稳态横摆角速度增益为

$$\frac{\omega_r}{\delta}=\frac{u/L}{1+Ku^2}$$

故
$$\delta=\frac{L}{R}+LKa_Y$$

将式（4-14）代入上式得

$$\delta=\frac{L}{R}+(\alpha_1-\alpha_2) \tag{4-15}$$

式（4-15）亦可从图中的几何关系直接求出。若把前轮转角 δ 作为输入，转向半径 R 作为输出，并把式（4-15）写作

$$R=\frac{L}{\delta-(\alpha_1-\alpha_2)} \tag{4-16}$$

则由式（4-16）可知，输入一定前轮转角 δ，若令车速极低，侧偏角可以忽略不计时的转向半径为 R_0，$R_0=\frac{L}{\delta}$。车速提高后，前、后轮有侧偏角，若$(\alpha_1-\alpha_2)$为正值，则 $R>R_0$，即汽车的转向效果受到抑制。由于$(\alpha_1-\alpha_2)$将随侧向加速度的提高而加大，因此这种抑制作用将随 a_Y 的增大而增加。这就是不足转向特性。反之，若为$(\alpha_1-\alpha_2)$负值，行驶圆的半径 $R<R_0$，汽车的转向效果加强，而且这种加强作用是随侧向加速度的增大而增加的。这就是过多转向特性。由此可见，$(\alpha_1-\alpha_2)$是可以作为表征汽车稳态响应的评价指标的。

图 4-18(b)是试验测得的$(\alpha_1-\alpha_2)$-a_Y 曲线。可以看出，当侧向加速度大于 $0.3g$ ~ $0.4g$（3 ~ 4 m/s^2）以后，$(\alpha_1-\alpha_2)$与侧向加速度一般不再存在线性关系，这是因为轮胎侧偏特性已进入明显的非线性区域的缘故。不少汽车在大侧向加速度下，稳态响应特性发生显著变化。后轮或前轮侧偏角、汽车横摆角速度发生急剧变化，以致不能再维持圆周行驶，出现转向半径迅速增加或迅速减小的情况。

在实际的$(\alpha_1-\alpha_2)$-a_Y 曲线中，应以曲线的斜率来区别其转向特性。斜率大于零时，随着侧向加速度的增加，$(\alpha_1-\alpha_2)$增加，转向半径增加，汽车具有不足转向特性；斜率小于零时，随着侧向加速度的增加，$(\alpha_1-\alpha_2)$减小，转向半径减小，汽车具有过多转向特性；斜率等于零时，汽车为中性转向。

（2）转向半径的比值 R/R_0

在前轮转角一定的条件下，若令车速极低、侧向加速度接近于零（轮胎侧偏角可忽略不计）时的转向半径为 R_0，而一定车速下有一定侧向加速度时的转向半径为 R，则这两个

转向半径之比 R/R_0 可用以表征汽车的稳态响应。

下面确定 R/R_0 值与稳定性因素 K 的关系。$R_0 = L/\delta$。由式（4-12）可求得

$$R = \frac{u}{\omega_r} = \frac{(1 + Ku^2)L}{\delta} = (1 + Ku^2)R_0$$

或

$$\frac{R}{R_0} = 1 + Ku^2 \tag{4-17}$$

故当 $K = 0$ 时，$R/R_0 = 1$，即中性转向汽车的转向半径不随车速发生变化，始终为 R_0。$K > 0$ 时，$R/R_0 > 1$，即不足转向汽车的转向半径总大于 R_0，且由式（4-17）可知，转向半径将随车速增加而增大；$K < 0$ 时，$R/R_0 < 1$，即过多转向汽车的转向半径总小于 R_0，且由式（4-17）可知，转向半径将随车速的增加而减小。

图 4-19 是转向半径比值 R/R_0 曲线与 K 值曲线。图 4-19(a) 是按式（4-17）画出的 R/R_0-u^2 曲线。图 4-19(b) 是试验求得的某公司轻型客车 WFR 的 R/R_0 曲线。图 4-19(c) 是日本 Motor Fan 杂志道路试验报告给出的 Santana Xi5 轿车的 R/R_0 曲线，画出了不同 K 值下的 $1 + Ku^2$ 直线组，利用直线组可以求出 Santana Xi5 在不同侧向加速度下的 K 值。图 4-19(d) 是 Santana Xi5 在不同侧向加速度下的 K 值曲线。曲线表明，在 $0.5g$ 时的 K 值为 $0.003\ s^2/m^2$。图 4-19(e) 是 1996 年 Motor Fan 杂志给出的 Benz E320 的 K 值曲线，可知在 $0.3g$ 时的 K 为 $0.002\,0\ s^2/m^2$，在 $0.5g$ 时的 K 值为 $0.001\,9\ s^2/m^2$，图 4-19(e) 中阴影区为 Motor Fan 在四年中测得的轿车 K 值曲线范围。

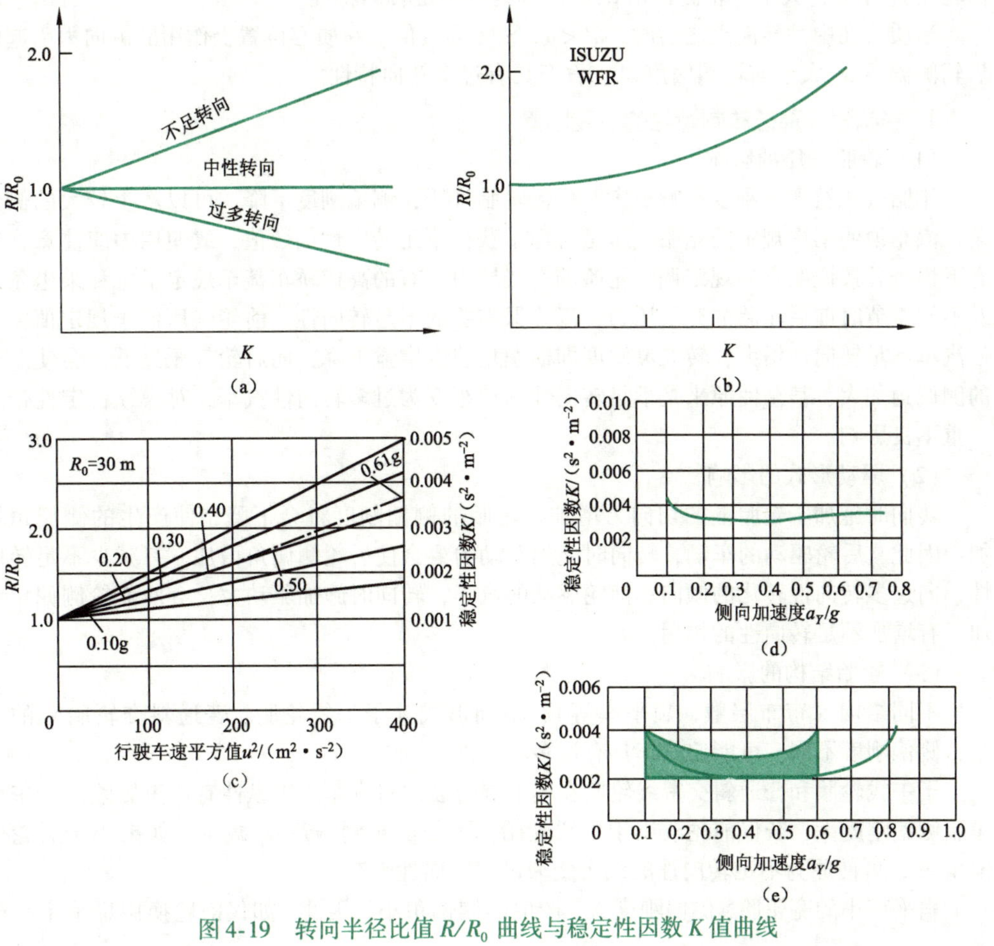

图 4-19　转向半径比值 R/R_0 曲线与稳定性因数 K 值曲线

（3）用静态储备系数S.M.（Static Margin）来表征汽车稳态响应

静态储备系数是和处于汽车纵轴上的中性转向点这个概念相联系的。使汽车前、后轮产生同一侧偏角的侧向力作用点称为中性转向点。

可通过力矩平衡找出中性转向点的位置，如图4-20所示。当侧向力作用于中性转向点的位置时，前、后轮产生同一侧偏角 α，前、后轴的侧偏力为 $F_{Y1}=k_1\alpha$，$F_{Y2}=k_2\alpha$。因此，中性转向点 c_n 距前轴的距离为

$$a'=\frac{F_{Y2}L}{F_{Y1}+F_{Y2}}=\frac{k_2}{k_1+k_2}L$$

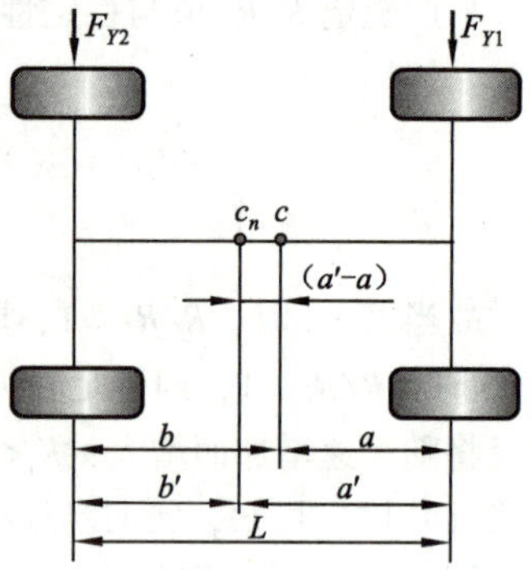

图4-20 中性转向点位置的确定

静态储备系数S.M.就是中性转向点至前轴距离 a' 和汽车质心至前轴距离 a 之差（$a'-a$）与轴距 L 之比值，即

$$\text{S.M.}=\frac{a'-a}{L}=\frac{k_2}{k_1+k_2}-\frac{a}{L} \tag{4-18}$$

当中性转向点与质心重合时，S.M.=0，在质心位置上作用的侧向力引起前、后轮的侧偏角相等，汽车具有中性转向特性。

当质心在中性转向点之前时，$a'>a$，S.M.为正值。在质心位置上作用的侧向力引起的前轮侧偏角 α_1，大于后轮侧偏角 α_2，汽车具有不足转向特性。

当质心在中性转向点之后时，$a'<a$，S.M.为负值。在质心位置上作用的侧向力引起的后轮侧偏角 α_2 大于前轮侧偏角 α_1，汽车具有过多转向特性。

4. 影响汽车稳态转向特性的主要因素

（1）轮胎气压的影响

轮胎气压对侧偏刚度影响很大，降低轮胎气压，侧偏刚度下降，可以产生较大的侧偏角。汽车说明书中规定的轮胎气压是考虑了获得不足转向性的数值，故使用中应注意在冷态下检查并按说明书的规定调整轮胎的充气压力。有的高速轿车甚至规定了每种乘坐条件及不同季节时前后轮胎的充气压力，以确保需要的不足转向性。前轮气压低于规定值，会使汽车不足转向性增大，转向灵敏度即横摆角速度增益下降；而后轮气压过低，会使后轮的侧偏角加大，甚至使原来是不足转向性的汽车变为过多转向性汽车，对操纵稳定性带来严重不良影响。

（2）驱动形式的影响

转向时施加于轮胎上的切向力增加，轮胎的侧偏刚度将会下降，使产生的侧偏角增加。因此，后轮驱动的车辆，转向时施加驱动力，会使后轮侧偏角增加，有减少不足转向性、向过多转向性转化的倾向；前轮驱动的汽车，转向时施加驱动力，会使前轮侧偏角增加，有增加不足转向性的作用。

（3）轮胎结构的影响

不同结构（帘布层数、扁平率等）、不同形式（子午线轮胎、普通斜交轮胎）的轮胎，侧偏刚度不同，可能使汽车具有过多转向性。

子午线轮胎和普通斜交帘线轮胎在车上混合装用对汽车的操纵性有严重影响。子午线轮胎侧偏刚度大，若仅前轮改用于午线轮胎，可使前轮侧偏角 α_1 减少，如果小于后轮侧偏角 α_2，可使原为不足转向性的汽车变为过多转向性汽车。

扁平率小的宽轮胎，侧偏刚度大，产生的侧偏角小。因此，如仅前轮换用扁平率小的

轮胎，有使汽车产生过多转向的倾向；如仅后轮换用，则有汽车呈不足转向的倾向。

(4) 汽车的质量分配与车轮侧偏刚度的匹配

在汽车设计及改装中，应使汽车的质量在前后轴上的分配与车轮的侧偏刚度相适应，使稳定性因数 $K>0$，以保证汽车的不足转向性。

前置发动机前驱动的轿车，前轴上的轴荷较大，转弯时前轴承担的离心惯性力较大，在前后车轮侧偏刚度相同的情况下，前轮会产生较大的侧偏角，故趋向于呈不足转向性。反之，后置发动机后驱动的轿车则趋向于呈过多转向性。

(5) 汽车悬架的影响

① 车轮侧倾角的变化：当车厢侧倾时，由于悬架结构形式的不同，车轮侧斜角的变化有如下三种情况：

a. 车轮朝车厢侧倾的方向倾斜，即车轮的侧斜方向离心力方向一致，如图4-21(a)、(b)、(c)所示。它们分别是上、下横臂长度相等且平行的双横臂、单纵臂、烛式独立悬架。

b. 车轮朝车厢侧倾的相反方向倾斜，即车轮的侧斜方向与离心力方向相反，如图4-21(d)所示的单横臂独立悬架在小侧向加速度时，就是属于这种情况。

c. 车轮的侧斜不随车厢的侧倾而变，如图4-21(e)所示的非独立悬架。

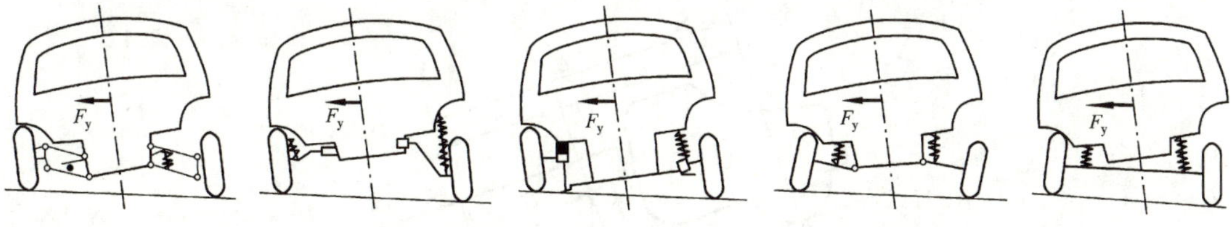

图4-21 车轮侧倾与悬架导向机构的关系

车轮侧斜后，由于轮胎与地面接触面的受力情况发生变化，从而产生一个附加的侧偏角 $\Delta\alpha$。$\Delta\alpha$ 的大小与车轮侧斜角 γ 有关，二者的关系可通过试验求得 $\Delta\alpha$ 的方向与车轮倾斜的方向一致，因此当 γ 与离心力方向一致时，$\Delta\alpha$ 为正值。车轮的侧偏角增大，如图4-21(b)所示；当 γ 与离心力方向相反时，$\Delta\alpha$ 为负值，车轮的侧偏角减小，如图4-21(d)所示。

② 左、右轮垂直载荷再分配的影响：轮胎侧偏刚度在一定范围内随垂直载荷的增加而增加。在侧向力作用下，若前轴左右轮垂直载荷变动量大，则汽车趋向于减少不足转向性。由于增加前悬架的角刚度（车身每侧倾1°，在前悬架上需施加的侧倾力矩值），能使侧倾力矩分摊到前轴上的数值增加，因而能使前轴左右轮垂直载荷的变动量加大；减少后悬架的角刚度，能使侧倾力矩分摊到后轴上的数值减少，因而后轴左右轮垂直载荷的变动量减少，有利于增加汽车的不足转向性。

③ 轴转向：当车厢侧倾时，由于悬架导向机构的运动学关系，使车轴绕垂直轴线转动，这种现象称为轴转向。

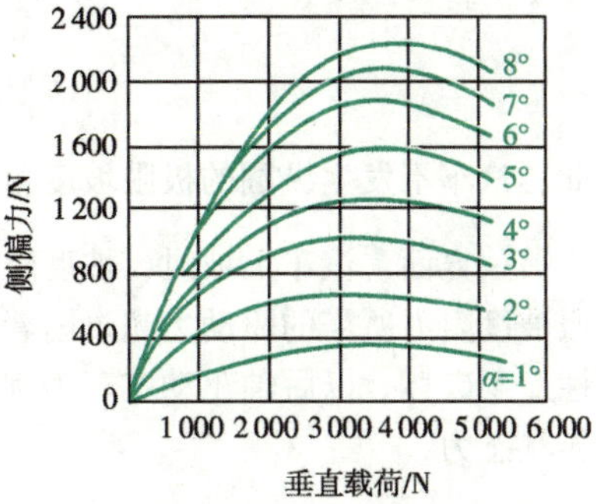

图4-22 单纵臂非独立悬架的轴转向

下面以单纵臂非独立悬架为例进行说明，如图4-22所示。汽车转向时车厢侧倾，外侧的弹性元件受到压缩，铰接中心 C 将下移至 C_1 点，相应的车轮中心 O 将左移至 O_1点。而内侧因弹性元件伸张，铰接中心将上移至 C_2 点，相应的车轮中心 O 将右移至 O_2点，这就是轴转向现象。

轴转向的大小和方向与悬架的结构形式、布置和参数有关。如果轴转向的方向与离心力方向一致，则从运动学的观点来看，相当于使车轮的侧偏角增加，对于后轴而言，将使汽车减小不足转向量；如果轴转向方向与离心力方向相反，则相当于使车轮的侧偏角减小，若为后轴，将使汽车增加不足转向量。

综上所述可知，汽车悬架的设计，不仅应满足汽车平顺性的要求，同时还应顾及对操纵稳定性的影响。

三、汽车的纵翻和侧翻

1. 汽车的纵向翻倾

当汽车在等速上坡时，其受力如图 4-23 所示。随着道路坡度增大，前轮的地面法向反作用力不断减小。当道路坡度大到一定程度时，前轮的地面法向反作用力为零。在这样的坡度下，汽车将绕 A 点向后翻倾，通常称之为纵翻。下面求出汽车不发生纵翻的极限坡度角 Ψ_{max}。

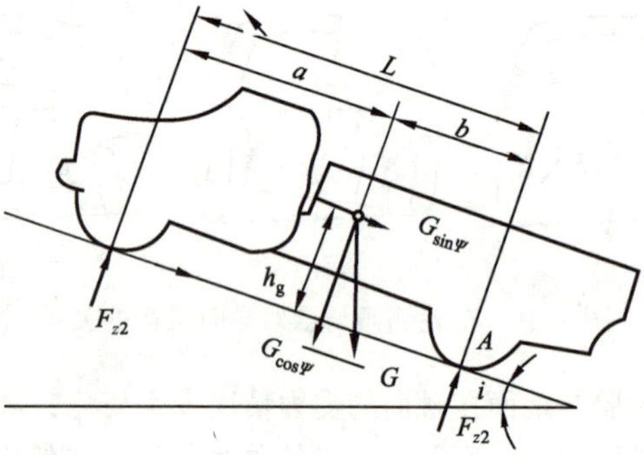

图 4-23　汽车在纵向坡道上等速行驶受力图

根据受力平衡可得

$$F_{z1}=\frac{Gb\cos i-Gh_g\sin i}{L} \tag{4-19}$$

$$F_{z2}=\frac{aG\cos i+h_gG\sin i}{L} \tag{4-20}$$

令 $F_{z1}=0$，则有

$$\tan i=\frac{b}{h_g} \tag{4-21}$$

因此，汽车不发生纵翻的极限坡度角 $i_{max}=\arctan\dfrac{b}{h_g}$。

另一方面，汽车上坡时，坡度阻力随坡度的增大而增加，在坡度大到一定程度时，为克服坡度阻力所需的驱动力超过附着力时，驱动轮将滑转。这两种情况均使汽车的行驶稳定性遭到破坏。以后轴驱动汽车为例，汽车以较低速度等速上坡时，驱动轮不发生滑转的临界状态为

$$Ft_{max}=G\sin i_{\varphi max}=F_{z2}\times\varphi=\frac{aG\cos i+g_gG\sin i}{L}\times\varphi \tag{4-22}$$

式中　$i_{\varphi\max}$——汽车后轮不发生滑转所能克服的最大道路坡度角，其大小为

$$\tan i_{\varphi\max}=\frac{\alpha\varphi}{L-\varphi h_g} \tag{4-23}$$

显然，如果 $i_{\max}<i_{\varphi\max}$，则当汽车遇有坡度角为 $i_{\max}$ 的坡道时，驱动轮因受附着条件的限制而滑转，地面不能提供足够的驱动力以克服坡道阻力，因而无法上坡，也就避免了汽车的纵向翻倒。所以汽车避免纵翻的条件是

$$\frac{\alpha\varphi}{L-\varphi h_g}<\frac{b}{h_g} \tag{4-24}$$

由此整理可得后轴驱动汽车纵向稳定性条件是

$$\frac{b}{h_g}>\varphi \tag{4-25}$$

同样可以求出前轴驱动汽车避免纵翻的条件为 $L>0$；全轴驱动汽车避免纵翻的条件与后轴驱动相同。

由于现代汽车的质心位置较低，因此上述条件均能满足而有余。但是对于越野汽车，其轴距 L 较小，质心较高（h_g 较大），轮胎又具有纵向防滑花纹因而附着系数较大，故其丧失纵向稳定性的危险增加。因此，对于经常行驶于坎坷不平路面的越野汽车，应尽可能降低其质心位置，而前轮驱动型汽车的纵向稳定最好。

2. 汽车的侧向翻倾

汽车在行驶中常受到重力的侧向分力、离心力、侧向风力和道路不平的侧向冲击等各种侧向力的作用。侧向力将引起左、右车轮法向反作用力的改变，当一侧车轮的法向反作用力变为零时，将发生侧向翻车。

下面讨论汽车在具有横向弯道做等速转向运动时，汽车不发生侧翻的极限车速 u_{amax}。

汽车在弯道上等速行驶的受力如图4-24所示。随着车速的提高，其离心力增大，内侧车轮的法向反作用力逐渐减小。当 $F_{zr}=0$ 时，汽车将失去侧向稳定性开始向外侧翻。此时对应的车速为弯道上产生侧翻的临界车速，用 u_{amax} 表示。

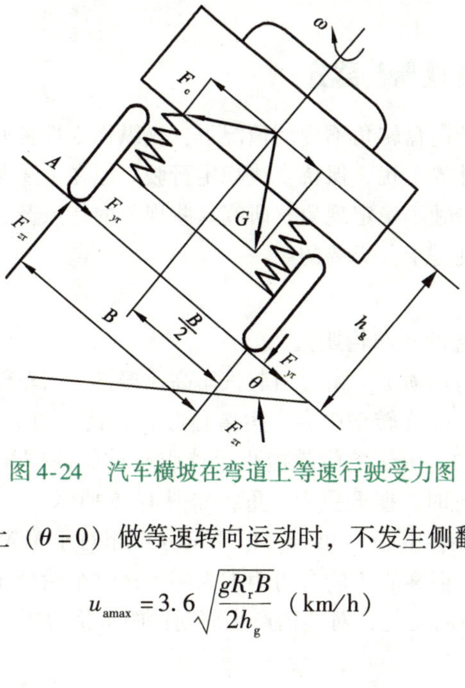

图4-24　汽车横坡在弯道上等速行驶受力图

若汽车在水平路面上（$\theta=0$）做等速转向运动时，不发生侧翻的极限车速 u_{amax} 为

$$u_{\text{amax}}=3.6\sqrt{\frac{gR_rB}{2h_g}}\ (\text{km/h}) \tag{4-26}$$

汽车在侧向力的作用下，如车轮的侧向反作用力达到附着力时，汽车还将沿侧向力的作用方向滑移。如图 4-24 所示，经受力分析，汽车在具有横向弯道做等速转向运动时，汽车不发生侧滑的条件

$$F_c\cos\theta - G\sin\theta = (F_c\sin\theta + G\sin\theta)\varphi_{侧} \tag{4-27}$$

将上式整理可得在具有横向弯道做等速转向运动时，汽车不发生侧滑的极限车速 u_{amax} 为

$$u_{\varphi max} = 3.6\sqrt{\frac{R_r g(\varphi_{侧} + \tan\theta)}{1 - \varphi_{侧}\tan\theta}} \quad (km/h) \tag{4-28}$$

式中 $\varphi_{侧}$——侧向附着系数。

若汽车在水平路面上（$\theta = 0$）做等速转向运动时，汽车不发生侧滑的极限车速 $u_{\varphi max}$ 为

$$u_{\varphi max} = 3.6\sqrt{R_r g\varphi_{侧}} \quad (km/h) \tag{4-29}$$

侧滑与侧翻都是汽车行驶中应避免的失控现象，比较起来侧翻更危险。要避免侧翻，应使汽车侧滑的临界车速低于侧翻的临界车速，即

$$u_{\varphi max} < u_{amax}$$

由此经分析整理可得，避免侧翻的条件为

$$\frac{B}{2h_g} > \varphi_{侧} \tag{4-30}$$

$\frac{B}{2h_g}$ 又称汽车侧向稳定系数，满足此式，称为满足侧向稳定条件。

一般汽车行驶于干燥的沥青路面上，这时 $\varphi_{侧}$ 值较大，为 0.7～0.8，仍然能满足上述稳定的条件。由于轮距 B 受车宽小于或等于 2.5 m 的限制，要避免侧翻应力求降低质心高度，一车辆都能满足要求。只有在装载货物质心太高且偏向车厢的一侧，或者转向时车速过高，转向盘过急，致使风过大时，就容易产生侧翻。为了保证行车安全，就是侧滑也不希望发生，以汽车转弯应降低车速，以减少侧翻及侧滑的机会。

用普通货车底盘改装的厢式货车，如冷藏车等，改装后的质心高度增加，使侧翻的危险性加大。

四、汽车转向轮的摆振与稳定

在平直良好路面和转向盘转角不变的情况下，操纵稳定性良好的汽车能够自行抵抗侧向风、微小路面不平等外界干扰，保持直线稳定行驶。但在上述条件下，有些汽车会出现低速摆头、高速振摆等行驶不稳定现象。研究这些现象的特点及其产生原因，对于恢复和保持汽车行驶稳定性无疑是十分必要的。

1. 转向轮的摆振

视频

汽车转向轮的摆振

（1）车轮不平衡引起的转向轮摆振

车轮动不平衡和传动轴动不平衡会引起汽车高速振摆。当车轮总成质量中心 C 与旋转中心 O 不相重合时，在转动中会产生离心力 F_j，其分力 F_{jx} 是周期性的干扰力，它使前轴产生角振动，由于陀螺效应也可能引起前轮的摆振。当左、右轮偏心质量处于相隔 180°位置时，摆振更为严重，如图 4-25 所示。

即使质量中心 C 与旋转中心 O 重合，但质量分布相对于车轮的中心平面不对称，离心力的合力为零，但离心力的合力矩不为零，这时车轮处于动不平衡状态。在车轮旋转中，合力矩的方向不断变化，对主销产生周期性的干扰力矩，使转向轮绕主销摆振。

若传动轴存在动不平衡，离心力会忽左忽右随转动而周期性变化，通过车身、悬架也会使汽车行驶方向左右偏摆不定。

实际上车轮满足动平衡，就肯定满足静平衡。在实际使用中，轮胎修补、轮胎钢圈变形，前轮胎螺栓数量不一致等因素都会导致轮胎动不平衡；传动轴弯曲、平衡块脱落等会引起传动轴动不平衡。由动不平衡引起的振摆，其特点是随着车速的提高，振摆会不断加剧。要避免车轮总成和传动轴动不平衡的影响，必须对转向轮和传动轴进行动平衡试验。

（2）转向系与悬架的运动干涉引起的方向摆振

图4-26所示为一种纵置半椭圆板簧前悬架与转向系布置简图。板簧的固定吊耳在前轴前面，活动吊耳及转向机在前轴的后面。前轴和转向节等固定于板簧上，随板簧一起运动。转向机固定于车架上。当板簧发生变形时，车轮相对于车架有上下方向的运动，转向节的球销 c 作为前轴上一点绕 O_2 点摆动，其运动轨迹为 bb；但 c 又与纵拉杆相连，这样 c 将绕转向机垂臂下端球关节 O_1 摆动，运动轨迹为 aa 弧（实际上是以 O_1 点为圆心，以纵拉杆长度为半径作球面运动）。c 点不能同时满足这两个运动要求，于是转向节将相对主销发生转动，以满足 c 点沿 aa 弧的运动。从俯视图可以看出．当前轮向上运动时，c 点向前移，转向节绕主销向左转。当前轮向下运动时，c 点向后移，转向节绕主销向右转。由此可见，当路面不平引起前轴在垂直平面内产生角振动时，转向轮将出现水平面内的左右偏摆。

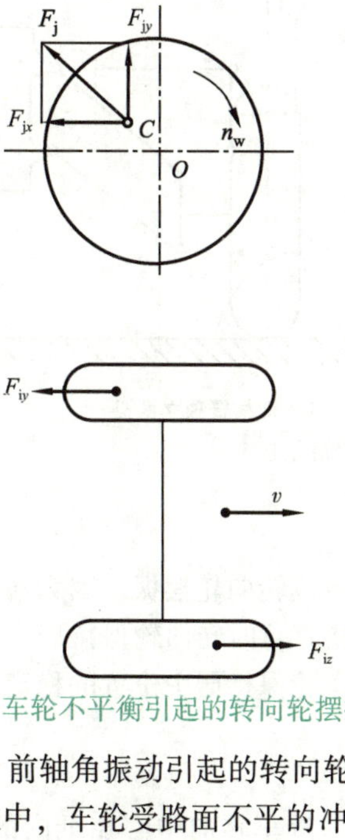

图4-25　车轮不平衡引起的转向轮摆振示意图

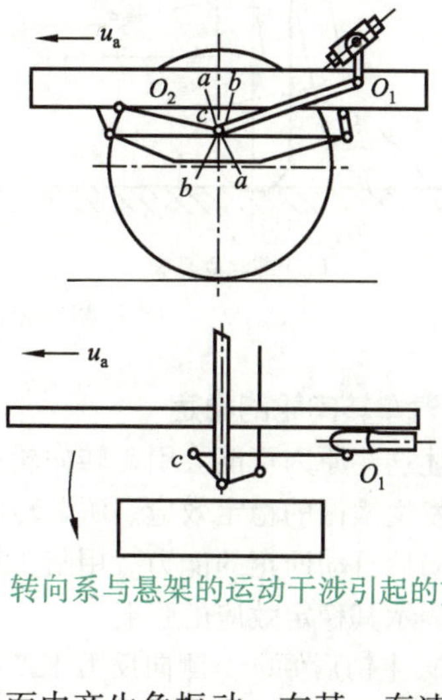

图4-26　转向系与悬架的运动干涉引起的方向摆振

（3）前轴角振动引起的转向轮摆振

行驶中，车轮受路面不平的冲击，前轴在垂直平面内产生角振动。在某一车速下，来自路面不平的冲击频率与前轴角振动的固有频率接近时，将发生共振，严重时一边的车轮可以跳离路面。

汽车的转向轮通过非独立悬架及转向传动机构与车架相连，这些互相联系的机件组成了弹性振动系统，如图4-27所示。当汽车在凹凸不平的路面上行驶，或偶遇一侧有凸起或凹坑时，将激发车轴相对于车体在垂直平面内的角振动，由于陀螺效应，由此使前轴在水平面内产生角振动，但由于前轴通过钢板弹簧和车架相连，无法在水平面内摆动，所以可能引发的是前轮绕主销的摆动。其规律是：当左前轮上升时，转向轮将向右偏转；当左前轮下降时，转向轮将向左偏转；当右前轮上升时，转向轮向左偏转；当右前轮下降时，转向轮将向右偏转。

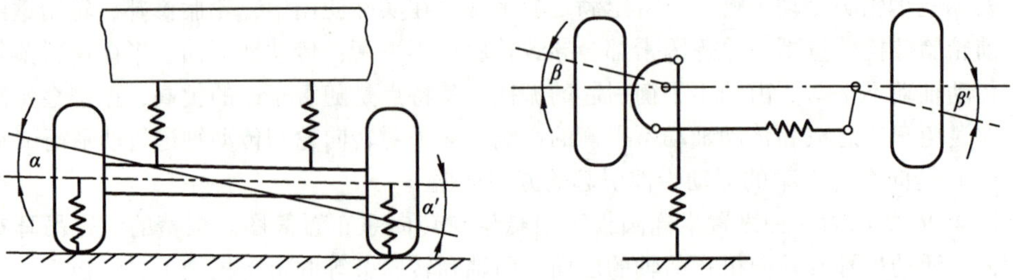

图 4-27　前轮振动系统示意图

产生陀螺效应的条件：当车轴在垂直平面内产生角振动时，车轮旋转平面产生了偏转，如图 4-28(a)所示。双横臂独立悬架遇路面凹凸不平时，车轮旋转平面发生平移，但未发生偏转，不会产生陀螺效应，如图 4-28(b)所示。各类不同结构的独立悬架系统，追求的主要目标之一就是要减小或消除陀螺效应，以提高行驶方向稳定性。

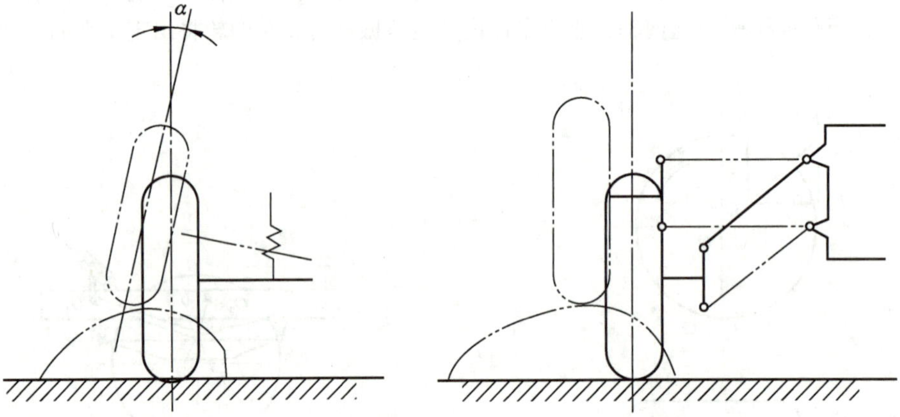

（a）非独立悬架　　（b）双横臂独立悬架

图 4-28　路面不平对不同悬架系统的影响

2. 汽车转向轮的稳定

上述这些原因可能会引起转向轮摆振，但不一定会造成转向轮摆振，因为转向轮还有阻止其发生摆振的稳定效应。所谓转向轮的稳定效应是指直行时转向轮保持居中位置的能力及转向后自动回正的能力。用阻止车轮偏转、力图使车轮保持居中位置的稳定力矩的大小，来表示其稳定效应的强弱。

（1）主销后倾 γ，侧向反力 Y 产生的稳定力矩 $T_{\gamma\gamma}$

如图 4-29 所示，假设转向轮绕主销向纸画内偏转，汽车转向中心在纸内的某点上，离心力向外，地面侧向反力 Y 垂直于纸面向内，对主销形成力矩，其作用方向与前轮偏转方向相反，是稳定力矩。如果转向后撒手，则有使前轮自动回正的作用；回正直行后，离心力为零，地面侧向反力也为零，稳定力矩不再存在。

（2）主销内倾 β，垂直反力 Z 产生的稳定力矩 $T_{z\beta}$

如图 4-30 所示，设前轴的空间位置保持不变，转向轮由直行位置转过某一角度时，车轮最低点将落在以 OA 为母线、绕主销轴线 OO 旋转形成的圆锥的底圆上，即车轮最低点将落在地面之下，这是不可能的。实际情况：车轮最低点仍在路面上，而前轴在汽车转向中被抬高。驾驶人对转向盘做的功（施加于转向盘上的力矩与转向盘转角乘积之和）转变为车头抬高所增加的势能。因此，在转向时转向盘上必须施加转向力矩；维持某一转向半径行驶，转向盘上要保持一定的转向力矩；撒手后，势能将恢复到最小状态，迫使转向轮自动回正。

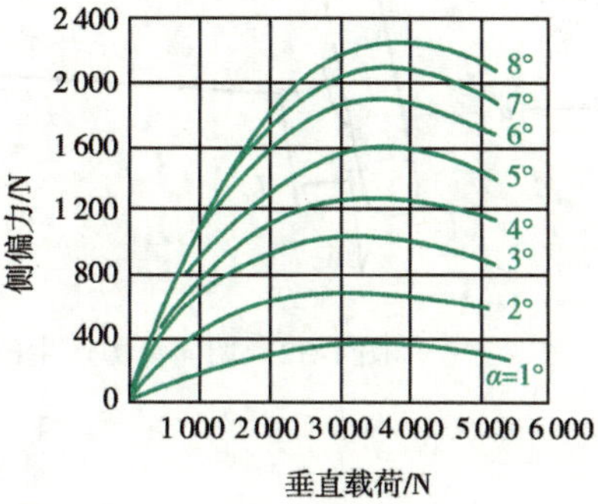

图4-29　主销后倾γ作用图

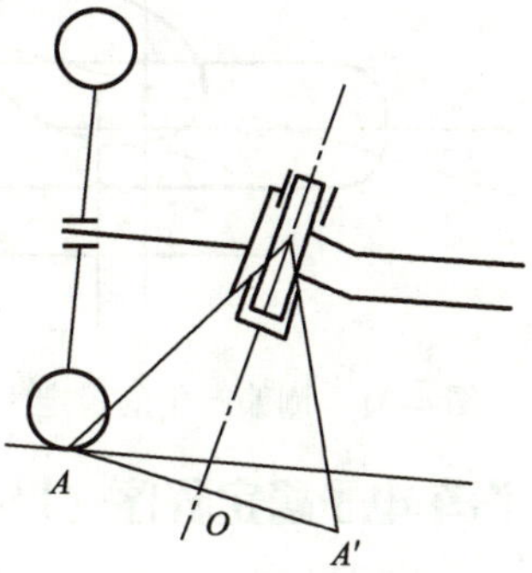

图4-30　主销内倾β作用图

直行时地面垂直反力Z与主销轴线在同一平面内，Z对主销轴线的力矩为零。当前轮转过某一角度δ时，力Z对主销轴线处于空间相错位置，所产生力矩的方向与转角δ的方向相反，力图阻止前轮偏转，所以$T_{z\beta}$是稳定力矩。在0°～90°的范围内，随转角δ的加大，$T_{z\beta}$增大。因此，当前轮以某一转角δ使汽车转弯时，在转向盘上必须施加一个力矩，该力矩经转向传动系放大后，去克服稳定力矩$T_{z\beta}$，才能实现稳定的圆周行驶。如果撒手，在稳定力矩$M_{z\beta}$的作用下，前轮将自动恢复到直行位置。

（3）由于侧偏，侧向反力产生的稳定力矩$T_{y\alpha}$

如图4-31所示，由于转弯时离心力的作用，车轮受到的侧向力为F_y，产生的侧偏角为α。轮胎接地印迹的长轴由直行时的aa移到bb位置，轮胎侧向变形前小后大，地面侧向反力的分布呈前小后大状，使其合力Y与F_y错开一个距离b_a，形成力偶矩$T_{y\alpha}=Yb_a$。它的方向与车轮偏转方向相反，是稳定力矩。

现代轿车车速很高，转弯时离心力大，轮胎气压低，侧偏刚度小。由于侧偏，侧向反力的稳定力矩$T_{y\alpha}$很大，这常使高速时感到转向沉重。实践证明，1°侧偏角引起的稳定力矩，相当于主销后倾5°～6°的效果。为了不使总的稳定力矩过大，可以相应地减小主销后倾角γ，甚至γ为负值。

（4）由于侧偏，切向反力产生的稳定力矩$T_{x\alpha}$

如图4-32所示，由于侧偏，内、外轮地面切向反力X_i和X_0的作用线到主销的距离不等，切向反力对主销之矩$T_{x\alpha}=X_iL_i-X_0L_0$的方向取决于切向反力的方向。对于后轮驱动的汽车，前转向轮受到的切向反力（制动时的地面制动力及驱动时的滚动阻力）向后，形成的力矩方向与车轮偏转方向相同，它是非稳定力矩，记为$-T_{x\alpha}$；对于前轮驱动的汽车，在转向时施加驱动力的情况下，因切向反力方向向前，$T_{x\alpha}$是稳定力矩。制动时切向反力向后，且X_i和X_0值很大，$-T_{x\alpha}$的绝对值很大，制动中转弯时转向轮容易过分偏转。因此，制动时要把稳转向盘。

（5）转向系的摩擦力矩T_μ

转向盘上施加的力矩，经转向传动系放大后，要能克服转向系的摩擦力矩T_μ及前述各项稳定力矩，才能实现转向。由此看来T_μ起阻止转向的作用，是稳定力矩。但是，转向后它又起阻止回正的作用，所以它又是非稳定力矩。

前轮稳定力矩的数值过小，容易产生转向轮摆振。但是，稳定力矩过大，不但转向沉重，且使回正过猛，增加转向轮在回正过程中的摆振。与后轮外倾的配合是否符合要求。

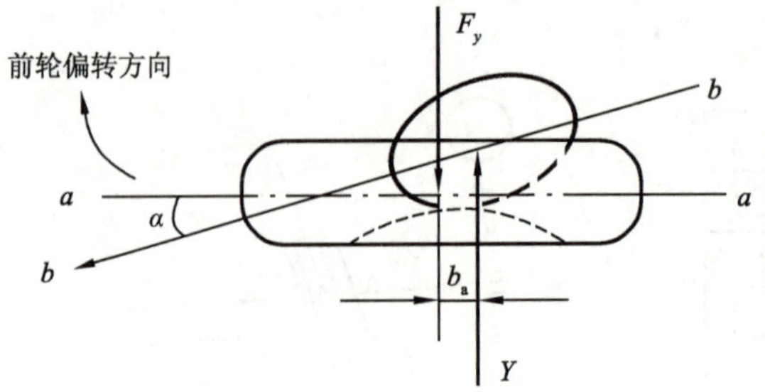

图 4-31　侧偏产生的稳定力矩

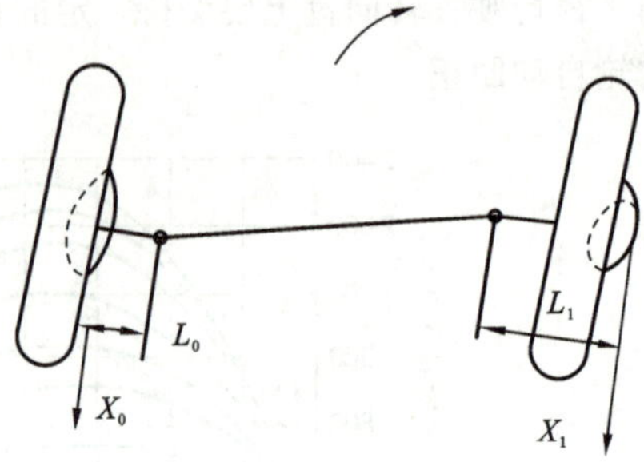

图 4-32　切向反力产生的稳定力矩

五、汽车电子稳定程序（ESP）

1. ESP 的概念与类型

（1）ESP 的概念

ESP（electronic stability program），即汽车电子稳定程序，简称电子稳定系统。ESP 是通过发动机 ECU 的控制，有选择性地控制制动轮缸的制动力，防止车辆滑移，属于汽车主动安全系统，又称为行驶动力控制系统。它是 ABS 和 ASR 两种系统功能的延伸。从某种意义讲，ESP 系统也是一种牵引力控制系统，但是与其他牵引力控制系统比较，ESP 不仅控制驱动轮，而且控制从动轮。如后轮驱动汽车转向过度时，ESP 便通过控制外侧的前轮制动力来稳定车辆，防止后轮失控面发生甩尾现象。在转向过小时，为了校正行驶方向，ESP 则会通过控制内侧的后轮制动力，从而实现行驶方向的目的。

（2）ESP 的类型

ESP 能够自动地向一个或多个车轮施加制动力，在某些情况下每秒可进行 150 次的有效制动，以确保汽车行驶在选定的车道内。它有以下三种类型：

① 4 通道或 4 轮系统，能够自动地向 4 个车轮独立施加制动力。

② 2 通道系统，只能对 2 个前轮独立施加制动力。

③ 3 通道系统，对 2 个前轮独立施加制动力，对后轮一同施加制动力。

（3）ESP 的优点

① ESP 不是独立的系统，而是建立在别的牵引系统之上，因而也有牵引系统的特征。

② 驾驶人操作轻松。

③ 汽车易于稳定控制。

④ 可减少交通事故。

2. ESP 的结构组成及各元件的功能

（1）ESP 的结构组成

ESP 系统一般由传感器、ECU、执行器和警示装置组成，即用于检测汽车状态和驾驶人员操作的传感器部分；用于估算汽车侧滑状态和计算恢复到安全状态所需要的旋转动量和减速度的 ECU 部分；用于根据计算结果来控制每个车轮制动力和发动机输出功率的执行器部分；用于告知驾驶人汽车失稳的信息部分，如图 4-33(a)所示。ESP 系统各零件在车上的安装位置如图 4-33(b)所示。

（2）ABS、ASR& ESP 系统各部件的功能

装在发动机舱左前侧或乘客室内的 ABS. ASR 和 ESP 的 ECU 通过线束与每个传感器和

执行器相连，它接收传感器的信号，计算汽车侧滑状态和恢复到安全状态所需的旋转动量和减速度，并向执行器发出控制指令。输入信号元件功能如下：

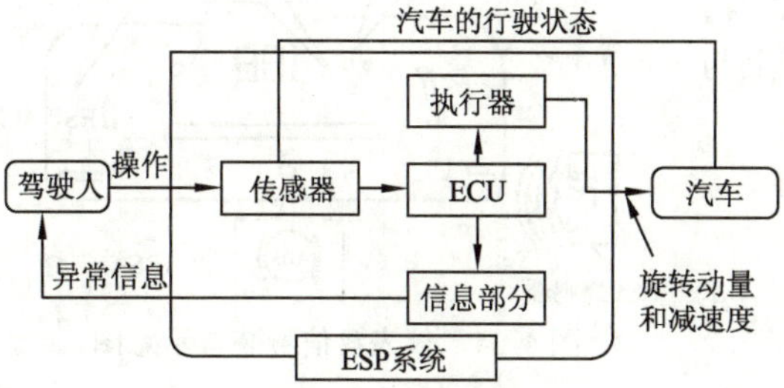

（a）ESP结构流程图

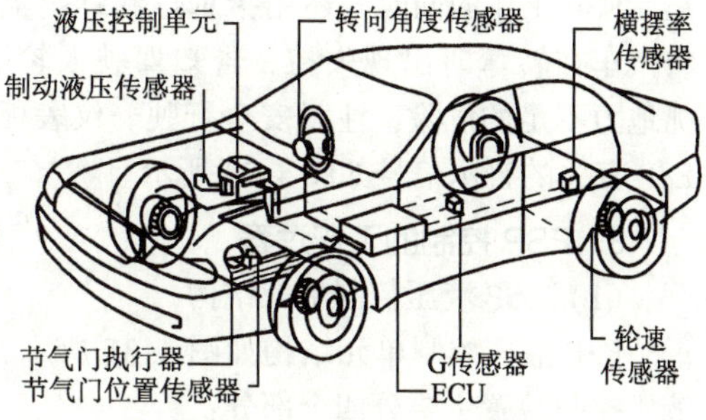

（b）ESP系统各零件在车上的位置

图 4-33　ESP 系统逻辑结构及安装位置示意图

① 横摆率传感器。也称为偏转率传感器，装在汽车行李舱前部，与汽车垂直轴线平行。它只检测横摆率（汽车绕垂直轴旋转的角速度）。

② 减速度（G）传感器。水平地安装在汽车重心附近（G）下方的位置，它检测汽车的纵向和横向加速度。有的车型把横摆率传感器与减速度（G）传感器装在一起。

③ 转向角度传感器。集成安装在转向盘中，检测转向盘的转动变化量。

④ 制动液压力传感器。装在 ESP 液压控制装置内部，检测驾驶人进行制动操作时制动液压的变化。

⑤ 轮速传感器。装在每个车轮上，检测每个车轮的转速。

⑥ 节气门位置传感器。装在节气门体上，检测节气门的开度。

⑦ ESP OFF 开关。驾驶人可以通过 ESP OFF 开关手动开启和关闭 ESP 功能。

（3）输出执行元件功能

① 节气门体。安装在发动机进气通道上，在 ESP 起作用期间，调节发动机输出功率，由节气门体上的节气门电动机来控制发动机节气门的开度。

② ABS、ASR&ESP 液压控制装置。装在发动机舱左前侧，在正常情况下，制动时如果车轮抱死，它执行 ABS 的功能。当车轮在起步、加速下出现打滑空转时，它执行 ABS&ASR 功能。当汽车转向，出现侧滑时，它执行 ESP 功能。总之，在 ECU 的控制下，ABS、ASR&ESP 液压控制装置把受到控制的制动液压施加到每个车轮。

汽车高速行驶时急转弯可能出现两种意外：一是因为后轮与地面的附着力不足，车后部甩尾，称为过度转向；二是因为前轮与地面的附着力不足，车前部甩出，称为转向不足。如果意外发生在湿滑路面上，轻者造成侧滑、甩尾，重者可能翻车。

当后轮首先达到抓地极限，开始出现侧滑时，汽车本身会变得不稳定。在这种情况下，就会出现所谓的“回旋”现象，又称为“甩尾”，就像汽车被快速拉向转弯角一侧。前轮首先达到抓地极限而引起的过度侧滑现象称为“漂出”，又称为“侧滑”。当出现这种状态时，驾驶人再打方向也不能减少转弯半径，汽车难以正常行驶。

ESP 解决的办法：当出现后轮侧滑时，外前轮被制动，以产生向外转的运动，确保汽车的稳定性；要抑制前轮的侧滑，首先制动后轮，以得到向内转的运动，然后对 4 个车轮进行制动，使车速下降到某一水平来平衡旋转运动，使转向在转弯力的范围内进行。

4 个车轮所需的总转向力与车速的平方成正比，而每个车轮的实际转向力并不随车速而变。这是汽车在高速下不稳定的原因之一。因此车速高时，即使车速轻微下降，也会使所需的转向力大大下降，从而可明显地改善汽车的稳定性。

ESP 工作的同时，还用指示灯和蜂鸣器来预警汽车在转弯时出现失控，告知驾驶人轮胎有，抓地力不足的危险，注意安全行驶。仪表板上与 ESP 有关的警示信号如图 4-34 所示。

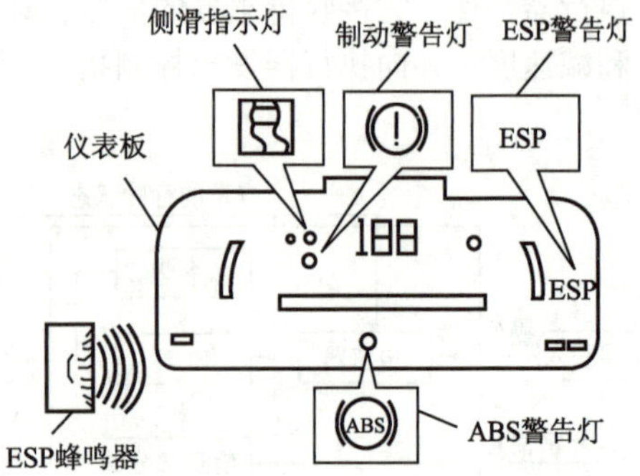

图 4-34 仪表盘信号装置示意图

3. ESP 控制的工作过程

（1）ESP 液压控制单元结构

ESP 液压控制单元结构如图 4-35 所示，ESP 液压控制装置主要分四个部分：

① 液压制动力的产生部分，由电动机驱动电动泵和蓄压器组成。蓄压器储存由电动泵供应的制动液，作为本液压装置的压力源。

② 制动主缸和制动助力器部分。根据驾驶人的制动操作产生液压，并进行助力。

③ 选择电磁阀部分。当 ABS、ASR 或 ESP 工作时，它关闭制动主缸的制动液，并把从液压制动力来的制动液或从制动助力器（调节液压）来的制动液送到控制电磁阀，达到控制每个车轮制动轮缸的液压。

④ 控制电磁阀部分。当 ABS、ASR 或 ESP 工作时，它增加或降低每个车轮制动轮缸的压力，以控制每个车轮的制动力。

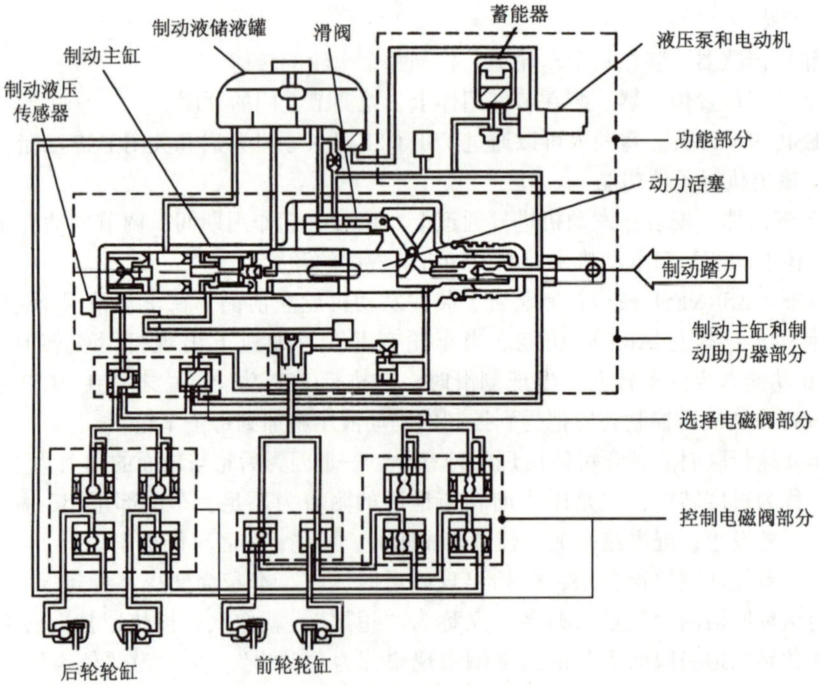

图 4-35 ESP 液压控制单元结构示意图

（2）ESP 工作过程

① 压力升高阶段。制动时，只要车轮稳定，制动钳（或车轮轮毂）中的压力相当于制动主缸产生的压力。制动踏板上的作用力直接作用在制动车轮轮毂上。进入电磁阀处于打开状态，排出电磁阀关闭。ESP 的 ECU 不参与该运行阶段，如图 4-36 所示。

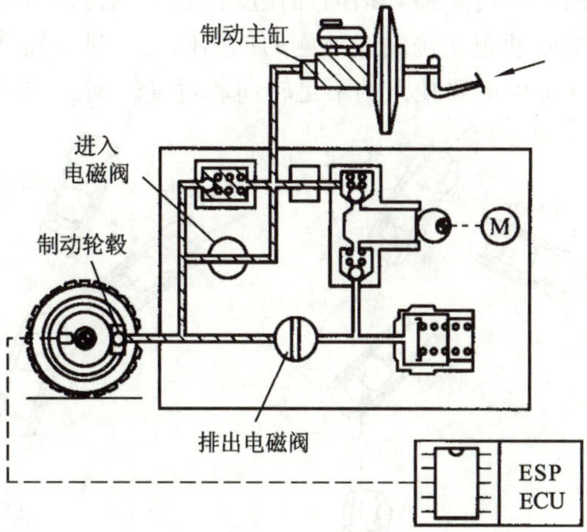

图4-36 常规车轮的制动液路示意图

② 压力保持阶段。制动时，制动钳（或车轮轮毂）中的压力升高到某一车轮稳定车速，ESP的ECU参与该运行阶段，通过操作选择进入电磁阀关闭，排出电动阀关闭，车辆保持匀速运行，如图4-37(a)所示。控制电磁阀脉冲关闭时长由通/断占空比来驱动，以把高压制动液调节并控制在匀速所需的合适水平。

③ 压力下降阶段。当某一侧车轮极度不稳定，某一侧车轮制动附着力迅速降低，超过滑动界限值后，ESP的ECU参与该运行阶段，如图4-37(b)所示。这时由于进入电磁阀还处于关闭状态，计算机打开排出电磁阀，它将某一侧车轮制动钳（或车轮制动轮毂）与储能器联通，调节油泵开始工作，储能器膜片移位并压缩弹簧来降低管路中的压力，车轮恢复速度。同时计算机控制压力调节泵将储能器中的制动液输送到制动主缸的储液室中。控制电磁阀脉冲由通/断占空比来驱动，以把高压制动液调节并控制到合适的水平。

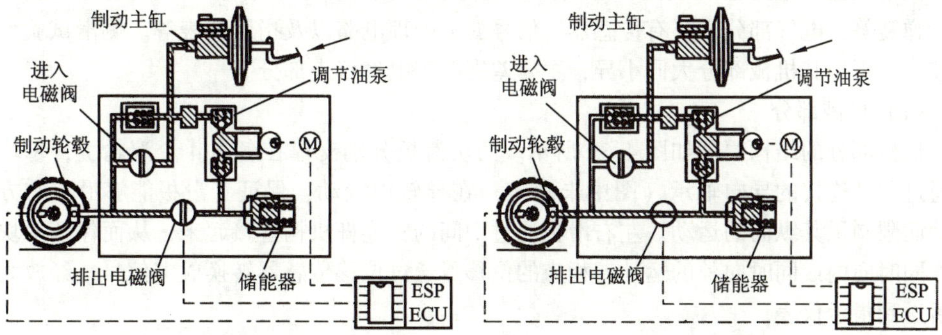

(a) 压力保持阶段 (b) 压力下降阶段

图4-37 抑制某一车轮侧滑的制动液路示意图

4. ESP控制汽车运动的原理

ESP是一套计算机程序，通过对各传感器传来的车辆行驶状态信息进行分析，进而向ABS和ASR发出纠偏指令，帮助车辆维持动态平衡。工作时，ESP不需要驾驶人对其操作，而是根据实际情况做出自动反应，从而实现主动安全，不再盲目服从驾驶人，使汽车行驶安全性大大提高。最重要的信息由偏转率传感器提供，负责测定汽车围绕纵轴的旋转运动（偏转率），其他传感器负责记录偏航角速度和横向加速度。ESP的ECU计算保持车身稳定的理论值，与偏转率传感器和横向加速度传感器测得的数据进行比较，发出平衡纠偏指令。转向不足产生向理想轨迹曲线外侧的偏离倾向，过度转向产生向理想轨迹曲线内侧的偏离倾向。ESP 自动纠正驾驶人的不足转向和过度转向，如图 4-38 所示。

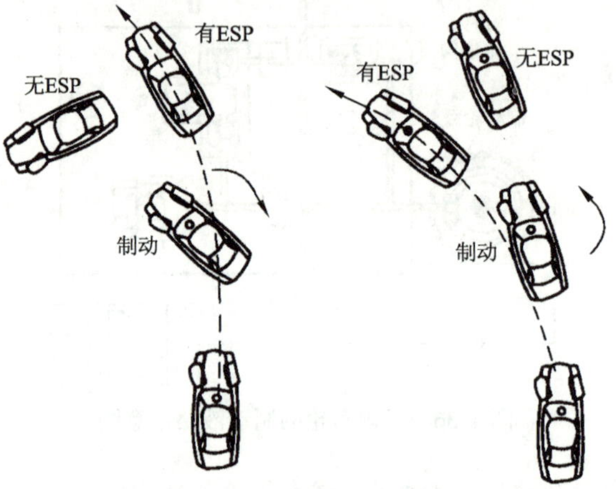

图 4-38　ESP 对不足转向和过度转向的纠偏示意图

知识拓展

双板联动式侧滑检验台结构及工作原理

侧滑检验台是使汽车在滑动板上驶过时，用测量滑动板左右移动量的方法来测量前轮侧滑量的大小和方向，并判断是否合格的一种检测设备。目前，国内侧滑检验台有单板侧滑检验台和双板联动式侧滑检验台，这里以双板联动式侧滑检验台为例进行介绍。

1. 双板联动式侧滑检验台的结构

侧滑试验台主要包括机械和电气两大部分。机械部分主要有滑板、联动机构以及滚轮、弹簧等，电气部分主要有传感器、信号放大处理电路以及指示仪表等。侧滑试验台种类较多，不过其机械部分大同小异，主要差别在于电气仪表部分。

(1) 机械部分

机械部分的结构原理如图 4-39 所示。两块滑板分别支撑在各自 4 个滚轮上，每块滑板通过与其连接的导向轴承（图中未画出）在导轨内滚动，保证了滑板能够沿左右方向滑动而限制了其纵向的运动。左右滑板通过中间的三连杆机构连接起来，从而保证两块滑板作同时向内或同时向外的运动。相应的位移量通过位移传感器转换成电信号，经放大处理后送到指示仪表。

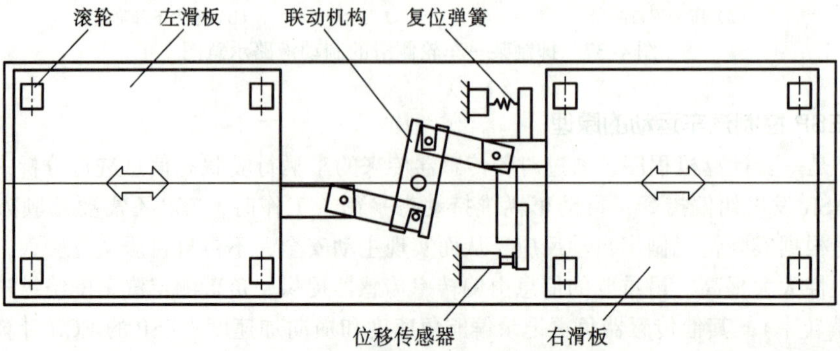

图 4-39　双滑板式侧滑试验台结构示意图

复位弹簧可以起到自动复位的作用，以使滑板在不受力时能够保持中间位置（零位）。

（2）电气部分

电气部分按传感器的种类不同而有所区别。目前常用的位移传感器有电位计式和差动变压器式两种。

① 电位计式测量装置：其原理非常简单，将一个可调电阻安装在侧滑检验台底座上，其活动触点通过传动机构与滑板相连，电位计两端输入一个固定电压（如5 V），中间触点随着滑板的内外移动也发生变化，输出电压也随之在0～5 V之间变化，把2.5 V左右的位置作为侧滑台的零点，如果滑板向外移动，输出电压大于2.5 V，达到外侧极限位置输出电压为5 V。滑板向内移动，输出电压小于2.5 V，达到内侧极限输出电压为0 V。这样仪表就可以通过A/D转换将侧滑传感器电压转换成数字量，并送入单片机处理，得出侧滑量的大小。

② 差动变压器式测量装置：原理与电位计式类似，只是电位计式输出一个正电压信号，而差动变压器式输出的是正负两种信号。把电压为0时的位置作为零点。滑板向外移动输出一个大于0的正电压，向内移动输出一个小于0的负电压。同样，仪表就可以通过A/D转换将侧滑传感器电压转换成数字量，并送入单片机处理，得出侧滑量的大小。

③ 指示仪表：指示仪表可大致分为指针式和数字式两类。前述自整角机式测量装置一般连接指针仪表，而差动变压器式则多连接数字式仪表。目前检测站较普遍使用的是数字式仪表。数字仪表多为智能化仪表，实际上它往往就是一个单片机系统，因而具有较强的功能。不过指针式仪表也有它的优点，就是结构简单、维修方便，并且也很直观。目前两类仪表都在使用。

④ 释放板的作用：GB 38900—2020《机动车安全技术检验项目和方法》要求侧滑台具有车轮应力释放功能。车轮在驶入侧滑台前，由于车轮侧滑量的作用，车轮与地面间接触产生的横向应力迫使车轮产生变形，在驶上侧滑板的瞬间将迅速释放并引起滑板移动量大于实际侧滑量引起的位移；在驶出滑板的瞬间已接触地面部分的轮胎将积聚应力阻碍滑板移动，从而使滑板位移量小于实际值。因此，近来陆续出现了前后带应力释放板的侧滑台，以保证车轮通过中间滑板（带侧滑量检测传感器）时能得以准确测量。因进车时的应力释放对侧滑测量造成的影响比出车时大得多，考虑到成本因素，目前在进车方向带释放板的侧滑台较多。

因此，近来陆续出现了前后带应力释放板的侧滑台，以保证车轮通过中间滑板（带侧滑量检测传感器）时能得以准确测量。因进车时的应力释放对侧滑测量造成的影响比出车时大得多，考虑到成本因素，目前在进车方向带释放板的侧滑台较多。

2. 双板联动式侧滑检验台的测量原理

为了分析方便，我们首先分别分析前束和前轮外倾对侧滑的影响，再看二者共同作用的综合效果。

（1）由前束引起的侧滑作用

如图4-40所示，让带有前束的前轮驶过只能横向移动的滑板。由于前束的存在，每个车轮都将一边滚动、一边向外侧推动滑板。滑板被横向推动的距离应该既与前束的大小有关，又与车轮走过的距离有关。若在车轮滚过一段距离 D 之后，两块滑板外侧之间的距离由 L_1 变为 L_2，那么滑板总的滑移量是 L_2-L_1，其中 $L_2>L_1$。平均每个车轮的滑移量就是 $(L_2-L_1)/2$。

应该指出，滑移量的出现是左右两个车轮共同作用的结果。不论两轮的偏斜情况是否对称，都不会影响以上的分析。

由于滑移量的大小与车轮驶过的距离有关，所以定义侧滑量是每驶过单位距离引起的单轮横向滑移量。从而由前束引起的侧滑量为

$$S_1=(L_2-L_1)/(2D) \tag{4-31}$$

式中 S_1——每前进 1 m 时横向滑移的距离，mm/m。

（2）由前轮外倾引起的侧滑作用

如图 4-41 所示，若让仅有前轮外倾而无前束的车轮驶过滑板，由于前轮外倾力图使车轮边滚边散开的作用受到约束，前轮只能边滚边向内侧滑移，从而推动滑板向内侧移动。

与前面的分析相似，若车轮驶过距离为 D，滑板外侧间的距离由 L_1 缩短为 L_2，那么滑板总的滑移量是 L_2-L_1，注意其中 $L_2<L_1$。平均单边的滑移量仍是 $(L_2-L_1)/2$。则前轮外倾引起的侧滑量为

$$S_2=(L_2-L_1)/(2D) \tag{4-32}$$

其中 S_2 为负值。

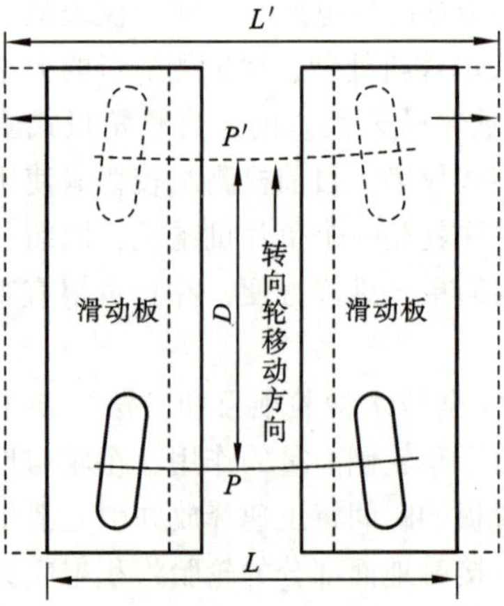

图 4-40 前束引起的侧滑作用

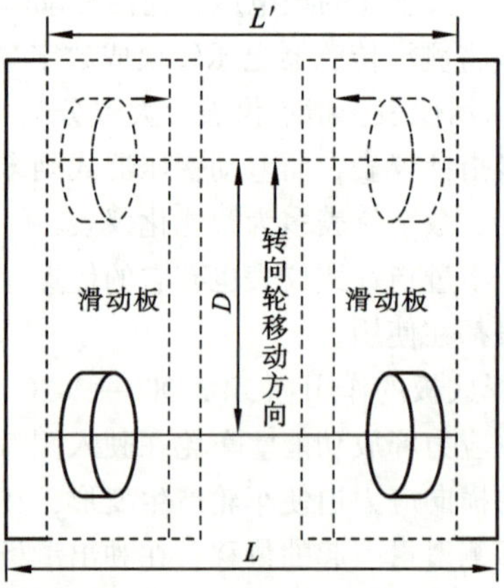

图 4-41 前轮外倾引起的侧滑作用

（3）总的侧滑量

由前轮外倾和前束引起的侧滑作用相反，总的侧滑量为

$$S=S_1+S_2=d/D \tag{4-33}$$

式中 d——滑板单边滑移量，mm；

D——滑板沿前进方向的宽度，m。

由于 S_1 为正而 S_2 为负，故总的侧滑量为二者的代数和。

这里请注意：

① 侧滑现象是左右两个车轮共同造成的，侧滑量规定为每个轮侧滑量的平均值。

② 侧滑量是有符号的。滑板向外滑时为正，表示前束的影响较大；反之若滑板向内滑为负，表示前轮外倾的影响较大。

四轮定位仪

这里以深圳市元征科技股份有限公司生产的 X-631 四轮定位仪为例讲解其结构。

X-631 四轮定位仪，采用高分辨率进口 CCD、高精度进口倾角传感器及精密光学成像系统研制而成。可以测量前轮前束、前轮外倾角、主销后倾角、主销内倾角、后轮前束、后轮外倾角、推力角等常规参数，还可以测量前轮退缩角、后轮退缩角、轴距差、轮距

差、左侧横向偏位、右侧横向偏位、轴偏位等附加测量参数。

X-631四轮定位仪由主机、探杆、轮夹、轮夹挂架、转角盘（备选）、转向盘固定架、刹车板固定架等组成。

1. 主机

X-631四轮定位仪主机是用户的一个操作控制平台。由机柜、计算机、接口电路、电源等部分构成。

2. 探杆

X-631四轮定位仪配有四个探杆，分别为左前探杆（FL）、左后探杆（RL）、右前探杆（FR）、右后探杆（RR）。前后探杆可以交叉互换，但不能更换探杆。如果需要更换任意一个探杆，则需重新标定全部四个探杆。

3. 轮夹

X-631四轮定位仪配有四个轮夹。使用时首先需通过调节旋钮将轮爪的间距调整合适，再与汽车轮辋相连。通过调节旋钮使轮夹与汽车轮辋紧密相连，为了安全起见，必须采用轮夹绑带把轮夹与轮辋连接起来。

4. 转角盘

X-631四轮定位仪配有二个机械转角盘。转角盘放置于举升机的汽车前轮位置处。车驶入前，用锁紧销将转角盘锁紧，防止其转动；汽车驶入后，松开锁紧销。在测试中，要尽量使汽车前轮正对转角盘中心位置。

5. 转向盘固定架

X-631四轮定位仪配有一个转向盘固定架。在测试中，需根据提示要求放置转向盘固定架，以保证测试过程中汽车车轮方向不会发生变化。

6. 刹车板固定架

X-631四轮定位仪配有一个刹车板固定架，用于固定汽车刹车板，使汽车在测试中不会发生前后移动的现象。

车轮平衡仪结构及工作原理

1. 车轮平衡仪的工作原理

假设有不平衡质量 m_1、m_2 集中在两侧轮辋的边缘处，且在同一（角度）方向。车轮旋转时产生离心力，图4-42中 F_1、F_2 为这两个离心力在传感器平面的投影，N_1、N_2 为平衡机主轴左右支撑测得的动反力。根据力和力矩的平衡条件有

$$\sum F_y = 0,\qquad N_1 - N_2 + F_1 + F_2 = 0 \tag{4-34}$$

$$\sum M_y = 0,\qquad N_1 c - F_1 a - F_2(a+b) = 0 \tag{4-35}$$

联立求解方程式（4-34），式（4-35）可得

$$F_1 = -\frac{a+b+c}{b}N_1 + \frac{a+b}{b}N_2 \tag{4-36}$$

$$F_2 = \frac{a+c}{b}N_1 - \frac{a}{b}N_2 \tag{4-37}$$

式中 a——被测车轮在平衡机上的安装尺寸，由平衡机上提供的专用工具测得；

b——被测车轮轮辋宽度，可用专用卡规测量；

c——平衡机主轴两支撑点之间的距离，为平衡机的结构参数（已知）；

N_1、N_2——为支撑处动反力，有相应传感器转换成电信号后测出。

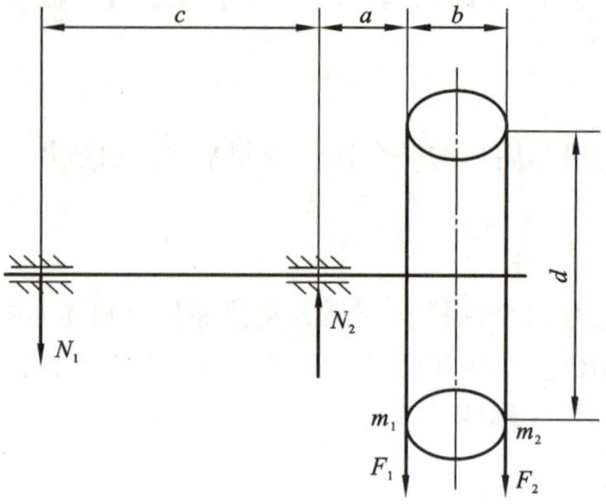

图 4-42　硬支撑车轮动平衡机工作原理图

由式（4-34）和式（4-35）计算出 F_1、F_2 后，再根据离心力计算公式求出不平衡质量 m_1、m_2 为

$$m_1 = \frac{F_1}{\omega^2 r} = \frac{2F_1}{\omega^2 d} \tag{4-38}$$

$$m_2 = \frac{F_2}{\omega^2 r} = \frac{2F_2}{\omega^2 d} \tag{4-39}$$

式中　ω——车轮平衡时平衡机主轴的转动角速度；

r——不平衡质量（平衡块）到车轮旋转中心的距离，一般平衡块安装在轮辋边缘，所以 $r = d/2$，d 是被测车轮轮辋直径，可根据轮胎代号读取。

2. 车轮平衡仪的结构

车轮平衡机按动平衡原理工作，即可以检测不平衡力，也可用以测定不平衡力矩，车轮拆离车桥装于平衡机主轴上，一切结构和安装基准都已确定，所以无须自标定过程，因此平衡机的构造和电测系统都较简单，平衡操作时只要将被测车轮的轮辋直径和轮胎宽度以及安装尺寸输入电测电路即可完成平衡作业，平衡机仪表即会自动显示轮胎两侧的不平衡质量 m_1 和 m_2 及其相位。

平衡机的主轴为卧式布置称卧式平衡机，如图 4-43 所示。立式平衡机的主轴垂直布置。卧式平衡机最大的优点是被测车轮装卸方便，机械结构和传感装置也较简单，造价也较低廉，因此深受修理保养厂家欢迎，同时也是制造厂家的首选机型。但因车轮在悬臂较长的主轴上形成很大的静态力矩，影响传感系统的初始设定状态，尤其是垂直传感器的预紧状态，长时间使用后精度难以保证，零漂也较大，但其平衡精度仍然能满足一般道路运输车辆的要求，其灵敏度能达到 10 g。

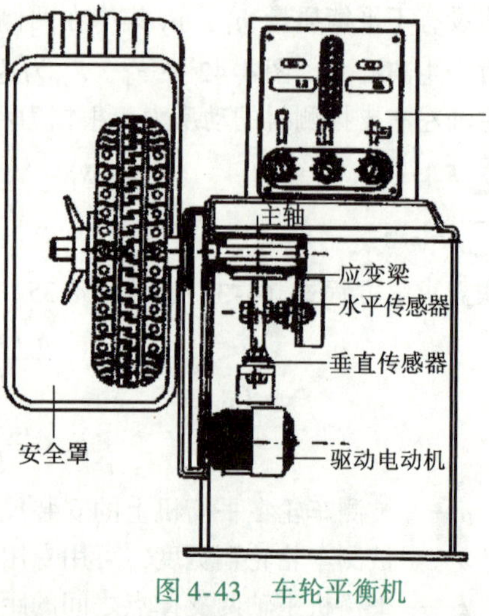

图 4-43　车轮平衡机

平衡机的参数显示和操作系统因采用 CRT 显示，或用发光二极管显示，其外形结

构差异很大，但其基本操作内容则大同小异。前者显示形象美观，并有屏幕提示便于操作，但造价较高；后者结构简单，工作可靠，参数调整方便，成本低廉。图 4-44 所示就是最为典型的一种操作面板。旋钮 8 设定轮胎宽度 B，旋钮 7 设定轮辋直径 D，旋钮 6 则设定安装尺寸 C，对于立式平衡机是胎面至顶面安全罩的距离（安全罩转下处于工作状态），对于卧式平衡机 C 值是胎面至平衡机箱体的距离，B、C、D 三个参数相当于图 4-33 中的 b，c，d 三值，C 值是一当量值，所余部分已固化在电算电路中。

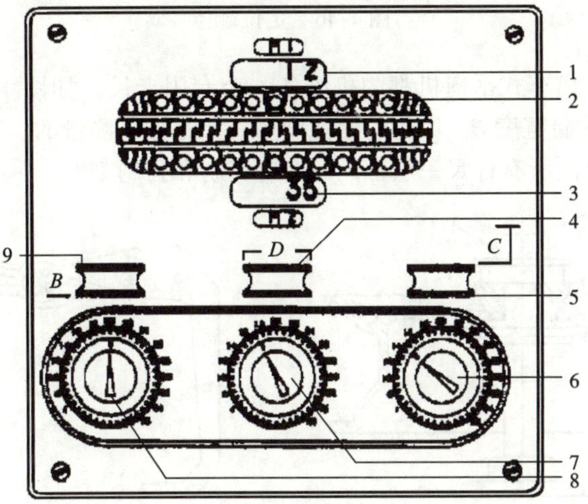

图 4-44　显示面板

1—上平衡量；2—平衡相位指示；3—下平衡量；4—轮辋直径；5—安装位置；6—安装位置设定；7—轮辋直径设定；8—轮胎厚度设定；9—轮胎厚度

车轮由专用的定位锥和紧固件安装就绪后即可启动电机实施平衡，待转数周期累积足够时，上下（或左右）不平衡值 m_1 和 m_2 即有数字显示，届时即可停车。待车轮完全停止后即可用手转动车轮，这时发光二极管即会随转动而左右（或上下）跳闪，如将上排光点调至中点，这时就可在车轮的轮辋上平面正对外缘（操作者方向）处加装 m_1，显示的平衡重处如图 4-45 所示，用同样方法加装 m_2 值平衡重。加装完毕后进行第二次试验观察剩余不平衡量是否满足法规要求。具体的操作步骤各机型略有差异，使用者应按所用机型的使用说明书进行操作。

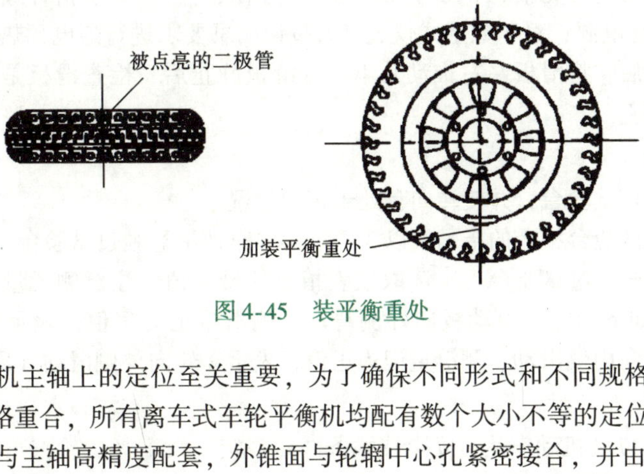

图 4-45　装平衡重处

车轮在平衡机主轴上的定位至关重要，为了确保不同形式和不同规格的车轮的中心都能与主轴中心严格重合，所有离车式车轮平衡机均配有数个大小不等的定位锥体，如图 4-46 所示。锥体内孔与主轴高精度配套，外锥面与轮辋中心孔紧密接合，并由专用快速蝶形压紧螺母紧压于主轴定位平台上，如图 4-47 所示。注意车轮的外侧向下（立式平衡机）或向内（卧式平衡机）。

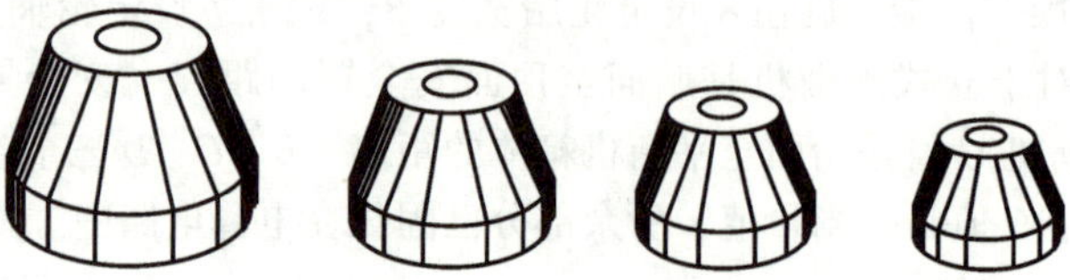
图 4-46 定位锥体

为了方便用户，离车式平衡机都随机配备一个专用卡尺，如图 4-48 所示，以供用户测量轮辋直径 D 和轮胎宽度 B，因为轮胎宽度用直尺是难以测量的。为了适应不同计量制式和国度，平衡机上的所有标尺一般都同时标有英制和公制刻度。

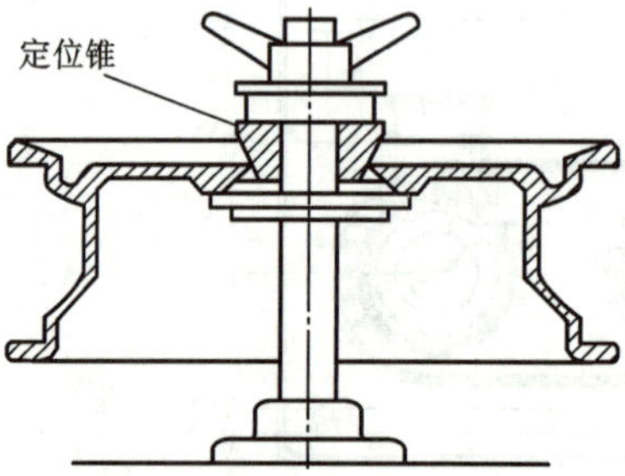

图 4-47 快速蝶形压紧螺母

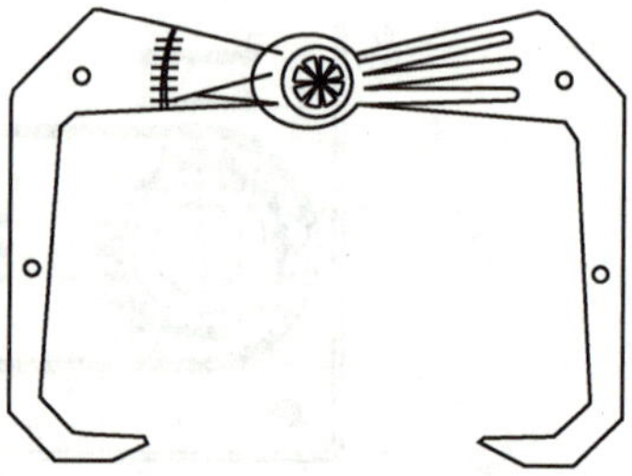
图 4-48 平衡机的专用卡尺

任务实施

一、汽车车轮侧滑检测

1. 被检测汽车的准备

① 汽车轮胎保持标准气压；检查并清除轮胎上的油污、水渍和嵌入的石子、杂物等。

② 检查汽车轴重，不要超过试验台的承载能力。

2. 试验仪器的准备

① 检查侧滑台上有无油污、石子等杂物，并清除干净；对于指针式仪表，要预先检查机械零点再接通电源；对于数字式仪表，要按说明书要求进行通电预热。

② 接通电源后，将滑板左右推动几下，待滑板静止后，检查滑板是否完全复位，看仪表指示是否为零。

3. 检测步骤

① 将车辆对正试验台，并使转向盘处于正中位置。

② 使车辆沿试验台板上的指示线以 3 ~ 5 km/h 车速平稳驶过试验台。

③ 待车辆完全通过试验台后，读取仪表指示的最大值。注意侧滑量的正负号。进行记录时，应遵循如下约定：滑动板向外侧滑动，侧滑量记为负值，表示车轮向内侧滑动（即 IN）；滑动板向内侧滑动，侧滑量记为正值，表示车轮向外侧滑动（即 OUT）。

4. 结果分析

GB 7258—2017《机动车运行安全技术条件》规定：汽车（三轮汽车除外）的车轮定位应与该车型的技术要求一致。对前轴采用非独立悬架的汽车（前轴采用双转向轴时除外)，其转向轮的横向侧滑量，用侧滑台检验时侧滑量值应小于或等于 5 m/km。规定侧滑量方向为外正内负。

5. 注意事项

① 车辆通过侧滑检验台时，不得转动转向盘。

② 不得在侧滑台上制动或停车。

③ 勿使轴荷超过检验台允许载荷的汽车驶到检验台上，以防压坏机件或压弯滑动板。

④ 不要在检验台上进行车辆修理维护工作。

⑤ 侧滑试验台长期使用后，由于零件磨损等原因会造成精度下降。为保证测量精度，必须对试验台进行定期检定调整。检定调整工作按有关国家标准进行。

二、转向盘的最大自由转动量和转向力检测

转向盘自由转动量，是指汽车转向轮保持直线行驶位置静止不动时，轻轻左右晃动转向盘测得的游动角度。转向盘的转向力，是指在一定行驶条件下，作用在转向盘外缘的圆周力。这两个诊断参数主要用来诊断转向轴和转向系中各零件的配合状况。该配合状况直接影响到汽车的操纵稳定性和行车安全性，因此对于在用车辆应对上述两项参数进行检测。

1. 用转向参数测量仪检测转向盘自由转动量和转向力

国产 ZC-2 型转向参数测量仪，是以微机为核心的智能仪器，可测得转向盘自由转动量和转向力。该仪器由操纵盘、主机箱、连接叉和定位杆四部分组成，如图 4-49 所示。操纵盘由螺钉固定在三爪底板上，底板经力矩传感器与三个连接叉相连，每个连接叉上都有一只可伸缩长度的活动卡爪，以便与被测转向盘相连接。主机箱为一圆形结构，固定在底板中央，其内装有接口板、微机板、转角编码器、打印机、力矩传感器和电池等。定位杆从底板下伸出，经磁力座吸附在驾驶室内的仪表盘上。定位杆的内端连接有光电装置，光电装置装在主机箱内的下部。

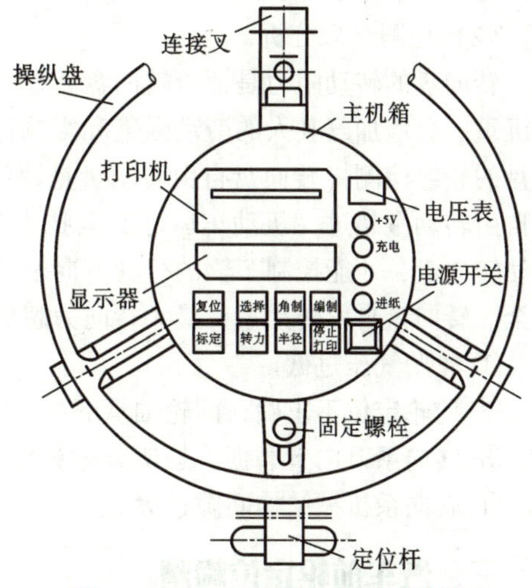

图 4-49　ZC-2 型转向参数测量仪

测量时，把转向参数测量仪对准被测转向盘中心，调整好三个连接叉上伸缩卡爪的长度，与转向盘连接并固定好。转动操纵盘，转向力通过底板、力矩传感器、连接叉传递到被测转向盘上，使转向盘转动以实现汽车转向。

此时，力矩传感器将转向力矩转变成电信号，而定位杆内端连接的光电装置则将转角的变化转变成电信号。这两种电信号由微机自动完成数据采集、转角编码、运算、分析、存储、显示和打印。因此，使用该测量仪既可测得转向盘的转向力，又可测得转向盘的自由转动量。

2. 转向盘自由转动量和转向力检测方法

(1) 转向盘自由转动量的检验方法

① 测量时，应使汽车的两转向轮处于回正状态将车停稳，固定转向参数测量仪。

② 调整转向参数测量仪的角度和扭矩的零点。

③ 轻轻向左（或向右）转动转向参数测量仪的操纵盘至某一侧的极限位置（刚克服完自由间隙时的位置），记录角度值，然后再旋转至另一侧的限位置，记录角度值，两个角度值的绝对值之和就是转向盘的自由转动量。

（2）转向力检测方法

① 汽车转向轮置于转角盘上，安装、固定好转向参数测量仪。

② 调整转向参数测量仪的角度和转矩的零点。

（3）转动转向参数测量仪的操纵盘使转向轮达到原厂规定的最大转角，记录全过程中转向力矩的最大值。然后再除以转向盘的直径就得到了最大转向力。

检测时，注意车轮能否转动到极限位置或是否与其他部件发生干涉现象。

3. 转向盘的最大自由转动量和转向力检测标准及检测结果分析

（1）检测标准

① 转向盘的最大自由转动量。最大设计车速大于或等于 100 km/h 的机动车应小于等于 15°；三轮汽车为 35°（GB 7258—2017）；其他机动车为 25°。

② 转向力：

路试检测：汽车空载在平坦、干燥及清洁的硬路面上以 10 km/h 的速度在 5 s 之内沿螺旋线从直线行驶过渡到外圆直径为 25 m 的车辆通道圆行驶，施加于转向盘外缘的最大切向力小于或等于 245 N（GB 7258—2017）。

（2）检测结果分析

转向盘的转动阻力是评价转向盘转动是否灵活、轻便的量化指标。转动阻力大，即转向沉重，会增加驾驶人的劳动强度和影响行车安全。转向盘转动阻力一般用弹簧秤拉动转向盘的轮缘检测（转向盘自由转动量是评价转向是否灵敏、操纵是否稳定的指标。如转向盘自由转动量超过（机动车运行安全技术条件）规定的要求，在行驶中，要用较大幅度转动转向盘，才能控制车辆的行驶方向，且在直线行驶时感到行驶不稳定，严重影响行车安全。转向盘自由转动量、最大转向力超标主要有以下几个方面的原因：

① 轮胎气压过低。

② 前轮定位不正确、前轮轴承磨损。

③ 转向系万向节磨损、悬架臂球头磨损、转向柱卡滞、滑叉磨损。

④ 转向系机械结构间隙过大。

三、汽车前轮定位检测

1. 准备过程

① 将汽车驶到举升机上，使前轮正好位于转角盘（备选）中心；车停稳后，拉紧手刹以确保车辆不移动和人员安全。车驶入前，用锁紧销将转角盘（备选）锁紧，防止其转动；汽车驶入后，松开锁紧销。

② 询问车主关于车辆有关行驶方面的问题和出现的现象，过去四轮定位的检测情况，并了解汽车的生产国家、生产厂家、车款、车型及出厂年代等有关情况。

③ 检查底盘各零部件，包括胶套、轴承、摆臂、三角架球头、减震器、拉杆球头和转向盘是否有松动及磨损，检查轮胎气压和轮胎规格以及两前轮花纹是否相同，两后轮花纹深浅是否一致。

④ 将轮夹安装在四个车轮上，并旋转手柄以锁紧轮夹。根据实际情况将卡爪固定在

轮辋外圈或内圈，卡爪深浅应一致，并尽量避免卡在变形比较大的区域。

⑤ 将探杆安装在轮夹的定位销上，如图 4-50 所示（图示为右前轮的连接方法）。

a. 调节探杆，使水平仪气泡处于中间位置，以保证传感器探杆处于水平状态。

b. 将四轮定位仪的电源插头插入标准的三端电源插座中，并打开机柜电源，启动计算机。

c. 将转向盘固定架放在驾驶座座椅上，压下手把使之顶住转向盘以锁定转向盘。

d. 将刹车板固定架下端顶在制动踏板上，上端卡在座椅上撑紧，以使车辆固定。

2. 程序操作流程

（1）程序主界面

打开电源，启动计算机，直接进入测量程序主界面。主界面显示有七项功能：常规检测、快速检测、附加检测、系统管理、报表打印、帮助系统、退出系统，如图 4-51 所示。

在主界面下，单击“常规检测”图标进入测量界面。

图 4-50　探杆安装

图 4-51　软件主界面

（2）车型选择

在做四轮定位之前，必须先选择该车型的标准数据，界面显示如图 4-52 所示。整个测量过程按照系统的默认顺序（车型选择→偏心补偿→主销测量→后轴测量→前轴测量→报表打印）进行操作。

（3）偏心补偿

偏心补偿界面如图 4-53 所示。

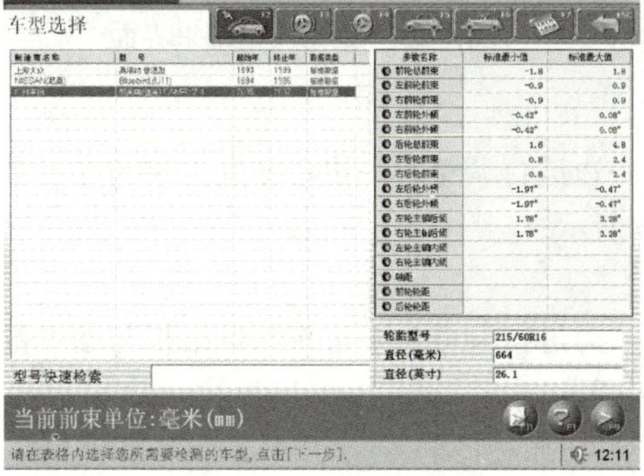

图 4-52　车型选择

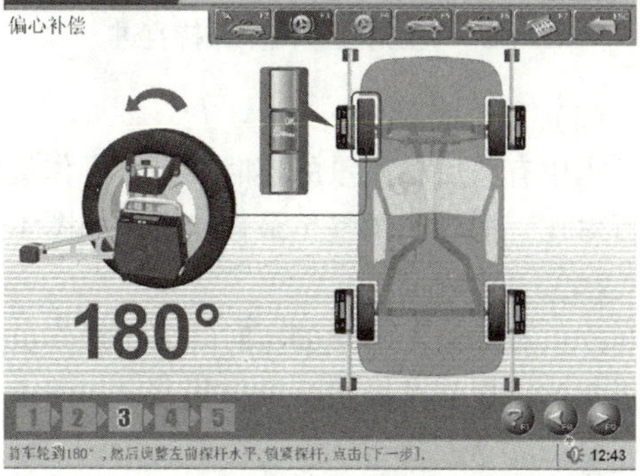

图 4-53　偏心补偿

操作步骤：

① 转动转向盘，使车轮平直，用转向盘固定架固定转向盘，取下刹车板固定架，然后用举升机举起车身，使车轮悬空并可以自由旋转。

② 分别安装四个轮夹以及探杆，并调整各个探杆水平。

③ 根据屏幕提示，开始左前轮的偏心补偿操作，调整左前探杆水平，完成后单击“下一步”。

④ 根据屏幕提示，将左前车轮旋转180°，调整左前探杆水平，完成后单击“下一步”。

⑤ 根据屏幕提示，将左前车轮旋转360°，调整左前探杆水平，完成后单击“下一步”。

⑥ 根据屏幕提示，分别完成右前、右后、左后车轮的偏心补偿。

⑦ 放下车身，使四轮着地，晃动车身，使车轮紧贴地面，偏心补偿操作完毕。

（4）主销测量

主销测量是针对前轮而言的，包括主销内倾及主销后倾。主销内倾角可使车重平均分布在轴承之上，保护轴承不易受损，并使转向力平均，转向轻盈。主销后倾角的存在可使转向轴线与路面的交会点在轮胎接地点的前方，可利用路面对轮胎的阻力让汽车保持直进，界面如图4-54所示。

操作步骤：

① 转向盘调整至正前打直状态，即两前轮分前束相等的时候，操作界面上的圆形小球会移动到中间位置并且由红色变成绿色，此时调整所有探杆水平。

② 左偏转转向盘约20°，到达指定位置后，小球再次由红色变成绿色。

③ 回正转向盘，并向右转动转向盘，直至向右偏转约20°，到达指定位置后小球再次由红色变成绿色。

④ 检测完毕，回正转向盘，系统自动弹出测量结果，界面如图4-55所示。

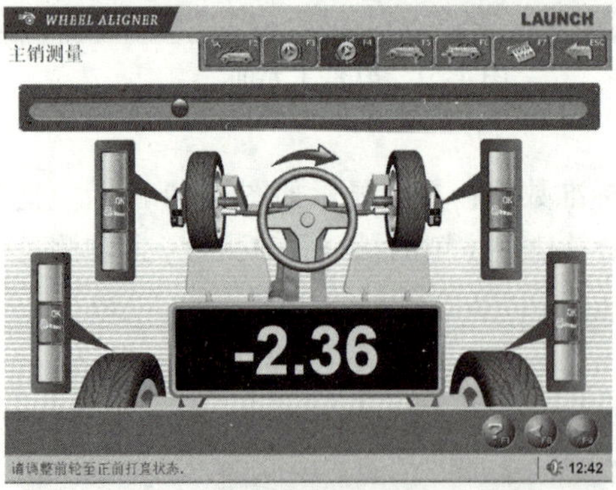

图4-54　主销测量汽车保持直进

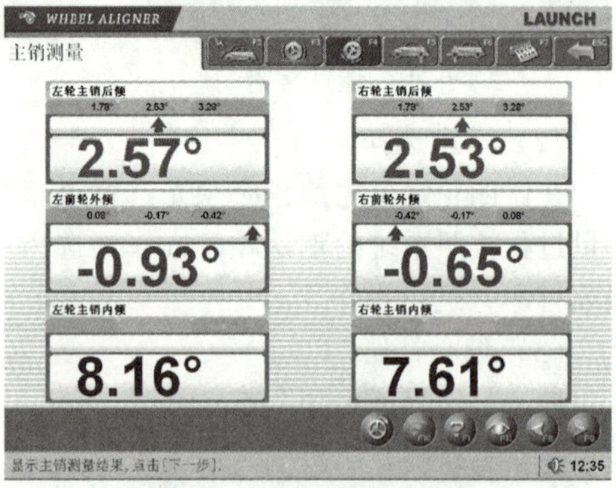

图4-55　主销测量结果界面

（5）后轴测量

提供有关后轴测量的实时结果，操作员可一边进行调整，一边将测量结果与参考数据进行对比，把汽车调整至最佳状态，如图4-56所示。

（6）前轴测量

提供有关前轴测量的实时结果，操作员可一边进行调整，一边将测量结果与参考数据进行对比，把汽车调整至最佳状态，如图4-57所示。

（7）报表打印

略。

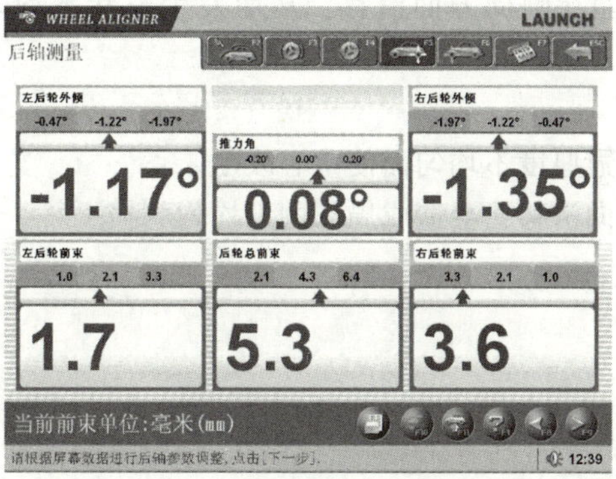

图 4-56　后轴测量实时结果

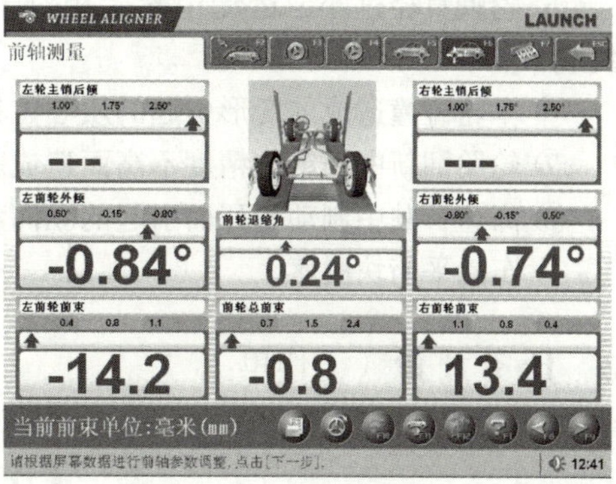

图 4-57　轴测量实时结果

四、车轮动平衡测量

1. 测量步骤

视频　轮胎拆装

① 清除被测车轮上的泥土、石子和旧平衡块。

② 检查轮胎气压，必须要充至规定值。

③ 根据轮辋中心孔的大小选择锥体，仔细地装上车轮，用大螺距螺母上紧。

④ 打开电源，检查指示于控制装置的面板是否指示正确。

⑤ 用卡尺测量轮辋宽度、轮辋直径（也可胎侧读出），用平衡机上的标尺测量轮辋边缘至机箱距离，再用输入或选择器旋钮对准测量值的方法，将以上参数值输入指示于控制装置中去。

⑥ 放下车轮防护罩，按起动键，车轮旋转，平衡测试开始，微机自动采集数据。

⑦ 车轮自动停止或听到“笛”声按停止键并操纵制动装置使车轮停止旋转后，从指示装置读取车轮内、外不平衡量和不平衡位置。

⑧ 抬起车轮防护罩，用手慢慢转动车轮。当指示装置发出指示时停止转动。在轮辋的内侧或外侧上部（12 点位置）加装指示装置显示的该侧平衡块质量。内、外侧要分别进行，平衡块装卡要牢固。

⑨ 安装平衡块后有可能产生新的不平衡，应重新进行平衡试验，直至不平衡量 <5 g，指示装置显示 00 或 OK 时才能满意。

⑩ 测试结束，关闭电源开关。

2. 检测标准及检测结果分析

视频　轮胎平衡

车轮不平衡检测时，若其不平衡量小于该车型的规定值，则对该车轮不必进行平衡；若其不平衡量超标，则应进行平衡作业。实际上往往通过平衡作业可使车轮平衡性满足要求，但当不平衡值过大时，或通过平衡作业难以达到要求时，应对车轮进行进一步的检查，以找出故障原因。车轮不平衡的主要原因有以下几项：

① 前轮定位不当，尤其是前束和主销倾角，不仅影响汽车的操纵性和行驶稳定性，而且会造成轮胎偏磨，这种胎冠的不均匀磨损与轮胎不平衡形成恶性循环，因而使用中出现车轮不平衡，也可能是车轮定位角失准的信号。

② 轮胎和轮辋以及挡圈等因几何形状失准或密度不均匀而先天形成的重心偏离。

③ 因轮毂和轮辋定位误差使安装中心与旋转中心难以重合。

④ 维修过程的拆装破坏了原有的整体综合重心。

⑤ 轮辋直径过小，运动中轮胎相对于轮辋在圆周方面滑移，从而发生波状不均匀磨损。

⑥ 车轮碰撞造成的变形引起的质心位移。

⑦ 轮胎翻新中因定位精度不高而造成新胎冠厚度不均匀而使重心改变。

⑧ 高速行驶中制动抱死而引起的纵向和横向滑移，会造成局部的不均匀磨损。

⑨ 车轮平衡块脱落。

任务评价（工作单）

工作单（一）

姓名__________　　日期__________

汽车车轮侧滑检测

完成此工作单后，你将应该能够正确使用侧滑试验台检测汽车侧滑量。

工具和材料

一辆实训用汽车（老师可预先设定故障或情景），汽车侧滑试验台及其说明书。

所检测汽车的描述

制造年份__________　　制造商__________

VIN __________　　型号__________

发动机型号__________　　车辆行驶里程__________

步骤

1. 侧滑试验台的准备

① ____。

② ____。

③ ____。

④ ____。

⑤ ____。

2. 被测车辆的准备

① ____。

② ____。

③ ____。

3. 检测方法

4. 检测结果____。

5. 结果分析：

汽车侧滑量检测考核评分表

时间：40 min　班级：________　考生姓名：________

序号	考核内容	配分	评分标准	扣分	得分
1	正确选择并使用工具	10	工具，仪器选择使用不当一次扣 3 分		
2	检测前的准备	10	试验台周围场地的清洁工作，排除杂物		
3	检测进程	25	检查实训汽车轮胎磨损情况；读取并记录实验数据，如侧滑量不符合国家标准，则调整前轮前束后再试验；实训结束后，切断试验台电源，试验台重新限位		
4	结果的处理和分析	25	根据实验数据分析实训汽车前轮前束与外倾的配合情况和调整方法；分析车轮轮胎磨损情况以及造成异常磨损的原因		
5	整理工具，清理现场	10	每缺一项扣 5 分		
6	着装及安全文明生产	10	因违规操作，发生人身和设备事故，记 0 分		
7	按时完成	10	每超时 1 min 扣 5 分，超时 3 min 结束考核		
8	分数合计				

操作时间：__________　考核教师：__________

工作单（二）

姓名____________　日期____________

转向盘的最大自由转动量和转向力检测

完成此工作单后，你将应该能够正确使用转角仪检测转向盘的最大自由转动量和转向力检测。

工具和材料

一辆实训用汽车（老师可预先设定故障或情景），转角仪及其说明书。

所检测汽车的描述

制造年份____________　制造商____________

VIN ______________　型号____________

发动机型号__________　车辆行驶里程________

步骤

1. 转角仪的准备

①____。

②____。

③____。

④____。

⑤____。

2. 被测车辆的准备

①____。

②____。

③____。

3. 检测方法

4. 检测结果____。

5. 结果分析：

指导老师评语：

转向盘的最大自由转动量和转向力检测考核评分表

时间：40 min　班级：________　　考生姓名：________

序号	考核内容	配分	评分标准	扣分	得分
1	正确选择并使用工具	10	工具、仪器选择使用不当一次扣3分		
2	检测前的准备	10	仪器及设备调整不当一次扣5分		
3	检测进程	35	按照正确操作步骤检测		
4	结果的处理和分析	15	根据检测结果，能进行正确的分析		
5	整理工具，清理现场	10	每缺一项扣5分		
6	着装及安全文明生产	10	因违规操作，发生人身和设备事故，记0分		
7	按时完成	10	每超时1 min扣5分，超时3 min结束考核		
8	分数合计				

操作时间：__________　　考核教师：__________

工作单（三）

姓名____________　日期____________

汽车前轮定位检测

完成此工作单后，你将应该能够正确使用四轮定位仪检测汽车前轮定位。

工具和材料

一辆实训用汽车（老师可预先设定故障或情景），四轮定位仪及其说明书。

所检测汽车的描述

制造年份____________　制造商______________

VIN ______________　型号______________

发动机型号__________　车辆行驶里程________

步骤

1. 四轮定位仪的准备

①____。

② ____。

③ ____。

④ ____。

⑤ ____。

2. 被测车辆的准备

① ____。

② ____。

③ ____。

3. 检测方法

4. 检测结果 ____。

5. 结果分析：

汽车前轮定位检测考核评分表

时间：40 min　班级：________　考生姓名：________

序号	考 核 内 容	配分	评 分 标 准	扣分	得分
1	正确选择并使用工具	10	工具、仪器选择使用不当一次扣3分		
2	检测前的准备	10	仪器及设备调整不当一次扣5分		
3	检测进程	35	按照正确操作步骤检测，不当一次扣5分		
4	结果的处理和分析	15	根据检测结果，能进行正确的分析，不当一次扣5分		
5	整理工具，清理现场	10	每缺一项扣5分		
6	着装及安全文明生产	10	因违规操作，发生人身和设备事故，记0分		
7	按时完成	10	每超时1 min扣5分，超时3 min结束考核		
8	分数合计				

操作时间：__________　考核教师：__________

习　　题

1. 什么是轮胎的侧偏现象？

2. 什么是轮胎的侧偏特性？它受哪些因素的影响？

3. 什么是汽车的稳定转向特性？

4. 汽车的稳态转向特性有哪几种？各有何特点？影响汽车稳态转向特性的主要因素有哪些？

5. 汽车转向轮的摆振的原因有哪些？

6. 汽车的侧翻条件是什么？

7. 典型4WS汽车前、后轮的偏转规律是什么？

8. 四轮定位仪能检测哪些项目？

9. 目前常用四轮定位仪有哪几种形式?

10. 在测量车轮外倾角和前束角时，为什么要做偏摆补偿? 计算机式四轮定位如何进行偏摆补偿操作?

11. 测量主销倾角时，为什么要向左和向右转动车轮? 通常转向多少度?

12. 在测量主销倾角时，为什么要使用制动杆?

13. 汽车转向轮的侧滑量有何规定?

14. 汽车在直行状态下，车轮为什么会产生侧滑?

15. 车轮侧滑量过大对汽车行驶性能有哪些影响?

16. 常用侧滑台有几种结构形式?

17. 侧滑台常用的传感器有哪几种? 它们的作用和工作原理是什么

18. 车轮仅有外倾角时，测试中的滑板如何运动?

19. 车轮仅有前束角时，测试中的滑板如何运动?

20. 单板侧滑台的工作原理是什么?

21. 使用侧滑台检测车时应注意哪些事项?

22. 不平衡车轮的成因及其危害性?

23. 何谓静平衡，何谓动平衡? 并举例说明。

24. 简述离车式平衡机的工作原理及操作步骤。

25. 转向盘自由转动量、最大转向力超标的原因是什么?

任务5 汽车的行驶安全性认识

学习目标

☑ 了解汽车安全性的主要内容；
☑ 熟悉汽车主动安全系统；
☑ 熟悉汽车被动安全系统。

任务描述

本任务是要求学生通过实车或网络了解不同车系安全系统的配置、功能，熟悉汽车碰撞安全性的评级方法。

相关知识

一、汽车安全技术概述

汽车安全性按照交通事故发生的前后分为主动安全性与被动安全性。汽车的主动安全性是指事故将要发生时操纵制动或转向系，防止事故发生的能力，以及汽车正常行驶时保证其动力性、操纵稳定性、驾驶舒适性、信息性正常的能力，又称事故的汽车安全性。汽车的被动安全性是指事故发生时保护乘员和步行者，使直接损失降到最小的能力，以及事故后，防止事故车辆火灾以及迅速疏散乘客的能力，又称事故后汽车安全性。汽车安全技术的主要内容如图5-1所示。

视频

汽车安全技术概述

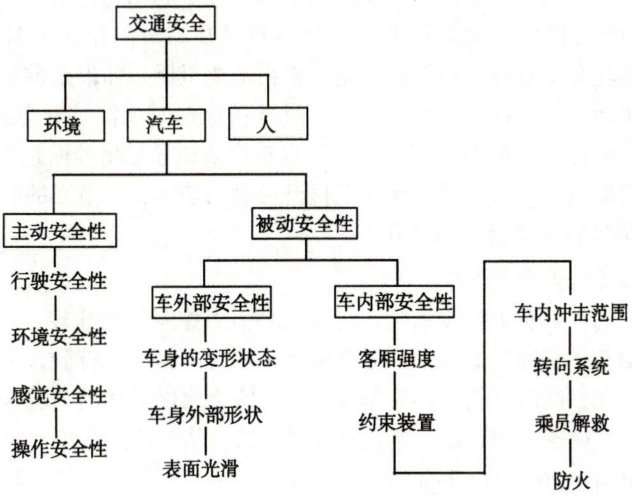

图5-1 汽车安全性研究内容

二、汽车主动安全性

由交通事故统计可知，很多交通事故的发生和汽车的主动安全性相对较差有很大关系。汽车电子技术的快速发展为主动安全技术带来了全新的理念，各种主动安全控制装置相继出现，其既满足乘坐舒适、操纵方便，又成为了改善汽车主动安全性、减少车辆交通事故的有效手段。

视频

汽车主动安全性

汽车主动安全系统，作为汽车技术方面的预防性安全对策，可以确保车辆具有与驾驶人员操作特性匹配的特性，因此可以主动预防汽车交通事故的发生。

1. ABS（防抱死制动系统）

它通过传感器侦测到的各车轮的转速，由计算机计算出当时的车轮滑移率，由此了解车轮是否已抱死，再命令执行机构调整制动压力，使车轮处于理想的制动状态（快抱死但未完全抱死）。对 ABS 功能的正确认识：能在紧急刹车状况下，保持车辆不被抱死而失控，维持转向能力，避开障碍物。在一般状况下，它并不能缩短刹车距离。

2. EBD（电子制动力分配系）

它必须配合 ABS 使用，在汽车制动的瞬间，分别对四个轮胎附着的不同地面进行感应、计算，得出摩擦力数值，根据各轮摩擦力数值的不同分配相应的刹车力，避免因各轮刹车力不同而导致的打滑、倾斜和侧翻等危险。

3. TCS（牵引力控制系统）

当 TCS 感应到车轮打滑的时候，首先会经过引擎控制计算机改变引擎点火的时间，减低引擎扭力输出或是在该轮上施加刹车以防该轮打滑，如果在打滑很严重的情况下，就再控制引擎供油系统。TCS 在运用的时候，变速箱会维持较高的挡位，在油门加重的时候，会避免突然下挡以免打滑的更厉害。TCS 最大的特点是使用现有 ABS 系统的计算机、输速感知器和控制引擎与变速箱计算机，即使换上了备胎，TCS 也可以准确的应用。

TCS 与 ABS 的区别在于，ABS 是利用感测器来检测轮胎何时要被抱死，再减少该轮的刹车力以防被抱死，它会快速的改变刹车力，以保持该轮在即将被抱死的边缘，而 TCS 主要是使用引擎点火的时间、变速箱挡位和供油系统来控制驱动轮打滑。

TCS 对汽车的稳定性有很大的帮助，当汽车行驶在易滑的路面上时，没有 TCS 的汽车，在加速时驱动轮容易打滑，如果是后轮，将会造成甩尾，如果是前轮，车子方向就容易失控，导致车子向一侧偏移，而有了 TCS，汽车在加速时就能够避免或减轻这种现象，保持车子沿正确方向行驶。在 TCS 应用时，可以在仪表板显示出地面是否有打滑的现象发生，它有一个控制旋钮，如果想要享受一下自己控制的快感，在适当的时机可以将系统关掉，车子重新启动时 TCS 就会自动放开。

4. ESP/ESC（电子稳定程序）

它实际上也是一种牵引力控制系统，与其他牵引力控制系统比较，ESP 不但控制驱动轮，而且控制从动轮。它通过主动干预危险信号来实现车辆平稳行驶。如后轮驱动汽车常出现的转向过多情况，此时后轮失控而甩尾，ESP 便会放慢外侧的前轮来稳定车子；在转向过少时，为了校正循迹方向，ESP 则会放慢内后轮，从而校正行驶方向。

5. MDPS（电子助力转向系统）

根据车辆行驶速度，通过电液转换器确定输给转向盘的作用力，减少驾车者在高速行驶时转向盘“飘”的感觉。

没有液压系统所需要的油泵、油管、压力流量控制阀、储油罐等，零件数目少，布置方便，重量轻。而且无“寄生损失”和液体泄漏损失。因此电动助力转向系统在各种行驶条件下均可节能80%左右，提高了汽车的运行性能。

6. ESS（紧急制动提醒系统）

在急刹车时制动灯/指示灯闪烁，将危险信号传送给后车辆，有效减少追尾事故的发生概率。据悉，这一系统也是第八代索纳塔的“专利”，目前在同级别车型当中只有它“独家”标配。当车辆行驶速度大于55 km/h时，驾驶者进行7 m/s减速或ABS运作时，ESS系统会将急刹车逻辑信号传送至制动灯，制动灯会以每秒3.5 Hz的频率闪烁，同时，警示灯也将自动闪烁，将危险信号传达给后面的车辆，以警示后车及时减速，避免追尾。

值得一提的是，ESS系统是一个非常智能的系统，它能在驾驶者踩下刹车踏板的那一刻计算出减速的速度，从而判断刹车运作的状态，例如，进行4 m/s^2以下减速或者无ABS控制时，制动灯闪烁就自动解除。

7. HAC（上坡辅助控制系统）

通过软件判断车辆是否处在斜坡，并会在驾驶人从制动踏板踩向加速踏板时，自动将车辆保持几秒的静止时间。当车辆在坡路停车后重新起步时，系统会自动控制制动器2秒的时间，防止车辆下滑，俗称“溜车”，提升坡路起步时的行驶安全性。

HAC看起来并不复杂，但却是一项非常实用的功能，有了HAC上坡辅助系统，驾驶者可以在不拉手刹的情况在下坡上起步，松开制动踏板时，该系统将车辆继续保持制动几秒，给驾驶人留出“倒脚”（由制动踏板转向加速踏板）的时间，使驾驶人更从容起步，不至于手忙脚乱，防止溜车造成事故。该功能是在ESP系统的基础上衍生开发出来的功能。

特别值得一提的是，HAC上坡辅助系统一般多见于SUV车型，如丰田RAV4、汉兰达等，现代ix35也标配这一配置。而在17～25万价位的B级车当中，可以说是相当少见的。

8. HDC（陡坡缓降系统）

也被称为斜坡控制系统，使驾驶人能在不踩制动踏板的完全控制情况下，平稳的通过陡峭的下坡坡段。根据需要，制动装置自动控制各车轮，以略快于行走速度向前移动，此时驾驶人可完全专注于控制转向盘。

9. EBA（紧急刹车辅助系统）

计算机根据刹车踏板上侦测到的刹车动作，来判断驾驶人对此次刹车的意图，如属于紧急刹车，则指示刹车系统产生更高的油压使ABS发挥作用，从而使刹车力更快速地产生，缩短刹车距离。

10. LDWS（车道偏离预警系统）

该系统提供智能的车道偏离预警，在无意识（驾驶人未打转向灯）偏离原车道时，能在偏离车道0.5秒之前发出警报，为驾驶人提供更多的反应时间，大大减少了因车道偏离引发的碰撞事故，此外，使用LDWS还能纠正驾驶人不打转向灯的习惯，该系统其主要功能是辅助过度疲劳或长时间单调驾驶引发的注意力不集中等情况。

11. TPMS胎压监控

美国国家公路交通安全管理局（NHTSA）已经做出要求，截至2003年，车重小于或达到4 536 kg的所有美国乘用车辆都必须配备胎压监控系统，事后宝马公司就已经把该系统用在全系轿车中。驾驶人可以通过车内提示警告系统来判断轮胎胎压情况是否正常，首先避免了因轮胎亏气出现的行车跑偏，其次在高速行驶时也对乘坐者安全是一种保障。

TPMS 胎压监测系统能够在汽车行驶过程中对轮胎气压进行实时自动监测，并针对轮胎漏气和低气压等情况，及时向驾驶者发出警报，以确保行车安全。

所用车型：奥迪、宝马、上海通用别克君越、凯迪拉克、雷克萨斯、迈巴赫、梅赛德斯-奔驰、沃尔沃等。

12. VSM/VSC（车辆稳定控制系统）

VSM 技术是现代汽车在 ESP 基础上进一步开发出来的一项车身动态稳定安全技术，已经在现代汽车旗舰车型雅科仕上使用过，是一项非常成熟的技术。它能将 ESP（车辆电子稳定系统）以及 EPS（电动马达助力辅助转向盘）有效地结合起来，产生“1+1>2”的效果，极大地提高了车辆操控安全系数和驾驶便利性。与单纯的 ESP 相比，VSM 更加智能、辅助效果更好。

VSC 系统拥有三大特点：① 实时监控：VSC 系统能够实时监控驾驶者的操控动作（转向、制动和油门等）、路面信息、汽车运动状态，并不断向发动机和制动系统发出指令。② 主动干预：ABS 等安全技术主要是对驾驶者的动作起干预作用，但不能调控发动机。VSC 系统则可以通过主动调控发动机节气门，以调整发动机的转速，并调整每个轮子的驱动力和制动力，来修正汽车的过度转向和转向不足。③ 事先提醒：当驾驶者操作不当或路面异常时，VSC 系统会用警告灯警示驾驶者。就目前而言，还不可能知道哪种系统对安全性的贡献最大。

13. 倒车警告/倒车影像/车外摄像头

倒车警告这项技术用于在驾驶期间以及驻车时，针对驾驶人盲区中的轿车或物体向驾驶人发出警告。通常，该系统会在驾驶人行车时已经进行响应；它可能会使后视镜内的一个警告标示进行闪烁，同时会发出声音警告，该系统是一个短程检测系统。如：上海通用别克君越车内后视镜就配备此功能，反光镜左边会有一个车体形状的图标，前/后雷达在侦测障碍物时警告标示会给驾驶者以视觉和听觉上的警告。

倒车影像和后视摄像机是一体，不仅保护驾驶人的轿车，还能够避免在倒车时意外伤及儿童和动物。倒车已经从向下倾斜后视镜或发出声音警告到实时查看。新一代技术包括一个摄像机，它可以与导航系统协同工作，对您身后的一切进行广角拍摄，然后反映在车内屏幕上，从而帮助驾驶人倒车或挂接拖车。

所用车型：雷克萨斯、上海通用别克君越、梅赛德斯-奔驰等。

14. 芯片防盗系统

财产安全也被人日益关注，一部轿车被偷盗会让车主受到很大的损失。厂家也绞尽脑汁为轿车加入更多的安全防范系统。通用别克君越不仅在点火钥匙上加入 Passkey Ⅲ安全防盗系统，还针对后行李箱结构进行了改进，变为遥控开启无锁芯防盗模式，大大减低了被盗被撬的概率，给车主财产方面的最大保护。

15. 自动感应大灯和/或夜视辅助系统

自动感应大灯随车辆周边环境光线影响，系统会自动识别判断。雨雾天气光线不够，大灯会自动亮起给驾驶者提供更安全的行车环境。后期厂家又延伸到自适应大灯系统，这更高级的系统会因方向而调节（在车辆转向时会转动灯光）。它们也可以是车速感应式车灯（可以改变光束的长度或高度），或者对环境光进行补偿。

夜视系统可以有不同的形式，如基本的红外线大灯或热成像摄像机。但是无论采用何种科技，作用都一样：在夜间或者视线不明的情况下，帮助您看清更远处的路面并且辨别接近 1 000 英尺（1 英尺 = 304.8 毫米）外道路上的动物、人或树木。图像在驾驶室中的显示屏上形成，使肉眼难于看清的障碍物体提前被驾驶者掌控，目前博世公司开发的夜视系统则具有以上功能，但价格很是昂贵，即使是超豪华轿车目前也基本为选配系统。相信不久将来这一更高级的系统也会被中高级轿车所选用。

所用车型：凯迪拉克、雷克萨斯、林肯、梅赛德斯-奔驰 S 系等。

最新汽车主动安全技术：驱动防滑控制系统，VSC 车辆稳定控制系统，四轮转向控制技术，卫星导航与车距控制系统，自动刹车系统，LWDS 车道偏离预警系统，LNVS 夜视系统，FCWS 前碰撞预警系统，HMWS 车距监控系统，HUD 抬头显示系统。

三、汽车被动安全性

汽车被动安全性是指事故发生时保护乘员和步行者，使直接损失降到最小的性能。另外，作为防止事故后出现二次伤害的安全性，还应考虑防止事故车辆火灾以及迅速疏散乘客的性能。由于汽车的被动安全性总是与广义的汽车碰撞事故联系在一起，故又被称为“汽车碰撞安全性”。

视频

汽车被动安全性

汽车碰撞分为一次碰撞和二次碰撞。汽车与汽车或汽车与障碍物之间的碰撞为一次碰撞；一次碰撞后汽车的速度下降，车内驾驶人和乘员受惯性力的作用继续以原有的速度向前运动，并与车内物体碰撞，称为二次碰撞。驾驶人和乘员受到伤害的主要原因，是在二次碰撞中与车身上的风窗玻璃、风窗上梁、转向盘、转向管柱、后视镜、前立柱、仪表板、前座椅靠背、顶盖等部位发生接触，甚至甩出汽车而造成从轻伤到致死的各种伤害。

汽车被动安全性可以分为汽车外部安全性和车内安全性。汽车外部安全性是从减轻在事故中汽车对行人、自行车和摩托车乘员的伤害方面提高汽车被动安全性的能力，决定汽车外部安全性的因素：发生碰撞后汽车车身变形的状态；汽车车身外部形状。车内安全性是指汽车所具有的在事故中使作用于乘员的加速度和力降低到最小。在事故发生以后提供足够的生存空间，以及确保那些对从车辆中营救乘员起关键作用的部件的可操作性等的能力。车内安全性的决定性因素：车身变形状态、客厢强度、当碰撞发生时和发生后的生存空间尺寸、约束系统、撞击面积（车内部）、转向系统、乘员的解救及防火。

车辆的被动安全系统归纳起来可分为安全车身结构和乘员保护系统两大类。其中，安全车身结构主要是为了减少一次碰撞带来的危害，而乘员保护系统则是为了减少二次碰撞造成的乘员损伤或避免二次碰撞。乘员保护包括安装安全带及提高安全带固定强度、安装安全气囊、采用可折叠的吸能转向盘、膝部的缓冲垫、车内饰件软化、仪表的软化以及避免风窗玻璃碎片侵害等措施。

1. 吸能车身

它的作用是在吸收汽车动能的同时减缓车内乘员的移动程度，保证乘员有足够的生存空间。例如，驾驶人部位最容易受到伤害，因此将转向柱设计为可缩进式，碰撞时能折叠一定的距离；前、后保险杠能有吸收动能的要求；车门要有一定的刚度，受撞击后要易于打开；车顶要有一定的刚度，保证翻车后不能被压扁等。

2. 安全带

安全带的历史悠久，它的作用是当汽车发生急转弯或正面碰撞、后面碰撞、有角度碰撞以及翻车事故时，约束乘员尽可能保持原有的位置不动，避免与车内坚硬部件发生碰撞并防止乘员从座位上甩出而造成伤害。

汽车上使用的安全带，按固定方式分为两点式、斜挂式、三点式、四点式，由织带、安装固定件、卷收器和调节件等部件组成。安全带在交通事故中，对驾驶人和乘员有着重要的保护作用，特别是在高速公路上行车时，其作用更加明显。研究表明：安全带的使用能够减少乘员在碰撞事故中50%的死亡率。

3. 安全气囊

安全气囊起步于20世纪80年代后期，90年代开始得到迅速发展。安全气囊的装用，大大降低了碰撞中乘员受伤的风险。

视频

安全气囊

安全气囊主要由传感器、气体发生器、气囊系统等三部分组成，传感器的功能是检测、判断车体所经受的撞击信号，决定是否启动安全气囊；气体发生器的功能是在传感器的控制下根据信号指示产生点火动作，点燃固态燃料并产生气体向气囊充气，使气囊迅速膨胀展开保护乘员；气囊一般装在转向盘毂内紧靠缓冲垫处，其容量为50 ~ 90 L，做气囊的布料具有很高的抗拉强度，同时气囊设有安全阀，当充气过量或囊内压力超过一定值时会自动泄放部分气体，避免将乘客挤压受伤。安全气囊所用的气体多是氮气。

传统安全气囊的设计是在发生正面撞车事故时避免车内乘员的头部、颈部和胸部强烈撞击在仪表盘、转向盘或风窗玻璃上。在后面碰撞、翻车或大多数侧面碰撞的情况下，它不会被引发。随着技术的发展，安全气囊的保护范围将进一步扩大，从现在的前排乘员前方保护扩展到前排乘员的侧面、膝部和后排乘员的前方与侧面以及车外行人。开发了侧面安全气囊、发动机罩宽幅气囊、车外气囊等。同时，安全气囊已出现智能化，能识别乘员席有无乘员、有无逆向儿童座椅、乘员身材大小、重量，坐姿、是否佩戴安全带等，并根据上述信息调整动作，以求最大限度地减少失误和保护乘员。

4. 安全头枕

随着高速公路的迅速增加，车辆高速运行的概率不断上升，高速公路上发生最多的是追尾撞车。发生追尾事故时，即使车速较低，也会对背部和颈部造成伤损，而头部所受的这种伤痛通常会折磨人的一生。安全头枕的主要作用是在汽车发生碰撞事故（尤其是受追尾碰撞）时，可抑制乘员头部后倾，以防止或减轻对颈部的损伤。

5. 安全玻璃

汽车发生碰撞事故时风窗玻璃的性能如何，对高速行驶的汽车安全性影响较大。汽车安全玻璃一般具有足够大的变形余量和柔性，一方面可保证正常状况下良好的视觉效果；另一方面既能防止碰撞时乘员从窗中飞出，又不致对其头、颈部位造成较严重伤害。安全玻璃可分为强化玻璃和夹层玻璃。

6. 儿童安全装置

儿童安全装置主要指儿童安全带和儿童座椅。由于儿童的身材比例与成人不同，并不是成人身材的简单缩小，所以儿童用安全带和儿童安全座椅必须另外进行特殊设计，才能保证儿童的安全。据试验得出的结果显示，一个20 kg的儿童，在发生撞击时，其体重可达2 t，是根本抱不住的。因此在我国随处可见的儿童不加限制地坐在成人座位上的现象在发生碰撞时是很危险的。而据研究显示，正确使用儿童安全带和儿童座椅可使0 ~ 1岁的幼儿死亡率减少69%，1 ~ 4岁的儿童死亡率减少47%，5岁以上儿童死亡率减少45%，减少中到重伤50%。

7. 紧急门锁释放机构

当车辆发生碰撞后，为使乘员容易从被撞车辆中出来，车门应容易打开。紧急门锁释放机构的特点是，当碰撞传感器确认已发生碰撞，系统会立即自动地释放门锁。

8. 事故自动报警系统

事故自动报警系统将是今后汽车必备的安全系统，它是在汽车后视镜内安装了一个与移动电话和撞车传感器相连的微型摄像机，与智能汽车交通系统（ITS）和全球卫星自动定位系统相配合，一旦汽车失事，将自动向有关安全管理部门和医疗急救部门报警，提供汽车所在位置、事故严重程度、车载人员数、戴安全带人数和人员受伤的大致程度等信息，并保持联络，使事故人员得到及时救护。

9. 汽车黑匣子

汽车黑匣子是利用全球卫星自动定位先进技术，依据地理信息管理系统（GIS）及计算机数据库系统形成一套现代化的监控体系。该产品实质上是机动车综合记录仪，它不但具有像飞机黑匣子一样记录事故发生前后的详细数据，帮助有关部门迅速准确地分析事故发生原因的功能，而且还能帮助车辆管理人员和驾驶人，适时监控和分析车辆运行情况，从而加强对车辆的管理，最大限度地减少事故的发生。实践证明，汽车黑匣子的使用，使交通事故率降低了37%～52%，大大减少了人员伤亡和财产损失，产生了显著的社会效益和经济效益。

四、GB 7258—2017提高了客车安全性要求

1. 在提高客车主动安全性要求方面

① 加严了客车侧倾稳定性要求。按GB/T 14172规定的方法，客车在乘客区满载、行李舱空载的情况下测试时，向左侧和右侧倾斜的侧倾稳定角均应大于或等于28°（对专用校车均应大于或等于32°）；且除设有乘客站立区的客车外，在空载、静态条件下，向左侧和右侧倾斜的侧倾稳定角均应大于或等于35°。

② 规定车长大于9 m的客车应装备缓速器或其他辅助制动装置、前轮应装备盘式制动器、所有车轮应装用子午线轮胎。

③ 规定专用校车及车长大于9 m的公路客车、旅游客车、未设置乘客站立区的公共汽车应装备符合规定的防抱死制动装置。

④ 规定校、公路客车和旅游客车的所有车轮不允许使用翻新胎。

⑤ 规定车长大于等于6 m的客车应具有超速报警功能，专用校车、公路客车、旅游客车及车长大于9 m的未设置乘客站立区的公共汽车应具有限速功能或安装限速装置，且限速功能或限速装置调定的最大速度应小于等于100 km/h。

⑥专用校车的上部结构强度应符合GB 24407的规定，其他未设置乘客站立区的客车的上部结构强度应符合GB 17578的规定。车长大于6 m的专用校车应为车身骨架结构，同一横截面上的顶梁、立柱和底架主横梁应形成封闭环（轮罩与顶风窗处除外），从侧窗上纵梁到底横梁之间的车身立柱应采用整体结构，中间不应通过拼焊连接；车长小于或等于6 m的专用校车未采用上述结构的，应采用覆盖件与加强梁共同承载。车长大于11 m的公路客车和旅游客车及所有卧铺客车，车身应为全承载整体式框架结构。

2. 在提高客车的防火安全性要求方面

① 明确了客车线束的耐温等级和波纹管等级要求。

② 规定车长大于等于6 m的客车应设置电磁式电源总开关和手动机械断电开关。

③ 提高了客车内饰材料的阻燃性要求及公共汽车和发动机后置的公路客车、旅游客车发动机舱的隔音、隔热材料要求。

④ 规定发动机后置的公路客车和旅游客车燃料箱的前端面应位于前轴之后。

⑤ 规定所有专用校车和发动机后置的其他客车应装备发动机舱自动灭火装置。

3. 在提高客车的安全逃生要求方面

① 规定除设置有乘客站立区的公共汽车外，其他客车不允许核定站立人数。

② 细化了客车乘员座椅布置要求。

③ 进一步严格了客车通道测量要求。

④ 增加了客车乘客门技术要求及车长大于9 m的公路客车、旅游客车和未设置乘客站立区的公共汽车的乘客门数量要求。

⑤ 明确了车长大于等于6 m的客车必须设置应急门的情形及客车应急窗安全玻璃的选用要求和应急锤配备要求。

⑥ 规定设有乘客站立区的公共汽车，车身两侧的车窗如面积能达到设置为应急窗的要求，均应设置为推拉式应急窗或外推式应急窗。

4. 从确保车辆安全使用的角度增加了乘用车的部分运行安全技术要求

① 细化了乘用车座椅安全带的形式要求。乘用车、公路客车、旅游客车、未设置乘客站立区的公共汽车、专用校车和旅居车的所有座椅、其他汽车（低速汽车除外）的驾驶人座椅和前排乘员座椅均应装置汽车安全带。

所有驾驶人座椅、前排乘员座椅（货车前排乘员座椅的中间位置及设有乘客站立区的公共汽车除外）、客车位于踏步区的车组人员座椅以及乘用车除第二排及第二排以后的中间位置座椅外的所有座椅，装置的汽车安全带均应为三点式（或四点式）汽车安全带。

2012年9月1日起新生产的乘用车，其第三排及第三排以后的可折叠座椅也应装置符合规定的汽车安全带。并且，驾驶人座椅、前排乘员座椅、第二排及第二排以后的外侧座椅，装置的汽车安全带应为符合规定的三点式（或四点式）汽车安全带。其目的是期望乘用车发生碰撞交通事故时其所有乘员均能得到最有效的防护。

② 增加了乘用车应装备驾驶人汽车安全带佩戴提醒装置、应能可靠固定儿童座椅的要求。乘用车应保证每个乘员至少能从两个不同的车门上下车；并且，当乘用车静止时，所有供乘员上下车的车门（安装的儿童锁锁止时除外）均应能从车内开启。

③ 增加了乘用车车门的相关要求。

④ 增加了汽车安全气囊系统的原则性规定。对装备有辅助正面和/或侧面防撞安全气囊系统的汽车，驾乘人员如已按照制造厂家规定正确使用了安全带等安全装置，在发生正面或侧面碰撞时不应由于安全气囊系统未正常展开而遭受不合理伤害。

⑤ 对自动变速器的性能要求做了原则性的规定。采用自动变速器的机动车，应通过设计保证只有当变速器换挡装置处于驻车挡（P挡）或空挡（N挡）时方可起动发动机[具有自动起停功能时在驱动挡（D挡）也可起动发动机]；变速器换挡装置换入或经过倒车挡（R挡），以及由驻车挡（P挡）位置换入其他挡位时，应通过驾驶人的不同方向的两个动作完成。

⑥ 明确了乘用车座椅的朝向问题。车长小于6 m的乘用车不得设置侧向座椅和后向座椅。

⑦ 对乘用车（三厢车除外）的行李区长度进行了限制。

五、GB 7258—2017提高了重中型货运车辆、危险货物运输车的运行安全技术要求

① 规定半挂牵引车和总质量大于或等于12 000 kg的货车应装备符合规定的防抱死制动装置、缓速器（或其他辅助制动装置）和汽车行驶记录仪等安全装置。

② 规定总质量大于或等于4 500 kg的货车的每一个后位灯、后转向信号灯和制动灯透

光面面积都应大于或等于一个 80 mm 直径圆的面积，总质量大于或等于 12 000 kg 的货车（半挂牵引车除外）、车长大于 8.0 m 的挂车及最大设计车速小于或等于 40 km/h 的汽车和挂车应设置车辆尾部标志板，厢式货车和厢式挂车应装备符合规定的反射器型车身反光标识。

③ 规定货车和挂车的载货部位不得设置乘客座椅及不得设计成可伸缩的结构。

④ 规定危险货物运输车前轮应装备盘式制动器，所有车轮均应使用子午线轮胎，且应装备防抱死制动装置、缓速器（或其他辅助装置）、限速装置（或具有限速功能）和汽车行驶记录仪等安全装置。

⑤ 规定道路运输爆炸品和剧毒化学品车辆还应在后部和两侧粘贴符合规定的橙色反光带，专门用于运送易燃和易爆物品的危险货物运输车还应安装符合规定的机动车排气火花熄灭器。

⑥ 规定罐式危险货物运输车的罐体顶部应设置具有足够强度的倾覆保护装置，且该装置应装备有能将积聚在其内部的液体排出的排放阀；罐体顶部的管接头、阀门及其他附件的最高点应低于倾覆保护装置的最高点至少 20 mm。

知识拓展

C-NCAP 介绍

C-NCAP（china-new car assessment program，新车碰撞测试），C-NCAP 试验项目为以下三项：

1. 正面 100% 重叠刚性壁障碰撞试验

试验车辆 100% 重叠正面冲击固定刚性壁障。碰撞速度为 50_{0}^{+1} km/h（试验速度不得低于 50 km/h）。试验车辆到达壁障的路线在横向任一方向偏离理论轨迹均不得超过 150 mm。在前排驾驶人和乘员位置分别放置一个 Hybrid Ⅲ 型第 50 百分位男性假人，用以测量前排人员受伤害情况。在第二排座椅最右侧座位上放置一个 Hybrid Ⅲ 型第 5 百分位女性假人，用以考核安全带性能。

2. 正面 40% 重叠可变形壁障碰撞试验

试验车辆 40% 重叠正面冲击固定可变形吸能壁障。碰撞速度为 56_{0}^{+1} km/h（试验速度不得低于 56 km/h），偏置碰撞车辆与可变形壁障碰撞重叠宽度应在 40% 车宽 ±20 mm 的范围内。在前排驾驶人和乘员位置分别放置一个 Hybrid Ⅲ 型第 50 百分位男性假人，用以测量前排人员受伤害情况。在第二排座椅最左侧座位上放置一个 Hybrid Ⅲ 型第 5 百分位女性假人，用以考核安全带性能。

3. 可变形移动壁障侧面碰撞试验

移动台车前端加装可变形吸能壁障冲击试验车辆驾驶人侧。移动壁障行驶方向与试验车辆垂直，移动壁障中心线对准试验车辆 R 点，碰撞速度为 50_{0}^{+1} km/h（试验速度不得低于 50 km/h）。移动壁障的纵向中垂面与试验车辆上通过碰撞侧前排座椅 R 点的横断垂面之间的距离应在 ±25 mm 内。在驾驶人位置放置一个 Euro SID Ⅱ 型假人，用以测量驾驶人位置受伤害情况。

4. 评价结果分级

C-NCAP 中最高得分为 51 分。其中，以上三项试验每项试验满分为 16 分，三项试验总得分满分为 48 分。对安全带提醒装置及侧气囊（及侧气帘）分别有 2 分和 1 分的加分。

将以上三项试验的得分及加分项得分之和（四舍五入至小数点后一位）记为总分，并按以下条件确定评价星级。根据总分，按照表 5-1 星级评分标准对试验车辆进行星级评价。

表 5-1　星级评分标准

总　　分	星　　级
≥50 分	5+（★★★★★☆）
≥45 且 <50 分	5（★★★★★）
≥40 且 <45 分	4（★★★★）
≥30 且 <40 分	3（★★★）
≥15 且 <30 分	2（★★）
<15 分	1（★）

对于根据总分评价出的 5 星级车和 4 星级车，还必须分别满足下列条件。

对于 5 星级车，在三项试验中，假人的特定部位不能为 0 分，否则该车将被降为 4 星级车。在正面 100% 重叠刚性壁障碰撞试验和正面 40% 重叠可变形壁障碰撞试验中，特定部位为头部、颈部和胸部；在可变形移动壁障侧面碰撞试验中，特定部位为头部、胸部、腹部和骨盆。对于 4 星级车，在三项试验中，每项试验的得分不能低于 10 分，否则该车将被降为 3 星级车。

5. 指定网站和媒体

C-NCAP 管理中心指定 www. c-ncap. org 网站和《世界汽车》（月刊）作为 C-NCAP 信息和结果发布的媒体。www. c-ncap. org 网站主要刊登 C-NCAP 机构介绍、工作流程、动态信息、评价结果等内容，并设有媒体区供其他媒体下载相关评价信息。《世界汽车》以专栏和专刊的形式，刊登 C-NCAP 运行和评价结果的详细报告，未经许可，不得转载。

任务实施

参观不同车系的 4S 店，咨询或网上查阅不同车系安全系统的配置，观看汽车碰撞资料，了解相应汽车的碰撞评级。

任务评价（工作单）

主要汽车安全系统功能

英文缩写	英文全称	中文名称	工作原理	系统功能

汽车安全系统功能考核评分表

时间：30 min　班级：________　考生姓名：________

序号	考核内容	配分	评分标准	扣分	得分
1	正确认识汽车各安全系统功能	100	每错一项扣20分		

操作时间：__________　考核教师：__________

习　题

1. 汽车防抱死系统的功用是什么？
2. 汽车防抱死制动系统按照通道分哪几类？各有什么特点？
3. 简述汽车防抱死系统的组成及工作原理。
4. 何谓驱动防滑转控制系统？其组成和工作原理是什么？
5. 安全气囊的功用是什么？有哪些分类？
6. 电子式安全气囊的组成及工作原理是什么？
7. 简述安全带控制系统的控制过程。
8. C-NCAP试验项目有什么？

任务 6 汽车的舒适性检测

学习目标

☑ 了解汽车平顺性的评价方法；
☑ 了解汽车空气调节性能；
☑ 了解汽车乘坐环境与驾驶操作性能；
☑ 熟悉悬架特性的检测方法并对结果进行判断。

任务描述

随着人们生活水平的提高，人们对汽车性能的要求除在动力性、经济性、安全性方面之外，在车辆的舒适性、可靠性、耐久性和安全性等方面的要求也越来越高。良好的驾驶操作性能、舒适的驾乘环境、低振动和低噪声渐渐成为现代汽车的重要标志。同时，从提高工作效率和降低事故发生率的要求出发，汽车的乘坐及工作环境必须具有一定的舒适性。为提高汽车的舒适性，本章主要从汽车平顺性、汽车空气调节性能、汽车乘坐环境和驾驶操作性能四个方面进行了具体分析，并针对每一方面都提出了具体的评价指标、影响因素及实验方法。

本任务是利用悬架装置检测台来测量汽车悬架效率（见附录 B 道路运输车辆性能检验记录单），并与国家标准进行比较，判断是否合格，分析不合格的原因。

相关知识

视频

汽车舒适性

汽车舒适性是指为乘员提供舒适、愉快地乘坐环境、货物的安全运输和方便安全的操作条件的性能。汽车舒适性包括：汽车平顺性、汽车噪声、汽车空气调节性能、汽车乘坐环境及驾驶操作性能等；它是现代高速、高效率汽车的一个主要性能。

汽车平顺性就是保持汽车在行驶过程中乘员所处的振动环境具有一定舒适度的性能。对于载货汽车还包括保持货物完好的性能。汽车行驶时，由于路面不平等因素激起汽车的振动。振动影响人的舒适、工作效率和身体健康，并影响所运货物的完好；振动还在汽车上产生动载荷，加速零件磨损，导致疲劳失效。因此，减少汽车振动是汽车平顺性研究的主要问题。

汽车空气调节性能是指对车内空气的温度、湿度和粉尘浓度实现控制调节，使车室内空气经常保持使乘员舒适的状态。汽车空调是改善工作条件、提高工作效率的重要手段。

汽车乘坐环境及驾驶操作性能是指乘坐空间大小、座椅及操纵件的布置、车内装饰、仪表信号设备的易辨认性等。

随着现代文明进程，汽车越来越多地介入了社会的各个方面，成为与人们工作和生活紧密相关的、大众化的产品，汽车作为“活动房间”的功能日趋完善。与汽车其他性能不同，汽车舒适性各方面的评价都与人体主观感觉直接相关。

一、汽车平顺性

1. 汽车振动及传递

行驶中的汽车是个复杂的“振动系统”，振动主要是由行驶路面的凹凸不平、高速旋转的轮胎和传动轴以及发动机的扭矩变化而激发的。这些因素引起的振动大多与车速有关，尤其是路面凹凸不平引起的振动，随着车速的变化，振动的频率和强度也会产生相应的变化。

因路面、轮胎产生的振动，先传到悬架，受悬架自身的振动特性影响后再传给车身，通过车身传到乘客的脚部，同时通过座椅传给乘客的臀部和背部，还通过转向系，以转向盘抖动的形式传到驾驶人手部。

因发动机、传动系产生的振动，通过支撑发动机、变速器和传动轴的缓冲橡胶块，经衰减后传给车身，再经上述途径传到人体各个部位。

2. 人体对振动的反应

机械振动对人体的影响，取决于振动的频率、强度、作用转向和持续时间，而且每个人的心理与身体素质不同，对振动的敏感程度有很大差异。人体对上下振动忍耐性最强，其次是前后振动，对左右振动最敏感。人体上下振动的共振点大约在 4 ~ 8 Hz，水平振动的共振点大约在 1 ~ 2 Hz。如果在共振点上加振，人的抗震能力会严重下降。

研究汽车平顺性实际上要解决两方面的问题：一是如何避免汽车这个“振动系统”的共振现象；二是使“振动系统”输出的振动频率避开人体敏感的范围，振动加速度不超过人体所能承受的强度。

3. 车行驶平顺性的评价指标

汽车行驶平顺性的评价方法，通常是根据人体对振动的生理反应及对保持货物完整性的影响来制订的，并用振动的物理量，如频率、振幅、加速度、加速度变化率等作为行驶平顺性的评价指标。

目前，常用汽车车身振动的固有频率和振动加速度评价汽车的行驶平顺性。试验表明，为了保持汽车具有良好的行驶平顺性，车身振动的固有频率应为人体所习惯的步行时，身体上、下运动的频率。它为 60 ~ 85 次/min(1 ~ 1.6 Hz)，振动加速度极限值为 $0.2g \sim 0.3g$。为了保证所运输货物的完整性，车身振动加速度也不宜过大。如果车身加速度达到 $1g$，未经固定的货物就有可能离开车厢底板。所以，车身振动加速度的极限值应低于 $0.6g \sim 0.7g$。

（1）平顺性评价指标

国际标准化组织在综合大量资料的基础上提出了 ISO 2631—1：2010《人体受全身振动影响的评估》国际标准，其用加速度测量值的均方根来衡量振动。该标准提出了在 0.5 ~ 80 Hz 范围的振动频率对人体健康、舒适和感知的影响，以及在 0.1 ~ 0.5 Hz 范围内的振动频率对人体晕车发病率的影响。人体对振动的反应存在三种不同的感觉界限：舒适性降低界限 TCD、疲劳性工效降低界限 TFD 和暴露极限。

舒适性降低界限 TCD 与保持舒适有关。在此极限内，人体对所暴露的振动环境主观感觉良好，并能顺利完成吃、读、写等动作。

疲劳性工效降低界限 TFD 与保持工作效率有关。当驾驶人承受振动在此极限内时，能正常地进行驾驶。

暴露极限通常作为人体可以承受振动量的上限。当人体承受的振动强度在这个极限之内时，将保持健康或安全。

三个界限只是振动加速度容许值不同。“暴露极限”值为“疲劳工效降低界限”的2倍（增加 6 dB）；“舒适性降低界限”为“疲劳性工效降低界限”的 1/3.15（降低10 dB）；而各个界限容许加速度值随频率的变化趋势完全相同。一般可以用“疲劳性工效降低界限”TFD 和降低“舒适性界限”TCD 为人体承受振动能力的主要评价指标；TFD 和TCD 与车速的关系曲线——车速特性来评价汽车的平顺性。其中轿车和客车用“舒适性降低界限”车速特性 TCD-V 来评价，货车用“疲劳-工效降低界限”车速特性 TFD-V 来评价。

图 6-1 所示为在双对数坐标下的垂直和水平转向振动对人体影响的“疲劳工效降低界限”。在一定的频率下，随着暴露（承受振动）时间加长，感觉界限容许的加速度值下降。所以，可用达到某一界限允许暴露时间来衡量人体感觉到的振动强度的大小。

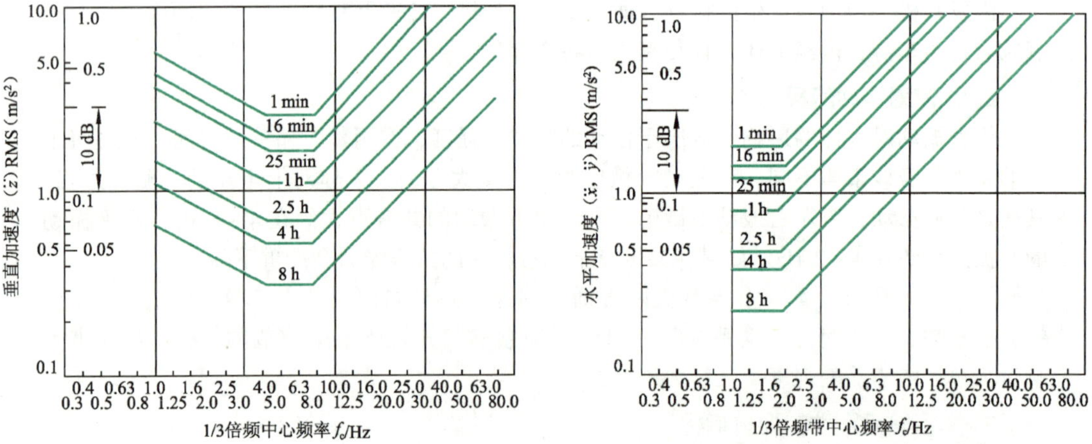

（a）垂直方向　（b）水平方向（x—纵向，y—横向）

图 6-1　ISO 2631 人体对振动反应的疲劳性工效降低界限

由图 6-1 的曲线可知，人体最敏感的频率范围，对于垂直振动为 4 ~ 8 Hz；对于水平振动为 1 ~ 2 Hz。在 2.8 Hz 以下，同样的暴露时间，水平振动加速度容许值低于垂直振动；频率在 2.8 Hz 以上则相反。

（2）国家标准对行驶平顺性的评价方法

GB/T 4970—2009《汽车平顺性试验方法》规定，用平顺性随机输入行驶试验测定汽车在随机不平的路面上行驶时振动对乘员及货物的影响来评价汽车的平顺性。因为随机输入是汽车行驶中遇到的最基本情况，所以这种试验是评定汽车平顺性最主要的试验。

该标准以加权加速度均方根值$\overline{a_w}$作为人体振动评价指标。加权加速度均方根值是按振动方向，根据人体对振动频率的敏感程度而进行加权计算的。并用$\overline{a_{wx}}$、$\overline{a_{wy}}$、$\overline{a_{wz}}$分别表示前后方向、左右方向和垂直方向振动的加权加速度均方根值。

汽车行驶时偶尔会遇到凸块或凹坑，尽管遇到的概率不多，但过大的冲击会严重地影响平顺性，甚至会损害人体健康，会使运输的货物损坏。GB/T 4970—2009《汽车平顺性试验方法》规定，采用单凸块作为脉冲输入，让汽车驶过规定尺寸单凸块，对乘员（或驾驶人）人体及脚部地板处的振动用加权加速度均方根测定坐垫上和座椅底部地板加速度的最大值作为评价指标。

QC/T 474—2011《客车平顺性评价指标及限值》用测点位置垂直振动的等效均值 L_{eq} 来评价客车平顺性。

$$L_{eq}=20\log\frac{\sigma_w}{10^{-6}}$$

式中　L_{eq}——等效均值，dB；

σ_w——一定测量时间内的加权加速度均方根，m/s^2。

城市客车平顺性限值（车速 30 km/h）：

空气悬架 $L_{eq}\leqslant 106$ dB；其他悬架 $L_{eq}\leqslant 115$ dB。

其他客车平顺性限值：

车速 60 km/h：空气悬架 $L_{eq}\leqslant 110$ dB；其他悬架 $L_{eq}\leqslant 112.5$ dB。

车速 90 km/h：空气悬架 $L_{eq}\leqslant 113$ dB；其他悬架 $L_{eq}\leqslant 115$ dB。

4. 平顺性的影响因素

悬架结构、轮胎、悬架质量和非悬架质量是影响汽车平顺性的重要因素。

(1) 悬架结构

悬架结构主要指弹性元件、导向装置与减振装置，其中弹性元件与悬架系统的阻尼对平顺性影响较大。

① 弹性元件：将汽车车身看成一个在弹性悬架上做单自由度振动的质量时，减少悬架刚度，可降低车身的固有频率，提高汽车行驶平顺性。为此，需要采用软弹簧及低的轮胎气压。但是悬架刚度也不宜过小，否则会引起悬架非悬架质量高频振动幅值加大，影响操纵稳定性；还会引起紧急制动时汽车“点头”现象，转弯时车身产生较大的侧倾角现象。

对于载荷变化较大的公共汽车和载货汽车，为满足不同载荷对悬架刚度的不同需要，常采用非线性悬架，即变刚度悬架。载荷较小时，悬架刚度小，以避免振动频率过高、平顺性变差；当载荷较大时，刚度急剧增大，使汽车的侧倾和纵向角振动减轻。

为避免出现“共振”，前后悬架的固有频率应避开激振频率。另外，由于来自路面的激振先作用于前轮，然后才作用于后轮，为减轻由此引起的纵向角振动，前悬架的固有频率应略低于后悬架，前悬架刚度也应略低于后悬架。

② 阻尼系统的阻尼：为了衰减车身自由振动和抑制车身、车轮的共振，以减小车身的垂直振动加速度和车轮的振幅（减小车轮对地面压力的变化，防止车轮跳离地面），悬架系统中应具有适当的阻尼。

在悬架系统中，引起振动衰减的阻尼来源很多，例如，在有相对运动的摩擦副中，轮胎变形时橡胶分子间产生的摩擦，系统中的减振器、钢板弹簧之间的摩擦等。减振器的阻尼效果最好，可提高汽车行驶平顺性，改善车轮与道路的接触条件，防止车轮离开地面，因而可改善汽车的稳定性，提高汽车的行驶安全性。改进减振器的性能，对提高汽车在不平路面上的行驶速度有很大作用。

(2) 轮胎

轮胎对行驶平顺性的影响取决于轮胎的径向刚度、轮胎的展平能力以及轮胎内摩擦所引起的阻尼作用。为了提高汽车行驶平顺性，轮胎径向刚度应尽可能减小。在采用足够软的悬架的情况下，在相当大的行驶速度范围内，低频共振的可能性完全可以消除。但轮胎刚度过低，会增加车轮的侧向偏离，影响稳定性，同时还使滚动阻力增加，轮胎寿命降低。

(3) 座椅

座椅的布置对平顺性有较大的影响。接近车身中部的座位振幅较小，前、后两端的座位振幅较大，在相同频率下乘员感受到的振动加速度不一致，所以轿车的座位均布置在前、后轴轴距之内。载货汽车和公共汽车，为了减小水平前、后转向的振幅，座椅在高度转向上应尽量缩小与重心间的距离。

（4）非悬架质量

减小非悬架质量可降低车身的振动频率，增高车轮的振动频率，这样就使低频共振与高频共振区域的振动减小，而将高频共振移向更高的行驶速度，对行驶平顺性有利。

其次减小非悬架质量，还将引起高频振动的相对阻尼系数增加。增大风速也有同样的效果。在 1 m/s 的风速下，人会感觉比无风状态温度下降约 1 ℃，若风速达到 3 m/s，会觉得温度下降约 3 ℃。

二、汽车空气调节性能

汽车空气调节性能是影响汽车舒适性的重要因素之一。

为了达到热舒适的要求，必须对车室内空气的质量和数量进行调节。从而使车室内空气经常保持使乘员感到舒适的状态，以提高汽车舒适性和安全性。汽车空气调节包括制冷、采暖、通风、除霜、空气净化等内容。这与普通建筑物空气调节系统并无本质区别，但由于汽车是一种“移动房间”，所以它的使用条件比普通建筑物更为严酷，因而要求汽车空气调节系统具有更高的性能。其特点为：

视频

汽车舒适性2

① 因车室内空间小，乘员多，所以要求有更大的换气量。

② 汽车使用条件（运行状况）和所处环境变化急剧，且变化幅度大，随机性强，故要求有快速制冷和快速采暖能力。

③ 为使驾驶人前方保持清晰的视野，汽车前风窗玻璃应具有除霜功能。

④ 在提高汽车空气调节性能的同时，强调不降低或少降低汽车动力性，并尽可能地减少燃油消耗。

⑤ 追求运行可靠、操作自动化、低制造成本、维修简便。表 6-1 为汽车空调系统的基本功能。

表 6-1　汽车空调系统的基本功能

温度	快速冷却、急速冷却、温度分布、双层、区域调节、温度调节（外部空气、内部空气、日光补偿）、快速升温
湿度	湿度调节（湿度传感器）、增湿、减湿
气流速度	气流连续控制，多通风口，无噪声运行，正面气流速度（通风），冷却调节，摆动式百叶窗
辐射（日光）	（日光补偿）区域调节（点调节）
气味灰尘（通风量）	气味调节，负离子调节，外界空气进入，内部循环空气，灰尘自动调节，通风
运行性能	冷却能力调节，需求响应（运行申请模式、运行/A/C 联合模式），节能控制，燃油经济性，振动小
舒适（疲劳）	舒适，噪声低，增湿（避免眼睛、喉咙、鼻子干燥）
操作性	易于操作（位置、操作力大小、简便、外形），模式转换调节，模式指示（显示），手动和自动转换（动力操作）
视界范围视觉识别	自动除霜、除雾、气帘、模式指示（操作指示）

对汽车空气调节性能的评价通常是出乘员和驾驶人对车室内的温度、湿度、空气流速、空气压力、气味、空气洁净度，甚至包括噪声和振动等指标的感受和反映来决定的。研究表明，从影响空气调节性能重要性角度出发，温度、湿度和空气流速三个因素最为重要。同时，对于一个给定的空调车室，每个人对上述三因素组合的某种状况感受和反映并

不一致，这又与每个人的年龄、性别、民族、衣着、个人活动量、身体素质以及季节、昼夜等因素有关。总之，舒适感是很多因素综合效果决定的，准确定量地描述人体对空气调节性能的感受并反映是非常困难的。几十年来，人们围绕这一问题在不断地进行研究与试验。现对汽车空气调节性能的评价简述如下：

（1）人体的温度感觉

人的身体在不断地产生和散发热量，以维持体温恒定不变的热平衡。热量的大部分是由人的皮肤散发的。在一年四季中，人的皮肤温度不尽相同，如果能获得体温恒定不变的热平衡，便可以认为人是处于舒适状态。

① 不适指数：当对温度进行感性评价时，常用“不适指数”这个指标。它是通过温度与湿度的关系，得出适宜与否的评价。

$$\text{不适指数} = (\text{气温} + \text{湿球温度}) \times 0.42 + 40.6$$

该指数如果超过80，则对大多数人来说是不适的。从生理学观点看，所谓“不适酷热”就是意味着为维持36 ℃体温的多余热量不能充分散发（就像汽车发动机的过热）。不适酷热将导致人的植物神经失调，使判断和操作机能迟钝，如一个人在这种状态下驾驶汽车，则将使事故率显著增高。

② 人体的热特性：人体的放热约有80%是通过皮肤进行的。皮肤以及与其相关联的血管对温度变化的反应非常敏感，当外界气温下降时，血管和皮肤便收缩，使其向体外散发的热量减少，结果使得离心脏较远的手、脚等部位的血液流量显著减少，所以容易感到冷。因此，手、脚较头部和胸部等处要求有更高的温度。故冬季舒适温度条件应是“头寒足热”。

空气的流动也可以增加人的舒适感。人在1 m/s的风速下，会觉得温度下降约1 ℃。风速不同，人的舒适感也会有变化，一般不希望风速过大，因为它会使人体局部过度散热而感到难受。因此，最好使大部分流量的风遍及全身，并尽量减低风速。

当环境变化时，例如乘员从房间进入车室内，由于人体具有一定的热容量，故实现新环境下的人体热平衡是需要一定时间的。为缩短这段时间，在开启汽车空调的最初时间里，提供稍许过度的冷或热风，便会增加人的舒适感。所以，评价汽车空气调节性能时特别重视达到室温稳定的时间这一指标。

（2）舒适的空气调节参数（见表6-2）

表6-2　舒适的空气调节参数

参数 / 范围	温度/℃		相对湿度/%	换气量 /($m^3 \cdot min^{-1}$)	风速 /($m \cdot s^{-1}$)	CO_2 浓度 /%	CO /%
	冬季	夏季					
舒适带	15~18	22~27	30~70	0.6	0.075~2	0.03	0.01
不舒适带	0~14	27~43	>30，>70	0.35	0.4	0.3	0.01
有害带	<0	>43	>15	0.14	>0.4	10	0.03

① 车室温度：一般认为控制车室内温度在22~30 ℃较舒适，人们在冬季比春季更喜欢室温高一点。但对夏季高温时室温不宜太低，以防温差太大导致感冒。气流不宜直接吹向人体。

② 空气湿度：在一般情况下，人体每小时释放25 g汗水，出汗量随环境温度升高而增加。皮肤的舒适感与环境的蒸汽压力和湿度有关。如果车室太干燥，乘员将非常难受。相对湿度一般应在30% ~70%左右，其具体值应根据当地环境湿度、季节、太阳辐射、乘员身体状况调节。

③ 气流速度：人对静止空气的感觉和运动汽车空气的感觉是不一样的。当环境温度低于人体皮肤温度时，若增加室温，则同时也应增加气流速度，这样才能使人有舒适感。在炎热的夏季，下吹气流对身体更舒适，吹向脑部的气流可达 3 m/s，但臂部和喉部最好别直吹，面部特别是眼部也别用高速气流直吹。头部气流温度应比胸部气流湿度低 7 ℃。

④ 车内换气：人体吸入的氧气将有 30% 变成二氧化碳而排出，如果车内换气不良，就会使 CO_2 上升。CO_2 浓度一般应控制在 0.1% 以下。因此必须保证每位乘员有 20～30 m^3/h 的换气量。同时还应考虑吸烟、道路上污染、尘埃等侵入车厢内而必须增加的通风换气量。

再者，人呼吸会有大量水蒸气排出，使车内湿度上升，夏天感到闷热，冬天会使车窗结霜。因此，防止车内湿度上升也是换气的重要任务。除此之外，换气还有这样两个功效：吸入车外冷空气、使室内温度下降；室内有适量的风在流动，提高了乘员的舒适感。

（3）PMV 和 PPD 指标

根据热舒适理论，在大量试验调查研究的基础上，制定了 GB/T 18049—2017《热环境的人类工效学通过计算 PMV 和 PPD 指数与局部热舒适准则对热舒适进行分析测定与解释》。标准给出了中等热环境中的人的整体热感觉和不舒适程度（热不满意度）的预测方法。标准给出认为可接受的整体热舒适和局部不舒适的环境条件，通过计算 PMV 和 PPD 指数，以及局部热舒适准则对热舒适性进行分析测定和解释。

该标准使用热舒适 PMV-PPD 指标体系，PMV（predicted mean vote）为平均预测数。它表示大多数人对环境热感觉的表决的平均预测数。它是利用热平衡原理，收集被测对象的热感觉表决票后，求得 PMV，从计算关系式看出，PMV 是与各要素的函数关系。

PPD（predicted percentage of dissatisfied）为对热环境表示不满意的百分比的预测数。

PPD 与 PMV 之间的定量关系如图 6-2 所示。此曲线形状像一条例置的标准正态分布曲线，在 PMV = 0 处，PPD = 5%，就是说，即使室内环境为最佳热舒适状态时，由于人与人之间的生理、心理差异，还是有可能 5% 的人感到不满意。同理，PMV = 0.37 时，PPD = 8%，有 8% 的人感到不舒适。

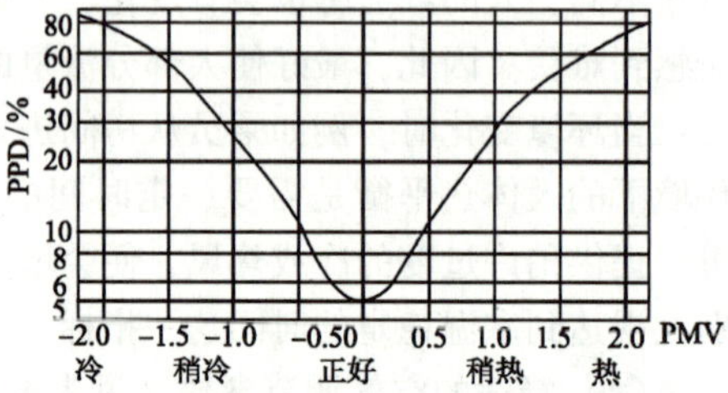

图 6-2　PPD 与 PMV 指标之间的数量关系

客车空调系统的性能分为四级：A 级、B 级、C 级和 D 级。A 级要求最高，B 级、C 级和 D 级要求依次降低。

（4）《乘用车内空气质量评价指南》（GB/T 27630—2011）

车内空气中有机物浓度要求见表 6-3。

表 6-3　车内空气中有机物浓度要求　　单位：mg/m^3

序号	项目	浓度要求
1	苯	≤0.11
2	甲苯	≤1.10
3	二甲苯	≤1.50
4	乙苯	≤1.50
5	苯乙烯	≤0.26
6	甲醛	≤0.10
7	乙醛	≤0.05
8	丙烯醛	≤0.055

三、汽车乘坐环境与驾驶操作性能

汽车乘坐环境是指活动空间、内部设备、脚踏板高度、车门及通道宽度等；汽车驾驶操作性能是指驾驶操作的轻便性和各种信息的接受能力等。

研究汽车与人的相互关系是汽车舒适性的重要课题。在调查众多人的体格素质、体力状况、工作技能的基础上，研究如何给乘员提供舒适的乘坐环境，减轻疲劳感，同时保证驾驶易于操作和接受信息的方便，以利长时间安全行驶，是本节讨论的主要内容。

1. 与人体工程学有关的知识

汽车舒适性研究中，往往需要进行许多项有关人体的基础数据测量。

百分位是人体工程学中常用的一个谱，它表示人体的某项基础数据对于使用对象中有百分之多少的人可适用。这是人体工程学中一条基本的设计原则。目前人体基础数据标准均以百分位形式公布，这种表达方式已在国际上通用。

我国地域辽阔，自然环境复杂，人体差异较大，1989 年 7 月 1 日起正式实施的国家标准《中国成年人体尺寸》，分 7 挡公布数据。表 6-4 分别是我国成年人坐姿的人体尺寸。

汽车驾驶人的眼睛、头部、胯部、膝部及胃腹部等一些与车身设计有关的特殊点称为驾驶人的人体特征点。驾驶人以自己的意愿将座椅调整到适意位置、并以正常驾驶姿势入座后，人体上的这些特征点在车内坐标系中的位置可以通过摄影法测得。测得的位置数据经数理统计处理后，便可得到各种百分位身材男女驾驶人的人体特征点的分布图形（见图 6-3）。它们包括驾驶人眼椭圆（图 6-3 中 D），头廓包络线（图 6-3 中 E），左右膝包络线（图 6-3 中 C 和 B），H 点位置线（图 6-3 中 A），胃部包络线（图 6-3 中 F）等。将图形制成样板可作为车室设计的工具，因此上述图形也称为车室设计用工具性图形。

汽车驾驶人手伸及界面是指驾驶人以正常姿势坐在座椅中，身系安全带，右脚支撑于加速踏板上，一手握住转向盘时，另一只手所能伸及的最大的空间曲面。该曲面的形状及其在汽车中的位置如图 6-4 所示。驾驶室内的一切手操作钮件、杆件、开关等的位置均应在驾驶人手伸及界面之内，这是汽车理论的一条重要原则。

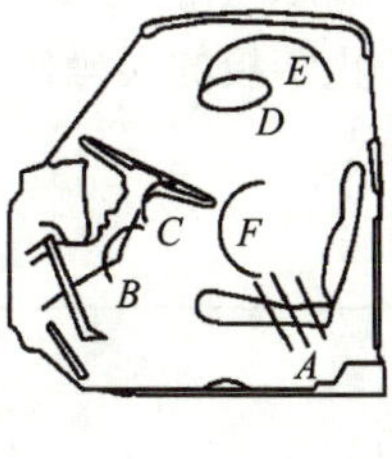

图 6-3 车室设计

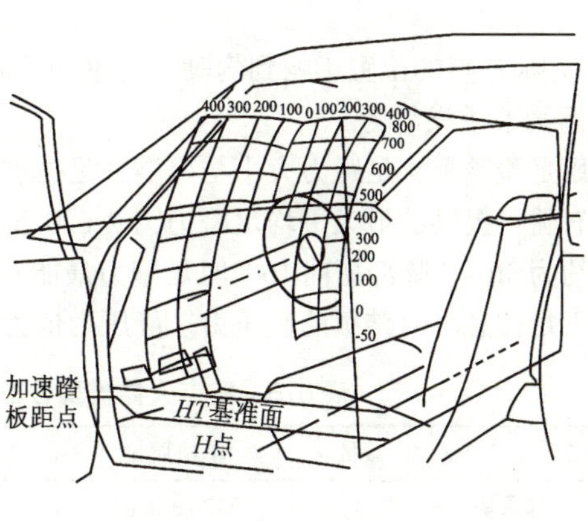

图 6-4 汽车驾驶人的手伸及界面

此外，还应测定手的尺寸（手伸平长度、手指长度、“虎口”最大开度）、脚的尺寸、头的大小等。我国成年人的坐姿人体尺寸见表 6-4。

表 6-4 我国成年人的坐姿人体尺寸 单位：mm

项目 \ 百分位	男（18～60 岁）							女（18～55 岁）						
	1	5	10	50	90	95	99	1	5	10	50	90	95	99
坐高	836	858	870	908	947	958	979	789	809	819	855	891	901	920
坐姿颈椎点高	566	615	624	657	691	701	719	563	579	587	617	648	657	675
坐姿眼高	729	749	761	798	836	847	868	678	695	704	739	773	783	803
坐姿肩高	539	557	566	597	631	641	659	504	518	526	556	585	594	609
坐姿肘高	214	228	235	263	291	298	312	201	215	223	251	277	284	299
坐姿大腿厚	103	112	116	130	146	151	160	107	113	117	130	146	151	160
坐姿膝高	441	456	464	493	523	532	549	410	424	431	458	485	493	507
小腿加足高	372	383	389	413	439	448	463	331	342	350	382	399	405	417
坐深	407	421	429	457	486	494	510	388	401	408	433	461	469	485
臂膝距	499	515	524	554	585	595	613	481	495	502	529	561	570	587
坐姿下肢长	892	921	937	992	1046	1 063	1 096	826	851	865	912	960	975	1 005

（1）H 点人体模型（见图 6-5）

H 点是人体身躯与大腿的连接点，即胯点（Hip Point），汽车理论中常称它为 H 点。H 点人体模型是一种用来确定汽车车身的实际 H 点位置的人体模型。我国采用的 H 点人体模型各部分的质量见表 6-5。

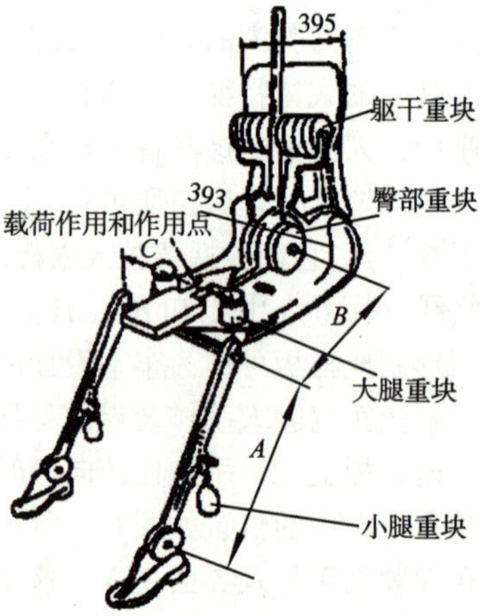

图 6-5 H 点的人体模型

汽车的实际 H 点是指当 H 点三维人体模型按规定步骤安放在汽车座椅中时，人体模型上左右两 H 点标记连线的中点。它表示驾驶人或乘员入座后胯点关节中点在车身中的实际位置。汽车实际 H 点在汽车舒适性中有重要作用。

① 汽车实际 H 点是与操作方便性及坐姿舒适性相关的车内尺寸的基准点。

② 汽车实际 H 点是确定眼椭圆在车身中位置的基准点。

③ 汽车实际 H 点的位置影响到驾驶人的手伸及界面。

（2）足蹬力及手操舵力

坐姿时用足蹬踏板，足蹬力大小与坐姿、足位、踏板与座椅间的距离等因素有关。一般情况下，右腿可提供的最大平均足蹬力为 2 620 N，左腿为 2 420 N。足蹬力达 2 250 N 的持续时间约为 40 s。膝部屈曲 160°时足蹬力最能发挥。为防止踏板的误操作，踏板的启动压力应大于足休息时对踏板的静压力。静压力值为 18～32 N。

表 6-5 H 点人体模型各部分的质量 单位：kg

部位		数量	单块质量	质量和	备注
盘背	胸部重块	8	3.26±0.03	40.95	和胸块的形状、质量相同包括 *H* 点的轴、螺母质量
	臀部重块	2	3.26±0.03		
	其他	1	8.35±0.17		
座盘	大腿重块	2	2.03±0.02	12.60	包括膝部量角器及衬套质量
	其他	1	8.54±0.17		

续表

部位		数量	单块质量	质量和	备注
小腿部	小腿重块	2	1.86 ±0.02	6.30	包括足部连接销的质量
	其他	2	1.29 ±0.03		
足部	—	2	1.57 ±0.03	3.15	
合计				63.0 ±0.84	

坐姿时驾驶人双手对转向盘的手操舵力与转向盘倾角有密切的关系。转向盘倾角越小，手操舵力越大。但可以转动转向盘的角度值也变小，此时对应的座椅靠背也比较垂直，驾驶人坐姿相应地也比较平直。大客车、重型汽车由于前轴负荷较大，要求有较大的操舵力施于转向盘上，故其转向盘的倾角均不大，对于轿车，要求施加在转向盘上的操舵力并不大，从而有可能加大转向盘倾角。这样驾驶人上躯干可以适当后倾，背部受到靠背的支持，坐姿舒适性得以改善。另外，转向盘倾角的加大对安全气垫的装设提供有利条件。

（3）人体的疲劳

开车时，人的脉搏和心律都增高。这主要是由心脏的原因，同时也是由于肌肉的活动，而使氧气消耗量增加的缘故。一般来说，操作力越大，耗氧量就越多，肌肉和人体的疲劳就越严重。另外，姿势不正确或以一种姿势持续时间过长，也会产生肌肉疲劳现象，所以车内应考虑提供适当活动身体的余地。

随着汽车操作轻便性的提高，驾驶引起的肉体疲劳已没有精神疲劳所占的比重大。精神因素表现在人的种种生理反应上，遇到紧急情况时，精神因素的作用更大。这些反应越激烈，频度越高，则精神疲劳越严重。

腰痛是驾驶人的一种常见职业病。这是脊椎的一种疲劳。座椅装备和形状不好或坐姿不正确，时间长了，椎间盘就会受到损伤，造成腰痛。

2. 汽车方面的影响因素

改善汽车乘坐环境与驾驶操作性能，主要应考虑必要的活动空间、舒适的乘坐（操作）姿势、较强的信息接受能力。

（1）必要的活动空间

汽车的外形尺寸不可能无限大。研究车内活动空间的基本条件：在有限的外形内，如何设计出必要的空间来。为有效发挥活动空间的功效，必须探讨车室长、宽、高之比，车室前后玻璃平面倾角、车门形状、内饰影响、车内设备布置、车身造型、空气动力特性、结构强度、自重等方面的因素。实际上，汽车活动空间就是指可以容纳额定乘员的最小极限尺寸。

确定车室容积时，应考虑乘员坐姿及供身体转动的足够空间。加大车室前后玻璃窗倾角会使人感到车顶棚前沿逼近眼前，室内空间狭窄。撞车时头部也容易发生挫伤。而采用曲面玻璃既扩大肩部空间，又消除轿车后座椅显得过于狭窄的缺陷。

采用前置前驱动方式可减少传动系造成地板鼓包，是加大脚底空间的最重要的方法。

车内装饰件，除考虑尺寸大小外，还应研究人的心理要求，注意色调和谐。为节省资源和能源，轿车正致力于结构紧凑型研究。

（2）舒适的乘坐（操作）姿势

汽车座椅的重要作用是在乘坐环境下支持乘员，并作为缓冲装置缓和地板传给人体的振动。为让乘员乘坐舒适，对座椅要求的主要因素：稳定的坐姿、合理的体压分布、缓冲特性、座椅尺寸、蒙皮的触感等。

为使坐姿下的腰曲弧线的变形最小，汽车座椅的靠背应提供所谓两点支撑。其中，第一支撑位于第5～6胸椎之间，形成靠背承受较大的压力。第二支撑设置在第4～5腰椎之间的高度上，形成腰垫，正确的腰垫形状应该是使腰曲弧线微微前突。

人体臀部的不同部位在产生不舒适感觉之前所能忍受的压力是不同的。坐骨粗壮，能承受比其周围肌肉更大的压力，大腿底部的大血管和神经系统，压力过大会影响血液循环和神经传导而感到不适。所以座垫上的压力应按臀部不同部位承受压力不同的原则分布，在坐骨处压力最大，向四周逐渐减少，至大腿部位时压力降到最低值。此为坐垫设计的压力分布不均匀原则。图6-6所示为较理想的坐垫体压分布曲线。每条封闭曲线为等压线，单位为100 Pa。为了减轻由驾驶姿势不正确引起的疲劳，驾驶人身体各部之间的夹角应保持在合理范围（见图6-7）。

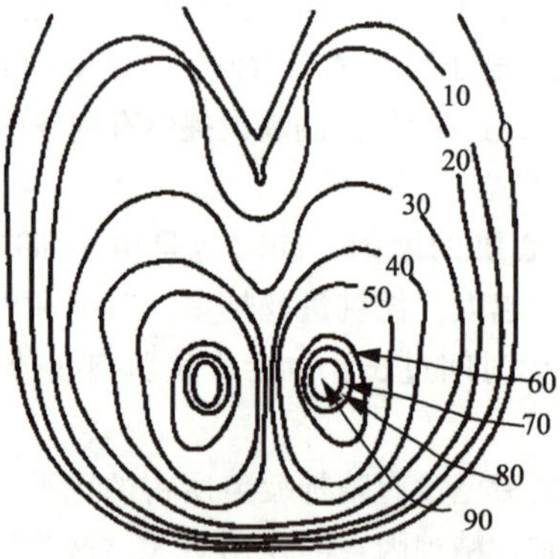

图6-6 座垫体压分布曲线

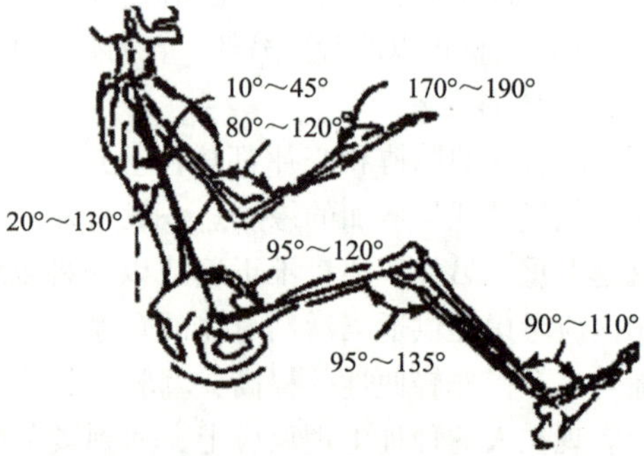

图6-7 驾驶姿势舒适角

汽车座椅的几何参数可参考表6-4坐姿人体尺寸确定。但是，垂直坐姿与驾驶（或乘坐）姿势有明显区别，因此汽车座椅中的某些尺寸或角度还应从专门的驾驶（或乘坐）姿势的人体测量中获得。表6-6和表6-7分别提供了驾驶人座椅和乘客座椅几何参数的参考值。

表6-6 驾驶人座椅几何参数 单位：mm

车型		靠背角	座垫后倾角	座高	座宽	座深	靠背高	转向柱倾角
轿车		105°	12°	300～640	480～520	400～420	450～500	20°～35°
货车	轻型	98°	10°	340～380	480～520	400～420	450～500	20°～35°
	长头中型	96°	9°	400～470	480～520	400～420	450～500	40°～45°
	重型	92°	7°	470～500	480～520	400～420	450～500	60°～85°
大客车		92°	7°	450～500	480～520	460～500	450～500	70°～80°

表6-7 乘客座椅几何参数 单位：mm

车型	靠背角	座垫后倾角	座高	座宽	座深	靠背高	背靠宽
大客车	105～115	6°～7°	400～480	450～530	420～4 500	530～560	450～530
轿车	100～105	8°～13°	340～410	480～530	420～530	510～660	480～530

从人体工程学角度，对汽车座椅要求可归纳为以下几个方面：

① 贴合感：座椅靠背和坐垫的形状是否与人体背部、臀部、大腿底面的形状相贴合。接触面积和部位以及坐垫的弹性迟滞损失特性与贴合感密切相关。

② 侧向稳定感：汽车转向行驶时乘坐者能受到座椅左右的适当约束，避免人体横向偏斜。侧向稳定感与座椅两侧形状、压力比、压力分布等因素有关。适当选择侧向压力与总压力之比能改善侧向稳定感。

③ 腰椎依托感：腰椎依托感良好的座椅，其乘坐者容易获得舒适坐姿。第3～5腰椎部的压力与靠背总压力比适当时，依托感有明显改善。

④ 振动弹性感：与振动弹性感相联系的是座椅的静态刚度、共振频率及衰减特性。

⑤ 坐垫与靠背的软硬感。可用392 N做载荷时的静态变形特性来反映，不得有陷落的感觉。

⑥ 蒙皮触感：重要的是提高蒙皮的摩擦系数、传热效率、透气性，等等。

⑦ 座椅安全带：应减少采用时的压迫感和失调感，并要求不妨碍自由动作，系解容易。

⑧ 除以上要求外，汽车座椅不得有臀部滑动感、腹部压迫感及背部弓形感等。

为保证驾驶人得心应手地进行操作和不易疲劳，所有手操纵件必须布置在驾驶人手伸及范围以内。转向盘、加速、制动、离合器踏板、变速杆等操纵机构使用频繁，特别重要。汽车理论中把这些操纵机构和驾驶人的相对位置关系称为“驾驶位置”。

影响“驾驶位置”协调的因素有机构的布置、操作方式、机构的形状、所需操作力等。任何一个因素不佳，都会影响综合效果，整体协调是十分重要的。一般应考虑以下几点：

① 在操纵开关和控制手柄时，既要保证动作平稳，又要确切地感觉到动作的位置。所以操作力既不能过重也不能过轻。另外，操作力过轻，有时会误碰或外力振动引起动作，发生误操作，必须注意。

② 每个操作装置最好只有一种或两种功能，以使操作方法简单。三种以上功能，由于操作方法复杂，遇紧急情况时容易引起误操作。

③ 驾驶汽车时，经常连续操纵各种操作装置。为此，必须考虑在预想的各种使用场合下，使动作进行得自然而有节奏。例如，转向信号手柄和变速杆的布置，一般应分用两只手操作。

④ 提高操纵装置的机能，可以获得更好的操作性。用自动化取代手上操作，以减少操作次数，用助力装置以减轻操作负荷。

⑤ 为适应驾驶人不同体型的最佳驾驶位置，汽车驾驶座椅和转向盘的位置一般都应设置调节机构。

（3）较强的信息接受能力

① 视界：驾驶汽车时，所必须知道的道路状况、各种信号标志和周围交通情况等外部信息，几乎全是靠视觉获得。所以视觉良好便可减轻驾驶人的负担，提高舒适性和工作效率。

视觉良好是指在人的视野内，具有广阔的视界。因此，应尽可能地减少驾驶人视野内的死角（盲区）。汽车视界可分为直接视界（驾驶人眼睛可直接看到的视界）、间接视界（通过后视镜观察到的视界）、刮水器视界（由刮水器刮拭区所看到的视界）。

影响直接视界的因素：风窗玻璃开口面积、立柱、座椅、翼子板等车身构件的位置和尺寸，风窗玻璃的透光率和风窗玻璃的反射率等。

影响视界的因素：后视镜的位置与大小，靠枕等的构造和后座乘员头部位置等。

此外，研究在下雨和寒冷时使用刮水器和除霜器的视界也很重要。

② 视认性：驾驶人通过装在车上的仪表和警告灯，获取汽车各装置工作状态和行驶状况的信息，并进行判断和操作。所以，视认性良好的仪表和警告灯等是舒适地进行汽车驾驶必不可缺的设施。

影响视认性的因素：仪表的数量与布置、指针与表示文字的长度和大小、配色和夜间照明，等等。

③ 照明：用于夜间行驶的照明和用于表示信号的照明是有很大差别的。为确保驾驶人舒适，不易疲劳，并安全地驾驶汽车，各国都以法律形式规定了各种照明装置的主要性能。例如，明亮度、颜色、配光、安装位置和闪光频率等，见表6-8。

典型的照明装置是前照灯，它必须确保驾驶人能够看清较广范围内的障碍物和行人，并能看到周围汽车和行人接近的情况。同时，还要求不能给对方驾驶人以晃眼的眩目感。为获得较为明亮而又不太刺眼的照明性能，卤素灯、三光束式以及根据汽车姿势变化而修正光束的装置等正在被广泛采用。

表6-8　汽车乘坐环境和操作性能主要测定内容

项　　目	测 定 内 容
车内空间	室内尺寸（长、宽、高），大客车立席面积
上下车方便性	室内尺寸车门开口（高、宽），带篷车后门（高、宽），大客车紧急用车门尺寸，大客车门踏板高
座椅	座椅宽、内深、椅间间隙、头枕尺寸、触感
操纵装置总体布置	配置范围、识别标志，视认性
操作者视界	直接视界，间接视界，雨刷视界，除霜性
照明	照明灯（中心距、高度、主光轴、配光），牌照灯（照度、视认性），倒车灯（照射距离、光度），辅助前照灯、示宽灯，侧灯、尾灯、停车灯、制动灯，转向指示灯
座椅安全带	固定位置，着脱方便性

四、悬架装置工作性能的诊断标准

GB 18565—2016《道路运输车辆综合性能要求和检验方法》中规定：对于最大设计车速≥100 km/h、轴载质量≤1 500 kg 的载客汽车，应用悬架检测台按规定的方法进行检测悬架特性，受检车辆的车轮在受外界激励振动下测得的吸收率，即被测汽车共振时的最小动态车轮垂直载荷与静态车轮垂直载荷的百分比值（又称车轮接地性指数），应不小于40%，同轴左右轮吸收率之差不得大于15%。

知识拓展

悬架装置检测台的工作原理

1. 跌落式悬架装置检测台

测试中，先通过举升装置将汽车升起一定高度，然后突然松开支撑机构，车辆落下产生自由振动。用测量装置测量车体振幅或者用压力传感器测量车轮对台面的冲击压力，对振幅或压力分析处理后，评价汽车悬架装置的工作性能。

2. 共振式悬架装置检测台

如图6-8 所示，通过试验台的电动机、偏心轮、蓄能飞轮和弹簧组成的激振器，迫使试验台台面及其上被检汽车悬架装置产生振动。在开机数秒后断开电动机电源，从而由蓄能飞轮产生扫频激振。由于电动机的频率比车轮固有频率高，因此蓄能飞轮逐渐降速的扫频激振过程总可以扫到车轮固有振动频率处，从而使台面-汽车系统产生共振。通过检测激振后振动衰减过程中力或位移的振动曲线，求出频率和衰减特性，便可判断悬架装置减振器的工作性能。

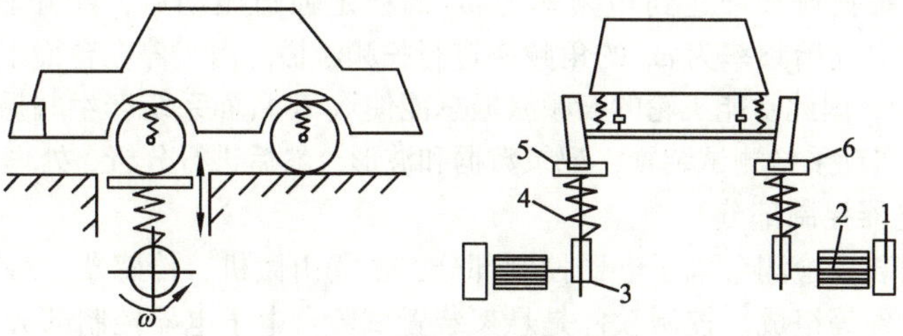

图6-8　共振式悬架检测台

1—蓄能飞轮；2—电动机；3—偏心轮；4—激振弹簧；5—台面；6—测量装置

测力式悬架装置检测台和测位移式悬架装置检测台，一个是测振动衰减过程中的力，另一个是测振动衰减过程中的位移量，它们的结构如图6-9所示。由于共振式悬架装置检测台性能稳定、数据可靠，因此应用广泛。

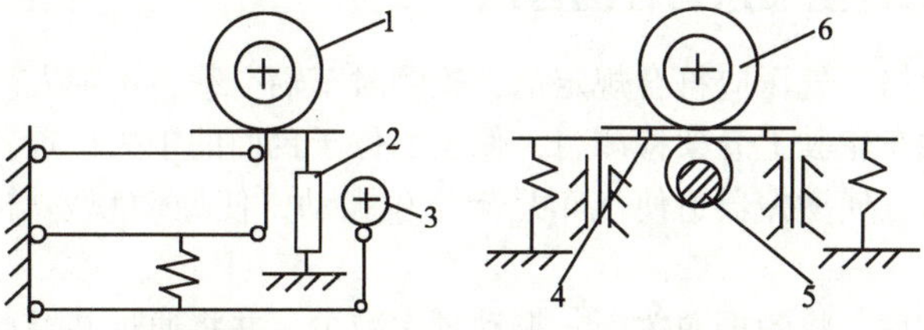

图6-9　测力式和测位移式悬架检测台结构

1、6—车轮；2—位移传感器；3—偏心轮；4—力传感器；5—偏心轴

3. 共振式悬架装置检测台的结构

共振式悬架装置检测台一般由机械部分和电子电器控制部分组成。

（1）机械部分

共振式悬架装置检测台的机械部分，由箱体和左右两套相同的振动系统构成，结构如图6-10所示。每套振动系统由上摆臂、中摆臂、下摆臂、支撑台面、激振弹簧、驱动电动机、蓄能飞轮和传感器等构成。传感器一端固定在箱体上，另一端固定在台面上。

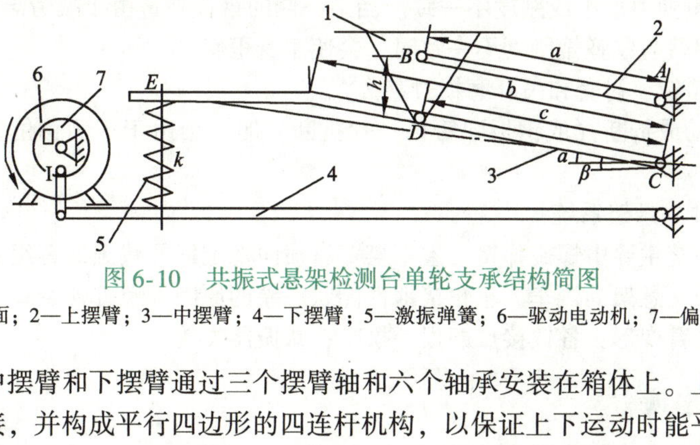

图6-10　共振式悬架检测台单轮支承结构简图

1—支撑台面；2—上摆臂；3—中摆臂；4—下摆臂；5—激振弹簧；6—驱动电动机；7—偏心惯性结构

上摆臂、中摆臂和下摆臂通过三个摆臂轴和六个轴承安装在箱体上。上摆臂和中摆臂与支承台面连接，并构成平行四边形的四连杆机构，以保证上下运动时能平行移动，以及台面受载时始终保持水平。中摆臂和下摆臂端部之间装有弹簧。驱动电动机的一端装有蓄

能飞轮，另一端装有凸缘，凸缘上有偏心轴。连接杆一端通过轴承和偏心轴连接，另一端和下摆臂端部连接。

检测时，将汽车驶上支撑平台，启动测试程序，驱动电动机带动偏心机构使整个汽车-台面系统振动。激振数秒钟达到角频率为 ω_0 的稳定强迫振动后，断开驱动电动机电源，接着由蓄能飞轮以起始频率为 ω_0 的角频率进行扫频激振。由于停在台面上车轮的固有频率处于 ω_0 和 0 之间，因此蓄能飞轮的扫频激振总能使汽车-台面系统产生共振。断开驱动电动机电源的同时，启动采样测试装置，记录数据和波形，然后进行分析、处理和评价。

（2）电子电器控制部分

共振式悬架装置检测台电子电器控制部分，主要由微机、传感器、A/D 转换器、电磁继电器及控制软件等组成。控制软件是悬架装置试验台电子电器控制部分与机械部分联系的桥梁。软件不仅实现对悬架装置试验台测试过程的控制，同时也对悬架装置试验台所采集的数据进行分析和处理，并最终将检测结果显示和打印出来。

任务实施

一、用检测台检测悬架特性的方法

① 汽车轮胎规格、气压应符合规定值，检测时车辆空载，不乘人。

② 将车辆每轴车轮驶上悬架检测台，使轮胎位于台面的中央位置，驾驶人离车。

③ 启动检测台，使激振器迫使汽车悬架产生振动，使振动频率增加至超过振荡的共振频率。

④ 在共振点过后，将激振源关断，振动频率减少，并将通过共振点。

⑤ 记录衰减振动曲线，纵坐标为动态轮荷，横坐标为时间，测量共振时动态轮荷。计算并显示动态轮荷与静态轮荷的百分比及其同轴左右轮百分比的差值。

二、检测结果分析

经过检测，若悬架装置不符合标准要求，主要原因如下：

（1）对于非独立悬架系统

① 钢板弹簧折断。钢板弹簧折断，尤其是第一片折断，会因弹力不足等原因使车身歪斜。前钢板弹簧一侧第一片折断时，车身在横向平面内歪斜；后钢板弹簧一侧第一片折断时，车身在纵向平面内歪斜。

② 钢板弹簧弹力过小或刚度不一致。当某一侧的钢板弹簧由于疲劳导致弹力下降，或者更换的钢板弹簧与原弹簧刚度不一致时，会使车身歪斜。

③ 钢板弹簧销、衬套和吊耳磨损过甚。

④ 螺栓松动或折断（或钢板弹簧第一片折断）时，会由于车辆移位歪斜，导致汽车跑偏。

（2）对于独立悬架系统

独立悬架系统主要由螺旋弹簧、上下摆臂、横向稳定杆及减振器等组成，该系统的铰接点多，对于独立悬架的汽车，车轮接地性能状态差的原因：螺旋弹簧弹力不足；稳定杆变形；上、下摆臂变形；各铰接点磨损、松旷；减振器失效。

三、注意事项

① 超出试验台额定载荷的汽车，禁止驶上悬架台。

② 不要在悬架台上停放车辆和堆积杂物，严禁做空载试验。

③ 不要让脏的车辆直接检测，特别是轮胎和底盘部分粘有较多泥土的情况。应首先清洗并待滴水较少时进行检测。

④ 雨天检测前必须为车辆除水，滴水较少时才能检测。

⑤ 严禁悬架台中进水，保持传感器干燥，以保证传感器正常工作。

⑥ 为保证测试精度，传感器必须预热30 min。

任务评价（工作单）

姓名____________ 日期____________

汽车悬架的检测

完成此工作单后，应该能够正确使用悬架试验台检测悬架性能。

工具和材料

一辆实训用汽车（老师可预先设定故障或情景）及其维修手册，悬架试验台及其说明书。

所检测汽车的描述

制造年份____________ 制造商____________

VIN ____________ 型号____________

发动机型号__________ 车辆行驶里程________

步骤

1. 试验台的准备

①______________________________。

②______________________________。

③______________________________。

④______________________________。

⑤______________________________。

2. 被测车辆的准备

①______________________________。

②______________________________。

③______________________________。

3. 检测方法

4. 检测结果______________________________。

5. 结果分析：

汽车悬架检测考核评分表

时间：30 min　班级：________　考生姓名：________

序号	考核内容	配分	评分标准	扣分	得分
1	正确选择并使用工具	10	工具、仪器选择使用不当一次扣 3 分		
2	检测前的准备	10	仪器及设备调整不当一次扣 5 分		
3	检测进程	35	按照正确操作步骤检测，35 分		
4	结果的处理和分析	15	根据检测结果，能进行正确的分析，15 分		
5	整理工具，清理现场	10	每缺一项扣 5 分		
6	着装及安全文明生产	10	因违规操作，发生人身和设备事故，记 0 分		
7	按时完成	10	每超时 1 min 扣 5 分，超时 3 min 结束考核		
8	分数合计				

操作时间：__________　考核教师：__________

习　题

1. 什么是汽车的舒适性？主要包括哪些方面？
2. 如何改善汽车行驶平顺性？
3. 影响行驶平顺性的主要因素有哪些？
4. 简述汽车空调的基本功能及特点。
5. 何为 H 点人体模型？汽车实际 H 点如何确定？它在汽车舒适性中有何作用？
6. 简述对汽车悬架装置检测的必要性。
7. 简述汽车悬架装置检测台的评价指标。
8. 简述共振式汽车悬架装置检测台的结构及工作原理。

任务 7 汽车排放污染物及噪声检测

学习目标

☑ 掌握汽车排放污染物的途径及成分；

☑ 掌握汽油机排放污染物的检测方法；

☑ 掌握柴油机排放污染物的检测方法；

☑ 熟悉检测标准，掌握对检测结果的分析方法；

☑ 熟悉二十大报告中关于推进碳达峰碳中和的相关要求。

任务描述

本任务依据 GB 18285—2018《汽油车污染物排放限值及测量方法（双怠速法及简易工况法）》、GB 3847—2018《柴油车污染物排放限值及测量方法（自由加速法及加载减速法）》完成汽油车、柴油车排气污染物检测。同时完成喇叭噪声检测（见附录 B 道路运输车辆性能检验记录单），并与国家标准进行比较，判断是否合格，分析不合格的原因。

相关知识

目前车辆排放气体对大气的严重污染已发展成世界性问题，引起了人们的高度关注。尤其是在一些大中城市，随着汽车保有量的增加，汽车的生产、销售、使用、报废还带来了环境大气危害和城市的空气污染。如汽车排放的二氧化碳 CO_2、硫化物 SO_x（包括一氧化硫 SO 和二氧化硫 SO_2）、氮氧化物 NO_x（包括一氧化氮 NO 和二氧化氮 NO_2）、氟氯烃等使温室效应、臭氧层破坏和酸雨等大气环境问题变得更为严重；汽车排出的 CO、NO_x、SO_x、未燃碳氢化合物 HC、颗粒物 PM 和臭味气体等污染了空气，对人类和动、植物危害甚大；汽车排气污染物造成的环境污染情况将日趋严重，所以对汽车排气污染物的监控与防治，已处于刻不容缓的地步。

美国、日本和欧洲等国家和地区对车辆排放制定了严格的法规。我国于 1983 年发布并于 1984 年实施了《汽车污染物排放标准和测量方法》。其后，又相继制定了几项排放标准，并于 1993 年、1999 年、2005 年对上述排放标准进行了修订。生态环境部和国家市场监督管理总局于 2018 年 9 月 27 日发布了 GB 18285—2018《汽油车污染物排放限值及测量方法（双怠速法及简易工况法）》、GB 3847—2018《柴油车污染物排放限值及测量方法（自由加速法及加载减速法）》。通过从严规范诊断参数和测量方法，我国治理废气污染走上了较为严格的法制轨道并逐渐与国际接轨。

一、汽车排放污染物的主要成分及其危害

汽车排放污染物的途径及成分主要有：

① 从排气管排出的废气，主要成分：一氧化碳 CO、碳氢化合物 HC、氮氧化合物

视频

汽车排放污染物

NO_x、SO_2 以及铅化物、PM（由碳烟、铅氧化物等重金属氧化物和烟灰等组成）和硫化物等。

② 曲轴箱窜气，其主要成分是 HC，还有少量的 CO、NO_x 等。

③ 从油箱、油管接头等处蒸发的汽油蒸气，成分是 HC。

此外，还有含氯氟烃和二氧化碳 CO_2 等各种有害成分，直接或间接危害人类的健康。

（1）一氧化碳（CO）

CO 是汽油烃类成分燃烧的中间产物。其燃烧过程如下：

$$C_mH_n + O_2 = mCO + H_2$$

如空气量充足则有

$$2CO + O_2 = 2CO_2$$
$$2H_2 + O_2 = 2H_2O$$

根据反应式可知：理论上，当混合气空燃比≥14.7∶1 时，即在氧气充足情况下，排气中将不含 CO 而代之产生 CO_2 和未参加燃烧的 O_2。但现实中由于混合气的分布并不均匀，总会出现局部缺氧的情况，当空气量不足，即混合气空燃比≤14.7∶1 时，必然会有部分燃料不能完全燃烧而生成 CO。比如发动机在怠速时，燃烧的混合气偏浓，此时发动机工作循环中的气体压力与温度不高，混合气的燃烧速度减慢，就会引起不完全燃烧，使一氧化碳（CO）的浓度增加。发动机在加速和大负荷范围工作或点火过分时刻过分推迟时也会使尾气中 CO 的浓度增高。同时即使燃料和空气混合很均匀，由于燃烧后的高温，已经生成的 CO_2 也会有小部分被分解成 CO 和 O_2。另外排气中的 H_2 和未燃烃 HC 也可能将排气中的部分 CO_2 还原成 CO。总之，空燃比是影响排气中 CO 含量的主要因素。

CO 是一种无色、无刺激的气体，是汽车及内燃机排气中有害浓度最大的成分。人体吸入的 CO 很容易和血红蛋白结合并输送到体内，阻碍血红素带氧，造成体内缺氧而引起窒息。

（2）碳氢化合物（HC）

排气中的 HC 是由未燃烧的燃料烃、不完全氧化产物以及燃烧过程中部分被分解的产物所组成。当混合气过稀或缸内废气过多时会出现火焰传播不充分，即燃烧室部分地区由于混合气过稀或缸内残余废气系数过高而不能燃烧，出现断火。这时，排气中的 HC 浓度会显著增加。

碳氢化合物总称烃类，是发动机未燃尽的燃料分解产生的气体，汽车排放污染物中未燃烃的 20% ~25% 来自曲轴箱窜气；20% 来自燃油箱的蒸发；其余 55% 由排气管排出。

单独的 HC 只有在浓度相当高的情况下才会对人体产生影响，一般情况下作用不大，但它却是产生光化学烟雾的重要成分。

（3）氮氧化合物（NO_x）

氮氧化物主要指一氧化氮（NO）和二氧化氮（NO_2），它是由排气管排出。试验证明供给略稀的混合气（空燃比≥15.5）会增大 NO_x 的排放量。汽油机排出的氮氧化物中，NO 占 99%，而柴油机排出的氮氧化物中 NO_2 比例稍大。高浓度的 NO 能引起神经中枢的障碍，并且容易氧化成剧毒的 NO_2，NO_2 有特殊的刺激性臭味，严重时会引起肺气肿。

HC 与 NO_2 的混合物在紫外线作用下进行光化学反应，由光化学过氧化物而形成的黄色烟雾，其主要成分是臭氧（O_3），该现象称为“光化学烟雾”。在大气中产生臭氧等过氧化物，对人的眼、鼻和咽喉黏膜有较强的刺激作用，引起结膜炎、鼻炎、支气管炎等症状，并伴随有难闻的臭味，严重时可致癌。1943 年美国发生的洛杉矶烟雾事件，1952 年伦敦的烟雾事件，以及1970年日本的四日市事件，都是最有代表性的光化学烟雾事件。在这些大气污染事件中，受害和死亡的人竟数以千计。1995年，我国的成都、上海发生了光化学烟雾，北京和南宁分别于1998年和2001年也产生过光化学烟雾事件。

（4）微粒（PM）

汽油机中主要微粒：铅化物、硫酸盐、低分子物质；柴油机中主要微粒为石墨形的含碳物质（炭烟）和高分子量有机物（润滑油的氧化和裂解产物）。柴油机的微粒量比汽油机多30～60倍，成分比较复杂。特别是炭烟，主要由直径0.1～10 μm的多孔性碳粒构成，它除了会被人体吸入肺部沉淀下来外，还往往粘附有SO_2及致癌物质，严重危害人体健康。

由燃烧室排放出的颗粒物（Particulate Matter）有三个来源，其一是不可燃物质，其二是可燃的但未进行燃烧的物质，其三是燃烧生成物。燃烧过程排出的颗粒物质的组成中大部分是固态碳，火焰中形成的固体碳粒子称为炭黑。炭黑可以在燃烧纯气体燃料时形成，但更多的则是在燃烧液体燃料时形成。颗粒物质的组成中除炭黑外还有碳氢化合物、硫化物和含金属成分的灰分等。含金属成分的颗粒物主要来自燃料中的抗爆剂、润滑油添加剂以及运动产生的磨屑等。

柴油发动机燃料燃烧不完全时，其内含有大量的黑色炭颗粒。形成的炭烟能影响道路上的能见度，并因含有少量的带有特殊臭味的乙醛，往往引起人们恶心和头晕。炭烟不仅本身对人的呼吸系统有害，而且炭烟粒的孔隙中往往吸附着二氧化硫及有致癌作用的多环芳香烃等。

（5）硫氧化物

汽车内燃机尾气中硫氧化物的主要成分为二氧化硫（SO_2）。当汽车使用催化净化装置时，就算很少量的SO_2也会逐渐在催化剂表面堆积，造成催化剂中毒，不但危害催化剂的使用寿命，还危害人体健康，而且SO_2还是造成酸雨的主要物质。

（6）二氧化碳

世界工业化进程引起的能源大量消耗，导致大气中CO_2的剧增，其中约30%来自汽车排气。CO_2为无色无毒气体，对人体无直接危害，但大气中CO_2的大幅度增加，因其对红外热辐射的吸收而形成的温室效应，会使全球气温上升、南北极冰层溶化、海平面上升、大陆腹地沙漠趋势加剧，使人类和动植物赖以生存的生态环境遭到破坏。因此，近年来CO_2的控制也已上升为汽车排放研究的重要课题。

（7）温室效应

汽车污染已成为世界性公害，其对于温室气体浓度增加的“贡献”不容忽视。汽车的内燃机实际上是一座小型化工厂，消耗大量石油资源。汽油燃爆后产生驱车动力，同时也产生了许多复杂的化学反应，排放出大量温室气体，加剧了温室效应。

汽车每燃烧1 kg汽油排出3.08 kg的二氧化碳。当二氧化碳含量升高时，会增强大气对太阳光中红外线辐射的吸收，阻止地球表面的热量向外散发，使地球表面的平均气温上升。这就是所谓的温室效应。

地球上接连出现的“厄尔尼诺”和“拉尼娜”现象都与温室效应加剧有关。城市因人口密集、高楼密集、公路密集，导致“城市热岛效应”更为严重。温室气体像毯子一样把热束缚在低层大气里，城市年平均气温比郊区高1℃，甚至更多。城市热岛效应已经改变了地方天气形势，特别是雨量分布形势已经发生改变。这是全球变暖在城市的反应。

汽车排放造成的大气污染还会破坏臭氧层，而臭氧损耗与气候变化通过某些机制相互联系。一些专家认为，臭氧层的破坏造成太阳辐射过强，也会导致高温天气。

大气环境是人类赖以生存的可贵资源，因此，减少温室气体排放、防止全球气候变暖是世界各国共同关注的问题。为了21世纪的地球免受气候变暖的威胁，1997年12月，149个国家和地区的代表在日本东京召开《联合国气候变化框架公约》缔约方第三次会议，会议通过了旨在限制发达国家温室气体排放量以抑制全球变暖的《京都议定书》。该议定书规定，在2008～2012年期间，发达国家的二氧化碳等六种温室气体排放量要在1990年的基础上平均削减5.2%，其中美国削减7%，欧盟8%，日本6%、加拿大削减6%、东欧各国削减5%～8%。

除以上几种物质外，还有臭气。它由多种成分组成，除了有臭味外，主要就是燃料的不完全燃烧产物，如甲醛、丙烯醛等。当汽车停留在街道路口时，产生这些物质较多，它能刺激眼睛的黏膜。除了燃烧条件有关外，臭气的产生还与燃料的组成有关。随着燃料中芳香烃的增加，排气中的甲醛略有减小，而芳醛少许增加，从而可以适当减少臭气，但却增加了更容易产生光化学烟雾的芳烃。

二、《汽油车污染物排放限值及测量方法（双怠速法及简易工况法）》（GB 18285—2018）

视频

汽油车废气排放污染物检测

1. 汽车双怠速工况下排气污染物测量方法及排放限值

怠速工况指汽车发动机最低稳定转速工况。即离合器处于接合位置、变速器处于空挡位置（对于自动变速器的车应处于“停车”挡或P位）；加速踏板处于完全松开位置。高怠速工况指满足上述（除最后一项）条件，用加速踏板将发动机转速稳定控制在本标准规定的高怠速转速下。本标准中将轻型汽车的高怠速转速规定为（2 500±200）r/min，重型车的高怠速转速规定为(1 800±200)r/min；如不适用的，按照制造厂技术文件中规定的高怠速转速。

注册登记检验和在用汽车检验以及其他装用点燃式发动机的汽车，采用双怠速法按GB 18285—2018进行检测，其检测结果应小于表7-1中规定的排放限值。

表7-1 双怠速法检验排气污染物排放限值

类别	怠速		高怠速	
	CO/%	HC/10^{-6}①	CO/%	HC/10^{-6}①
限值a	0.6	80	0.3	50
限值b	0.4	40	0.3	30

注：①对以天然气为燃料点燃式发动机汽车，该项目为推荐性要求。

文本

GB 18285-2018

排放检验的同时，应进行过量空气系数（λ）的测定。发动机在高怠速转速工况时，λ应在1.00±0.05之间，或者在制造厂规定的范围内。

2. 简易工况测量方法

GB 18285—2018规定了装用点燃式发动机的汽车稳态工况法、瞬态工况法和简易瞬态工况法三种简易工况测量方法。采用简易工况法的地区，采用地方排气污染物排放限值，经省级人民政府批准，报国务院环境保护行政主管部门备案后实施。

（1）稳态工况法（加速模拟工况ASM试验法）及排放限值

稳态工况法由两个试验工况组成，分别称为ASM 5025和ASM 2540。试验过程如图7-1所示。表7-2给出了具体试验循环说明。

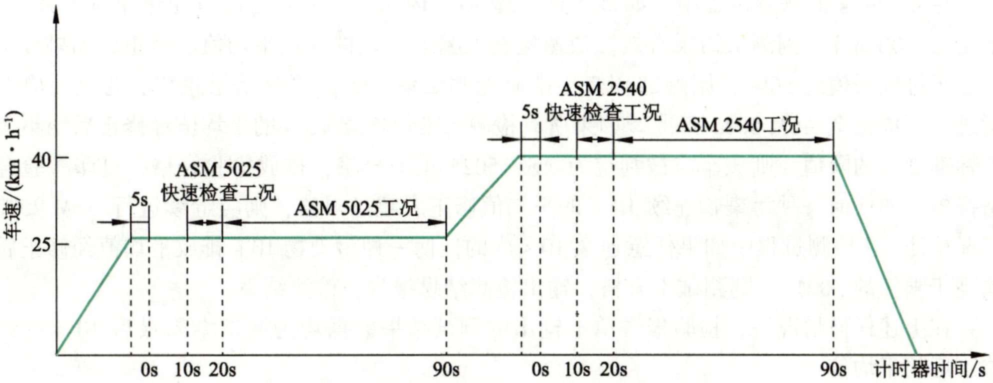

图 7-1　稳态工况法（ASM）测试运转循环

表 7-2　稳态工况法（ASM）测试运转循环表

工况	运转次序	速度/(km·h^{-1})	操作持续时 mt/s	测试时间 t/s
ASM 5025	1	0~25	/	/
	2	25	5	
	3	25	10	90
	4	25	10	
	5	25	70	
ASM 2540	6	25~40	/	/
	7	40	5	
	8	40	10	90
	9	40	10	
	10	40	70	

① ASM 5025 工况：经预热后的车辆，在底盘测功机上以 25.0 km/h 的速度稳定运行，系统根据测试车辆的基准质量自动施加规定的载荷，测试过程中应保持施加的扭矩恒定，车速保持在规定的误差范围内。

测试程序：

车辆驱动轮置于测功机滚筒上，将排气分析仪取样探头插入排气管中，插入深度至少为 400 mm，并固定于排气管上，对独立工作的多排气管应同时采样。

车辆经预热后，加速至 25 km/h，测功机根据车辆基准质量自动进行加载，驾驶人控制车辆保持在(25 ±2.0)km/h 等速运转，维持 5 s 后，系统自动开始计时 $t=0$ s。如果测功机的速度，或者扭矩，连续 2 s，或者累计 5 s，超出速度或者扭矩允许波动范围（实际扭矩波动范围不允许超过设定值的 ±5%），工况计时器置 0，重新开始计时。ASM 5025 工况时间长度不应超过 90 s($t<90$ s)，ASM 5025 整个测试工况最大时长不能超过 145 s。

ASM 5025 工况计时开始 10 s 后($t=10$ s)，开始进入快速检查工况，排气分析仪器开始采样，每秒测量一次，并根据稀释修正系数和湿度修正系数计算 10 s 内的排放平均值，运行 10 s($t=20$ s)后，ASM 5025 快速检查工况结束，进行快速检查判定。如果被检车辆没有通过快速检查，则车辆继续运行至计时器 $t=90$ s，ASM 5025 工况结束，期间车速应控制在(25.0 ±2.0)km/h 内。

在 0～90 s 的测量过程中，如果任意连续 10 s 内第 1～10 s 的车速变化相对于第 1 s 小于 ±1.0 km/h，则测试结果有效。快速检查工况 10 s 内的排放平均值经修正后如果等于或低于排放限值的 50%，则测试合格，排放检测结束，输出检测结果报告；否则，应继续进行完成整个 ASM 5025 工况。如果所有检测污染物连续 10 s 的平均值经修正后均不大于标准规定的限值，则该车应被判定为 ASM 5025 工况合格，排放检验合格，打印检验合格报告。如任何一种污染物连续 10 s 的平均值修正后超过限值，则应继续进行 ASM 2540 工况检测；在检测过程中如果任意连续 10 s 内的任何一种污染物 10 s 排放平均值经修正后均高于限值的 500%，则测试不合格，输出检测结果报告，检测结束。

在上述任何情况下，检验报告单上输出的测试结果数据均为测试结果最后 10 s 内经修正后的平均值。

② ASM 2540 工况：经预热后的车辆，在底盘测功机上以 40.0 km/h 的速度稳定运行，系统根据测试车辆的基准质量自动施加规定的载荷，测试过程中应保持施加的扭矩恒定，车速保持在规定的误差范围内。

测试程序：

车辆驱动轮置于测功机滚筒上，将排气分析仪取样探头插入排气管中，插入深度至少为 400 mm，并固定于排气管上，对独立工作的多排气管应同时取样。

ASM 5025 工况排放检验不合格的车辆，需要继续进行 ASM 2540 工况排放检验。被检车辆在 ASM 5025 工况结束后应立即加速运行至 40.0 km/h，测功机根据车辆基准质量自动加载，车辆保持在(40±2.0)km/h 范围内等速运转，维持 5 s 后开始计时($t=0$ s)。如果测功机的速度或者扭矩，连续 2 s，或者累计 5 s，超出速度或者扭矩允许波动范围（实际扭矩波动范围不允许超过设定值的 ±5%），工况计时器置 0，重新开始计时。ASM 2540 工况时间长度不应超过 90 s($t<90$ s)，ASM 2540 整个测试工况最大时长不能超过 145 s。

ASM 2540 工况记时开始 10 s 后($t=10$ s)，开始进入快速检查工况，计时器为 $t=10$ s，排气分析仪器开始测量，每秒测量一次，并根据稀释修正系数和湿度修正系数计算 10 s 内的排放平均值，运行 10 s($t=20$ s)后，ASM 2540 快速检查工况结束，进行快速检查判定。如果被检车辆没有通过快速检查，则车辆继续运行至计时器 $t=90$ s，ASM 2540 工况结束，期间车速应控制在(40.0±2.0)km/h 内。

在 0～90 s 的测量过程中，如果任意连续 10 s 内第 1～10 s 的车速变化相对于第 1 s 小于 ±1.0 km/h，则测试结果有效。快速检查工况 10 s 内的排放平均值经修正后如果不大于排放限值的 50%，则测试合格，排放检测结束，输出检测结果报告；否则应继续进行至 90 s 工况。如果所有检测污染物连续 10 s 的平均值经修正后均低于或等于标准规定的限值，则该车应被判定为排放检验合格，排放检测结束，输出排放检验合格报告。如任何一种污染物连续 10 s 的平均值修正后超过限值，则车辆排放测试结果不合格，继续进行到本工况检测结束，输出不合格检验报告。在检测过程中如果任意连续 10 s 内的任何一种污染物 10 s 排放平均值经修正后均高于限值的 500%，则测试不合格，检测结束。

在上述任何情况下，检验报告单上输出的测试结果数据均为测试结果最后 10 s 内经修正后的平均值。

注册登记检验和在用汽车检验以及其他装用点燃式发动机的汽车，采用稳态工况法按附录 B 进行检测，其检测结果应小于表 7-3 中规定的排放限值。

表7-3 稳态工况法排气污染物排放限值

类别	ASM 5025			ASM 2540		
	CO/%	HC/10^-6①^	NO/10^-6^	CO/%	HC/10^-6①^	NO/10^-6^
限值 a	0.50	90	700	0.40	80	650
限值 b	0.35	47	420	0.30	44	390

注：①对以天然气为燃料点燃式发动机汽车，该项目为推荐性要求。

应同时进行过量空气系数（λ）的测定。

（2）瞬态工况法及排放限值

① 测试系统：瞬态工况法循环试验模式是根据汽车的排放性能、行驶特点、交通状况、道路条件、车流密度、气候地形等因素，经大量统计，仔细分析而制定的，以求最大限度地重现运行时的排放特性。

该系统需要精度较高，电控功能完善，有齐备的惯量模拟装置的底盘测功机，用以模拟汽车在道路上行驶的状况并配以相应的排气采样系统和气体分析仪表。规定用不分光红外线（NDIR）分析仪测量 CO，火焰离子法分析测量 HC，化学发光分析仪测量 NO_x，同时配以有效的计算机管理和数据处理系统。汽车的运作工况也要自动控制以确保运作的规范化，用提醒设备（司机助）指示驾驶人按指定的工况驾驶车辆，如图 7-2 所示。

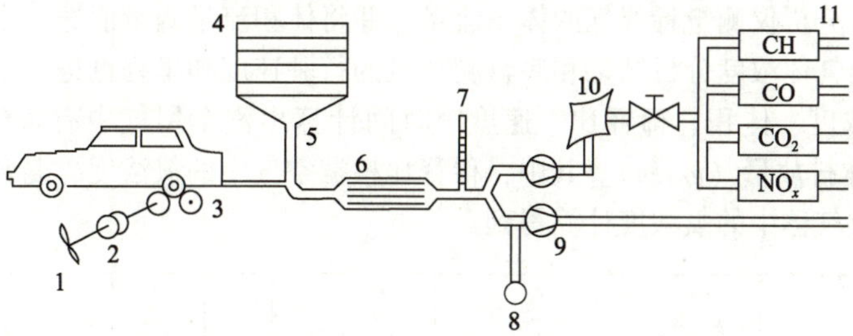

图 7-2 测试系统

1—制动器；2—惯性质量；3—排气；4—空气滤清器；5—稀释空气；6—冷却器；7—排气温度；8—压力；9—气泵；10—取样袋（1001）；11—出口

② 测试循环：由四个城市循环加一个郊区循环组成，如图 7-3 所示。

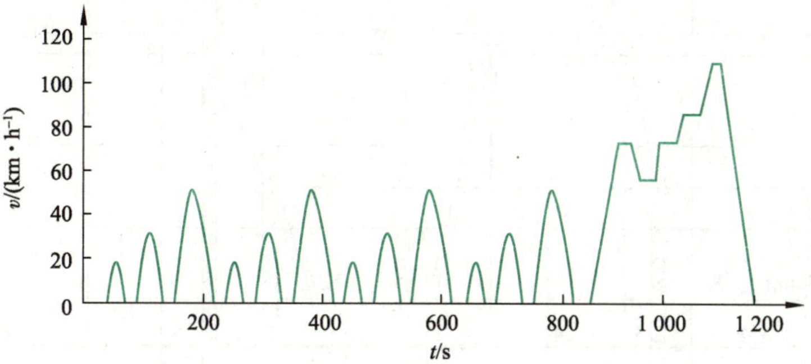

图 7-3 测试循环

循环里程：11 km。

平均车速：32.5 km/h。

最高车速：120 km/h。

循环时间：1 220 s。

③ 测试标准（g/km）：GB 18352. 6—2016《轻型汽车污染物排放限值及测量方法（中国第六阶段）》标准简介。

- 本标准适用范围：以点燃式发动机或压燃式发动机为动力、最大设计车速大于或等于 50 km/h 的轻型汽车（包括混合动力电动汽车）。
- 本标准执行日期：第Ⅵ阶段 2020 年 7 月 1 日执行。
- 第Ⅵ阶段的限值见表 7-4。

表 7-4 第一类车第Ⅵ阶段的限值

Ⅵ(6a)阶段/(mg·km^{-1})						Ⅵ(6b)阶段/(mg·km^{-1})					
CO	THC	NMHC	NO_x	N_2O	PM	CO	THC	NMHC	NO_x	N_2O	PM
700	100	68	60	20	4. 5	500	50	35	35	20	3. 0

（3）简易瞬态工况法及排放限值

汽车在底盘测功机上按国家标准要求的特定工况行驶（“模拟车道”）如图 7-4 所示，底盘测功机模拟车辆在不同工况下的加速惯量和道路行驶的瞬态工况负荷，汽车原始排放尾气一部分通过采样探头直接进入高精度五气分析仪，分析尾气排放中 CO、CO_2、HC、NO_x、O_2的浓度值。同时，其余全部尾气经过收集装置，由周围空气进行稀释后在风机的作用下送入流量分析仪测量稀释气的体积流量，并将体积流量测量值送入主控计算机，同时五气分析仪的气体浓度分析结果和底盘测功机的行驶速度和里程也送入主控计算机，计算机根据气体浓度、体积、稀释比、速度、时间计算出汽车尾气中有害气体 CO、CO_2、HC、NO_x 的总体排放量（g/km）。其中，稀释比根据空气中的氧浓度、混合气的氧浓度以及汽车原始排放气体中的氧浓度计算得到。

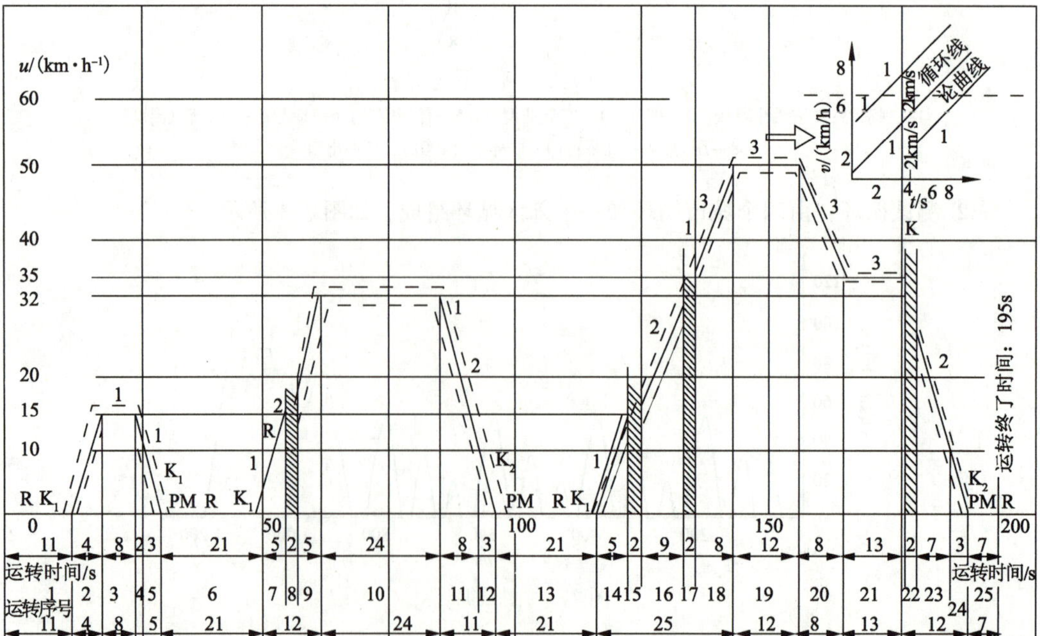

图 7-4 简易瞬态行驶工况

VMAS 系统由四部分组成：

① 汽车底盘测功机：对汽车按规定工况进行加载。

② 五气分析仪：对汽车排气中的 HC、CO、CO_2、NO、O_2进行分析和测量。

③ 流量分析仪：对稀释后的汽车排气进行流量检测，以及 O_2浓度检测。

④ 主控计算机系统：对测量过程进行自动控制，以及对各个测量数据进行处理和计算，得出测量结果。

VMAS 系统组成示意图如图 7-5 所示。

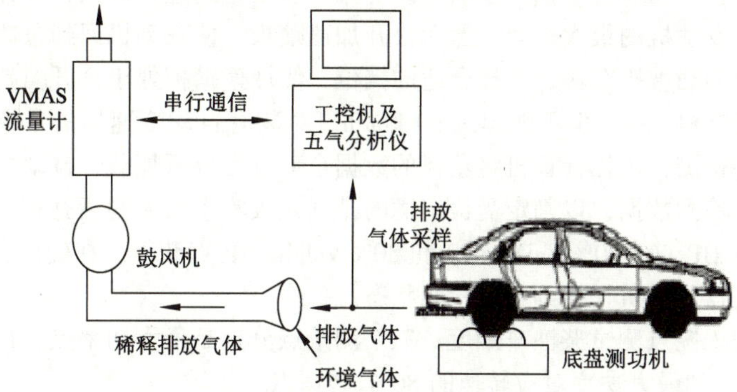

图 7-5　VMAS 系统组成图

注册登记检验和在用汽车检验以及其他装用点燃式发动机的汽车，采用简易瞬态工况法按附录 D 进行检测，其检测结果应小于表 7-5 中规定的排放限值。

表 7-5　简易瞬态工况法排气污染物排放限值

类　别	CO/(g·km^{-1})	HC/(g·km^{-1})①	NO_x/(g·km^{-1})
限值 a	8.0	1.6	1.3
限值 b	5.0	1.0	0.7

注：①对于装用以天然气为燃料点燃式发动机汽车，该项目为推荐性要求。

应同时进行过量空气系数（λ）的测定。

三、柴油机排放污染物的检测工况与限值

1. 柴油机自由加速烟度法及排放限值

柴油发动机自由加速工况是指发动机处于怠速状态时，将加速踏板迅速踏到底，维持 4 s 后松开，此时状况定义为自由加速工况。

视频

柴油车自由加速废气排放污染物检测

在自由加速工况下，从排气管中抽取一定量的排气（或者全部的排气），采用不透光式烟度计或滤纸式烟度计进行检测，来判定试验车辆的烟度排放是否满足标准。这种试验方法称为自由加速烟度法。采用两类烟度计测量的试验方法及操作步骤基本一样，只是使用的仪器测量原理不同，相应测试结果的烟度单位也不相同。

文本

GB 3847-2018

按照 GB 3847—2018《柴油车污染物排放限值及测量方法（自由加速法及加载减速法)》的规定，注册登记、在用汽车 OBD 检查和氮氧化物测试自 2019 年 11 月 1 日起实施，自由加速试验烟度排放限值见表 7-6。

表 7-6　在用汽车和注册登记排放检验排放限值（自由加速法）

类　别	自由加速法
	光吸收系数（m^{-1}）或不透光度（%）
限值 a	1.2（40）
限值 b	0.7（26）

2. 柴油车全负荷稳定转速试验法（加载减速烟度法）

启动发动机，变速器置空档，逐渐增大节气门开度直到达到最大，并保持在最大开度状态，记录这时发动机的最大转速，然后松开加速踏板，使发动机回到怠速状态。

使用前进挡驱动被检车辆，选择合适的挡位，使加速踏板处于全开位置时，测功机指示的车速最接近 70 km/h，但不能超过 90 km/h。对装有自动变速器的车辆，应注意不要在超速挡下进行检测，主控计算机将获得的数据自动进行分析加载，自动控制系统采集三个测量工况点的检测数据，以判定受检车辆的排气光吸收系数 K 是否达标，三个测量工况点分别在 VelMaxHP 点、90% VelMaxHP 和 80% VelMaxHP 点获得。在确认车辆可以进行排放检测后，将底盘测功机切换到自动检测状态。

在三个加载工况点测试柴油车烟度。三个测量点分别是最大功率点、最大功率对应转速的 90% 转速点和最大功率对应转速的 80% 转速点。

注册登记、在用汽车 OBD 检查和氮氧化物测试自 2019 年 11 月 1 日起实施，表 7-7 为加载减速法测试在用汽车和注册登记排放检验排放限值。

表 7-7　在用汽车和注册登记排放检验排放限值（加载减速烟度法）

类　别	加载减速烟度法	
	光吸收系数（m^{-1}）或不透光度（%）①	氮氧化物（$\times 10^{-6}$）②
限值 a	1.2（40）	1 500
限值 b	0.7（26）	900

注：①海拔高于 1 500 m 的地区加载减速法可以按照每增加 1 000 m 增加 0.25 m^{-1} 幅度调整，总调整不得超过 0.75 m^{-1}。

② 2020 年 7 月 1 日前限值 b 过渡限值为 1 200 $\times 10^{-6}$。

视频

汽车噪声

四、汽车噪声

1. 汽车噪声的危害

随着现代交通运输的发展。城市交通工具越来越多，运行的速度越来越快，运输工具的功率越来越大，交通运输噪声已成为现代城市环境的最主要的噪声源之一。据一些大城市统计，交通运输噪声均占城市噪声的 75%，而交通运输噪声的最主要声源是道路上的机动车辆。车辆噪声主要包括发动机噪声、排气噪声、车体振动噪声、传动机构噪声和高速行驶产生的轮胎噪声，有时喇叭噪声和制动噪声也是车辆主要噪声源。

大量的试验和调查说明，噪声的危害是多方面的。噪声可以使人的听力下降，甚至耳聋。当短时间暴露在一定强度的噪声中以后，会感到原来听得见的声音，现在听不见了，说明耳朵的听力下降，到安静的环境中休息一段时间以后，听觉又恢复了。如果长时间暴露在一定强度的噪声环境中后，听力下降则不能再恢复。前者称暂时性耳聋；后者称为噪声性耳聋。噪声对听力的损害与噪声的强度、频率、暴露时间等有关。噪声级越高，暴露时间越长，噪声性耳聋的发病率也越高。一般说来，经常暴露在90 dB（A）以上的噪声环境中时，就可能产生噪声性耳聋。

在噪声的影响下，也可能诱发一些其他疾病，噪声作用于人的中枢神经系统，使大脑皮层兴奋、抑制失调、产生头疼、脑胀、昏晕、耳鸣、失眠、心慌等症状。噪声也可以影响人的各个系统，如消化系统、内分泌系统等，近年来，人们发现，在一定的强度噪声影响下，人们会出现心跳过速、心律不齐、血压增高等症状。

当然，噪声更会影响人们的正常学习、工作和休息。试验证明，40 dB以上的噪声，对睡眠就会有影响；50 dB以上，教室和会议室讲话，听懂率下降；60 dB以上。对讲话会产生障碍；70 dB以上，对打电话产生障碍。在吵闹的环境中，人们注意力不易集中，容易疲乏，并反应迟钝。这样不仅影响工作质量，而且影响工作效率。驾驶人长时间在耳旁噪声较高的情况下驾驶，容易疲劳，反应迟缓，影响行车安全。

2. 汽车噪声的来源

按照噪声产生的过程，可将汽车噪声源大致分为两类，一是与发动机运转有关的噪声；另一类是与汽车行驶有关的噪声。与发动机运转有关的噪声主要包括发动机运转时发出的燃烧噪声、机械噪声、进排气噪声和风扇噪声，以及发动机运转时所带动的各种附件（如压气机、发电机等）发出得噪声。与汽车行驶有关的噪声主要包括：传动机构（变速器、传动轴及驱动桥）的机械噪声、轮胎发出的噪声、车身振动及和空气作用所发出的噪声。

（1）发动机噪声

① 燃烧噪声和机械噪声：发动机的燃烧噪声是指气缸内燃料燃烧产生的声音，而机械噪声是由于发动机运转而引起的声音。为了研究方便起见，通常把燃烧时气缸压力通过活塞、连杆、曲轴、缸体及气缸盖等引起发动机结构表面振动而辐射出来的噪声叫燃烧噪声。把活塞对缸套的敲击声、配气机构，正时齿轮和喷油泵的噪声称作机械噪声。

a. 燃烧噪声：燃烧噪声是由于气缸内周期性变化的气体压力的作用而产生的。主要表现为气体燃烧时急剧上升的气缸压力通过活塞、连杆、曲轴缸体及缸盖等引起发动机结构表面振动而辐射出来的噪声。压力升高率是影响燃烧噪声的根本因素。因而，燃烧噪声主要集中于速燃期，其次是缓燃期。柴油机由于压缩比高，压力升高率过大，其燃烧噪声比汽油机高得多。

b. 机械噪声：机械噪声是指由于气体压力及机件的惯性作用，使相对运动零件之间产生撞击和振动而形成的噪声。主要包括：活塞连杆组噪声（活塞、连杆、曲轴等运动件撞击气缸体产生的噪声）、配气机构噪声、柴油机供给系噪声等。

活塞连杆组噪声是发动机最主要的机械噪声源。其噪声大小与活塞和缸壁间隙、发动机转速、负荷、活塞与缸壁间润滑条件、活塞的结构及材料、活塞环数及张力，缸套厚度等有关。

配气机构噪声是由于气门开启和关闭时产生的撞击以及系统振动而形成的噪声。气门运动速度、气门间隙、配气机构结构形式、零部件刚度及质量等是影响配气机构噪声的主要因素。

齿轮机构噪声是由齿轮啮合时所产生的噪声和齿轮固有振动噪声组成。影响齿轮噪声的因素主要有齿轮的运转状况、齿轮的设计参数、齿轮的加工精度等。

柴油机供油系噪声主要是由于喷油泵，喷油器和高压油管系统振动引起的。其中喷油泵形成的噪声是主要的机械噪声。为降低喷油泵噪声，可提高泵体刚度，采用特种金属或塑料材料，采用隔声罩等。

② 进、排气噪声：进、排气噪声是由于发动机在进、排气过程中的气体压力波动和高速气体流动所引起的振动而产生的噪声。进、排气噪声的强弱受发动机转速和负荷影响较大。随发动机转速的提高，进气噪声增大，负荷对进气噪声影响较小；随着发动机转速的增加，空负荷比满负荷增加的比率更大些。降低进气噪声的最有效措施是，设计合适的空气滤清器，或采用进气消声器。

③ 风扇噪声：风扇噪声由旋转噪声和涡流噪声所组成。旋转噪声是由于风扇旋转时叶片切割空气，引起空气振动所产生的。涡流噪声是由于风扇旋转时叶片周围产生的空气涡流造成的。影响风扇噪声的主要因素是风扇转速。此外，还包含一些机械噪声。

（2）传动机构噪声

变速器噪声主要是因齿轮振动引起的噪声，以及轴承运转声、润滑油搅拌声，发动机振动传至变速器箱体而辐射的噪声等。提高齿轮加工精度，选择合适的齿轮材料，设计固有振动频率高、密封性好、隔声性强的齿轮箱等均可减少变速器噪声。

传动轴噪声主要表现为汽车行驶中传动轴发出周期性响声，且车速越高响声越严重，甚至引起车身发生抖动、驾驶人握转向盘的手有麻木感，这是由于传动轴变形、轴承松旷及装配不良等原因造成的。提高装配精度，检查平衡片有无脱落，避免超速行驶，可减少传动轴噪声。

驱动桥噪声在汽车行驶时车后部发出较大的响声，且车速越高响声越大。主要是齿隙不合适、齿轮装配不当、轴承调整不当等原因造成的。

（3）制动噪声

制动噪声是汽车制动过程中由制动器摩擦诱发引起制动器等部件振动发出的声响，通常称为制动尖叫声。特别是制动器由热态转为冷态时更容易产生这种噪声。该高频噪声不仅影响汽车的舒适性，还会给驾驶人带来不必要的担心。

鼓式制动器比盘式制动器产生的噪声大。通常发生在制动蹄摩擦片端部和根部与制动鼓接触的情况下。其噪声大小取决于制动蹄摩擦片长度方向上的压力分布规律，还受制动系统及零部件刚度的影响。

（4）轮胎噪声

轮胎噪声包括轮胎花纹噪声、道路噪声、弹性振动噪声以及轮胎旋转时搅动空气引起的风噪声。

花纹噪声和道路噪声都是轮胎和路面相互作用而产生的噪声。汽车行驶时，轮胎接地部分胎面花纹沟槽内的空气以及路面的微小凹凸与地面间的空气，在轮胎离开地面时、受到一种类似于泵的挤压作用引起周围空气压力变化从而产生噪声。弹性振动噪声是由于轮胎不平衡、胎面花纹刚度变化或路面凹凸不平等原因激发胎体振动而产生的噪声。

影响轮胎噪声的因素主要有轮胎花纹、车速及负荷、轮胎气压、装配情况、轮胎磨损程度和路面状况等。

3. 汽车噪声的测量原理

汽车噪声的测量原理：利用传声器将波动的声压信号转换成电压信号，通过前置放大器进行阻抗变换，然后输入放大器。放大器将微弱的电压信号加以放大（当输入信号较大时，再通过衰减器做适当的衰减，以保证放大器在最佳状态下工作），放大电压信号经插在输入和输出放大器之间的滤波器和计权网络进行滤波，但它还不能直接供人们识别，因此必须加入检波器和显示装置。最后将得到的直流均方根电压信号输入仪表。该仪表的刻度是经过专门标定的，可以直接读出声压级的分贝数。

4. 汽车噪声的测量标准

为了有效地控制汽车噪声，对机动车的噪声控制作了如下规定：

① GB 7258—2017 中规定，汽车（纯电动汽车、燃料电池汽车和低速汽车除外）驾驶人耳旁噪声声级应小于或等于 90 dB（A）。

② 喇叭性能要求：GB 38900—2020 中规定，喇叭应能发出连续、均匀的声响，声压级应为 90 ~ 115 dB（A）。

五、汽车节能减排综合治理措施

党的二十大报告指出，实现碳达峰碳中和是一场广泛而深刻的经济社会系统性变革，要推动能源清洁低碳高效利用，推进工业、建筑、交通等领域清洁低碳转型。作为能源依赖性强、工业支撑作用明显的汽车产业，碳排放量大，减碳任务艰巨。目前，在我国，交通运输行业约占全国碳排放总量的 10% 左右，其中汽车碳排放量占我国交通领域碳排放总量的 80% 以上。

汽车产业作为国民经济的重要支柱产业，在国民经济和社会发展中发挥着重要作用，但节能、环保等问题正成为制约其快速发展的瓶颈，也越来越受到社会的关注和重视。科技部等九部门联合发布《科技支撑碳达峰碳中和实施方案（2022 ~ 2030 年）》，其中，就汽车行业和交通领域专门推出了低碳零碳技术攻关行动。因此，科学减排、创新降碳是汽车行业践行“双碳”目标的主流趋势，汽车行业减碳的效果和效率也将明显提升。对于落实国家能源发展战略，推进碳达峰碳中和，加快建设资源节约型社会具有重要意义。

1. 汽车行业节能减排需要国家配套的政策支持

对于我们国家来说，建立并完善节能减排的标准和法规是当前的关键。这样才能促进汽车产业的进步。光靠宣传和教育，节能减排的最终目标恐怕难以实现。我们在完善政策法规时，很多基础性工作要都做扎实，单纯抓数字是远远达不到预期效果的。

2. 提高汽车节能减排研发技术水平

以内燃机为动力的交通工具，之所以产生高能耗、高污染物排放，主要是油气的供应量不够精确以及燃料燃烧不充分所造成的。我们多采用提高发动机综合性能，车身轻量化等技术措施来提高汽车的节能减排水平。总结为以下几方面：

（1）提高发动机的综合性能

① 稀薄燃烧技术。稀薄燃烧技术的最大特点是燃烧效率高，经济、环保，同时还可以提升发动机的功率输出。因为在稀薄燃烧的条件下，由于混合气点火比理论空燃比条件下困难，爆燃也就更不容易发生，因此可以采用较高的压缩比设计来提高热能转换效率，再加上汽油能在过量的空气中充分燃烧，所以在这些条件的支持下能使汽油充分燃烧。

② 汽油机的燃油电子控制喷射技术。燃油电子控制喷射系统是以燃油喷射装置取代化油器，通过微电子技术测量吸入发动机的空气量，再把适量的燃油采取高压喷射的方式供给发动机。燃油电子控制喷射技术的应用，大大改良了汽车的燃油经济性，使得缸内进油更科学，更准确。这种技术可使发动机的功率提高 10%，在耗油量相同的情况下，扭矩可增大 20% 以上，油耗降低 10% ~12%，尾气排放可降低 30% ~50%。

③ 优化设计燃烧系统。它涉及活塞顶和缸盖的形状，火花塞的位置，进、排气门的尺寸和数量，以及进气口的设计等一系列问题。设计者对燃烧室形状、燃烧室布置以及喷

射系统进行优化设计，改良燃烧状况，提高排放标准。

④ 闭环控制技术。该系统是一个实时的氧传感器、计算机和燃油量控制装置三者之间闭合的三角关系。采用闭环控制的电喷发动机，由于能使发动机始终在较理想的工况下运行（空燃比偏离理论值不会太多），从而能保证汽车不仅具有较好的动力性能，还能大幅度省油。

（2）车身轻量化

多使用铝合金或其他轻型材料，减轻汽车零部件质量，降低整车重量，达到节省燃料的目的。

（3）制动能量回收系统

将制动时产生的热能转换，并将其存储在电容器内，在使用时将其迅速释放。比如，我们可将飞轮与发电机相连接，将动能转化为电能贮存起来。这样既提高了发动机的工作效率，又适度降低了耗油量。

（4）新型燃料的开发利用

比如以氢气代替燃油作为燃料，开发电动汽车、天然气发动机、混合动力轿车等。

（5）发展净化汽车尾气技术

① 三元催化器是安装在汽车排气系统中最重要的机外净化装置，它可将汽车尾气排出的 CO、HC 和 NO_x 等有害气体通过氧化和还原作用转变为无害的二氧化碳、水和氮气。

② OBD（车载自动诊断系统）。这个系统将从发动机的运行状况随时监控汽车是否尾气超标，一旦超标，会马上发出警示。

3. 运输企业节能减排

（1）节能减排工作要有可操作、便于实施的方案

① 要建立自上而下的、完整的、有执行力的组织体系。

② 要有责任到单车、到责任人的考核方案。

③ 节能减排要有年度目标，月度考核，兑现奖罚到具体的责任人。

④ 对各级领导责任人、实行节能减排目标责任制考核，并作为干部使用的主要依据之一。

⑤ 建立健全节能减排统计信息反馈系统。及时、准确、全面、客观地把握工作进度和动态。

⑥ 节能减排要及时检查，兑现奖罚。

（2）建设素质优良的节能减排员工队伍

世间万物，人是最宝贵，如果没有高素质的企业掌舵人，在节能减排工作中，就不会有正确的决策；没有素质优良的节能减排职能责任人，节能减排就无法落实企业领导的正确决策；没有素质优良的生产一线的劳动者，机动车辆就无法科学调度，就难以保障车辆处于优良的技术状态；没有素质优良的驾驶人就无法正确地使用和驾驶车辆。节能减排无论在硬件方面还是软件方面，落实各项节能减排的措施，说到底，仍是建设一支优良团队的问题。

（3）选好车辆是做好节能减排工作最主要的物质保证

道路运输企业选购车辆的正确与否，是关系到企业生死存亡的重大影响因素。选择正确企业终身受益，选择错误，贻害企业终生。

选购车辆要尊重科学技术是第一生产力的客观规律，要充分发挥工程技术人员的作用。充分地对选购的车辆进行综合经济技术可行性分析和研究。要从汽车市场宏观研究和

把握开始，通过对所选车辆在生产实践中的现实经济技术数据进行深入的、全面的、专业的研究。深入到生产一线的客车生产地，深入到工程技术人员和技术工人中间，深入到运输公司的司机、修理工、检验员中间，利用各种调研方法，进行调查研究和分析。实践出真知，书上得来终觉浅，绝知此事要躬行。正确的结论产生于反复、深入、专业的调查研究之后。

（4）驾驶人是落实节能减排工作的最直接因素

机动车掌握在驾驶人的手中脚下，无论管理的软措施，还是硬办法，驾驶人的主观能动性，决定了车辆节能减排的命运。因此做好驾驶人的培养工作十分重要。

要将驾驶人的主观能动性、节能减排的主观意识，职业道德和技术通过培养、教育、管理制度，引导到节能减排的正确轨道上来。只有驾驶人在主观意识上想节能减排、车辆的节能减排才能落到实处。

驾驶人要爱岗敬业，钻研驾驶技术，做好车辆日常维护工作，保持车辆技术状况完好，及时发现和报修车辆故障，对车辆技术状况了如指掌。

4. 绿色汽修

绿色汽修是在汽车维修行业倡导节能减排的核心理念和具体措施。

（1）开展绿色汽修

① 创建“绿色汽修”是建设资源节约型、环境友好型行业的重要举措。以废机油为例，按照每辆车每年产生 20 升废机油测算，每年将产生 20 亿升。

② 创建“绿色汽修”是发展循环经济、建设低碳社会的内在要求。按照 2010 年底我国乘用车保有量 4 000 万辆测算，每年消耗冷媒达 23 850 吨，如果汽车空调维修时都能够实现回收再利用，将会减少使用 11 925 吨冷媒，相当于减少排放 1 500 万吨二氧化碳。

③ 创建“绿色汽修”是促进机动车维修行业可持续发展的有效途径。

（2）绿色汽修创建目标

① 着力引导维修企业树立科学修车的理念，维修从业人员环境保护、节能增效的意识普遍增强。

② 着力引导企业制定落实环境保护和资源节约的规章制度，绿色汽修生产管理机制行之有效。

③ 着力引导企业积极使用新设备、新工艺、新材料，加大技术创新力度，形成一套维修废弃物和有害排放物少、资源利用效率高的工艺规范。

（3）绿色汽修的具体技术

① 绿色机电维修技术。

a. 超声波清洗零部件技术。鼓励规模较大的机动车维修企业应用节能环保的零部件清洗技术，充分发挥超声波清洗的省时省力、清洗效果好、节约资源的特点。

b. 制冷剂循环利用技术。严格执行《汽车空调制冷剂回收、净化、加注工艺规范》和《汽车空调制冷剂回收、净化、加注设备》行业标准，走循环经济发展之路，实现制冷剂的再生和循环利用。

c. 尾气收集净化技术。要求维修企业在车间调试工位使用尾气收集净化装置，净化车间工作环境，保障职工身体健康。

d. 不解体检测诊断技术。要求维修企业广泛应用不解体检测诊断技术，提高故障诊断的准确率，提高工作效率，减少不必要的浪费。

② 绿色钣金技术。

a. 等离子切割技术。鼓励有条件的企业采用等离子切割技术，提高切割质量。

等离子切割机的工作原理：利用高温等离子电弧的热量使工件切口处的金属部分或局部熔化（和蒸发），并借高速等离子的动量排除熔融金属以形成切口的一种加工方法。

等离子设备工作过程的本质：射枪内部喷嘴（阳极）与电极（阴极）间产生电弧，使其间的湿气发生电离，从而达到等离子的状态。此时电离的蒸气受内部产生的压强以等离子射束的形式喷出喷嘴，其温度为 8 000 ℃左右。借此对非燃材料进行切割，焊接，熔焊以及其他形式的热处理加工。

等离子切割机配合不同的工作气体可以切割各种氧气切割难以切割的金属，尤其是对于有色金属（不锈钢、铝、铜、钛、镍）切割效果更佳；其主要优点在于切割厚度不大的金属的时候，等离子切割速度快，尤其在切割普通碳素钢薄板时，速度可达氧切割法的 5 ~ 6 倍、切割面光洁、热变形小、几乎没有热影响区。

b. 车身焊接技术。鼓励企业应用二氧化碳保护焊、点焊等焊接技术，提升焊接质量，减少烟尘污染。

c. 车身测量、校正技术。维修企业采用精确的车身测量设备和校正设备，提高车身校正的精度，减少因锤击产生的噪音。

③ 绿色涂漆技术。

a. 喷烤漆房废气净化技术。督促维修企业完善烤漆房废气净化装置，有效过滤废气，净化周边环境。

b. 红外线烤漆技术。鼓励维修企业采取红外线烤漆技术，降低维修成本，减少污染。

c. 无尘干磨技术。鼓励维修企业采用全程无尘干磨技术，提高工作效率和涂漆质量

d. 省漆喷涂技术。鼓励维修企业采用环保省漆喷枪（高流低压喷枪），提高漆料有效使用率。

e. 喷枪清洗技术。鼓励维修企业采用喷枪清洗机，循环利用清洗溶剂，提高喷枪清洗质量。

④ 绿色总成修复技术。

⑤ 其他绿色维修技术。

a. 集中供气技术。鼓励维修企业采取集中供气，降低能耗，消除车间气泵噪音。

b. 废水收集净化技术（油水分离）。要求维修企业对企业的废水排放进行有效管理，达到沉淀、油水分离的作用，减轻污水排放给环境带来的污染。

c. 维修废弃物分类回收。要求维修企业对维修废弃物进行分类回收，规范处理。

5. 在汽车使用过程中

① 行驶最短的路线：如果每天多行驶 2 km，平均每月多消耗 6 L 汽油，一辆车每月将多排放 270 g 的二氧化碳。

② 减少短途行驶：短途出行，尽量以步行或使用其他代步工具。汽车冷车的发动机需要运行相当一段时间后才能让各部件达到最佳状态，即暖车过程，有效油耗较低，这个距离一般来说是 4 km。否则，每月油耗净增 15L 是轻而易举的。

③ 减少载重：车上每 5 kg 物品随车行驶 1 000 km，就会消耗 0.4 L 燃料。没用，暂时不用或用处不大的物品或附件尽量减少。

④ 平缓加油，匀速行驶，及时换挡，尽量挂高挡等正确驾驶方法都会节省燃油降低

排放。

⑤ 高速行驶时不开窗户：开车窗，风阻将增加30%。

⑥ 避免长时间怠速：发动机怠速3 min的油耗可让汽车行驶1 km。

⑦ 定期给车打蜡：安全就是最大的环保，每处理一次事故所需要消耗的能耗是发生事故的170多倍。事实证明，打蜡车辆的亮度比非打蜡车辆高23%，而被其他司机发现的概率高12%，而事故率低3.2%。同时提高了汽车的光洁度，利于降低风阻。

⑧ 使用匹配的标号燃油：如果一部车常年使用标号不匹配的燃油，排放超过正常情况4%，发动机的寿命将缩短一年。

⑨ 定期保养车辆：保养可以防患于未然，保养比较好的车在没有发生严重事故的情况下发生故障的概率还不到1%。而在常见的故障中，有83%是因为没有科学的保养而造成的。

⑩ 保证轮胎正常气压：经测试符合规定要求的胎压可以降低油耗3.3%。若轮胎气压降低30%，当汽车以40 km/h的速度行驶时，轿车油耗增加5%～10%，柴油载货汽车油耗增加20%～25%。还会降低轮胎的使用寿命，高速时有爆胎的危险。

⑪ 离合器踩到底：半离合状态齿轮的磨损是完全离合磨损的3倍。而回收一个离合器所需要消耗的能量是制造一个离合器的2倍。

⑫ 车身凹陷时应及时维修：车身的造型和流线不只为符合审美而设计，降低风阻是主要目的，车身凹陷，破坏了流线造型，加大了风阻，增加了油耗。

知识拓展

视频

五气分析仪

五气分析仪

我国现行标准规定在双怠速工况、稳态工况和简易瞬态工况下，可用五气分析仪测量点燃式发动机汽车的排气污染物浓度。

五气分析仪（见图7-6）可测量汽车的排气污染物中的五种气体成分：HC、CO、CO_2、NO_x和O_2，其中HC、CO、CO_2采用不分光红外线法测量，可获得满足需求的测试精度。而O_2和NO采用电化学法测量，分别采用氧电化学传感器和一氧化氮电化学传感器测定。同时，还能测量大气温度、大气压力、发动机转速和排气温度等参数，并能显示过量空气系数λ的值。

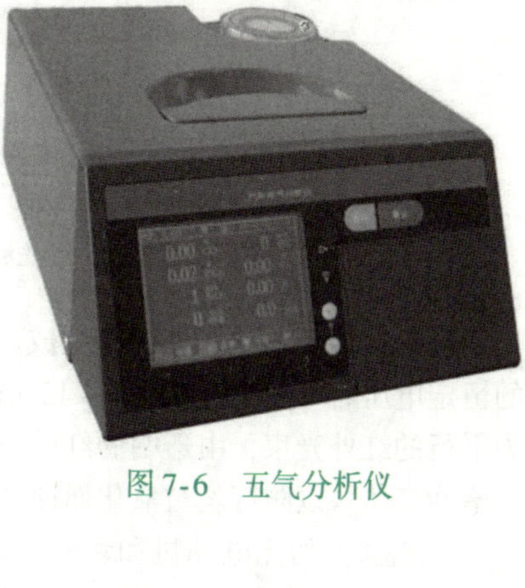

图7-6　五气分析仪

五气分析仪主要由排气取样系统、红外光学平台、测量传感器和测控系统等部分组成，其外形如图7-6所示。

1. 排气取样系统

排气取样系统由取样探头、取样管、一级过滤器、二级过滤器、电磁阀、取样泵、流量传感器和压力传感器等组成，如图7-7所示。汽车排气经取样探头、一级过滤器、二级过滤器、电磁阀和采样气泵后，成为样气送入红外光学平台的测量气室。

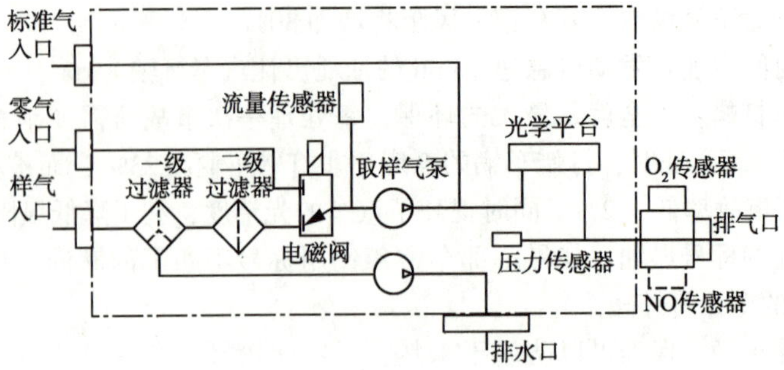

图 7-7　排气取样系统

由于分析仪对样气的要求是清洁、干燥、含腐蚀性杂质不大于 0. 01 g/m^3，无灰粒和水气，并在规定的压力和流量条件下进入分析仪，而排气中的水分含量较高，有一定数量的碳烟微粒，所以需要采用一级过滤器和二级过滤器两级过滤分别对汽车排气进行冷凝、除尘等预处理。流量传感器与压力传感器用于气路系统的压力、流量的监测。

排气取样系统有样气、零气和标准气三个入口，分别实现测量、清洗及校正功能。

2. 红外光学平台

红外光学平台主要由红外光源、调制器、测量气室、滤光片和红外气体传感器等组成，如图 7-8 所示。这种结构的主要特征是采用单气室、单光路和组合式红外气体传感器结构，可同时检测样气中 HC、CO 和 CO_2 三种气体。红外光源、测量气室、红外气体传感器设置在同一光轴以获得较好的输出信号。

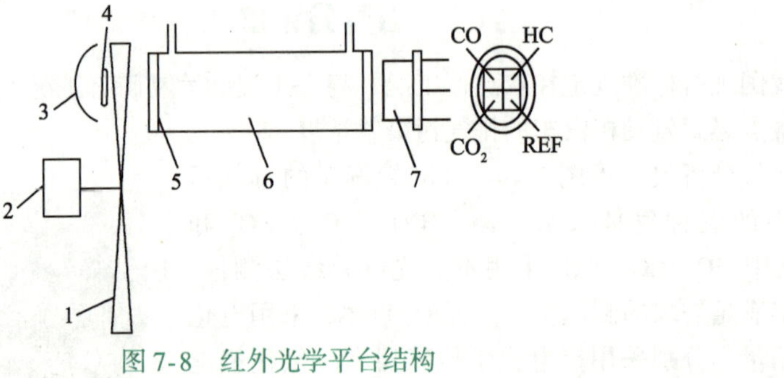

图 7-8　红外光学平台结构

1—红外光源；2—切光电动机；3—光源座；4—灯丝；5—红外窗口；6—测量气室；7—红外气体传感器

红外光源由灯丝和光源座组成。灯丝用镍铬丝制成螺旋形状，在它的两端加上 8 ~ 10 V 的恒定电压后可发出波长为 2 ~ 12 μm 的红外线，通过光源座内抛物线型反射镜面的反射成为平行的红外光束，由透明的红外窗口入射到测量气室。红外光源采用陶瓷密封，其内部充有惰性气体，以防灯丝被氧化而使红外光源的发光强度产生变化，影响分析仪的稳定性。

调制器由切光电动机和切光片组成。切光电机是一个步进电动机，它带动旋转式扇形切光片转动。利用切光片将光源发出的连续光调制成断续光，将红外辐射调制成频率 12.5 Hz 的方波式光束。由于调制器对红外光的调制作用，红外气体传感器将输出交流的电信号。

测量气室做成圆筒状，并在其内表面镀膜。其上设有一个进气口和一个排气口，用软管与排气取样系统的管路连接，分别通入和排出样气。在测量气室的两个端面为透明窗口，能透过红外光源发出的红外光。

五气分析仪采用的红外气体传感器为组合式的，即由四个结构相同的红外温度传感器（称为单元）组装在一起成为四元红外温度传感器，其中三个单元作为测量单元分别用于测量样气中 HC、CO、CO_2 的气体浓度，另一个单元为比较（REF）单元用作测量的参考信号。红外气体传感器有热电堆和热释电等。热电堆是由许多个热电偶串联而成，它利用温度梯度使不同材料间产生温差电动势（即温差电效应），进而测量红外辐射的功率。热释电红外温度传感器是用硫酸三甘酞（TGS）、钽酸锂（$LiTaO_3$）等优质热释电材料的小薄片作为响应元。当受到红外辐射照射产生温升时，将引起自发极化强度变化，结果在垂直于自发极化方向的晶体两个外表面之间产生微小电压（即热释电效应），由此能测量红外辐射的功率。

每个单元的窗口上均设有一个对应的单色窄带滤光片。该滤光片仅让样气中被测组分对应的窄波波段的红外线通过该单元，使得该单元仅吸收相应波长的红外光线，其他波长的红外线被截止，如三个测量 HC、CO 和 CO_2 单元上滤光片的中心波长分别为 3.4 μm、4.68 μm 和 4.2 μm。这样，通过一个测量气室用 NDIR 法可同时和精确地测量样气中 HC、CO 和 CO_2 的浓度。

以 CO 测量单元为例，说明 NDIR 法的测量原理。从红外光源发出的红外光束，经旋转式扇形切光片周期性切断，被调制成交变的红外光线，通过充有样气的测量气室，再穿 CO 测量单元前的滤光片。由于 CO 的特征吸收峰值波长选用 4.68 μm，则滤光片仅让样气中被测组分（CO）对应的窄波波段（中心波长为 4.68 μm）的红外辐射通过，其他波长被截止。因而，其后的红外温度传感器所测量的仅是 4.68 μm 这个窄波波段的辐射通量。如果样气中 CO 的浓度增高，则 CO 测量单元的输出信号将增大。这样就实现了组合式红外气体传感器中的 CO 测量单元仅反映被测组分（CO）的浓度，从而实现在一个光路中检测多种气体组分的功能。

3. 测量传感器

除了装于红外光学平台中的组合式红外气体传感器外，分析仪还装有氧电化学传感器、NO 电化学传感器、流量传感器和压力传感器等测量传感器。氧电化学传感器、NO 电化学传感器装在仪器的排气口处，分别用于测量汽车排气中的 O_2 和 NO 的浓度值。流量传感器、压力传感器用于对检测结果的压力和温度补偿，以消除外界环境变化对气体浓度测量误差的影响。

电化学传感器使用一层特殊的高分子塑料薄膜作为渗透膜，将 KOH 电解质和外界隔开，样气中的氧分子通过薄膜扩散到氧电极中进行电化学反应，电化学反应中产生的电流大小取决于扩散到氧电极的氧分子数，而氧的扩散速率又正比于样气中的氧含量，这样该传感器所产生的电流大小只与样气中的氧含量相关，而与通过传感器的气体总量无关。通过在输出端子上跨接一个电阻，可将该电流值转换为电压信号，测量后就可得到样气中的氧的浓度。可见，氧电化学传感器是一个电流发生器，其所产生的电流正比于氧的消耗率。正常情况下氧电化学传感器稳定输出 9 ~ 13 mV 电压值，其输出电压的漂移值每年低于 5%。使用寿命为 2 年（空气中，温度 20 ℃），是从启封时开始算起，而不管仪器是否投入使用。该传感器的使用寿命由与氧气接触的反应量决定，较高的温度和氧浓度会缩短使用寿命（通常只有 1 年左右），寿命接近结束时，输出信号会迅速地降为 0 mV（见图 7-9），这时须更换。

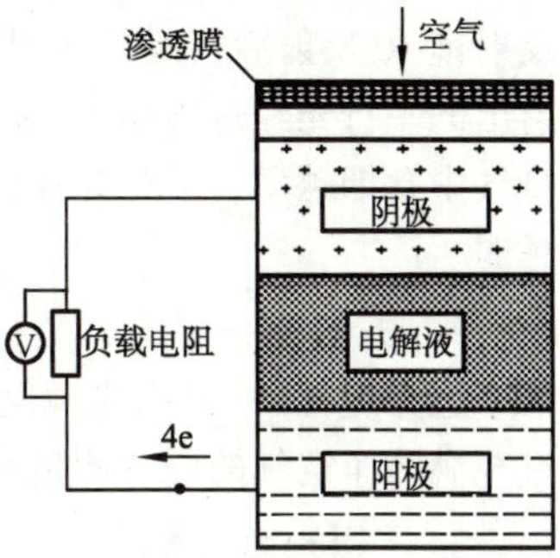

图 7-9　电化学传感器

4. 测控系统

主要由稳流电路、放大电路和微处理器等组成，可实现传感器信号的采集、数据处理、自动调零和数据通信等功能。

组合式红外气体传感器、氧电化学传感器、NO 电化学传感器等气体传感器转换成电信号，经信号调理（前置放大、整流等）后，送入微处理器进行 A/D 转换，字滤波、非线性校正、压力及温度补偿、公式计算等数据处理，由显示器显示 HC、CO_2 和 NO 的浓度值。

不透光度仪

1. 不透光度仪的测量原理

视频

不透光度仪

不透光度仪测量排气中可见污染物（主要是烟尘微粒）含量的原理，是光束通过被测排气（烟）一段给定的长度，通过测量排气吸收光的程度，得到排气中可见污染物的含量。

如图 7-10 所示，不透光度仪的测量室是一根分为左右两半部分的圆管，被测排气从中间的入口 7 进入，分别穿过左圆管和右圆管，从左进口 5 和右出口 8 排出。透镜 4 装在左出口的左边，反射镜 10 装在右出口的右边。在透镜 4 的左侧是一个放置成 45°的半反射半透射镜 3，它的下方是绿色发光二极管 2，它的左边是光电转换器 1，发光二极管 2 及光电转换器 1 到透镜 4 的光程都等于透镜的焦距。因此，发光二极管 2 发出的光，经过半反射镜 3 反射，在通过透镜 4 后就成为一束平行光。

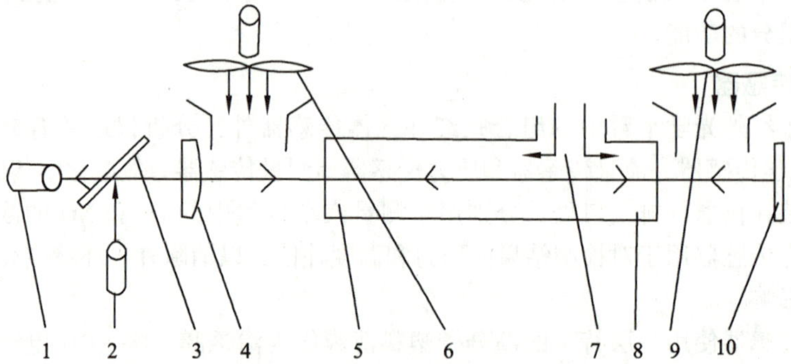

图 7-10 不透光度仪的测量原理

1—光电转换器；2—绿色发光二极管；3—半反射半透射镜；4—透镜；5—测量室左出口；6—左风扇；7—测量室入口；8—测量室右出口；9—右风扇；10—反射镜

平行光从测量室的左出口进入，穿过左右圆管（测量室）的烟气从右出口射出，被反射镜 10 反射后折返，从测量室的右出口重新进入测量室，再次穿过烟气从左出口射出。射出的平行光经过透镜 4，穿过半透射镜 3，聚焦在光电转换器 1 上，并转换成光电信号。排气中含烟越多，平行光穿过测量室时光能衰减越大，经光电转换器 1 转换的光电信号就越弱。

2. 透光度（τ）

透光度（τ）是指光源发出的光穿过充满被测气体的测量室到达光接收器的光度与穿过充满洁净空气的同一测量室到达光接收器的光度的百分比。

3. 不透光度（N）

不透光度是指光源发出的光穿过被测气体到达光接收器的传输衰减度。测量室充满洁净空气时定义为0%，光路全被挡时定义为100%。

4. 光吸收系数（k）

它表示光束被排气烟度衰减的系数。它是单位容积的颗粒数 n、颗粒在光束方向的法向投影面积 a 及颗粒的消光系数 Q 三者的乘积，即 $k=naQ$，单位为 m^{-1}。可见，k 是气体的物理特性，它反映气体对光的吸收能力。由于它不随测量室长度 L 变化，则不同型号的不透度计测量得到 k 是相同的，这就具有了可比性。

声级计

视频

声级计

声级计是一种能将汽车噪声，按人耳听觉特性近似地测定其噪声级的仪器，其面板如图7-11所示。声级计有精密声级计和普通声级计两类。噪声级是指用声级计测得的并经过听感修正的声压级（dB）或响度级（phon）。

声级计一般由传声器、电子线路（包括放大器、衰减器、计权网络、检波器等）、指示仪表及电源等组成，其结构原理方框图如图7-12所示。

图7-11　声级计面板图

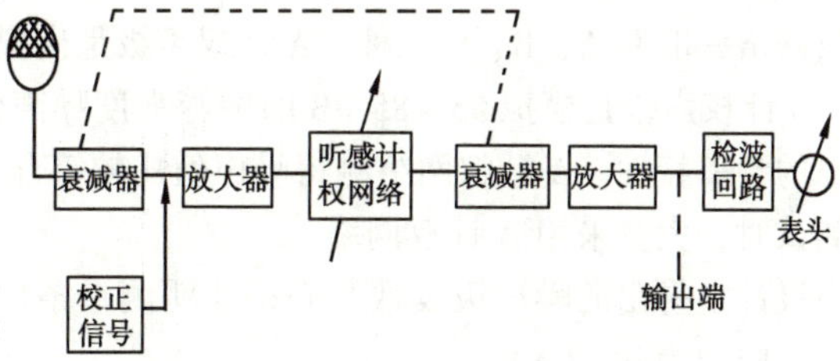

图7-12　声级计结构原理方框图

（1）传声器

传声器又称话筒、麦克风，是将声压信号（机械能）转变为电信号（电能）的传感器，是声级计中的关键元器件之一。

传声器的种类很多，按照它们的构造不同，可以分为动圈式、电容式、压电式、半导体式传声器等多种；常用的传声器是动圈式和电容式两种传声器。

动圈式传声器由振动膜片、可动线圈、永久磁铁和变压器等组成。振动膜片受到声波压力以后开始振动，并带动着和它装在一起的可动线圈在磁场内振动以产生感应电流。该电流根据振动膜片受到声波压力的大小而变化。声压越大，产生的电流就越大，声压越小，产生的电流也越小。

电容式传声器主要由金属膜片和靠得很近的金属电极组成，实质上是一个平板电容，其示图如图7-13所示。金属膜片与金属电极构成了平板电容的两个极板。当膜片受到声压作用时，膜片发生变形，使两个极板之间的距离发生了变化，电容量也发生变化，从而产生交变电压，其波形在传声器线性范围内与声压级波形成比例，实现了将声压信号转变为电压信号的作用。

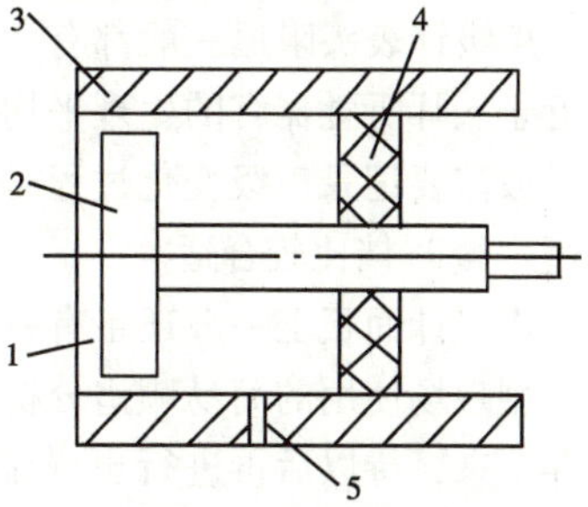

图7-13　电容式传声器结构示意图

1—金属膜片；2—电极；3—壳体；4—绝缘体；5—平衡孔

电容式传声器是声学测量中比较理想的传声器，

具有动态范围大、频率响应平直、灵敏度高和在一般测量环境下稳定性好等优点，因而应用广泛。由于电容式传声器输出阻抗很高，因而需要通过前置放大器进行阻抗变换，前置放大器装在声级计内部靠近安装电容式传声器的部位。

（2）放大器和衰减器

由于传声器将声压转变为电压的能量很小，所以在声级计中安装有低噪声放大器。在放大电路中一般采用两级放大器，即输入放大器和输出放大器；其作用是将微弱的电信号放大。输入衰减器和输出衰减器是用来改变输入信号的衰减量和输出信号衰减量的，以便使表头指针指在适当的位置，其每一档的衰减量为 10 dB。输入放大器使用的衰减器调节范围为测量低端（如 0 ~ 70 dB），输出放大器使用的衰减器调节范围为测量高端（如 70 ~ 120 dB）。输入和输出两个衰减器的刻度盘常做成不同颜色，目前以黑色与透明配对为多。由于许多声级计的高低端以 70 dB 为界限，故在旋转时要防止超过界限，以免损坏装置。

（3）计权网络

为了模拟人耳听觉在不同频率有不同的灵敏性，在声级计内设有一种能够模拟人耳的听觉特性，把电信号修正为与听感近似值的网络，这种网络称为计权网络。通过计权网络测得的声压级，已不再是客观物理量的声压级，而是经过听感修正的声压级，称为计权声级或噪声级。

计权网络一般有 A、B、C 三种。A 计权声级是模拟人耳对 55 dB 以下低强度噪声的频率特性，B 计权声级是模拟 55 ~ 85 dB 的中等强度噪声的频率特性，C 计权声级是模拟高强度噪声的频率特性。A 计权网络测得噪声值比较符合人耳对噪声的感觉，在汽车和发动机噪声测试时，大多采用 A 计权网络。

从声级计上得出的噪声级读数，必须注明测量条件，如单位为 dB，且使用的是 A 计权网络，则应记为 dB（A）。

（4）检波器

为了使经过放大的信号通过仪表显示出来，声级计还需要有检波器，以便把迅速变化的电压信号转变成变化较慢的直流电压信号。这个直流电压的大小要正比于输入信号的大小。根据测量的需要，检波器有峰值检波器、平均值检波器和均方根值检波器之分。峰值检波器能给出一定时间间隔中的最大值，平均值检波器能在一定时间间隔中测量其绝对平均值。在多数的噪声测量中均采用均方根值检波器。均方根值检波器能对交流信号进行平方、平均和开方，得出电压的均方根值，最后将均方根电压信号输送到指示仪表。

（5）指示仪表

指示仪表是一只电表，对其刻度进行一定的标定，可从表头上直接读出噪声级的 dB 值。声级计表头阻尼一般都有“快”和“慢”两个挡。“快”挡的平均时间为 0.27 s，很接近于人耳听觉器官的生理平均时间。“慢”挡的平均时间为 1.05 s。当对稳态噪声进行测量或需要记录声级变化过程时，使用“快”挡比较合适；在被测噪声的波动比较大时，使用“慢”挡比较合适。

声级计面板上一般还备有一些插孔。这些插孔如果与便携式倍频带滤波器相连，可组成小型现场使用的简易频谱分析系统；如果与录音机组合，则可把现场噪声录制在磁带上储存下来，待以后再进行更详细的研究；如果与示波器组合，则可观察到声压变化的波形，并可存储波形或用照相机把波形摄制下来；还可以把分析仪、记录仪等仪器与声级计组合、配套使用，这要根据测试条件和测试要求而定。

声级计一般都备有三脚支架，以便视需要将声级计固定在三脚支架上。

任务实施

一、检测汽油车废气排放污染物

1. 双怠速法

汽油车废气排放污染物的检测依据 GB 18285—2018《汽油车污染物排放限值及测量方法（双怠速法及简易工况法）》进行。

（1）仪器准备和校准

① 按仪器使用说明书的要求做好各项检查工作。

② 接通电源，对不分光红外线气体分析仪（以下简称气体分析仪）预热 30 min 以上。

③ 用标准气样校准。首先要确定校正值：CO 校准的标准值就是标准气样瓶上标明的 CO 浓度值；HC 校准的标准值，由于是用丙烷（C_3H_8）作为标准气样，因而要求出正乙烷（C_6H_{14}）的换算值作为校准的标准。

④ 简易校准。接通简易校准开关，对于有校准位置刻度线的分析仪，用标准调整旋钮将指示仪表的指针调整到正对校准刻度线即可。如果没有校准位置刻度线，则要在标准气样校准时，在标准指示值作上记号，然后立即进行简易校准，使仪表指针与标准指示值记号重合即可。

⑤ 把采样探头和采样导管安装到分析仪上。此时如果仪表指针超过零点，则表明导管内壁吸附有较多的 HC，需要用压缩空气或布条等清洁采样探头和导管。

（2）车辆或发动机准备

① 应保证被检测车辆处于制造厂规定的正常状态，发动机进气系统应装有空气滤清器，排气系统应装有排气消声器和排气后处理装置，排气系统不允许有泄漏。

② 进行排放测量时，发动机冷却液和润滑油温度应不低于 80 ℃，或者达到汽车使用说明书规定的热状态。

（3）测量程序

① 发动机从怠速状态加速至 70% 额定转速或企业规定的暖机转速，运转 30 s 后降至高怠速状态。将双怠速法排放测试仪采样探头插入排气管中，深度不少于 400 mm，并固定在排气管上。维持 15 s 后，由具有平均值计算功能的双怠速法测试仪读取 30 s 内的平均值，该值即为高怠速污染物测量结果。对使用闭环控制电子燃油喷射系统和三元催化转化器技术的汽车，还应同时计算过量空气系数（λ）的数值。

② 发动机从高怠速降至怠速状态 15 s 后，由具有平均值计算功能的双怠速法测试仪读取 30 s 内的平均值，该值即为怠速污染物测量结果。

③ 在测试过程中，如果任何时刻 CO 与 CO_2 的浓度之和小于 6.0%，或者发动机熄火，应终止测试，排放测量结果无效，需重新进行测试。

④ 对多排气管车辆，应取各排气管测量结果的算术平均值作为测量结果。

⑤ 若车辆排气系统设计导致的车辆排气管长度小于测量深度时，应使用排气延长管。

2. 汽车简易瞬态工况法排气污染物排放检测（VMAS）

① 车辆上线前应完成清洁工作，保证车轮外部清洗干净，不容许轮胎花纹中夹有石粒，轮胎气压符合标准。

② 引车员驶车上滚筒，应注意行车方向，避免斜向上滚筒，车辆上滚筒后应位于滚

筒中间位置，并注意两侧车轮不与侧滑挡轮接触，若车辆斜上滚筒或与侧面滑动挡轮接触，应退下滚筒，重新摆正车位。

③ 车辆停稳后，举升器下降到位。引车员挂上前进挡，让驱动轮在滚筒上缓缓旋转，使车辆在滚筒上自动找正位置安置。

④ 车辆在滚筒上安置好后，应用三角木垫到非驱动轮的前方，并用钢丝拉索将车辆固定，以防车辆突然冲出检验台。

⑤ 车辆定位同时，计算机控制软件控制废气分析仪完成自动零点校正：

- 环境空气的［HC］、［CO］、［CO_2］、［NO］测定。
- 背景气的［HC］、［CO］、［CO_2］、［NO］测定。
- ［HC］残存浓度的测定。
- 分析仪的［O_2］量程测定。
- 流量计稀释［O_2］量程测定。

⑥ 正式进行排放测试之前，发动机处于怠速状态，变速器置于空挡位置。操作员将废气采样探头插入汽车排气口至少400 mm深，如车辆为双排气管，操作员应把双取样探头分别插入两排气口。

⑦ 将流量计集气椎管套在排气口，保证排放的废气能充分被采集。

⑧ 所有准备工作完成后，引车员按下遥控器开始工况排放检测。操作员在操作间可通过程序界面观察各个仪器工作状态。

⑨ 引车员在检测过程中应集中注意力，按司机助手（屏幕）显示的工况曲线及提示来驾驶车辆。尽量保证车速不要超出误差。

⑩ 检测完毕后，系统提示操作员将取样取管从排气管中取出，置于环境空气中。系统自动地连续反吹清洗取样管路至少30 s，同时举升器升起，驾驶人解除车辆固定装置，将车辆开离测功机。系统打印检测报告单，完成本次检测。

3. 结果分析

经测定，汽油车怠速污染物超过标准时，其主要原因是汽油机供油系调整不当所致。除发动机供油系的调整对排气污染物的成分、浓度有影响外，点火系和冷却系工作状态及曲柄连杆机构技术状况，对排气中CO、HC的浓度也有影响。汽油机排气污染物量的变化趋势与发动机故障的关系见表7-8 。

表7-8 汽油机排气污染物量的变化趋势与发动机故障的关系

气体	怠速	2 500 r/min	故障原因
HC/%	0～150	0～75	正常读数
CO/ $\times10^{-6}$	1～15	0～0.8	
CO_2/%	10～12	11～13	
O_2/%	0.5～2.0	0.5～1.25	
NO_X/ $\times10^{-6}$	100～300	200～1000	
HC/%	0～150	0～75	混合气浓
CO/ $\times10^{-6}$	3.0	3.0	
CO_2/%	8～10	9～11	
O_2/%	0～0.5	0～0.5	
NO_X/ $\times10^{-6}$	0～200	100～500	

续表

气体	怠速	2 500 r/min	故障原因
HC/%	0 ~ 150	0 ~ 75	混合气稀
CO/ $\times 10^{-6}$	0 ~ 1.0	0 ~ 0.25	
CO_2/%	8 ~ 10	11	
O_2/%	1.5 ~ 3.0	1.0 ~ 2.0	
NO_X/ $\times 10^{-6}$	300 ~ 1 000	1 000	
HC/%	50 ~ 850	50 ~ 750	稀燃缺火
CO/ $\times 10^{-6}$	0 ~ 0.3	0 ~ 0.3	
CO_2/%	5 ~ 9	6 ~ 10	
O_2/%	4 ~ 9	2 ~ 7	
NO_X/ $\times 10^{-6}$	300 ~ 1 000	1 000	
HC/%	50 ~ 850	50 ~ 750	缺火
CO/ $\times 10^{-6}$	0.1 ~ 1.5	0 ~ 0.3	
CO_2/%	6 ~ 8	8 ~ 10	
O_2/%	4 ~ 12	4 ~ 12	
NO_X/ $\times 10^{-6}$	0 ~ 200	100 ~ 500	

降低怠速污染物的调整要点：

（1）混合气过浓

发动机混合气过浓，意味着空气量不足，燃烧不完全，废气中 CO 的含量必然增高，为此须注意以下调整与检验：

① 检查空气滤清器。检查空气滤清器滤芯是否被灰尘堵塞影响发动机吸气。湿式滤芯浸入润滑油池内，检查空气滤清器内润滑油油面高度是否超限。

② 检查汽油泵。检查汽油泵安装垫片厚度是否合适。垫片过薄会造成汽油泵摇臂行程加大，提高供油压力，从而造成浮子室油面超高。

（2）点火时刻失准

汽油机点火时刻过迟，会使混合气燃烧不彻底，致使废气中 CO、HC 含量增加。为此，要按规定正确调整点火提前角，并检查怠速时真空点火提前角调节装置是否起作用，真空点火提前角调节装置膜片是否损坏等。

（3）冷却系温度过低

发动机冷却系不良，工作时温度过低，燃油不能充分雾化燃烧，可使废气中 CO、HC 含量增加。节温器工作失常、散热器容量过大、百叶窗不能关闭等，都会影响冷却系正常工作。

（4）曲柄连杆机构磨损严重

气缸、活塞、活塞环等磨损严重，漏气增加，在压缩终了时，气缸内压力不足，混合气不能充分燃烧，也会造成废气中 CO、HC 的增加。为此，需要适时测量气缸压力，以便确定气缸及活塞组件的技术状况。

4. 注意事项

① 不要过度拉伸取样软管，以免导致连接处破损。

② 取样探头不用时要垂直吊挂，不要平放，以防管内的积水腐蚀取样探头。

③ 不要在有油或有有机溶剂的地方进行检测。

④ 检测结束后，要立即把取样探头从排气管里抽出来。

⑤ 校准用的标准气样是有毒的，要注意保管。

⑥ 分析仪不要放置在倾斜、不稳的地方，并应避开振动源。

⑦ 汽油车怠速污染物的检测，发动机怠速转速和温度应符合规定。

⑧ 防止把水、汽油、灰尘等吸入仪器，否则会影响滤清器、泵、分析部位的正常工作，甚至损坏。

⑨ 检测时导管不要发生弯折现象。

⑩ 多部车辆连续检测时，一定要把取样探头从排气管里抽出并待仪表指针回到零点后，再进行下一部车的测量。

⑪ 要注意检测地点的室内通风换气，以防人员中毒。

二、柴油车自由加速废气排放污染物检测

1. 测量前检测仪器的准备

排气的光吸收系数应使用不透光烟度计测量，不透光烟度计的特性和安装要求应满足 GB 3847—2018 附录 C 的规定。

2. 被检测车辆的准备

① 车辆在不进行预处理的情况下也可以进行自由加速烟度试验。但出于安全考虑，试验前应确保发动机处于热状态，并且机械状态良好。

② 发动机应充分预热，例如：在发动机机油标尺孔位置测得的机油温度应至少为 80℃。如果由于车辆结构限制无法进行温度测量时，可以通过其他方法判断发动机温度是否处于正常运转温度范围内。

③ 在正式进行排放测量前，应采用三次自由加速过程或其他等效方法吹拂排气系统，以清扫排气系统中的残留污染物。

3. 测量方法

① 通过目测进行车辆排气系统相关部件泄漏检查。

② 发动机（包括废气涡轮增压的发动机），在每个自由加速循环的开始点均处于怠速状态，对重型车用发动机，将加速踏板放开后至少等待 10 s。

③ 在进行自由加速测量时，必须在 1 s 内将加速踏板连续完全踩到底，使供油系统在最短时间内达到最大供油量。

④ 对每个自由加速测量，在松开加速踏板前，发动机必须达到断油转速。对使用自动变速器的车辆，应达到发动机额定转速（如果无法达到，不应小于额定转速的 2/3）。在测量过程中应监测发动机转速检查是否符合试验要求（特殊无法测得发动机转速的车辆除外），并将发动机转速数据实时记录并上报。

⑤ 检测结果取最后三次自由加速烟度测量结果的算术平均值。

4. 检测结果分析

柴油车自由加速烟度超过标准时，其主要原因是柴油机供油系调整不当所致。此外，柴油机气缸活塞组和曲柄连杆机构的技术状况及柴油的质量等对烟度排放也有影响。柴油机供油系调整不当和相关系统技术状况的变化，主要表现在柴油机出现冒黑烟、蓝烟及白烟故障。下面简要介绍排烟故障的原因和诊断：

（1）黑烟故障

柴油机工作时黑烟浓重，多由喷油量过大、雾化不良、各缸喷油量不均匀、喷油时刻过早、调速器失调和空气滤清器堵塞等原因引起。

如发现个别缸喷油量过大，可用分缸停止供油和结合观察排气烟色的方法予以判别。假如某缸停止供油（旋松喷油器）后，烟色减轻，则可判断该缸喷油量过大。在找出喷油量过大的气缸后，检查该缸喷油泵柱塞调节齿扇固定螺钉是否松脱，喷油器是否良好。做正常再检查喷油器，将喷油器由缸体上拆下，仍连接高压油管，用旋具撬动该缸喷油泵柱塞弹簧座，做喷油动作，观察喷油雾化情况和有无滴油现象。若雾化不良，则应将喷油器解体检查。

经检查，若各缸喷油量均过大时，应打开调速器盖，检查调节齿杆的刻度是否向油泵壳内移入过多（刻线应与泵壳后端面平行）。同时，还需检查调速器飞块是否卡滞引起喷油量过大。如在柴油机冒黑烟同时，还可听到气缸内有清脆敲击声，说明喷油时刻过早，应正确校准喷油正时。检查中发现空气滤清器堵塞（滤芯脏污），应立即清洗、吹净，并按规定加注新润滑油。

此外，柴油机冒黑烟还与柴油质量有关，为使着火性能良好，一般柴油机选用十六烷值为40～45的柴油为宜。若十六烷值超过65，则柴油蒸发性变差，致使燃烧不彻底，工作时也可发生冒黑烟现象。

（2）蓝烟故障

蓝色烟雾一般是润滑油窜入燃烧室后燃烧而生成的。因此，发现蓝色烟雾后，首先要检查油底壳的油面高度是否超高，因为润滑油油面过高容易造成润滑油上窜。值得注意的是，检查油面高度时，切不可在发动机停熄工作后就抽出油尺查看，因为此刻飞溅到曲轴箱壁上的润滑油尚未流回，须待停机后10 min，再抽出油尺查看。

经检查，如果油面高度正常，则可进一步检验气缸压缩压力。若气缸压力低，则表明气缸、活塞、活塞环磨损，间隙增大，漏气增加，润滑油上窜也比较严重。对于新车或刚刚大修过的汽车，一般不会因气缸间隙过大而引起润滑油上窜，往往是活塞环内、外切口（或切角）装反而引起润滑油上窜，必要时可解体发动机进行检查。

此外，空气滤清器堵塞，会使气缸进气过程中阻力增加，进气不畅，气缸内有一定负压，也会将润滑油吸入燃烧室。因此，出现冒蓝烟故障时，勿忘对空气滤清器的检查与清洁。

（3）白烟故障

燃油中含有水分或冷却水漏入气缸（气缸套有砂眼、裂纹，气缸垫损坏等），经炽热后化为蒸汽由排气管喷出，常被视为白烟。寒冷季节或雨天汽车露天停放，初次启动时，排气管所冒白烟往往是由于排气消声器内积水被发动机废气加热蒸发造成的，在发动机起动运转正常后，水蒸气蒸发殆尽，症状也会消失，故不足为虑。

柴油机喷油时刻过迟、喷油压力低、雾化不良，可导致柴油未经充分燃烧即化为灰色烟雾排出。为此，发现柴油机冒灰白色烟雾时，应及时检查喷油正时、喷油压力等是否符合标准。

5. 使用注意事项

① 取样软管的内径和长度有规定，不能随意用其他型号的管子代替。

② 硒光电池不要暴露在强光下，以免缩短其使用寿命。

③ 指示装置应避开有振动和湿度大的地方。

三、喇叭声级检验

1. 设备要求

采用声级计检验喇叭声压级。

2. 检验方法

（1）将声级计置于被检车辆前 2 m 处，传声器距地高 1.2 m，并指向被检车辆驾驶人位置。

（2）调整声级计到 A 级计权和快挡位置。

（3）按响喇叭并保持发声 3 s 以上，测取声压级。

任务评价（工作单）

工作单（一）

姓名____________ 日期____________

汽油车排放污染物的检测

完成此工作单后，你将应该能够正确使用废气分析仪检测汽油车排气污染物。

工具和材料

一辆实训用汽车（老师可预先设定故障或情景），废气分析仪及其说明书。

所检测汽车的描述

制造年份____________ 制造商______________

VIN ________________ 型号________________

发动机型号__________ 车辆行驶里程________

步骤

1. 废气分析仪的准备

① ____。

② ____。

③ ____。

④ ____。

⑤ ____。

2. 被测车辆的准备

① ____。

② ____。

③ ____。

3. 检测方法

4. 检测结果 ____。

5. 结果分析：

汽油车排放污染物检测考核评分表

时间：20 min　　班级：________　　考生姓名：________

序号	考核内容	配分	评分标准	扣分	得分
1	正确选择并使用工具	10	工具，仪器选择使用不当一次扣3分		
2	检测前的准备	10	仪器及设备调整不当一处扣5分		
3	检测进程	35	按照正确操作步骤检测，35分		
4	结果的处理和分析	15	根据检测结果，能进行正确的分析，15分		
5	整理工具，清理现场	10	每缺一项扣5分		
6	着装及安全文明生产	10	因违规操作，发生人身和设备事故，记0分		
7	按时完成	10	每超时1 min扣5分，超时3 min结束考核		
8	分数合计				

操作时间：__________　　考核教师：__________

工作单（二）

姓名__________　　日期__________

柴油车排放污染物的检测

完成此工作单后，你将应该能够正确使用烟度计检测柴油车排气污染物。

工具和材料

一辆实训用汽车（老师可预先设定故障或情景），烟度计及其说明书。

所检测汽车的描述

制造年份__________　　制造商__________

VIN __________　　型号__________

发动机型号__________　　车辆行驶里程__________

步骤

1. 烟度计的准备

①______________________________。

②______________________________。

③______________________________。

④______________________________。

⑤______________________________。

2. 被测车辆的准备

①______________________________。

②______________________________。

③______________________________。

3. 检测方法

4. 检测结果______________________________。

5. 结果分析：

柴油车排放污染物检测考核评分表

时间：20 min　　班级：________　　考生姓名：________

序号	考核内容	配分	评分标准	扣分	得分
1	正确选择并使用工具	10	工具，仪器选择使用不当一次扣3分		
2	检测前的准备	10	仪器及设备调整不当一处扣5分		
3	检测进程	35	按照正确操作步骤检测，35分		
4	结果的处理和分析	15	根据检测结果，能进行正确的分析，15分		
5	整理工具，清理现场	10	每缺一项扣5分		
6	着装及安全文明生产	10	因违规操作，发生人身和设备事故，记0分		
7	按时完成	10	每超时1 min扣5分，超时3 min结束考核		
8	分数合计				

操作时间：__________　　考核教师：__________

习　　题

1. 汽车排气中的主要有害成分是什么？危害现象如何？
2. 试述两气体不分光红外线分析仪的工作原理，如何进行标定？
3. 试述烟度计的工作原理，如何进行标定？
4. 国标对汽油车怠速污染物的排放标准是如何规定的？
5. 简易瞬态工况检验汽油车废气排放的正确操作方法是什么？
6. 国标中对柴油机自由加速烟度排放标准是如何规定的？
7. 如何用加载减速烟度法检测柴油机烟度？
8. 油品对排放有何影响？

任务8 汽车的通过性认识

学习目标

☑ 理解汽车通过性的几何参数和牵引参数；
☑ 掌握汽车通过性的影响因素；
☑ 会对汽车通过性做出正确的评价。

任务描述

本任务是要求学生通过实车或网络了解不同汽车的通过性参数。

相关知识

视频

汽车的通过性参数

汽车的通过性（越野性）是指汽车以足够高的平均车速通过各种坏路和无路地带（如松软地面、坎坷不平地段）和各种障碍（陡坡、侧坡、壕沟、台阶、灌木丛、水障）的能力。各种汽车的通过能力是不一样的。轿车和客车由于经常在市内行驶，通过能力差，而越野汽车、军用车辆、自卸汽车和载货汽车，就必须有较强的通过能力。

汽车的通过性主要取决于汽车的驱动力、附着力等牵引参数和几何参数，也与汽车的平顺性、机动性、视野等性能密切相关。

一、间隙失效与通过性的几何参数

因汽车与地面间的间隙不足而被地面托住，无法通行的情况称为间隙失效。

当车辆中间底部的零部件碰到地面而被顶住的现象，称为顶起失效（见图8-1）；当因车辆前端触及地面而使汽车不能通过，称为触头失效（见图8-2）；当因车辆后端触及地面而不能通过，称为托尾失效（见图8-3）。

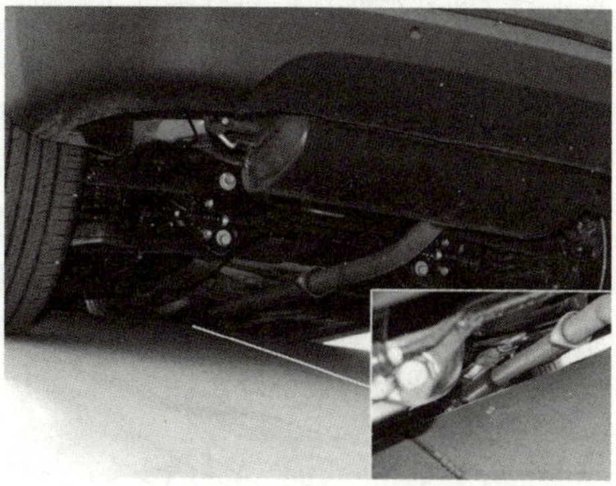

图8-1 汽车顶起失效

汽车出现间隙失效现象与汽车通过性的几何参数有关。通过性的几何参数主要有最小离地间隙、接近角、离去角、纵向通过角等，如图8-4所示。另外，汽车最小转弯直径和内轮差、转弯通道圆及车轮半径也是汽车通过性的重要轮廓参数。

① 最小离地间隙：最小离地间隙 C 是汽车除车轮之外的最低点与路面之间的距离。它表征汽车无碰撞地越过石块、树桩等障碍物的能力。汽车的前桥、飞轮壳、变速器壳、消声器和主传动器外壳等通常有较小的离地间隙。汽车前桥的离地间隙一般比飞轮壳的还要小，以便利用前桥保护较弱的飞轮壳免受冲碰。后桥内装有直径较大的主传动齿轮，一般离地间隙最小。在设计越野汽车时，应保证有较大的最小离地间隙。

图 8-2　汽车触头失效

图 8-3　汽车托尾失效

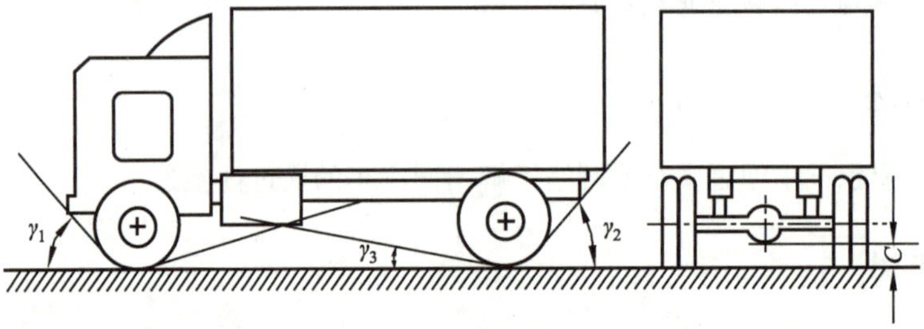

图 8-4　汽车通过性的几何参数

② 接近角与离去角：接近角 γ_1 和离去角 γ_2 是指自车身前、后突出点向前、后车轮引切线时，切线与路面之间的夹角。它表征了汽车接近或离开障碍物（如小丘、沟洼地等）时，不发生碰撞的能力。接近角和离地角越大，则汽车的通过性越好。

③ 纵向通过角：纵向通过角，是指在汽车空载、静止时，在汽车侧视图上通过前、后车轮外缘做切线交于车体下部较低部位所形成的最小锐角 γ_3。它表征汽车可无碰撞地通过小丘、拱桥等障碍物的轮廓尺寸。纵向通过半径越小，汽车的通过性越好。

④ 最小转弯直径和内轮差：车辆在转向过程中，转向盘向左或向右转到极限位置时，车辆外转向轮印迹中心在其支撑面上的轨迹圆直径中的较大者，称为车辆的最小转弯直径。它表征车辆在最小面积内的回转能力和通过狭窄弯曲地带或绕过障碍物的能力。转向轴和末轴的内轮印迹中心在车辆支撑平面上的轨迹圆之差，被称为内轮差，如图 8-5 所示。

⑤ 转弯通道圆：转向盘转至极限位置时，图 8-6 中两圆为车辆转弯通道圆，车辆所有点在车辆支承平面上的投影均位于圆外的最大内圆和包含车辆所有点在车辆支撑平面上的投影均位于圆内的最小外圆。

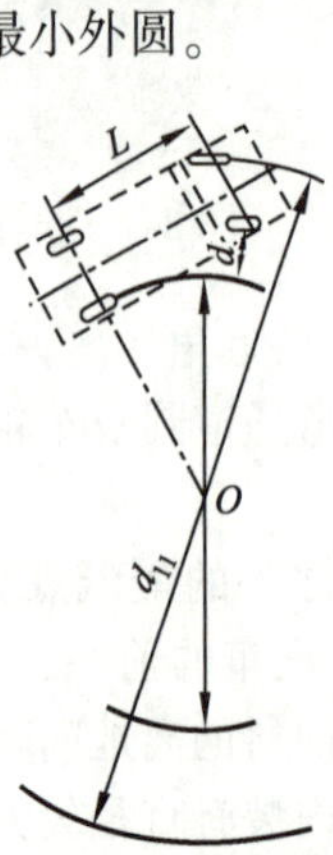

图 8-5　最小转弯直径和内轮差

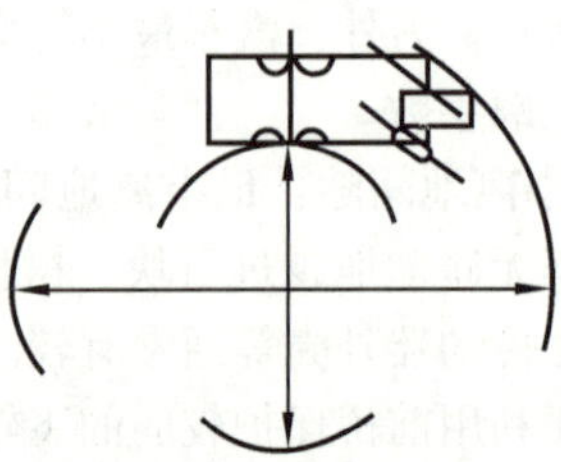
图 8-6　转弯通道圆

车辆有左和右转弯通道圆。转弯通道圆的最大内圆直径越大，最小外圆直径越小，车辆所需的通道宽度越窄，通过性越好。

国标规定，机动车辆最小转弯半径，以前外轮轨迹中心线为基线测量其值不得大于24 m。当转弯直径为24 m时，内轮差不大于3.5 m。汽车通过性的部分几何参数见表8-1。

表8-1 汽车通过性的部分几何参数

汽车类型	最小离地间隙 h/mm	接近角 γ_1/(°)	离去角 γ_2/(°)	最小转弯半径 R_H
4×2 轿车	150~220	20~30	15~22	3~8.3
4×4 轿车、吉普车	210~	45~50	35~40	10~15
4×2 货车	250~300	40~60	25~45	8~14
4×4 6×6 货车	260~350	45~60	35~45	11~21
4×2 客车	220~370	10~40	6~20	14~22

二、汽车通过性的支撑与牵引参数

汽车行驶的驱动—附着条件为

$$F_f + F_w + F_i \leqslant F_{tmax} \leqslant F_\varphi \tag{8-1}$$

汽车在坏路上行驶时，车速较低，可忽略 F_w；又考虑汽车在水平道路上，则 F_i 亦可略去，故有

$$f \leqslant \left(\frac{T_{tg} i_g \eta_t}{\gamma G}\right)_{max} \leqslant \frac{G_\varphi}{G}\varphi \tag{8-2}$$

式中 G_φ/G——相对附着重量系数。

则

$$f \leqslant D_{max} \leqslant \frac{G_\varphi}{G}\varphi \tag{8-3}$$

可以看出，f、φ、G_φ/G、D_{max}是汽车的主要支承和牵引参数，而f、φ与车轮对地面的单位压力p有关，所以汽车通过性的支撑和牵引参数有车轮接地比压、附着质量及相对附着重量系数。

① 附着重量和附着重量系数：附着重量是指轮式车辆驱动轴载重量 Ga，车辆附着重量与总重量 Ga 之比称为附着重量系数。

附着重量和附着重量系数大，有利于汽车在坏路面上行驶，丧失通过性的可能性就小。为了保证车辆的支撑通过性，应对车辆附着重量有明确的要求，例如意大利对4×2牵引车组成的汽车列车的附着重量系数规定为0.27，英国规定为0.263。

② 车轮接地比压：车轮接地比压是指车轮对地面的单位压力。车辆在松软地面上行驶的滚动阻力系数和附着系数都与车轮接地比压直接有关。车轮接地比压小，轮辙深度小，车轮的行驶阻力和车轮沉陷失效的概率就小。

车轮接地比压 p 与轮胎气压 p_w 有关，车轮在硬路面上承受额定载荷时，其关系为

$$p = k_w p_w \tag{8-4}$$

系数 $k_w = 1.05 \sim 1.2$，它的大小取决于轮胎刚度的大小，帘布层多的轮胎应取较高的系数值。

当汽车在松软的地面上行驶时，降低车轮接地比压，可减小轮辙深度，从而可减少行驶的滚动阻力。同样，在黏性土壤和松软雪地上，减低车轮接地比压可使得车轮接地面积增加，提高地面承受的剪切力，使车轮不易打滑。

三、影响汽车通过性的主要因素

汽车的通过性与汽车结构及使用条件有关。

（1）汽车结构

为了保证汽车的通过性，除了要减小行驶阻力外，还必须提高汽车的驱动力和附着力，可采用副变速器或分动器、液力传动、高摩擦式差速器和驱动防滑系统等来实现。

① 发动机的功率与扭矩：汽车通过坏路或无路地带时，要克服较大的道路阻力。为此，要提高汽车的通过性，就必须提高单位汽车重力发动机扭矩 Me/G，或提高比功率 Pe/G，这是提高汽车动力性的基础。

② 传动系传动比：要提高动力性，另一方面要增大传动系传动比，故越野车均设有副变速器或使用两挡分动器。越野汽车增加传动系总传动比的另一作用是降低最低稳定车速，以减小稳定车轮对松软路面的冲击，从而减少由此引起的土壤剪切破坏的概率、提高汽车通过坏路或无路地段的能力。越野汽车的最低稳定车速值见表 8-2。

表 8-2　越野汽车的最低稳定车速

汽车总重量/kN	<19.6	<63.7	<78.4	>78.4
最低稳定车速/(km·h^{-1})	<5	<2 ~3	<1.5 ~2.5	<0.5 ~1

③ 差速器：在汽车传动系中安装差速器，可使左右驱动车轮以不同的角速度转动。普通齿轮式差速器由于具有在驱动轮间平均分配转矩的特性，因此会大大降低汽车的通过性。这是因为驱动轮上驱动力的大小取决于附着力较小的一侧车轮，所以驱动力可能不足以克服行驶阻力，而使汽车失去通过能力。

视频

影响汽车通过性的主要因素

差速器中机件间的摩擦作用对提高汽车的通过性是有益的。正是由于这种摩擦作用，差速器才可能将较大的转矩传给不滑转的车轮。越野汽车上通常采用凸块或蜗杆等高摩擦差速器，总驱动力可增加 10% ~15%。如采用强制锁止差速器，总驱动力可增加 20% ~25%。

④ 驱动防滑系统：汽车在泥泞路段或冰雪路面行驶时，因路面的附着系数较小，常出现驱动轮滑转（或空转）的现象，另外，汽车在起步、加速过程中以及汽车在非对称路面（不同附着系数的路面）上行驶或转弯时也容易产生驱动轮滑转的现象。当驱动轮滑转时，产生的驱动力很小，且抵抗侧向力的能力下降．当遇有侧向风或横向斜坡时，极易使汽车发生侧滑。

随着汽车电子技术的发展，汽车驱动防滑系统 ASR 在现代汽车上得到应用。汽车驱动防滑系统 ASR 是制动防抱系统 ABS 的延伸。ABS 防止制动过程中的车轮抱死，保持汽车制动过程中的方向稳定性和操纵性。ASR 则防止行驶过程中的车轮打滑（空转），保持汽车行驶过程中的方向稳定性和操纵性。

驱动轮制动控制方式比发动机转矩控制方式反应速度快，能有效地防止汽车起步时或者从高附着系数路面突然进入低附着系数路面时的车轮空转。制动控制方式还能对每个驱动轮独立控制，其效果相当于差速器锁止装置的作用。

发动机转矩控制方式则是根据路面状况，利用燃料喷射量、点火时间、节气门开度来调整发动机的输出转矩，以提供车轮最佳的驱动力矩。

⑤ 前、后轮距：当汽车在松软地面上行驶时，各车轮都需克服形成轮辙之阻力。如果前后轮距相等，并且轮胎宽度相同，则前后轮辙重合，后轮就可沿已被前轮压实的轮辙行驶，可使总的滚动阻力减小，提高了汽车的通过性。

⑥ 液力传动：装有液力变矩器或液力偶合器的汽车，起步时扭矩增加平缓，避免了对路面的冲击，同时，不用换挡也能提高扭矩，能提高汽车的通过性。

⑦ 驱动轮的数目：增加驱动轮的数目，可以提高相对附着重量，获得较大的驱动力。越野汽车均采用全轮驱动。

（2）使用因素

① 轮胎花纹：轮胎花纹对附着系数影响很大。越野汽车应选用具有宽而深花纹的轮胎，这是因为在松软地面上行驶时，轮胎花纹嵌入土壤，使附着能力提高；而汽车在潮湿路面上行驶时，只有花纹的凸起部分与路面接触，提高了单位压力有利于挤出水分，提高附着系数。

② 轮胎气压：汽车在松软路面上行驶时，降低轮胎气压，可以使轮胎与路面接触面积增加，从而降低轮胎对路面的单位压力，使路面变形减小，轮胎受到的道路阻力下降。而在硬路面上行驶时，适当提高轮胎压力，可以减小轮胎变形，使行驶阻力变小。故有的越野汽车装有中央充气系统，驾驶人在驾驶室内可根据路面情况调整轮胎气压。

③ 防滑链：在表面为泥泞或冰冻而下层坚硬的道路上，提高通过性的最简单方法是在驱动轮上装防滑链，使链条直接与地面坚实部分接触，提高了附着力。

④ 驾驶技术：驾驶技术对汽车通过性影响很大。为提高通过性，应注意以下几点：

- 汽车通过松软地段时，应尽量使用低速挡，以使汽车具有较大的驱动力和较低的行驶速度；尽量避免换挡和加速，尽量保持直线行驶。
- 驱动轮是双胎的汽车，如因双胎间夹泥而滑转，可适当提高车速，以甩掉夹泥。
- 若传动系装有强制锁止式差速器，应在汽车进入车轮可能滑转地段之前挂上差速锁。如果已经出现滑转再挂差速锁，土壤表面以被破坏，附着系数下降，效果会显著下降。当汽车离开坏路地段，应及时脱开差速锁，以免影响转向。
- 汽车通过滑溜路面，可以在驱动轮轮胎上套上防滑链条，提高车轮的附着能力。

知识拓展

了解防范内轮差，远离交通事故

车子在转弯时，后轮并不是沿着前轮的轨迹行驶，会产生偏差，车身越长，形成的内轮差就越大，内轮差的范围也会跟着扩大。像水泥罐车这种大型工程车的车身都比较长，尤其是车头转过去后，还有很长的车身没有转过来，极易形成大型车辆司机的“视觉盲区”。非机动车或者行人步入内轮的“视觉盲区”范围后，产生的危险增大。由于紧贴车身，被拐弯时的后车身拖入车内，造成交通事故。由机动车转弯时内轮差而引发的交通事故并非偶发。为了避免类似惨剧的发生，骑车或行人一定要远离这些工程车，尤其是车身越长的车辆，能不超车尽量不要超车。除了机动车驾驶人应当在转弯时密切留意相邻车道的路况外，非机动车驾驶人也要注意在绿灯放行时，不要抢先超过正在转弯的机动车。更不要在红灯时，将车辆超越斑马线停靠，否则很容易被转弯车辆的内轮差卷入车轮。

图 8-7 内轮差的危险区域

为了确保安全，千万不要出现在图 8-7 所示的危险区域（即内轮差区域）内！同时做到：

a. 非机动车：绿灯时，不要抢超正在转弯的车辆，更别在等红灯时超越停车线，记住：咱是肉包铁！

b. 行人：过马路要与机动车始终保持距离，记住 1.5 m 以上！

c. 机动车：前后轮的轨迹，永远存在内轮差，记住：转弯永远有警戒！

任务实施

参观不同车系的4S店，咨询或网上查阅不同车型汽车通过性的几何参数，分析不同类型汽车通过性的特点。

任务评价（工作单）

汽车通过性的几何参数

车型	最小离地间隙	接近角	离去角	最小转弯直径	内轮差

汽车通过性考核评分表

时间：30 min　　班级：________　　考生姓名：________

序号	考核内容	配分	评分标准	扣分	得分
1	正确认识汽车各通过性的几何参数	100	每错一项扣20分		

操作时间：__________　　考核教师：__________

习　题

1. 汽车通过性的几何参数主要有哪些？
2. 汽车通过性的支撑与牵引参数主要有哪些？
3. 影响汽车通过性的结构因素主要有哪些？
4. 影响汽车通过性的使用因素主要有哪些？
5. 从汽车通过性出发，讨论汽车行车安全注意事项。

任务9 汽车前照灯检测

学习目标

☑ 了解前照灯的配光特性；

☑ 能用前照灯检验仪检测汽车前照灯；

☑ 会根据检测结果对汽车前照灯进行维修或调整。

任务描述

汽车在行驶过程中，受到振动，可能引起前照灯部件的安装位置发生变动，从而改变光束的正确照射方向，同时灯泡在使用过程中会逐步老化，反射镜也会受到污染而使其聚光性能变差，导致前照灯的亮度不足。这些变化，都会使驾驶人对前方道路情况辨认不清，或在与对面来车交会时造成对方驾驶人炫目等，从而导致事故的发生。

本任务是利用前照灯检测仪来测量汽车前照灯发光强度、近光光束上下偏移量、近光光束水平偏移量、远光光束上下偏移量、远光光束水平偏移（见附录B道路运输车辆性能检验记录单），并与国家标准进行比较，判断是否合格，分析不合格的原因。

相关知识

前照灯是汽车在夜间或在能见度较低的条件下，为驾驶人提供行车道路照明的重要设备，而且也是驾驶人发出警示，进行联络的灯光信号装置，所以前照灯必须有足够的发光强度和正确的照射方向。由于在行车过程中，汽车受到振动，可能引起前照灯部件的安装位置发生变动，从而改变光束的正确照射方向，同时，灯泡在使用过程中会逐渐老化，反射镜也会受到污染而使聚光的性能变差。导致前照灯的亮度不足、这些变化会使驾驶人对前方通路情况辨认不清，或在与对面来车交会时造成对方驾驶人眩目等，从而导致事故的发生。因此，前照灯的发光强度和光束照射方向被列为车辆运行安全的必检项目。

一、发光强度

发光强度是指光源在给定方向上所能发出的光线强度。发光强度的单位是坎德拉，简称坎，单位符号cd。坎德拉（cd）是国际标准单位中7个基本单位之一。国际单位制中给出的发光强度定义为：一光源发出频率为540×10^{12} Hz单色辐射，若在一定方向上的辐射强度为1/683 W每球面度时，则此光源在该方向上的发光强度为1 cd。一般资料中也常把发光强度规定为：1 cd等于在铂凝固点（1 769 ℃或2 042 K）的温度下，1 cm^2 黑体平滑表面垂直方向上发光强度的1/60。国家标准对汽车前照灯的发光强度有明确的要求。

照度是不发光物体被光源照明的程度，是表示受光面明亮程度的物理量。照度等于物体受光面上的光通量除以受光面积。照度的单位为勒克斯，单位符号是lx。lx为1流明的光通量均匀分布在1 m^2 表面上所产生的光照度。

发光强度是针对光源本身而言的，而照度是针对被照亮的物体而言。发光强度与照度之间有一定的关系，在光源发光强度不变的情况下，物体离光源越远，被照明的程度越差。不计光源大小时（把光源看作是点光源），照度与离开光源距离的平方成反比，即

照度 = 发光强度/物体与光源距离的平方

例如：若物体在距离一定发光强度的光源 1 m 的地方，照度为 2 000 lx；则在距离该光源 2 m 的地方，照度为 2 000/4 = 500 lx。

二、前照灯的配光特性

视频

前照灯的配光特性

配光特性是指前照灯灯光的光形分布特性。把前照灯照向屏幕，再把屏幕上照度相同的点连成一条曲线，形成等照度曲线。等照度曲线的形状与分布反映了前照灯的配光特性。

前照灯的配光特性可分为美国式（SAE 标准）和欧洲式（ECE 标准），两种标准的远光配光方式基本相同，都采用了对称式配光，以达到良好的照明效果；但其近光配光方式不同，美国式配光方式的特点是前照灯近光灯丝位于反射镜焦点上方，近光光束经反射后大部分向下倾斜照向路面，光线的明暗部分无明显的分界线；欧洲式配光方式的近光灯丝呈直柱状，位于焦点前面，略高于前照灯轴心线，并与轴心线平行，灯丝前面的金属遮光罩对光线的遮挡形成了具有明显的明暗分界线的非对称特性。

图 9-1 所示为前照灯远光对称配光示意图。这种配光特性具有水平方向宽、垂直方向窄的特点，使前照灯可以均匀地照亮路面。前照灯前面散光玻璃上有许多竖条，竖条上棱柱形和透镜形的复合波纹对光线反射和折射，形成了这种对称配光特性。

图 9-2 所示为欧洲式（ECE 标准）近光非对称配光特性。非对称配光特性具有明显的明暗截止线，其水平部分在 v-v 垂直线的左侧，右侧为与水平线向上 15°的斜线，或向上成 45°斜线至水平线垂直距离为 25 cm 处转向水平折线。我国规定前照灯的近光采用欧洲式（ECE 标准）非对称配光特性。

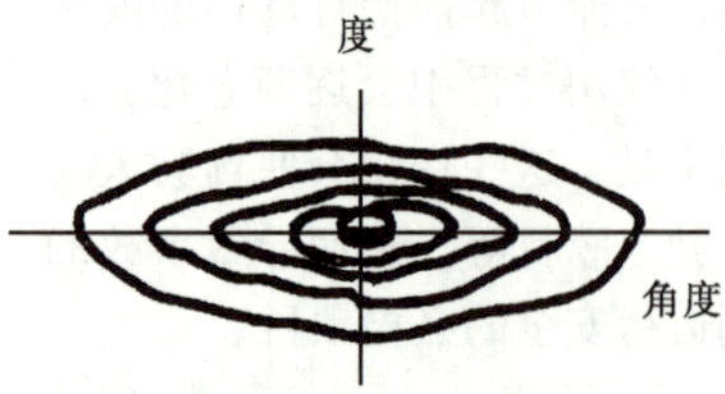

图 9-1 前照灯远光对称配光特性

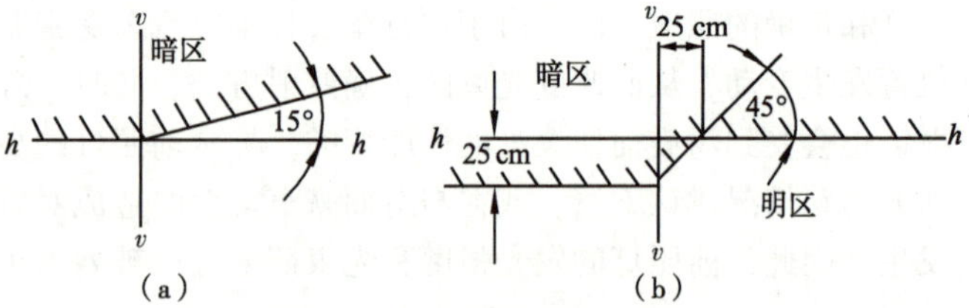

图 9-2 近光非对称配光特性

对于对称配光特性的前照灯，把光束最亮区域的中心称为光轴的中心。用光轴中心相对于前照灯配光镜几何中心在垂直方向偏上或偏下、水平方向偏左或偏右的距离表示前照灯的光束照射位置。

对于非对称配光特性的前照灯，以光束明暗截止线的交点作为检测点，用此检测光束照射位置。

三、前照灯检测标准

国家标准 GB 7258—2017《机动车运行安全技术条件》中，对前照灯的发光强度及光束照射位置规定如下：

视频

前照灯检测标准

1. 前照灯光束照射位置要求

① 在空载车状态下，汽车、摩托车前照灯近光光束照射在距离 10 m 的屏幕上，近光光束明暗截止线转角或中点的垂直方向位置，对近光光束透光面中心（基准中心，下同）高度小于或等于 1 000 mm 的机动车，应不高于近光光束透光面中心所在水平面以下 50 mm 的直线且不低于近光光束透光面中心所在水平面以下 300 mm 的直线；对近光光束透光面中心高度大于 1 000 mm 的机动车，应不高于近光光束透光面中心所在水平面以下 100 mm 的直线且不低于近光光束透光面中心所在水平面以下 350 mm 的直线。除装用一只前照灯的三轮汽车和摩托车外，前照灯近光光束明暗截止线转角或中点的水平方向位置，与近光光束透光面中心所在垂直面相比，向左偏移应小于或等于 170 mm，向右偏移应小于或等于 350 mm。

② 在空载车状态下，轮式拖拉机运输机组前照灯近光光束照射在距离 10 m 的屏幕上，近光光束中点的垂直位置应小于或等于 $0.7H$（H 为前照灯近光光束透光面中心的高度），水平位置向右偏移应小于或等于 350 mm 且不应向左偏移。

③ 在空载车状态下，对于能单独调整远光光束的汽车、摩托车前照灯，前照灯远光光束照射在距离 10 m 的屏幕上，其发光强度最大点的垂直方向位置，应不高于远光光束透光面中心所在水平面（高度值为 H）以上 100 mm 的直线且不低于远光光束透光面中心所在水平面以下 $0.2H$ 的直线。除装一只前照灯的三轮汽车和摩托车外，前照灯远光发光强度最大点的水平位置，与远光光束透光面中心所在垂直面相比，左灯向左偏移应小于或等于 170 mm 且向右偏移应小于或等于 350 mm ，右灯向左和向右偏移均应小于或等于 350 mm。

2. 前照灯远光发光强度要求

机动车每只前照灯的远光光束发光强度应达到表 9-1 的要求；并且，同时打开所有前照灯（远光）时，其总的远光光束发光强度应符合 GB 4785—2019 的规定。测试时，电源系统应处于充电状态。

表 9-1　前照灯远光光束发光强度最小值要求　　单位：cd

机动车类型	检查项目					
	新注册车			在用车		
	一灯制	二灯制	四灯制①	一灯制	二灯制	四灯制①
三轮汽车	8 000	6 000		6 000	5 000	
最高设计车速小于 70 km/h 的汽车		10 000	8 000		8 000	6 000
其他汽车		18 000	15 000		15 000	12 000
普通摩托车	10 000	8 000		8 000	6 000	
轻便摩托车	4 000	3 000		3 000	2 500	

①四灯制是指前照灯具有四个远光光束；采用四灯制的机动车其中两只对称的灯达到两灯制的要求时视为合格。

四、对汽车的照明、信号、仪表、电气线路等用电设备要求

按照国家标准 GB 38900—2020《机动车安全技术检验项目和方法》的要求，对汽车的照明、信号、仪表、电气线路等用电设备有以下要求：

① 前照灯、转向灯、示廓灯、危险报警闪光灯和雾灯等信号装置应齐全、完好、有效。

② 前照灯的远、近光光束变换功能正常。

③ 车辆的后反射器、侧反射器和侧标志灯应齐全，无损毁。

④ 货车、挂车侧面及后部的车身反光标识和尾部标志板的适用车型要求、性能、尺寸、位置应符合国家标准 GB 7258—2017《机动车运行安全技术条件》的相关要求，且完好、无污损。

⑤ 发动机舱内线束以及其他部位线束的导线绝缘层无老化、皲裂和破损，导线无外露，线束固定可靠；电缆线及连接蓄电池的接头应牢固，并有绝缘套；线束穿过金属孔时应设绝缘护套。

⑥ 车速、里程、水温、机油压力、电流或电压或充电、燃油、气压等信号指示装置应工作正常。

⑦ 装有卫星定位系统车载终端的车辆，终端应工作正常。

知识拓展

前照灯检测仪的结构与工作原理

1. 投影式前照灯检测仪结构与工作原理

仪器主体由车架和受光箱两部分构成（如南华产 QD-100 型、佛分产 FD-2 型）。受光箱用以接受被检前照灯的光束并进行检测。受光箱安装在车架上，可沿立柱由电动机驱动（或摇动手轮）上下移动，并可在地面上沿轨道左右移动，外形结构如图 9-3 所示。

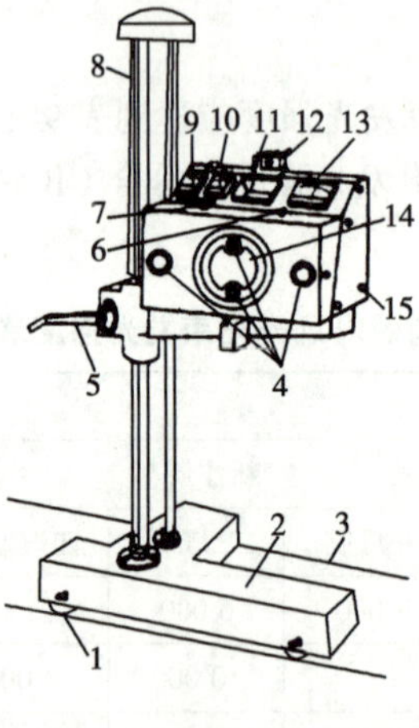

图 9-3 投影式前照灯检测仪整体结构

1—车轮；2—底座；3—导轨；4—光电池；5—上下移动手柄；6—上下光轴刻度盘；7—左右光轴刻度盘；8—支柱；9—左右偏斜指示计；10—上下偏斜指示计；11—投影屏；12—汽车摆正找准器；13—光度计；14—聚光透镜；15—受光器

由被检前照灯发出的光束经聚光镜会聚后，由反射镜反射到屏幕上。屏幕呈半透明状态，在屏幕上可看到光束的光分布图形。该图形近似于在 10 m 屏幕上观察的光分部特性。屏幕上对称分布五个光检测器，如图 9-4 所示。NO. 1 及 NO. 2 用以检测垂直方向的光分布，其输出电流经转换成电压后，连接到垂直方向的指示表上。通过旋转上下刻度盘，使反光镜移动，从而使 NO. 1 及 NO. 2 输出信号相等，上下指示表指示为零。此时上下刻度盘指示出光轴偏移量的数值。NO. 3 及 NO. 4 用以检测左右方向的光分布情况，其原理同上。由左右刻度盘指示出光轴偏移量。NO. 5 用以检测发光强度，其输出放大后由发光强度指示表指示发光强度数值。

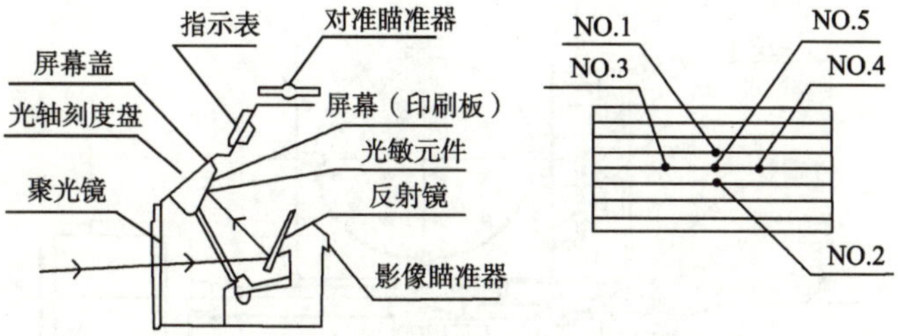

图 9-4　受光箱内部结构图和光检测器分布

2. 自动跟踪光轴式前照灯检测仪结构与工作原理（单测远光）

仪器外形如图 9-5 所示。仪器主要由驱动机构及受光箱构成（如佛山产全自动 FD-1 型、南华产全自动 QD-300 型）。底箱内装左右方向驱动系统及垂直方向牵引系统，以驱动仪器整机作左右方向运动及牵引受光箱作垂直方向运动。仪器可沿导轨左右移动整个设备。

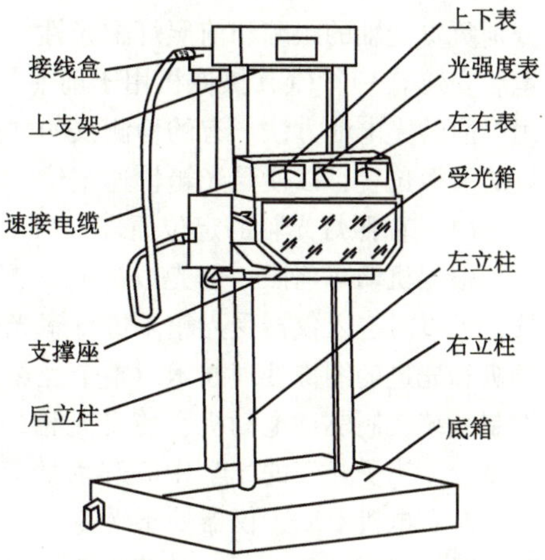

图 9-5　自动跟踪光轴式前照灯检测仪外形结构

在受光箱内部有一透镜组件（见图 9-6）。在受光箱的正面装有上下左右四个光电池，用作光轴追踪。其原理，当上下光电池受到的光照度不同时，产生的偏差信号驱动上下传动部件中的电动机，牵引受光箱向光照平衡的位置移动。同样，左右光电池的偏差信号驱动左右传动部件中的电动机，使仪器向左向右移动，直到光轴位置偏差信号为零时，灯光仪停止移动，灯光的光轴处于受光箱的中心上。同时在透镜后面的四象限光电池受到前照灯光束经透镜聚光后，照射在这一光电池组的中央时，四光电池产生的偏差信号为零（上下表和左右表指示为零）。如果在仪器定位于主光轴位置时，通过聚光透镜的光束偏离中心位置，必然产生偏差信号。左右偏移的偏差信号驱动电动机，使透镜移动，以减少这一偏差，亦即使得汇聚的光束向光电池组中心逼近。同样，上下偏移偏差信号则驱动透镜在垂直方向上做调整，以使光点能在垂直方向逼近光电池组的中心。透镜在两个方向的位移量由分别安装在两个方向的位移传感器经电路放大处理后，分别将偏移量显示在左右指示表上和上下指示表上并输出。光强在四象限光电池中心聚焦后由四象限光电池组与光照强度产生正比的电信号，经叠加后，再经过放大电路放大后送到光强指示表上指示并输出。

3. 采用 CCD 图像传感器的全自动前照灯远近光检测仪简介

常见的检测设备有南华厂生产的 QD-1003、NHD-6101 型远近光检测仪、浙大鸣泉生产的 QDC-1B 型远近光检测仪和佛山厂生产的 FD-103 型远近光检测仪，是在全自动远光检测仪基础上结合 CCD 图像传感器和先进的图像处理技术发展而来的。

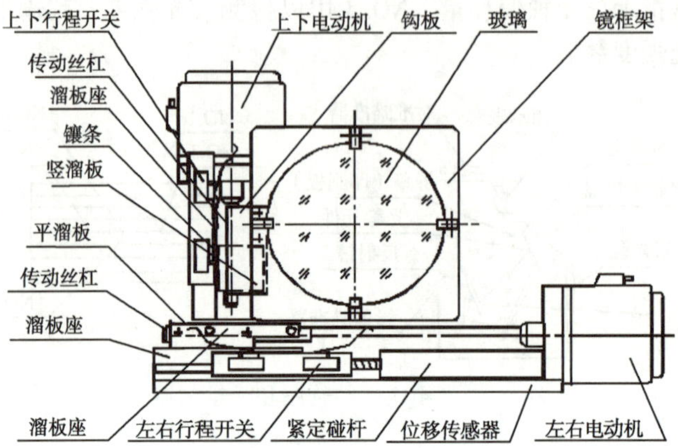

图 9-6　全自动前照灯检测仪的透镜组件

南华产 NHD-6101 和佛山产 FD-103 型检测仪在透镜的前后安装有两个 CCD 摄像机，分别负责光轴的跟踪和前照灯配光性能和照射方向的分析，南华产 QD-1003 型检测仪在透镜后安装有一个 CCD 摄像机用于前照灯配光性能和照射方向的分析，而光轴的跟踪仍沿用以前的光电池方法。有的检测仪的立柱上装有扫描光电管阵列，其作用是扫描汽车前照灯的大概位置，以便受光箱快速定位。

（1）前照灯光轴的定位原理

根据机动车前照灯远光或近光的配光特性、CCD 测量技术特点和聚光透镜的聚光特性，可以对进入仪器受光箱未进行聚光的机动车前照灯远光光束进行拍摄，利用高性能计算机和先进的图像处理技术对整个光斑进行量化分析处理，找出前照灯的光轴中心，通过控制系统控制驱动电动机，使受光箱的光学中心和前照灯的远光（或近光）光束中心准确重合。当受光箱的光学中心和前照灯的远光光束中心准确重合时［见图 9-7(a)］，上下、左右电机不动，仪器处于平衡状态；当受光箱的光学中心和前照灯的远光光束中心不重合时［见图 9-7(b)］，计算机会发出指令，使上下、左右电机走动，直到受光箱的光学中心和前照灯的远光光束中心准确重合。

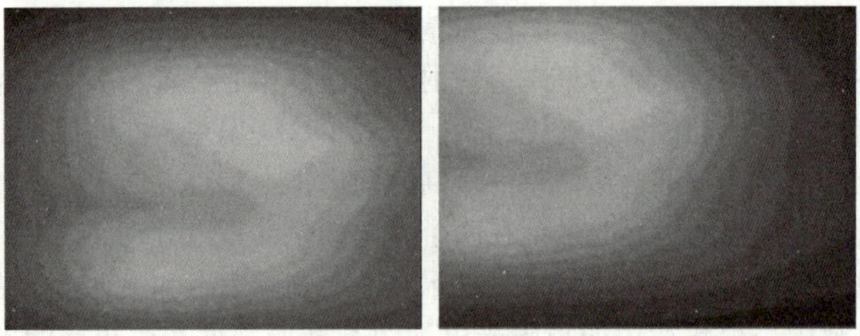

(a)　　(b)

图 9-7　远光光心未进行聚光时的灰度图像

（2）偏角和光强的测量

对准光轴后，利用 CCD 对进入仪器受光箱经过聚光镜聚光后，聚集在焦平面屏幕上的机动车前照灯远光光斑进行拍摄，利用高性能计算机和先进的图像处理技术对整个焦平面光斑进行量化分析处理，找出其光束中心，不同的偏角的光束其光学中心成像在焦平面上的位置也不同，不同光强的点，其在图像上的灰度也不同，光强越强的点，光斑越白，光强越小的点，光斑越暗。FD-103 型前照灯检测仪这样就可以测出机动车前照灯远光灯的角度和光强。当机动车前照灯远光的偏角为零度时，远光（或近光）灯光束经过聚光透镜聚光后，其成像在焦平面光学中心也在焦平面的中心，其成像在焦平面的光分布图如图9-8(a)所示。当机动车前照灯远光的偏角不为零度时，远光灯光束经过聚光透镜聚光后，其成像在焦平面光学中心也不在焦平面的中心，其成像在焦平面的光分布图如图9-8(b)所示。

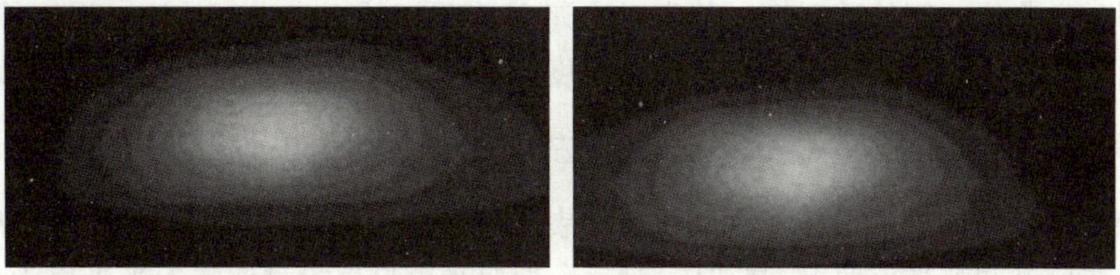

(a)　　　　(b)

图9-8　聚光后焦平面的光分布图

汽车前照灯的近光为非对称式，光形分布有一条明显的明暗截止线。

任务实施

视频

汽车前照灯检测

一、用前照灯检测仪检测

使用前照灯检测仪检测前照灯时，由于前照灯检测仪的型号不一样，检测方法也有所不同，使用时应按“使用说明书”的要求进行。

1. 前照灯检测仪的准备

① 前照灯检测仪不受光时，光度计和光轴偏斜指示计的指针应指向“零”，若不是，应调整。

② 聚光透镜和反射镜的镜面应清晰。

③ 水准器的气泡应处于规定位置。

④ 导轨移动平顺、灵活。

2. 检测汽车的准备

① 清洁前照灯。

② 保持轮胎气压正常。

③ 保持蓄电池状况良好。

3. 自动追踪光轴式前照灯检测仪的检测步骤

① 被检车驶近检测仪，距检测仪3 m，且方向与检测仪导轨垂直。

② 用车辆找准器使检测仪与汽车对正。

③ 打开前照灯，接通检测仪电源，用控制盒上的位置开关调整受光器的位置，使前照灯光束直射受光器。

④ 按下控制盒上的检测开关，受光器即追踪前照灯光轴，根据光轴偏斜指示计和光度计的指示，得出光轴偏斜量和发光强度值。

⑤ 调整至符合标准。

二、用屏幕检测前照灯

在规定检测条件下，在距前照灯10 m处置一专用屏幕，并使其垂直于地面。屏幕画有三条垂直线和三条水平线。垂线v-v与车辆纵向中心线对齐，两侧垂线$v_{\text{左}}$-$v_{\text{左}}$和$v_{\text{右}}$-$v_{\text{右}}$

分别与左右前照灯中心线对齐。水平线 h-h 与被检车辆前照灯中心等高，距地面高度为 h'（mm），其下第一条水平线与被检车辆前照灯远光光束中心的上限值等高，距地面高度为 $h_1'=1.0h'$（对乘用车）；第二条水平线与被检车辆的前照灯近光光束中心的上限值等高，距地面高度为 $h'=0.9h'$（对乘用车）。远、近光光束中心高度的偏差范围分别为 $0.1h'$ 和 $0.2h'$（对乘用车），即其下限值分别为 $0.9h'$ 和 $0.7h'$。

检测时先遮住一侧的前照灯，首先对未遮盖前照灯的近光进行检测，根据检测标准，其近光明暗截止线转角或光束中心应照在高度为 h_2'、$h_2'-0.2h'$ 的两条水平线及距垂直线 v-v 的距离 $\frac{1}{2}s+170$ mm、$\frac{1}{2}s-350$ mm（对左灯）或 $\frac{1}{2}s+350$ mm、$\frac{1}{2}s-170$ mm（对右灯）的两条垂直线所围成的矩形框内，否则表明近光光束偏斜量超标，如图 9-9 所示。一般而言，在检测调整光束照射方向时，对远、近双光束灯以检测调整近光光束为主。因为制造质量合格的灯泡，近光调整合格后，远光光束一般也能合格；若近光光束调整合格后，经复核远光光束照射方向不合格，则应更换灯泡。

在检验前照灯远光光束及远光单光束照射位置时，根据检测标准，其光束中心应位于由高度为 h_1'、$h_1'-0.1h'$ 的两条水平线和距垂直线距离为 $\frac{1}{2}s+170$ mm、$\frac{1}{2}s-350$ mm（对左灯）或 $\frac{1}{2}s+350$ mm、$\frac{1}{2}s-350$ mm（对右灯）的两条垂直线所围成的矩形内。

屏幕法简单易行，但只能检测光束照射位置；同时为适应不同车型需经常更换屏幕，并且占用场地较大。

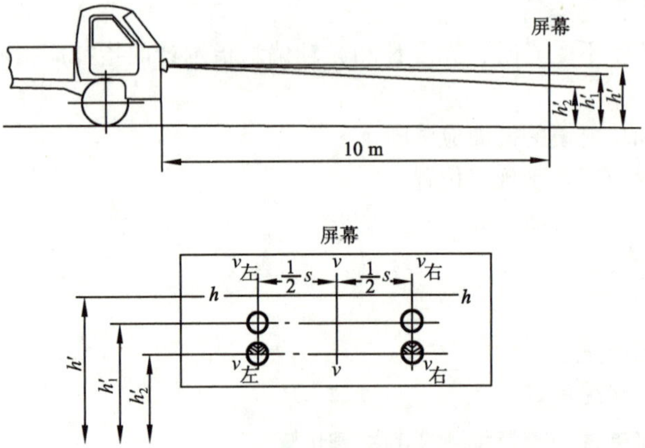

图 9-9　用屏幕检测前照灯光束照射位置

三、结果分析

视频

前照灯检测结果分析

灯光检测不合格的概率很大，引起的原因既有设备、车辆因素，也有人为的因素，其中重复性差的主要原因是环境和检测驾驶人引起的。

1. 发光强度不合格原因

① 蓄电池电压不足（启动前），小于 12 V。

② 充电状态下蓄电池电压仍低于 12 V。

③ 前照灯罩外壳污垢、老化、破裂有明显缺陷。

④ 仪表板前照灯远光无显示。

⑤ 变光失效。
⑥ 灯泡缺陷。
⑦ 反光碗缺陷。
⑧ 线路接触不良、搭铁。
⑨ 引车员操作失误。
⑩ 前照灯仪寻不着光。
⑪ 外来光线对前照灯仪干涉。

2. 光轴上下偏差不合格

① 车体外缘左右对称部位高度超出 40 mm。
② 车架变形。
③ 钢板断裂、缺片。
④ 左右轮胎气压不一致，大于 1 kg/cm^2。
⑤ 前照灯光轴角上下偏差过大。
⑥ 车辆抖动，引起前照灯仪振荡。
⑦ 灯箱上下抖动。
⑧ 外来光线对大灯仪干扰。

3. 光轴左右偏差不合格

① 前轴左右轮距差过大（超出 10 mm）。
② 车架变形。
③ 钢板断裂、缺片。
④ 前照灯光轴角左右偏差过大。
⑤ 车辆停车与地面车道线不平行（车辆与前照灯仪导轨不垂直）。
⑥ 车辆抖动，引起前照灯仪振荡。
⑦ 前照灯仪左右抖动。
⑧ 外来光线对前照灯仪干扰。

前照灯的调整主要是光束照射位置的调整。发光强度不可调整，若发光强度减弱，可通过更换灯泡、检查线路电阻、反射镜或前照灯总成来解决。要改变光束的照射方向，只要调整固定前照灯的紧固螺钉或调整装置即可。

四、注意事项

① 检测仪的底座应水平。
② 检测仪要避开外来光线的干扰。
③ 被检测汽车应空载，驾驶室仅留一个驾驶人的状态下进行检测。
④ 被检汽车有四个前照灯时，应将同侧的两只前照灯遮住一只再进行检测，然后再检测另一只。

任务评价（工作单）

姓名____________　　日期____________

汽车前照灯的检测

将本班学生分成若干小组，分别进行汽车前照灯的检查工作，如果发现检测项目不合格还要进行相应的调整工作。

工具和材料

一辆实训用汽车（老师预先设定故障或情景）及其维修手册，前照灯校验仪。

所检测汽车的描述

制造年份＿＿＿＿＿＿ 制造商＿＿＿＿＿＿

VIN ＿＿＿＿＿＿ 型号＿＿＿＿＿＿

发动机型号＿＿＿＿＿＿ 车辆行驶里程＿＿＿＿＿＿

步骤

1. 照灯检测仪的准备

① ＿＿＿＿＿＿＿＿＿＿＿＿＿＿＿＿＿＿＿＿＿＿＿＿＿＿＿＿＿＿。

② ＿＿＿＿＿＿＿＿＿＿＿＿＿＿＿＿＿＿＿＿＿＿＿＿＿＿＿＿＿＿。

③ ＿＿＿＿＿＿＿＿＿＿＿＿＿＿＿＿＿＿＿＿＿＿＿＿＿＿＿＿＿＿。

④ ＿＿＿＿＿＿＿＿＿＿＿＿＿＿＿＿＿＿＿＿＿＿＿＿＿＿＿＿＿＿。

2. 检测汽车的准备

① ＿＿＿＿＿＿＿＿＿＿＿＿＿＿＿＿＿＿＿＿＿＿＿＿＿＿＿＿＿＿。

② ＿＿＿＿＿＿＿＿＿＿＿＿＿＿＿＿＿＿＿＿＿＿＿＿＿＿＿＿＿＿。

③ ＿＿＿＿＿＿＿＿＿＿＿＿＿＿＿＿＿＿＿＿＿＿＿＿＿＿＿＿＿＿。

3. 自动追踪光轴式前照灯检测仪的检测步骤

① ＿＿＿＿＿＿＿＿＿＿＿＿＿＿＿＿＿＿＿＿＿＿＿＿＿＿＿＿＿＿。

② ＿＿＿＿＿＿＿＿＿＿＿＿＿＿＿＿＿＿＿＿＿＿＿＿＿＿＿＿＿＿。

③ ＿＿＿＿＿＿＿＿＿＿＿＿＿＿＿＿＿＿＿＿＿＿＿＿＿＿＿＿＿＿。

④ ＿＿＿＿＿＿＿＿＿＿＿＿＿＿＿＿＿＿＿＿＿＿＿＿＿＿＿＿＿＿。

4. 前照灯光轴的调整和发光强度不合格原因分析

当前照灯照射方向偏斜时，可用螺丝刀转动前照灯上下、左右的调整螺钉。

发光强度不合格原因分析＿＿＿＿＿＿＿＿＿＿＿＿＿＿＿＿＿＿＿＿。

检测数据记录

	上下偏移值/cm	左右偏移值/cm	最大发光强度/cd	是否合格
左近光灯				
右近光灯				
左远光灯				
右远光灯				

前照灯检测仪检测前照灯考核评分表

时间：30 min 班级：＿＿＿＿ 考生姓名：＿＿＿＿

序号	考核内容	配分	评分标准	扣分	得分
1	着工装，注意工作场地卫生和工具，设备清洁	10	着工装，保持场地卫生，保持工具和设备卫生，10分		
2	准备工作	10	检查轮胎气压，必要时进行充气；调整前透镜面与前照灯之间的距离，10分		
3	检测过程	35	读取调整左、右近光灯光束照射位置，读取左、右近光灯光束的发光强度；读取调整左、右远光灯光束照射位置，读取左、右远光灯光束的发光强度，35分		

续表

序号	考核内容	配分	评分标准	扣分	得分
4	结果的处理和分析	25	对比分析前照灯的工作状况是否合格，并分析引起误差的原因，调整到符合标准，25分		
5	注意安全	10	因违规操作发生重大人身、设备事故，记0分		
6	按时完成	10	每超时1 min扣5分，超时3 min分钟终止考核		
7	分数合计				

操作时间：＿＿＿＿＿＿　　考核教师：＿＿＿＿＿＿

习　题

1. 发光强度和照度的关系怎样？
2. 国家标准对汽车前照灯光束照射位置、发光强度有何要求？
3. 简述发光强度和光束照射方向的检测原理。
4. 汽车前照灯发光强度不合格的原因有哪些？
5. 如何调整汽车前照灯光束偏斜？

任务10 汽车车速表检测

学习目标

☑ 了解车速表误差形成的原因；

☑ 掌握用车速表试验台检测汽车的车速表；

☑ 正确判定和分析检测结果。

任务描述

车辆的行驶速度一般是通过速度传感器传递给车速表，驾驶人从中得到车速的快慢。若车速表失准会误导驾驶人违章。如长时间在高速公路上行驶，驾驶人对实际车速的判断会偏小，使汽车的速度越来越快。同时，车速与制动距离有直接关系，理论上来讲，车速提高2倍，制动距离将增加到4倍，制动距离与车速平方成正比。因此，车速表正确与否，直接影响到驾驶人准确控制车速，如果车速表指示误差大，有可能导致行车事故。因此，为了保障行车安全，车速表的指示误差列为安全检测项目。

本任务是利用车速表试验台来测量汽车车速表的误差（见附录B道路车辆性能检验记录单），并与国家标准进行比较，判断是否合格，分析不合格的原因。

相关知识

一、车速表的工作原理

车速表一般与里程表结合在一起，称为车速里程表，其结构原理如图10-1所示。变速器输出轴驱动的软轴与车速里程表相连，软轴驱动车速表内的永久磁铁旋转，使感应盘切割磁力线而产生涡流，建立涡流磁场。涡流磁场与永久磁铁的旋转磁场相互作用，使感应盘产生转动力矩。在转动力矩的作用下，转动盘克服游丝的张力而转动。感应盘的转角随永久磁铁转速的升高而增大，指针与感应盘一起转动，指示了行车速度。

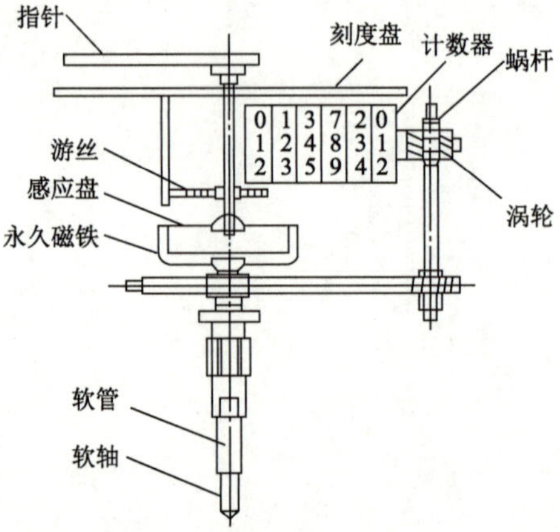

图10-1 车速里程表的结构原理

现代汽车正向高速化方向发展，随着车速的提高，用软轴驱动的传统车速里程表受到前所未有的挑战，这是因为软轴在高速旋转时，由于受钢丝交变应力极限的限制而容易断裂，同时软轴布置过长会出现形变过大或运动迟滞等现象，而且对于不同的车型，转速里程表的安装位置也会受到软轴长度及弯曲度的限制。

凡此种种，使得基于非接触式转速传感器的电子式转速里程表得以迅速发展。

二、车速表误差的测量

车速表误差的测量原理是以车速表试验台的滚筒作为连续移动的路面，把被测车轮置于滚筒上旋转，来模拟汽车在路面上行驶时的实际状态，进行车速表误差的检测，如图10-2所示。

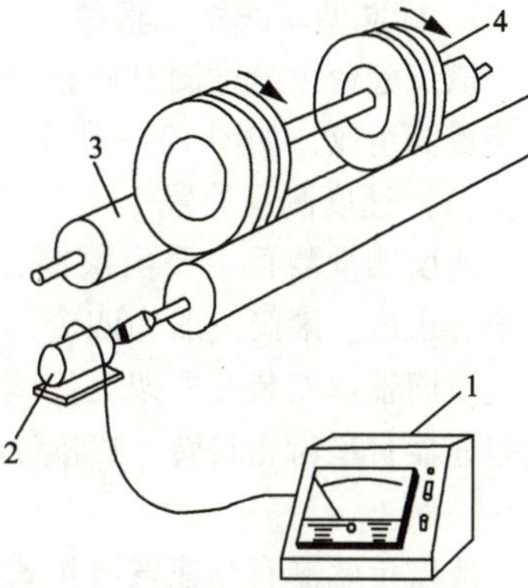

图10-2　车速表误差的测量原理

1—速度指示仪表；2—速度传感器；3—滚筒；4—被测车轮

试验时，将汽车驱动轮置于滚筒上，由发动机经传动系驱动车轮旋转，车轮借助于轮胎的摩擦力带动滚筒转动。滚筒端部装有测速发电机（即速度传感器），测速发电机的转速随滚筒转速的增高而增加，而滚筒的转速与车速成正比，因此测速发电机发出的电压也与车速成正比。滚筒的线速度、圆周长与转速之间的关系，可用下式表达：

$$v=60Ln\times 10^{-6} \tag{10-1}$$

式中　v——滚筒的线速度，km/h；

L——滚筒的圆周长，mm；

n——滚筒的转速，r/min。

视频　车速表误差的测量原理

因车轮的线速度与滚筒的线速度相等，故上述的计算值即为汽车的实际车速值，该值在试验时由试验台上的速度指示仪表显示。车轮在滚筒上转动的同时，车速表的软轴也由变速器输出轴带动旋转，并在车速表上显示车速值，即车速表指示值。将上述试验台上速度指示仪表上显示的实际车速值与车速表上显示的车速指示值相比较，即可得出车速表的误差。

三、车速表检测标准

视频　车速表误差检测

国家标准GB 7258—2017《机动车运行安全技术条件》中规定：车速表指示误差（最大设计车速不大于40 km/h的机动车除外），车速表指示车速V_1（单位：km/h）与实际车速V_2（单位：km/h）之间应符合下列关系式：

$$0\leqslant V_1-V_2\leqslant (V_2/10)+4$$

即将被测机动车的车轮驶上车速表检测台的滚筒上使之旋转，当该机动车车速表指示值（V_1）为40 km/h时，车速表检测台速度指示仪表的指示值（V_2）在32.8～40 km/h范围内为合格；或车速表检测台速度指示仪表的指示值（V_2）为40 km/h时，读取该机动车车速表指示值（V_1），V_1在40～48 km/h范围内为合格。

知识拓展

视频　车速表试验台结构

车速表试验台结构

车速表试验台有三种类型：无驱动装置的标准型，它依靠被测车轮带动滚筒旋转；有驱动装置的驱动型，它由电动机驱动滚筒旋转；把车速表试验台与制动试验台或底盘测功试验台组合在一起的综合型。

1. 标准型车速表试验台

该试验台由速度测量装置、速度指示装置和速度报警装置等组成，如图 10-3 所示。

（1）速度测量装置

速度测量装置主要由滚筒、速度传感器、举升器、框架等组成。滚筒一般为四个，直径为 185 mm 或更大，通过滚筒轴承安装在框架上。试验时，为防止汽车驱动轴差速器行星齿轮自转，试验台的两个前滚筒用联轴器连在一起。

速度传感器有测速发电机式、差动变压器式、磁电式和光电式等多种形式，它装在滚筒的一端，将对应于滚筒转速所发出的电压信号送到速度指示装置。

在前、后滚筒之间设有举升器，以便汽车进出试验台。举升器与滚筒制动装置联动，举升器升起时，滚筒不会转动。

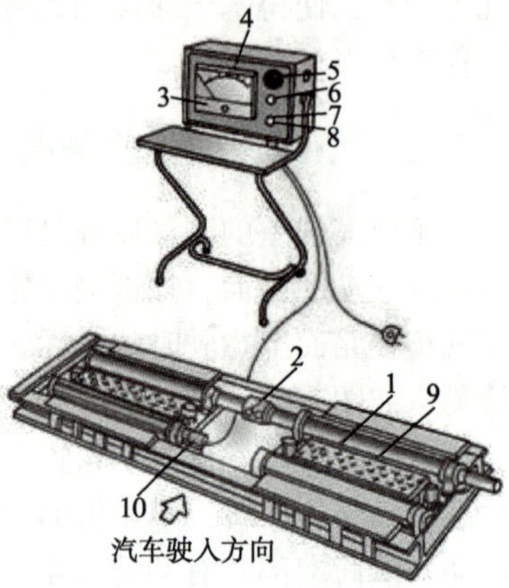

图 10-3 标准型车速表试验台

1—滚筒；2—联轴器；3—零点调整螺钉；4—速度指示仪表；5—蜂鸣器；6—报警器；7—电源灯；8—电源开关；9—举升器；10—速度传感器（测速发电机）

（2）速度指示装置

速度指示装置是根据速度传感器传来的电信号进行工作的。根据滚筒圆周长与转速可算出其线速度，以 km/h 为单位在速度指示仪表上显示车速。

（3）速度报警装置

速度报警装置是为在测量时，便于判明车速表误差是否在合格范围之内而设置的。一般有下列三种形式：

① 用试验台警报装置指示检测车速。当汽车实际车速达到某一规定值（如 40 km/h）时，警报装置的警报灯发亮或蜂鸣器发响，提示驾驶人已达到检测车速，注意观察驾驶室车速表指示值是否在合格范围内。

② 将试验台指示仪表上某一合格范围涂成绿色（如车速表指示值为 40 km/h 时，绿色区域应为 32.8 ~ 40 km/h）。试验时车速表指示值达到某一检测车速（40 km/h）时，同时观察试验台速度指示仪表的指示值是否在合格的绿色区域（32.8 ~ 40 km/h）内。

③ 同时具备上述两种装置的警报装置。

2. 驱动型车速表试验台

多数汽车的车速表转速信号，取自变速器或分动器的输出轴，但对于后置发动机的汽车，由于驱动车速表的软轴过长会出现传动精度和寿命等方面的问题，所以转速信号取自前轮。驱动型车速表试验台就是为了适应后置发动机汽车的试验而制造的，它的结构（见图 10-4）基本上与标准型车速表试验台相同，不同的是在滚筒的一端装有电动机，用以驱动滚筒，再带动汽车从动轮旋转。

这种试验台在滚筒与电动机之间装有离合器，若试验时将离合器分离，又可作为标准型试验台使用。

图 10-4 驱动型车速表试验台

任务实施

一、车速表误差检测

1. 试验台的准备

① 在滚筒静止状态检查指示仪表是否在零点位置上，若有偏差，可用零点调整旋钮（或零点调整电位计）调整。

② 检查滚筒上是否沾有油、水、泥等杂物。若有，要清除干净。

③ 检查举升器动作是否自如和有无漏气部位。若有阻滞或漏气部位，应予修理。

④ 检查导线的接触情况。若有接触不良或断路，应予修理或更换。

经常使用的试验台，不一定每次使用前都要进行上述检查。

2. 被测车辆的准备

① 轮胎气压应符合汽车制造厂的规定。

② 轮胎沾有水、油等或轮胎花纹沟槽内嵌有小石子时，应清除干净。

3. 检测方法

① 接通试验台电源。

② 升起滚筒间的举升器。

③ 将被测车输出车速信号的车轮尽可能与滚筒成垂直状态停放在试验台上。

④ 降下滚筒间的举升器，至轮胎与举升器托板脱离为止。

⑤ 用挡块抵住位于试验台滚筒之外的一对车轮，防止汽车在测试时滑出试验台。

⑥ 使用标准型试验台时应做如下操作：

a. 启动汽车，待汽车的驱动轮在滚筒上稳定后，挂入最高挡，踩下加速踏板使驱动轮平稳地加速运转。

b. 当汽车车速表的指示值 V_1 达到规定检测车速（40 km/h）时，读出试验台速度指示仪表的指示值 V_2；或当试验台速度指示仪表的指示值达到检测车速时，读取车速表的指示值。

⑦ 使用驱动型试验台时应做如下操作：

a. 接合试验台离合器，使滚筒与电动机连在一起。

b. 将汽车的变速器挂入空挡，接通试验台电源，使电动机驱动滚筒旋转。

c. 当汽车车速表达到检测车速时，读取试验台速度指示仪表的指示值；或当试验台速度指示仪表达到检测车速时，读取汽车车速表的指示值。

⑧ 测试结束后，轻轻踩下汽车制动踏板，使滚筒停止转动。对于驱动型试验台，必须先关断电源再踩制动踏板。

⑨ 升起举升器，去掉挡块，汽车驶离试验台。

⑩ 切断试验台电源。

二、检测结果分析

汽车车速表的误差往往会随着汽车使用时间的延长而逐渐增大。造成车速表失准的原因，主要有两个方面：一方面是车速表自身的问题；另一方面与轮胎的状况有关。

（1）车速表自身的原因

不论是磁电式或电子式车速表，其主轴都是由与变速器相连的软轴驱动的。对于磁电式车速表（车速表常与里程表做在一起），当主轴旋转时，与主轴固定连接的永久磁铁也一起旋转。其磁场会在铝罩上感应涡流，产生的涡流力矩引起错误偏转并带动游丝和指针偏转，最后达到涡流力矩与游丝的弹性反力矩相平衡。车速越高，涡流力矩越大，指针偏转的角度也越大。对于电子式车速表来说，主轴的转动会引起传感器产生与主轴转速成正比的脉冲信号，经电子线路放大后，送到仪表引起指针偏转或给出数字指示。

当汽车长期使用后，车速表内带指针的活动转盘、带永久磁铁的转轴以及轴承、齿轮、游丝等机械零件和磁性元件，随着汽车行驶里程的增加，这些零件在工作过程中不可避免地要产生磨损，永磁元件可能退磁老化，这些因素都会造成车速表指示值误差增大。

(2) 轮胎方面的原因

由车速表的工作原理可知，车速表的指示值仅仅是与车轮的转速成正比，而汽车行驶的速度相当于驱动轮的线速度，显然线速度不仅与转动速度有关，还与车轮的半径有关。

理论上，若驱动轮半径为 r，其转速为 n，则可以算出汽车行驶的线速度为

$$u=0.377\frac{rn}{i_g i_0} \tag{10-2}$$

式中 u——汽车行驶速度，km/h；

r——车轮滚动半径，mm；

n——发动机的转速，r/min；

i_g——变速器传动比；

i_0——主减速器传动比。

实际上，由于轮胎是一个充气的弹性体，所以汽车行驶时，轮胎在受到垂直载荷、车轮驱动力和地面阻力等作用下会发生弹性变形；另外，由于轮胎磨损、气压不符合标准（过高或不足）等原因也会影响车轮半径的变化。因此，即使在驱动轮转速不变（车速表的指示值也不变）的情况下，上述原因也会引起实际车速与车速表指示值不一致的现象。因此，为了行车安全，定期校验车速表是十分必要的。

三、使用注意事项

① 测试前应先检查车辆的轴重应在试验台的允许范围之内。

② 严禁车辆在试验台上做紧急制动。

③ 测试过程中严禁升起举升器。

④ 对于前轮驱动车辆，应操纵转向盘确保汽车在测试过程中前轮保持直线行驶状态。

⑤ 驱动型车速表试验台作为标准型试验台使用时，一定要将离合器分离，使滚筒与电动机脱开。

⑥ 如果举升器是气压的，则在测试完毕后务必使举升器气缸处于充气状态。

⑦ 试验台不检测时，禁止在上面停放车辆。

检验时，为防止被检车辆向前窜动，前驱动车宜使用驻车制动，后驱动车可在非驱动轮前部加止动块；并且，检验结束后，检验员应缓慢制动使滚筒停转，待滚筒锁止或举升器升起后再将车辆驶出检验台，切不可猛踩制动。

任务评价（工作单）

姓名____________ 日期____________

车速表的检测

完成此工作单后，你将应该能够正确使用标准型车速表试验台检测车速表的情况。

工具和材料

一辆实训用汽车（老师可预先设定故障或情景）及其维修手册，标准型车速表试验台。

所检测汽车的描述

制造年份__________　制造商__________

VIN __________　型号__________

发动机型号__________　车辆行驶里程__________

步骤

1. 车速表试验台的准备

① 在车速表试验台滚筒处于静止状态时，检查车速表试验台指示仪表指针的位置在________上。

② 清除滚筒上的油、水、泥、砂等杂物。

③ 检查举升器的升降动作是否自如，导线接触是否良好。

2. 被测车辆的准备

① 检查轮胎气压，所测轮胎的标准气压是________，实际测量的轮胎气压是________。如果实际气压与标准气压不一致，则要充放气至标准值。

② 清除轮胎上的水、油、泥及轮胎花纹沟槽内嵌的小石子。

3. 检测方法

① 打开车速表试验台电源。

② 升起滚筒间的举升器。

③ 将被检车辆开上试验台，使驱动车轮尽可能与滚筒成________状态。

④ 降下滚筒间的举升器，至轮胎与举升器托板完全脱离为止。

⑤ 用挡块抵住位于试验台滚筒之外的一对车轮，防止汽车在测试时滑出试验台。

⑥ 启动汽车，待汽车的驱动轮在滚筒上稳定后，挂入________挡，松开驻车制动器，踩下加速踏板，使驱动轮带动滚筒平稳地加速运转。

⑦ 当试验台速度指示仪表的指示值稳定达到检测车速 40 km/h 时，读取车速表的指示值________；当汽车车速表的指示值稳定达到检测车速 40 km/h 时，读取试验台速度指示仪表的指示值________。

⑧ 读取数据后，轻轻踩下汽车制动踏板，使滚筒停止转动。

⑨ 升起举升器，去掉挡块，汽车驶离试验台。

⑩ 切断试验台电源。

4. 超标原因____。

汽车车速表的检测考核评分表

时间：30 min　班级：________　考生姓名：________

序号	考核内容	配分	评分标准	扣分	得分
1	着工装，注意工作场地卫生和工具，设备清洁	10	穿工装；保持场地卫生；保持工具和设备卫生。10 分		
2	车速表试验台的准备工作	10	指示仪表指针调零；清除滚筒上的油、水、泥、砂等杂物；检查举升器的升降动作是否自如；检查导线接触是否良好，10 分		

续表

序号	考核内容	配分	评分标准	扣分	得分
3	被测车辆的准备工作	10	清除轮胎及花纹沟槽内的杂质；检查轮胎气压，视必要进行充气，10 分		
4	检测过程	35	正确接通电源，打开开关；正确操作举升器升降；用挡块抵住位于试验台滚筒之外的一对车轮；正确操纵汽车，平稳加速到标准值；正确读取试验台速度指示仪表的指示值；正确读取车速表的指示值；正确操作收尾工作，35 分		
5	结果的处理和分析	15	对比分析车速表的指示是否合格，并分析引起误差的原因，15 分		
6	注意安全	10	因违规操作发生重大人身、设备事故，记 0 分		
7	按时完成	10	每超时 1 min 扣 5 分，超时 3 min 终止考核		
8	分数合计				

操作时间：__________　　考核教师：__________

习　题

1. 为什么要进行车速表的检测？
2. 车速表误差形成的原因是什么？允许误差的范围是多少？
3. 车速表检测要注意哪些安全事项？

任务 11 汽车使用可靠性检测

学习目标

☑ 了解汽车可靠性的定义；

☑ 掌握汽车外观检测的方法；

☑ 掌握汽车外观检测的内容及要求。

任务描述

在用汽车随着使用时间的增长，其技术状况变化的程度或经维修后其技术状况恢复的程度取决于车辆的设计制造、维修质量以及使用水平。通常可用汽车使用可靠性来定性和定量评价。所谓汽车使用可靠性是指汽车在使用中表征某一时刻抵抗故障、耗损，保持正常工作的能力。对于不同类型与用途的车辆其使用条件、工作性能及工作期限的要求是各不相同的。因此车辆抵抗故障、耗损与保持正常工作的能力要求也是不一样的，所以汽车使用可靠性又可定义为汽车在规定的条件和时间内能够完成规定功能的能力。

本任务是利用检测地沟、底盘间隙检查台、淋浴试验台等设备来完成汽车整车装备及外观检测（见附录 B 道路运输车辆性能检验记录单），并与国家标准进行比较，判断是否合格。

相关知识

一、汽车技术状况变化的基本原因

汽车是一个复杂的综合性机电系统，它由多种零件、机构、总成合理且有效的组合而成，以达到规定的性能和履行规定的功能。随着使用时间的延续，组成汽车的零件将逐渐丧失原有的性质，从而导致汽车技术状况逐渐变化，直至不能履行规定的功能。影响汽车技术状况变化的因素，除汽车本身固有变化规律外，还有偶然因素。偶然因素是指某个零件制造时有隐蔽缺陷，或汽车运用中有超载、超速等意外情况。在这些影响因素中，汽车零件、机构或总成技术状态的改变，往往是引起汽车技术状况变化的基本原因。如自然磨损、塑性变形、疲劳损坏、腐蚀以及零件或材料方面的其他变化等，都直接影响汽车技术状况的改变，从而反映在汽车或总成性能参数的变化上，将影响汽车保持正常工作的能力。

视频

汽车技术状况变化的基本原因

二、汽车故障的定义

汽车故障的类型与发生的概率是评定汽车使用可靠性的基础资料。故障系指在规定的行驶里程中，在常规的使用条件下，由于汽车本身内在原因导致汽车零部件、总成，以及整车丧失规定功能的现象。汽车制造业的产品质量、运输企业的使用与维修对汽车故障的出现有很大影响，有资料表明 70% 的汽车故障与使用、

视频

汽车故障的定义

维修有关。因此对在用汽车及维修后车辆进行使用可靠性不解体检验是非常重要的。

三、汽车使用可靠性的检测方法

视频

汽车使用可靠性的检测方法

由于汽车的大部分机构或总成不便于局部或全部拆散进行零件的直接测量，因此对于汽车技术状况须用一些与直接测量参数有关的间接诊断参数来确定。如对发动机来说，可以通过它的功率改变情况、不同部位的异响、气缸压缩压力或机油中所含杂质成分的分析来评价它的技术状况。目前汽车综合性能检测站通常采用不解体检验。所谓汽车不解体检验是指在不拆卸或拆卸不影响配合精度的外露部件的条件下，对汽车技术状况变化的检查。根据汽车使用可靠性不解体检验评定方法和指标的国标规定，检验项目是根据交通运输部 13 号令《汽车运输业车辆技术管理规定》与汽车使用可靠性相关的裂纹、磨损、变形、异响等，及汽车主要性能来确定的。

对于汽车的一些主要的使用性能如动力性、制动性、燃油经济性以及一些主要部件与机构，如发动机、转向机构、前照灯、前轮定位等技术状况和排放污染物等可以通过相应的检验设备进行检验予以判定。此外，还有许多汽车部件与机构的性能与技术状况，如一些外露的基础构件（车架、车身）、行驶系、转向系、传动系等的连接杆系、传动机件的磨损、变形、裂纹及由此而引起的异响等，还有与人体工程有关的操作系统的工作情况，辅助装置（如照明、信号装置等）的有效程度，以及引起上述汽车主要性能变化的更深层次或更基础性的原因的诊断、检测。如引起发动机状况变坏的各部机件的磨损，可以通过不同部位的异响来间接诊断。

若通过仪器如利用频谱分析的原理来诊断这些异响，一则仪器很复杂，一则诊断的可信度很低，且有一定局限性。又如制动方向稳定性可以通过台试得到一些有价值的检测参数，而制动方向稳定性往往是诸多因素（制动系、悬架系统、转向系统、驾驶技能等）综合的结果，唯有通过路试才能可靠确定。由此可见，这些诊断检测不可能或者不需要用复杂的检测设备来检测，而这些内容对汽车使用可靠性又是不可缺少的项目。

综上所述，对在用汽车使用可靠性不解体检验可归纳为两大部分：第一部分是通过检测设备对车辆的主要使用性能以及主要部件的功能进行检验、诊断；第二部分是针对汽车其他零件、机构、总成以及部分重要使用性能，通过人工或简单的工、量具及仪表进行外观检验与路试检验，简称汽车外检。为了叙述方便，第一部分检验内容已在前几个模块讲述，而本模块则着重介绍有关外检的一些内容。

知识拓展

外检作业使用的基本设施与设备

外检人员应使用的必要的工、量具和仪具，其中比较简单且常用的有检验专用手锤、手电筒、钢卷尺、直尺、轮胎气压表、水温计、发动机转速表、裂纹检查仪及常用手工具。

外检的基本设施及设备包括：外检停车场，检验用地沟及底盘间隙检查台，标准试车道，轮胎充气用压缩空气源及淋雨装置等。

1. 外检停车场

外检停车场应是水泥地坪，地面应平整，纵横向坡度应控制在 1% 以内。检验场地的容量应与检车量相适应。

外检停车场设顶棚，便于雨天作业和避免烈日暴晒。外检停车场应设压缩空气源，便于轮胎充气。

2. 外检地沟

外检地沟主要用于对汽车底盘下方机件的检验。外检地沟的结构与尺寸可因地制宜。外检地沟可配置底盘间隙检查台作为底盘间隙检查的辅助设备。

3. 底盘间隙检查台

底盘间隙检查台可对汽车前轮或后轮施加纵向或横向作用力，以暴露相关机件的装配松旷现象或其他隐患。

（1）底盘间隙检查台结构及工作原理

① 工作机构：该机构由左、右两个滑台组成，每一个滑台包括：滑板、框架、支撑轴承、驱动油缸等部件。左滑台有两个油缸，只能驱动滑板做纵向往复移动；右滑台有四个油缸，能驱动滑板做纵向或横向往复移动。

② 操纵系统：由带手电灯的操纵器（或遥控器）、电控箱及电磁换向阀等组成。通过操作操纵器上的各种按钮开关，使电磁换向阀切换进、回油方向，从而控制左、右滑台的滑板动作。

③ 液压驱动系统：是为工作油缸提供驱动油压的系统。包括电动机、联轴器、油泵、溢流阀、压力表、卸荷阀及油箱、油尺、滤清器、通气阀等部件。溢流阀用以保证系统的正常油压，卸荷阀则在电动机未停机，而油缸工作间断时，使系统处于卸荷状态。液压系统原理如图 11-1 所示。

图 11-1　底盘间隙检查台液压系统原理图

（2）底盘间隙检查台的使用方法

底盘下方检验由驾驶人与下方检验人员配合进行。

① 驾驶汽车使前轮驶上滑台台面。

② 接通检查台主电源。

③ 打开操纵器（或遥控器）照明灯开关，此时电动机驱动油泵，电液驱动系统进入运行状态。

④ 按左滑板纵向移动按钮，驾驶人立即踩下汽车制动踏板使前轮制动，此时主要检查：转向节主销与转向节、前桥主销支撑孔是否松旷；转向器直、横拉杆球头销是否松旷；转向器支架连接是否松动；钢板弹簧 U 形螺栓是否松动；独立悬架下摆臂铰接处是否松动神传力斜拉杆胶垫是否磨损松旷等。

⑤ 松开左滑板纵向移动按钮和汽车制动踏板。按下右滑板横向移动按钮，此时主要检查：左、右轮毂轴承和主销铰接是否松旷；左、右钢板弹簧及销是否松旷；左、右悬架

其他连接是否松动；前部车架有无裂纹和悬架系统各零件有无裂纹等。

⑥ 松开右滑板横向移动按钮，按下右滑板纵向移动按钮，并立即踩下制动踏板使前鼎制动，此时主要检查内容与④所述类同。

⑦ 左、右滑板停止动作，驾驶汽车使后轮驶上滑台台面。

⑧ 按下右滑板横向移动按钮，此时无须踩下制动踏板，其主要检查内容与⑤所述类同。

⑨ 松开右滑板横向移动按钮，关照明灯，切断检查台主电源，汽车驶离底盘间隙检测台。

4. 试车道

试车道应为干燥、清洁的硬路面（一般为混凝土路面），纵、横向坡度应不超过 1%，轮胎与路面之间的附着系数应不小于 0.7，试车道直线段应有足够的长度和宽度。

试车道路面应划出路试制动稳定性用的 2.5 m 及 3.0 m 宽度限制线。

5. 车淋雨装置

汽车淋雨装置是按照 QC/T 476—2007《客车防雨密封性限值及试验方法》的要求对汽车进行防雨密封性试验的专用设备。它主要由水泵及其驱动电动机、底阀、压力调节阀、节流阀、截止阀、水压表、流量计、输水管路附件、喷嘴、蓄水池、支架和喷嘴架驱动、调整装置等组成，淋雨系统设备如图 11-2 所示。

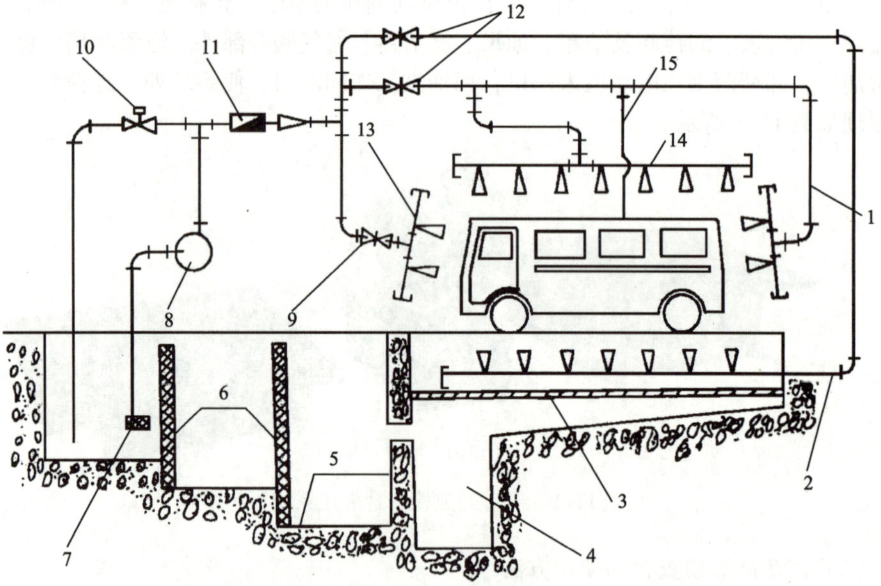

图 11-2 淋雨系统设备示意图

1—淋雨管路（后）；2—淋雨管路（底）；3—盖板；4—泥沙沉淀池；
5—多级沉淀池；6—滤网；7—吸水口滤网；8—水泵；9—闸阀；10—压力调节阀；
11—流量计；12—闸阀；13—淋雨管路（前）；14—淋雨管路（顶）；15—淋雨管路（侧）

任务实施

由于检测类别不同，外检项目及技术要求等也有所不同。根据 GB 38900—2020《机动车安全技术检验项目和方法》的相关要求，车辆外观检查总共包括：① 车身外观；② 外观标识、标注和标牌；③ 外部照明和信号装置；④ 轮胎；⑤ 号牌/号牌板（架）；⑥ 加装/改装灯具。

一、车辆外观检查

1. 车身外观

注册登记安全检验和在用机动车安全检验时，车身外观应满足以下要求：① 车身前部外表面的易见部位上应至少装置一个能永久保持，且与车辆品牌/型号相适应的商标或厂标，在用机动车不应变更商标或厂标；② 保险杠、后视镜、下视镜等部件应完好，灯具不应破损、缺失；③ 车窗玻璃应齐全，驾驶人视区部位应无裂纹、破损，客车、重中型货车驾驶人视区以外的车窗玻璃不应有穿孔或长度超过25 mm 的裂纹，所有车窗玻璃不应张贴镜面反光遮阳膜；④ 车体应周正，车体外缘左右对称部位高度差应小于或等于40 mm；⑤ 车身外部不应有明显的镜面反光现象（局部区域使用镀铬、不锈钢装饰件的除外），不应有任何可能触及行人、骑自行车人等交通参与者的外部构件，不应有可能使人致伤的尖角、锐边等凸起物；⑥ 车身（车厢）及其漆面不应有超过3 处的轻微开裂、锈蚀和明显变形；⑦ 喷涂、粘贴的标识或车身广告不应影响安全驾驶。

注册登记安全检验和在用机动车安全检验时，对应车辆类型和使用性质的车辆应满足相关的具体要求见 GB 38900—2020《机动车安全技术检验项目和方法》的具体规定。

2. 外部照明和信号装置

注册登记安全检验和在用机动车安全检验时，外部照明和信号装置应满足以下要求：① 前照灯、前位灯、前转向信号灯、前部危险警告信号、示廓灯和牵引杆挂车标志灯等前部照明和信号装置应齐全，工作应正常；前照灯的远、近光光束变换功能应正常，远光照射位置不应出现异常偏高现象；② 后位灯、后转向信号灯、后部危险警告信号、示廓灯、制动灯、后雾灯、后牌照灯、倒车灯、后反射器应齐全，工作应正常；制动灯的发光强度应明显大于后位灯的发光强度；③ 侧转向信号灯、安装的侧标志灯和侧反射器应齐全，工作应正常；④ 对称设置、功能相同灯具的光色和亮度不应有明显差异，转向信号灯的光色应为琥珀色；⑤ 除转向信号灯、危险警告信号、紧急制动信号、校车标志灯，扫路车、护栏清洗车等专项作业车在作业状态下的指示灯具，以及消防车、救护车、工程救险车和警车安装使用的标志灯具外，其他外部灯具不应具有闪烁的功能；⑥ 对2014 年9 月1 日起出厂的总质量大于或等于4 500 kg 的货车、专项作业车和挂车，每一个后位灯、后转向信号灯和制动灯的透光面面积应大于或等于一个80 mm 直径圆的面积；如属非圆形的，透光面的形状还应能将一个40 mm 直径的圆包含在内；⑦ 机动车不应安装或粘贴遮挡外部照明和信号装置透光面的护网、防护罩等装置（设计和制造上带有护网、防护罩且配光性能符合要求的灯具除外）；⑧ 机动车设置的喇叭应能有效发声；教练车（三轮汽车除外）还应设置辅助喇叭开关，其工作应可靠；⑨ 2019 年1 月1 日起出厂的总质量大于或等于12 000 kg 的货车，应装备车辆右转弯音响提示装置，并在设计和制造上保证驾驶人不能关闭车辆右转弯音响提示装置；⑩ 目视可见的电器导线应布置整齐、捆扎成束、固定卡紧，并无破损现象。

注册登记安全检验时，车辆外部照明和信号装置的数量、位置、光色还应符合 GB 4785 等相关标准的规定。

二、发动机启动性的检验

GB/T 3799—2021《汽车发动机大修竣工出厂技术条件》规定：发动机暖机启动和热机启动均应顺利启动，各允许启动三次，成功启动次数不少于两次。

三、发动机异响的检验

发动机异响是指活塞销、连杆轴承、曲轴轴承有异响和活塞敲缸及其他异常响声。而允许正时齿轮、机油泵齿轮、喷油泵传动齿轮及气门脚有轻微均匀响声。

异响检验应在发动机热状态下进行，应使发动机以不同转速以及突然加速或减速时来查听有无异响，同时检验有无突爆声、化油器回火、消声器放炮声。

四、传动系、悬架与车架的检验

本项检验包括以下内容：

1. 传动系

① 离合器操纵系统及工作情况。

② 变速器操纵系统、壳体及工作情况。

③ 传动轴万向节、伸缩节、轴管及工作情况。

④ 主减速器及差速器壳体及工作情况。

⑤ 传动轴、变速器和主减速器的角间隙等。

2. 悬架

① 钢板弹簧与销磨损情况。

② 钢板弹簧 U 形螺栓紧固情况。

③ 减振器（悬架导向杆件、螺旋弹簧等）。

3. 车架

① 车架纵梁。

② 车架横梁。

③ 车架附件等。

以下对部分内容的检验进行阐述。

1. 在外检地沟做检验

① 在驾驶人的配合下，检视离合器操纵系统是否松旷、查听离合器分离轴承在分离时有无异响（变速器必须处在空挡位置）。

② 检查变速器操纵系统是否松旷，拧下螺塞检查齿轮油液面高度，检视变速器壳体各部有无漏油；变速器各挡角间隙（发动机熄火，离合器结合）。

③ 用手推拉、转动传动轴检查万向节、伸缩套是否松旷；用手锤击打传动轴螺栓是否拧紧；检视各部油嘴是否充分润滑；检视前、后轴的安装方向是否正确；拉紧中央制动器检查传动轴角间隙。

④ 拧下螺塞检查主减速器齿轮油液面高度，检视外部有无漏油，用手转动主动齿轮轴检查啮合齿隙是否过大。

⑤ 检视减振器上下连接是否可靠、是否漏油。

⑥ 检视车架各部有无裂纹、变形、脱焊或铆钉松动，用手锤击打检查车架各附件安装是否紧固。

2. 路试检验

① 检查离合器。离合器应接合平稳、分离彻底，工作时无异响、抖动和不正常打滑现象，踏板自由行程应符合原厂规定，踏板力应不大于 300 N。

② 检查变速器（含分动器）。变速器应换挡灵便，互锁、自锁装置有效，不乱挡、跳

挡，运行中无异响，换挡时变速杆不与其他部件碰擦。

③ 检查传动轴。传动轴在运转时不发生振抖和异响。

④ 驱动桥工作正常无异响。

五、转向与制动装置的检验

本项检验包括以下内容：

1. 转向装置

① 转向器安装。

② 转向节臂、转向摇臂、横直拉杆及球销的裂纹、损伤及装配。

③ 转向轻便性。

④ 直行跑偏及摆振现象。

2. 制动装置

① 制动踏板自由行程；② 踏板行程；③ 踏板下沉；④ 泵气速度；⑤ 耗气速度；⑥ 驻车制动器储备行程；⑦ 制动气压报警；⑧ 制动管路连接件；⑨ 泵、阀、罐等；⑩ 制动跑偏。

以下对部分内容的检验进行阐述。

1. 在底盘上方检验

① 检查转向盘、转向轴管安装是否可靠。

② 用钢尺（或钢卷尺）检查制动踏板自由行程应符合原厂规定。

③ 液压制动，在规定踏板力（9 座及以下客车不大于 500 N，其他车辆不大于 700 N）作用下，踏板行程不得超过全行程的 3/4，或不超过 120 mm（9 座及以下客车）、150 mm（其他车辆）。

④ 液压制动在规定踏板力作用下保持 1 min，踏板不得缓慢下沉。

⑤ 气压制动汽车，发动机在 75% 的标定功率转速下，4 min 内气压应从零上升到起步气压（400 kPa）。

⑥ 气压制动汽车，当气压为 600 kPa 时：停机 3 min 后不使用制动的情况下，降压应不大于 10 kPa；将制动踏板踩到底且气压稳定后的 3 min 内，降压应不大于 20 kPa（列车应不大于 30 kPa）。

⑦ 驻车制动时，在规定的手操纵力下（9 座及以下客车为 400 N，其他车辆 600 N）作用下，应留有 1/3 的储备行程。

⑧ 气压制动汽车系统气压在 400 kPa 以下时应予报警。

2. 在外检地沟做检验

① 利用底盘间隙检查台检验转向节主销、横直拉杆球销是否松旷。

② 检视转向节臂、转向摇臂、横直拉杆、转向器支架是否有裂纹损伤，并检查转向器支架安装是否紧固，转向器液面高低及有无漏油。横直拉杆不得拼焊。

③ 检查制动管路连接密封性；检查泵、阀、罐有无泄漏；检查制动管路有无碰擦、夹紧应牢固；检查制动软管应无老化龟裂。

④ 检查制动底板制动凸轮轴是否安装可靠、润滑充分。

3. 路试检验

① 转向应轻便、无阻滞现象，转向到极限位置与其他部件无碰擦，转向后有回正力。

② 直行时无跑偏现象，行驶中无摆振现象。

六、车身与内饰的检验

车身与内饰检验包括以下内容：

① 检视驾驶室（客车车身）骨架有无断裂和明显变形。

② 检视车身外部涂层是否完整，有无锈蚀、开裂。

③ 检视车身内、外有无使人致伤的尖锐凸起物。

④ 检查车身与车架的安装是否牢固。

⑤ 检查座椅、安全带、拉手等是否齐全完好。

七、门窗的检验

门窗检验包括以下内容：

① 车门和车窗开闭应轻便，门锁应牢固可靠，不得有自行开启现象，检查玻璃升降器是否完好。

② 检查门铰链是否松旷。

③ 检视门窗玻璃是否完好，前风窗必须采用安全玻璃，无起毛、眩目现象。

④ 不得在驾驶人前方、两侧窗玻璃上张贴妨碍视野的遮阳膜。

八、汽车防雨密封性检验

汽车防雨密封性对车辆驾驶人及乘客的舒适性、驾驶室及车厢内装备正常工作与内饰完好，甚至行车安全等都有很大影响。为此，QC/T 476—2007《客车防雨密封性限值及试验方法》等标准，对车身各部位的渗、滴、流等渗漏情况进行扣分后规定了相应的限值见表 11-1。

表 11-1 客车防雨密封性限值

客车类型		限值（分）
小型客车		≥94
旅游客车，长途客车	车长≤9 m	≥94
	车长 >9 m	≥92
城市客车	车长≤9 m	≥92
	车长 >9 m	≥90
双层客车，铰接客车，无轨电车		≥88

汽车防雨密封性检验方法简述如下：

① 将试验车停放在淋雨场地内指定位置。

② 检测员进入车厢，然后关闭全部门、窗及孔口盖。

③ 启动淋雨设备，待进入稳定工作状态时即为试验开始，5 min 后开始观察车厢渗漏水情况。

淋雨试验时，有关渗漏情况的判断：

渗：水从缝隙中缓慢出现，并沿着车内护面上漫延开去。

慢滴：水从缝隙中出现，并且以少于等于 60 滴/min 的速度离开车身内护面，断续地落下。

快滴：水从缝隙中出现，并且以多于 60 滴/min 的速度离开车身内护面，断续地落下。

流：水从缝隙中出现，并沿着或离开车身内护面连接不断地向周围或向下流淌。

④ 达到规定淋雨时间（15 min）后，关闭淋雨设备，结束试验。

⑤ 试验数据整理。

每辆受试客车的初始分值为 100 分，按每出现一处渗扣 1 分，每出现一处慢滴扣 3

分，每出现一处快滴扣 6 分，每出现一处流扣 14 分累计，减去全部所扣分值即是实得分值，如出现负数，仍按零分计。

九、仪表与信号装置的检验

① 打开电门开关，通过发动机运转试验及路试，检验车速里程表、水温表、机油压力表、电流表、燃油表、气压表等是否齐全有效。

② 由驾驶人配合，在车辆前、后部检视示宽灯、前照灯（包括变光）、雾灯、转向灯、故障灯、制动灯、倒车灯（包括倒车声）、牌照灯等是否齐全、有效。

十、轮胎的检验

轮胎对车辆使用性能（包括行驶安全性、制动效能、燃料消耗量等）影响很大，同时对车辆检测中许多项目的检测准确性产生影响，因此必须予以足够重视。

以下对轮胎检验的内容作具体阐述：

① 轮胎的型号必须符合规定：轮胎型号通常表示了轮胎的结构、尺寸与相应的性能。轮胎型号表示方法分别见 GB 9743—2015《轿车轮胎》、GB 9744—2015《载重汽车轮胎》等标准。轮胎型号不同，其使用性能及强度亦不同。

② 轮胎花纹应一致。轮胎花纹主要分为普通花纹、越野花纹和混合花纹。轮胎花纹不同，其适合使用的道路及性能亦不同。

③ 轮胎磨损后，其胎冠花纹深度：转向轮不得小于 3.2 mm（轿车不得小于 1.6 mm），其余均不得小于 1.6 mm。

④ 帘布层不得暴露，不得有深度到达帘布层且长度超过 25 mm 的割伤。

⑤ 公路客车、旅游客车和校车的所有车轮及其他机动车的转向轮不得装用翻新的轮胎。

⑥ 轮胎气压应符合原厂规定。相同规格的轮胎，当帘布层级不同时，充气压力标准亦不同，有的车型对空载或满载时的气压也分别做出规定。外检时对气压不符合规定的应当即予以调整。

⑦ 专用校车和卧铺客车应装用无内胎子午线轮胎，危险货物运输车及车长大于 9 m 的其他客车应装用子午线轮胎。

除了对上述内容进行检验外，还应清除轮胎表面及双排轮中间的嵌入物，以确保车辆在检测过程中的安全和避免对检测设备、设施的损伤。

任务评价（工作单）

姓名__________ 日期__________

汽车整车装备和外观的检测

完成此工作单后，你应该能够正确使用必要的工、量具和仪器完成汽车整车装备和外观的检测。

工具和材料

一辆实训用汽车（老师可预先设定故障或情景）及其维修手册，必要的工、量具和仪器、检测地沟、底盘间隙检查台、试车跑道。

所检测汽车的描述

制造年份__________ 制造商__________

VIN __________ 型号__________

发动机型号__________ 车辆行驶里程__________

步骤

1. 在底盘上方检验

① 检查转向盘、转向轴管安装是（否）可靠。

② 用钢尺（或钢卷尺）检查制动踏板自由行程符合（不符合）原厂规定。

③ 液压制动，在规定踏板力（9 座及以下客车不大于 500 N，其他车辆不大于 700 N）作用下，踏板行程超过（不超过）全行程的 3/4，或超过（不超过）120 mm（9 座及以下客车）、150 mm（其他车辆）。

④ 液压制动在规定踏板力作用下保持 1 min，踏板有（没有）缓慢下沉。

⑤ 气压制动汽车，发动机在 75% 的标定功率转速下，________min 内气压应从零上升到起步气压（400 kPa）。

⑥ 气压制动汽车，当气压为 600 kPa 时：停机 3 min 后不使用制动的情况下，降压应不大于________kPa；将制动踏板踩到底且气压稳定后的 3 min 内，降压应不大于________kPa（列车应不大于 30 kPa）。

⑦ 驻车制动时，在规定的手操纵力下（9 座及以下客车为 400 N，其他车辆 600 N）作用下，应留有________的储备行程。

⑧ 气压制动汽车系统气压在________kPa 以下时应予报警。

2. 在外检地沟做检验

① 利用底盘间隙检查台检验转向节主销、横直拉杆球销是（否）松旷。

② 检视转向节臂、转向摇臂、横直拉杆、转向器支架是（否）有裂纹损伤，并检查转向器支架安装是（否）紧固，转向器液面高低及是（否）漏油。横直拉杆是（否）拼焊。

③ 检查制动管路连接密封性；检查泵、阀、罐有无泄漏；检查制动管路有（无）碰擦、夹紧应牢固；检查制动软管有（无）老化龟裂。

④ 检查制动底板制动凸轮轴是（否）安装可靠、润滑充分。

3. 路试检验

① 转向应轻便、有（无）阻滞现象，转向到极限位置与其他部件有（无）碰擦，转向后有（无）回正力。

② 直行时有（无）跑偏现象，行驶中有（无）摆振现象。

4. 车身与内饰的检验

车身与内饰检验包括以下内容：

① 检视驾驶室（客车车身）骨架有（无）断裂和明显变形。

② 检视车身外部涂层是（否）完整，有（无）锈蚀、开裂。

③ 检视车身内、外有（无）使人致伤的尖锐凸起物。

④ 检查车身与车架的安装是（否）牢固。

⑤ 检查座椅、安全带、拉手等是（否）齐全完好。

5. 门窗的检验

门窗检验包括以下内容：

① 车门和车窗开闭应轻便，门锁应牢固可靠，不得有自行开启现象，检查玻璃升降器是（否）完好。

② 检查门铰链是（否）松旷。

③ 检视门窗玻璃是（否）完好，前风窗必须采用安全玻璃，无起毛、眩目现象。

④ 不得在驾驶人前方、两侧窗玻璃上张贴妨碍视野的遮阳膜。

6. 汽车防雨密封性检验______。

7. 仪表与信号装置的检验内容

① 打开电门开关，通过发动机运转试验及路试，检验车速里程表、水温表、机油压力表、电流表、燃油表、气压表等是（否）齐全有效。

② 由驾驶人配合，在车辆前、后部检视示宽灯、前照灯（包括变光）、雾灯、转向灯、故障灯、制动灯、倒车灯（包括倒车声）、牌照灯等是（否）齐全、有效。

8. 轮胎的检验

轮胎对车辆使用性能（包括行驶安全性、制动效能、燃料消耗量等）影响很大，同时对车辆检测中许多项目的检测准确性产生影响，因此必须予以足够重视。

以下对轮胎检验的内容作具体阐述：

① 轮胎的型号符合（不符合）规定。轮胎型号通常表示了轮胎的结构、尺寸与相应的性能。轮胎型号表示方法分别见 GB 9743—2015《轿车轮胎》、GB 9744—2015《载重汽车轮胎》等标准。轮胎型号不同，其使用性能及强度亦不同。

② 轮胎花纹一致（摆样子）。轮胎花纹主要分为普通花纹、越野花纹和混合花纹。轮胎花纹不同，其适合使用的道路及性能亦不同。

③ 轮胎磨损后，其胎冠花纹深度：转向轮________mm，其余________mm。

④ 帘布层有（没有）暴露，有（没有）深度到达帘布层且长度超过 25 mm 的割伤。

⑤ 转向轮有（没有）使用翻新胎。

⑥ 轮胎气压符合（不符合）原厂规定。

汽车整车装备及外观检测考核评分表

时间：60 min　　班级：________　　考生姓名：________

序号	考核内容	配分	评分标准	扣分	得分
1	着工装，注意工作场地卫生和工具，设备清洁	10	穿工装；保持场地卫生；保持工具和设备卫生，10 分		
2	试验台的准备工作	10	各试验台准备完好，10 分		
3	检测过程	45	漏检一项扣 5 分，45 分		
4	结果的处理和分析	15	对比分析是否合格，20 分		
5	注意安全	10	因违规操作发生重大人身、设备事故，记 0 分		
6	按时完成	10	每超时 1 min 扣 5 分，超时 3 min 终止考核		
7	分数合计				

操作时间：__________　　考核教师：__________

习　题

1. 什么是汽车使用可靠性？
2. 引起汽车技术状况变化的基本原因是什么？损坏的形式是什么？
3. 汽车外检的重要性表现在哪些方面？
4. 底盘间隙检查台的作用是什么？由哪几部分组成？
5. 底盘间隙检查台的常见故障有哪些及其排除方法？
6. 汽车外检包括哪几方面内容（以汽车技术等级评定检验为例）？
7. 为什么要检查左、右轴距差？引起左、右轴距差的原因是什么？
8. 轮胎检验的重要性表现在哪里？从哪几方面进行检验？
9. 淋雨试验时降雨强度如何控制？简述淋雨试验的检测步骤？

任务12 汽车的合理使用

学习目标

☑ 能够正确叙述汽车在一般条件下使用的注意事项；
☑ 能够正确叙述汽车在走合期使用的特点及技术措施；
☑ 能够正确叙述汽车在高温条件下使用的特点及技术措施；
☑ 能够正确叙述汽车在低温条件下使用的特点及技术措施；
☑ 能够正确叙述汽车在高原山区条件下使用的特点及技术措施；
☑ 能够正确叙述汽车在坏路或无路条件下使用的特点及技术措施；
☑ 能对车辆进行技术等级评定。

任务描述

汽车的合理使用，是发挥效率、减少事故、降低维修费用、降低能耗和延长使用寿命的重要环节。而汽车投入运行，往往受到某些特殊使用条件的影响，使其各项使用性能得不到充分发挥，或受到严重破坏。为了确保运力的良性循环，使汽车运输业持续、稳定、协调发展，必须把车辆的正确合理使用置于车辆管理的突出位置。汽车的使用条件除了一般使用条件之外主要还有一些典型的特殊使用条件：走合期、低温条件、高温条件、高温山区条件、坏路及无路条件等。

本任务是利用检验记录单（见附录 B）来评定车辆的技术等级。

相关知识

一、汽车在一般条件下的使用

1. 合理装载

视频

汽车在一般条件下的使用

车辆按核定的装载质量装载进行是车辆正确使用的重要内容，是减少车辆故障和延长使用寿命的重要技术措施。在一般条件下，汽车装载应满足以下要求：

① 车辆的额定装载质量应符合车辆生产厂家规定。车辆的额定装载质量是由车辆生产厂家在汽车设计阶段所确定的，车辆的动力性、经济性、行驶安全性、工作可靠性，零部件及总成的强度、寿命、可靠性等均以额定装载质量为出发点进行设计、试验并确定的。因此，一般使用条件下应合理装载，符合车辆生产厂家的规定。

② 经过改装、改造的车辆，或由于当地的运行条件（如海拔、气候、道路坡度等）变化，需要重新标定装载质量的车辆，都要经车辆所在地的交管部门重新进行核定。

③ 在车辆换装与车辆生产厂家规定最大负荷不等的轮胎时，如果换装轮胎的最大负荷大于原厂轮胎的，应保持原车的额定装载质量；否则，必须降低其装载质量。

④ 在道路和车辆允许的情况下，遇到无法割裂的货物运输时，可以适当增载，但增载量和装载方法必须符合有关法规要求。

⑤ 所有车辆的实际装载质量，一经核定，严禁超载。

⑥ 车辆总质量超过桥梁承载质量或运输超长、超宽、超高货物时，应报请当地交通主管部门，采取安全有效措施，经批准后才能通行，以保障安全，防止意外事故发生。

⑦ 运载易散落、飞扬、泄漏的货物及污秽物品时，应封盖严密，以防止物品散落及污染环境。

⑧ 合理组织拖载运输。车辆拖载总质量应根据不同使用条件，通过试验后确定。基本原则：

a. 平原地区保持直接挡（包括超速挡）作为经常行驶挡位。

b. 丘陵地区用直接挡（包括超速挡）行驶的时间不低于60%，其平均技术速度不低于单车的70%。

c. 在山区一般道路上，可用二挡通过，最大坡度可用一挡起步。

⑨ 车辆在装载运输具有易爆、易燃、有毒、腐蚀、放射等性质的危险货物时，应按有关法规的规定执行。

2. 运行材料使用与管理规定

燃料、润滑油质量是否符合车辆的使用要求，对车辆的正确使用有重要影响。应注意以下事项：

① 燃料、润滑油的选用必须符合技术要求。

② 不同种类、牌号的燃料、润滑油不得混合使用。更换不同牌号的润滑油（如季节性换油）时，必须首先进行清洁工作。

③ 燃料、润滑油必须保持清洁。

④ 各种燃料、润滑油的运输和存放必须符合有关规定。

⑤ 废弃的燃料、润滑油必须做好回收工作，以免造成环境污染。

3. 车辆驾驶操作基本要求和日常维护工作

车辆驾驶操作、日常维护等与车辆技术状况、使用寿命、故障频率和维护费用有密切关系。

驾驶人在日常工作中应严格遵守驾驶操作规程。尽可能做到行车前，预热启动、低速升温、低挡起步；行驶中，注意保持温度、及时换挡、保有余力、行驶平稳、安全滑行、合理节油；在拖带挂车时，加强主车、挂车之间连接机构的检查，避免冲击。

日常维护是车辆维修工作的基础，对于保持车辆技术状况，延长汽车使用寿命有重要影响。车辆的日常维护是驾驶人必须完成的日常性工作，其具体内容：坚持三检，即出车前、行车中、收车后检视车辆的安全机构及各部机件连接的紧固情况；保持四清，即保持机油、空气、过滤器和蓄电池的清洁；防止四漏，即防止漏水、漏油、漏气、漏电；保持车容整洁。

视频

汽车在走合期的使用

二、汽车在走合期的使用

新车或大修后的车辆，在开始投入使用阶段，汽车零部件正处于磨合状态，还不能超负荷运行，这个使用阶段称为汽车的走合期。

汽车走合期是为了使汽车向正常使用阶段过渡。在走合期中的汽车零件工作表面有很多刀具加工的痕迹，表面粗糙度较大，同时还存在加工时不可避免的尺寸和几何偏差以及总成装配时的允许误差。因此，新配合件之间的实际接触面积，要比理论计算面积得多，单位压力也大得多。此时，汽车若以全负荷高速运行，会导致零件摩擦表面工作温度升高，润滑油膜被破坏，易造成零部件的早期磨损。经过汽车走合期的使用后，零件表面不平部分被磨去，从而形成光滑而耐磨的工作表面，能够承受正常的工作载荷。同时，走合期内所暴露出的生产、修理缺陷得以排除，减小了汽车正常使用阶段的故障率，从而提高了汽车的使用可靠性。

1. 汽车走合期中的使用特点

（1）零件表面摩擦剧烈，磨损速度快

由于新配合件的配合间隙较小，表面粗糙度大，在相对运动中会产生很大的摩擦力，使零件表面的磨损速度加快。同时磨掉的金属屑残留于或进入摩擦表面，形成磨料磨损，使零件表面的摩擦更为剧烈，使磨损速度快。

（2）润滑油变质快

由于零件表面磨损快，金属磨屑产生量大，同时零件表面间隙小，摩擦发热多，使润滑油温度升高。因此润滑油易被污染或氧化，从而变质。

（3）行驶故障多

零件表面的几何形状偏差、装配误差、紧固件松动、使用不当等均会使汽车走合期的故障增多。

2. 汽车走合期工作过程分析

走合期内汽车的润滑条件较差，加之生产或修理中的缺陷，行车故障率较高，汽车走合期的工作过程，就是一个零件工作表面趋于完善，故障率逐渐下降，趋于稳定的工作过程。在这个过程中，零件摩擦表面不平的部分被磨去，逐渐形成比较光滑的工作表面，随着行驶里程的延长，零件工作表面形成一层坚韧耐磨层，这使得零件的工作表面趋于完善，故障率逐渐下降，走合期终了时汽车的故障率降低，其使用寿命就会延长。汽车走合期通常为 1 000 ~ 1 500 km，根据使用特点的不同，可分为三个阶段：

① 第一阶段为走合 50 ~ 70 km。因为零件工作表面较粗糙，几何形状和装配位置都存在一定偏差，配合间隙也较小。因此，零件磨损和机械损失很大，零件表面和润滑油的温度也很高，这一阶段最好空驶。

② 第二阶段为走合 100 ~ 200 km。在这个阶段，零件工作表面比较光滑，摩擦的机械损失和产生的热量减少，但零件摩擦表面仍属于纯金属表面，材质强度低，应当小负荷运行。

③ 第三阶段，零件工作表面磨合过程逐渐结束，并形成了一层防止配合表面金属直接接触的氧化膜，进入了氧化磨耗过程。行车故障率趋于稳定，汽车的各项使用性能逐渐达到正常。由于氧化膜的形成，需要借助一定的温度和压力环境，这一阶段适合于小负荷运行。

3. 汽车走合期应采取的技术措施

根据汽车在走合期的使用特点，汽车在走合期应采取下述主要措施。

（1）减载

汽车装载质量的大小，直接影响机件使用寿命，装载质量越大，发动机和底盘受力也越大，引起润滑条件变坏，影响磨合质量，所以走合期内必须适当的减载。走合期内应按额定装载质量标准减载 20% ~25%，不允许拖挂或牵引其他车辆或机械，半挂车按额定装载质量标准减载 25% ~50%。

（2）限速

车速与载荷对汽车负荷的影响是一样的，装载质量一定，车速若高，发动机和传动件的负荷也越大，因此走合期内起步和行驶不允许发动机转速过高。车速一般应为35～45 km/h，轿车发动机转速不应超过4 200～4 500 r/min。

（3）正确、合理驾驶

启动时，预热温度应升至50～60 ℃；行驶中，冷却系统水温不应低于80～90 ℃；起步、加速应平稳，不猛踏加速踏板；换挡应平稳、及时；避免紧急制动、长时间制动，或使用发动机制动。同时，对汽车各部件技术状况要及时检查，排除故障，减小故障磨损。行驶中要注意选择路面，不在凹凸不平的路面上行驶，以减小振动和冲击。

（4）选择优质燃料和润滑油

选择抗爆性好的优质燃油，以防爆燃；选择黏度较低的优质润滑油或加有添加剂的专用润滑油，润滑油加注数量应略多于规定量，并应按走合期维护的规定及时更换。

（5）加强维护

认真做好车辆日常维护工作，检查汽车外部各螺栓、螺母和锁销的紧固情况，检查润滑油、制动液的加注情况和轮胎气压，检查蓄电池放电情况和汽车的制动效能。认真检查有关机件的紧固程度和汽车传动系统、行驶系统的温度状况，并消除漏水、漏油、漏气现象。走合期结束后，应结合二级维护对汽车进行全面的检查、紧固、调整和润滑作业，使其达到良好的技术状况。

三、汽车在高温条件下的使用

视频

汽车在高温条件下的使用

1. 高温条件对汽车使用性能的影响

高温一般是指日平均气温在40 ℃以上的气候。在炎热的夏季，气温高、辐射强度大，高温使发动机充气系数下降，燃烧不正常，润滑性能变差，供油系易形成气阻，使发动机工作条件变坏。行车环境温度高，驾乘条件、行车条件变差，影响汽车的正常作用。

（1）发动机功率下降，油耗增加

① 充气系数下降。高温条件下，冷却系统的散热能力低，发动机内的温度高，空气密度减小，导致发动机充气系数下降，发动机功率降低。

② 燃烧不正常。由于发动机温度高，进气终止的温度也高，使发动机在燃烧过程产生的过氧化物活动能量增强，容易发生爆燃和早燃。不正常燃烧时发动机零件的热负荷增大，容易导致零件的热变形甚至裂纹，并加剧磨损。

③ 润滑油易变质。发动机温度过高，加剧了润滑油的热分解、氧化和聚合过程，不正常燃烧的废气窜入曲轴箱，既污染了润滑油，又使其温度升高。因此，发动机工作温度越高，润滑油越容易变质。

④ 磨损加剧。在高温条件下，润滑油黏度降低，油性变差；润滑油污染后品质下降，同时因不正常燃烧而形成的高温高压使发动机磨损加剧。

⑤ 供油系统易气阻。汽车在炎热的夏季或在高原山区行驶，发动机内的温度很高，汽油在油管中受热后挥发成气体状态，积存在油管中的汽油蒸汽阻碍汽油的流动，在汽油泵中的“油气”导致油泵吸油真空度下降，使发动机供油量不足甚至中断供油。

（2）制动系性能下降

气压制动的汽车，摩擦片的摩擦系数随温度的升高而降低，制动效能随之下降。液压制动的汽车，制动液在高温下可能产生气阻现象。在经常制动的情况下，制动液温度可达100 ℃以上，易导致皮碗膨胀，制动液气阻，致使制动效能下降，影响行车安全。

（3）轮胎爆裂

汽车行驶时，外界气温高，轮胎散热较慢，胎内温度升高使气压增大，容易引起轮胎爆胎。车速越快，轮胎产生的热量越大，越容易发生爆胎。同时，橡胶老化速度加快，强度降低，也会引起轮胎爆裂。

（4）传动系总成润滑条件变差

在炎热气候条件下，汽车高负荷连续行驶，变速器、差速器齿轮油的温度会超过120 ℃，引起齿轮油变质。另外，汽车润滑脂在高温下易流失，使润滑效能下降，严重时容易烧坏齿轮和轴承。

（5）电气设备性能下降

汽车在高温环境中行驶时，因点火线圈过热而使高压火花减弱，容易出现发动机高速断火现象。严重时使点火线圈烧坏，影响汽车正常行驶。环境温度升高时，蓄电池的电化学反应加快，电解液蒸发加快，极板容易损坏，降低蓄电池工作能力；同时易产生过充电现象，严重影响蓄电池的使用寿命。电子元件容易因老化出现短路，造成汽车自燃。

2. 汽车在高温条件下使用时应采取的技术措施

（1）加强技术维护

汽车进入夏季使用之前，应结合汽车的定期维护，附加作业项目，提高汽车在酷暑、炎热条件下的适应能力。

（2）防止爆燃

汽车在高温条件下工作时，发动机易发生爆燃。爆燃可使发动机产生过大的热负荷和机械负荷，使发动机工作过程中磨损加剧或使有关机件损坏。

因此，为防止出现爆燃，应根据发动机的要求选用相应辛烷值的汽油，注意保持发动机的正常工作温度，及时清除发动机燃烧室积炭。安装爆燃限制器以及通过改进进气方式，降低进气温度，适当推迟点火时间、调稀混合气可防止爆燃。

（3）防止气阻

发动机供油系统防止气阻的方法是改善发动机的散热和通风，并设法将供油系统的受热部分与热源隔开，或采用结构和性能良好的汽油泵。液压制动系防气阻的方法是及时进行放气处理。

（4）提高发动机冷却系的冷却强度

每种汽车的冷却系统只能适应一定的使用条件。我国幅员辽阔，从严寒的北方到炎热的南方，气候条件差异很大。在高温条件下使用时，需要在结构方面增大冷却系的冷却强度，主要措施是，增加风扇叶片数、直径或叶片角度；提高风扇转速；采用形状过渡圆滑的护风圈等。尽量使气流畅流、分布均匀、阻力小、没有热风回流现象以及散热器正面避免无风区，风扇对散热器的覆盖面积要大些。还可以采用通风良好的发动机罩、罩外吸气、冷却供油系等办法增大吸入空气及燃料温度的变化。

（5）防止轮胎爆裂

在夏季行车时，应注意检查轮胎的温度和气压，保持规定的气压标准。长距离连续行车时，车速不宜太高。在载货汽车后轴装用双胎时，由于受路面拱形、轮胎负荷和散热条件的影响，应注意轮胎的定期换位。

（6）换用夏季适用的润滑油

在炎热的夏季，发动机应换用黏度较高的润滑油，大型载货（客）汽车变速器和差速器应换用厚质齿轮油，并适当缩短换油周期。轮毂轴承换用滴点较高的润滑脂，要按规定周期进行检查与维护。

(7) 注意车身维护

漆涂层和电镀层在湿热带地区试验表明，漆涂层的主要损坏是老化、褪色、失光、粉化、开裂和起泡等。电镀层的主要损坏是锈斑、脱皮、锈蚀等。因此，在维修中，应注意喷漆前的除锈和采用耐腐蚀、耐磨性高的涂层，并加强外表养护作业。

高温、强烈的阳光、多尘和多雨均影响驾驶人的劳动强度、行车安全和乘客舒适性。应加装空调设备、遮阳板，加强驾驶室、车厢的通风和防漏雨。

四、汽车在低温条件下的使用

视频

汽车在低温条件下的使用

1. 低温条件对汽车使用性能的影响

低温对汽车使用的影响主要表现在：发动机启动困难，总成磨损严重，油耗量增大，零件材料的性能变差、易损坏，行车条件变坏及发动机冷启动排气污染严重。

(1) 发动机启动困难

气温在 -10 ~ 15 ℃范围，发动机均能启动，但发动机在更低的气温下启动时则有一定困难，低于 -40 ℃以下，不经预热，发动机无法启动。

低温启动困难主要原因：曲轴旋转阻力矩增大，燃油蒸发性变差，蓄电池工作能力降低。

① 曲轴旋转阻力矩增加。随着气温下降，发动机润滑油黏度增大（见图12-1），曲轴旋转阻力矩增加，发动机启动转速下降（见图12-2），汽油机汽油不易蒸发，柴油机在压缩终了时缸内温度压力低，启动困难。

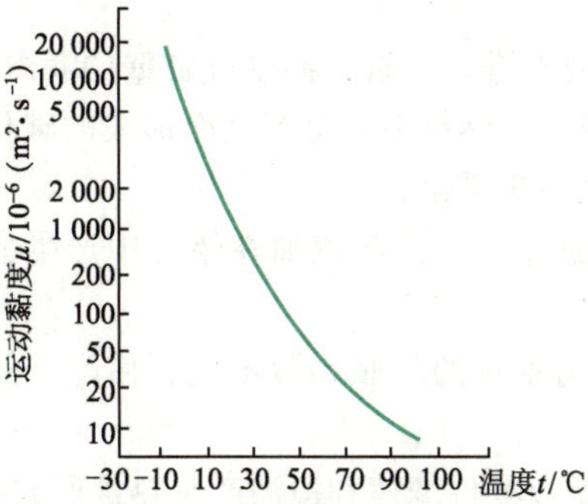

图12-1 润滑油的黏温曲线

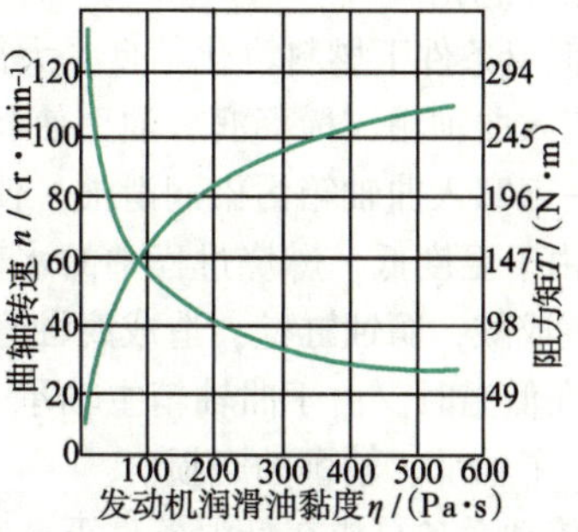

图12-2 曲轴旋转力矩及转速与润滑油黏度的关系

② 燃油蒸发性变差。温度降低，燃油黏度和密度都变大，流动性变差，蒸发、雾化不良；汽油机在低于0 ℃以下启动时，有相当一部分汽油以液态进入气缸，启动困难。低温对柴油的影响更大。0号柴油在气温接近0 ℃时，黏度明显增大，导致柴油雾化不良，使燃烧性能变坏。当温度进一步降低时，柴油中的石蜡等物质沉淀析出，柴油逐渐失去流动性，轻则供油量减少，重则供油中断。

③ 蓄电池工作能力降低。低温条件下，随着温度降低，蓄电池电解液黏度增大，渗透能力下降，内阻增加；同时，启动电流增大，蓄电池的端电压显著下降，如图12-3所示。低温启动因曲轴旋转阻力矩增加，需要的启动功率大，而低温时蓄电池输出的功率反而下降，当气温降到一程度时，启动机无法带动发动机运转。低温启动时，因蓄电池端电压低，火花塞的跳火能量小，发动机不易启动。

（2）总成磨损严重

试验证明：当气温在 -18℃时，发动机启动一次的磨损量相当于汽车正常行驶 210 km 的磨损量；在温度为 -5℃条件下，传动系的磨损量是 35 ℃温度的 10～20 倍。

汽车在低温条件下使用时，各主要总成的磨损强度均较大，尤其是发动机的磨损更加明显。在发动机的使用周期中，将近一半的气缸磨损发生在启动过程，冬季启动时气缸的磨损更大，如图 12-4 所示。低温条件发动机升温过程长，加快了气缸的磨损。主要原因是：

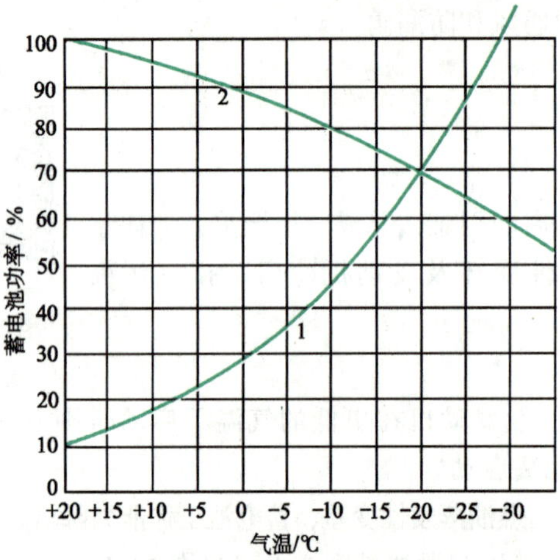

图 12-3　气温对蓄电池启动能力的影响

1—必需的启动功率；2—蓄电池供给的最大功率

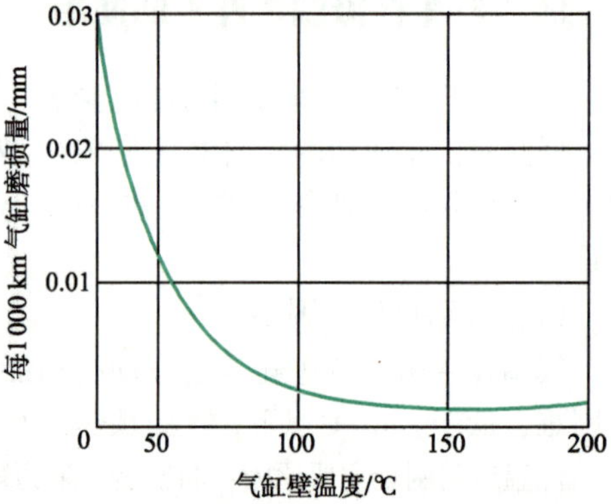

图 12-4　气缸磨损量与缸壁温度的关系

① 低温时启动，润滑油黏度大，流动性差，不能及时到达气缸壁、轴承等摩擦表面，使润滑条件恶化。

② 低温条件下燃料汽化不良，大部分燃油以液态进入气缸，冲刷气缸壁的润滑油膜，沿缸壁流入曲轴箱，稀释润滑油，使润滑油油性减退。燃料不完全燃烧而形成的碳化合物随废气一起窜入曲轴箱污染润滑油，使润滑条件进一步恶化。

③ 由于温度低，燃烧过程中的水蒸气凝结于缸壁上，并与汽油在燃烧中产生的硫的氧化物生成酸，腐蚀缸壁，造成腐蚀磨损。

④ 在低温时，由于曲轴箱主轴承及连杆轴承与轴颈的膨胀系数不同，使配合间隙变大，加速了轴承、轴颈的磨损。

⑤ 传动系各总成在低温条件下，其工作温度是以零件摩擦和搅油产生热量形成的，温度上升缓慢，齿轮、轴承得不到及时有效的润滑，加速传动零件的磨损。

（3）油耗量增大

汽车在低温条件下使用时，发动机升温时间长，工作温度低，燃料汽化不良，燃烧不完全，润滑油黏度大，摩擦损失大，发动机输出功率下降，传动系传动效率下降，汽车行驶阻力增大，导致油耗增大。

（4）零件材料的性能变差，容易损坏

低温条件下，材料的物理机械性能将变差。在 -30 ℃以下时，碳钢的冲击韧性急剧下降，铸件变脆，塑料、橡胶变硬、变脆，从而使由这些材料制成的零部件在载荷作用下易于发生损坏。低温条件下，蓄电池电解液易冰冻而不能正常工作；冷却水易结冰，导致散热器和缸体冻裂。

（5）行车条件变坏

低温条件下，道路被冰雪覆盖，轮胎与路面的附着系数显著下降，在行车中不仅制动距离延长，制动时极易发生侧滑；汽车加速或上坡时，驱动轮易滑转。

（6）发动机冷启动排气污染严重

发动机在冷启动阶段由于空气温度低，燃油雾化不好，因此 HC 和 CO 污染严重，特别是在低温条件下这个问题更加突出。

2. 汽车在低温条件下使用时应采取的技术措施

根据汽车在低温条件下的使用特点，可采取以下措施提高汽车的低温使用性能。

（1）加强技术维护

汽车运行季节转换之前，应结合汽车的定期维护作业，附加作业项目，使汽车适应气候变化了的运行条件。

换入冬季的维护是为了提高汽车在低温、寒冷条件下的适应能力，避免发生意外事故。定期维护以外的附加维护作业项目主要有：安装或维护发动机保温及启动预热装置（如将排气预热调到“冬”字位置）；检查调整冷却散热装置（节温器、风扇皮带等）是否有效；更换冬季用润滑油（脂）及防冻液；检查调整供油系、点火系；做好防滑保护措施的准备等。

（2）预热

在严寒条件下，启动发动机前，对发动机进行充分预热，是提高燃油的雾化性和蒸发性，改善混合气形成条件，确保发动机在低温条件下启动性能的重要措施。常用的预热方法有：

① 热水预热。气温很低时，先用约 60 ℃的温水再用 90 ~ 95 ℃的热水加注到冷却系，打开放水阀边加边放，待放出水流温度达 30 ~ 40 ℃时，关闭放水阀。这种预热方式只对气缸有预热作用，对曲轴箱的预热作用不大。

② 蒸汽预热。用蒸汽预热可将蒸汽导入散热器下水管或直接导入发动机冷却水套。采用蒸汽预热时，应控制蒸汽压力（≤0.98 MPa），蒸汽不宜直接喷向机件，以免温差过大导致机件炸裂。

③ 电加热预热。用电能加热冷却系（特别是使用防冻液的汽车）和润滑油很方便。加热器直接插入冷却系或润滑油内，或以绝缘体包住螺旋电阻丝成封闭式，使用更安全。它利用冷却液本身的电阻进行加热。节约了电阻丝并延长了加热器的使用期限，如图 12-5 所示。

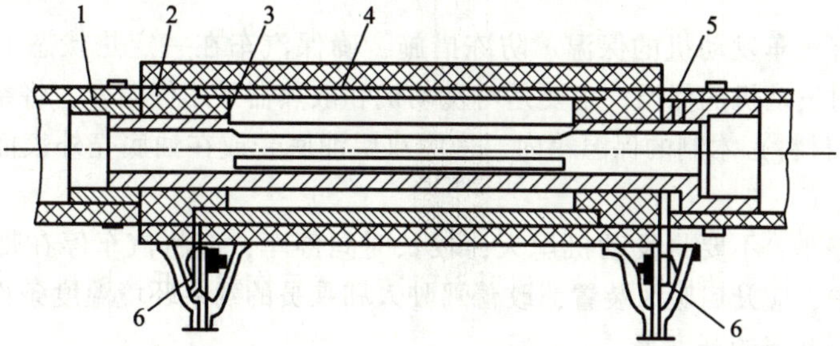

图 12-5　管式电极加热器

1—接头；2—绝缘体；3—内电极；4—外电极；5—软管；6—接线柱

预热发动机润滑油的电阻丝加热器的电功率通常为 1 kW，预热时间需 30 ~ 60 min，每辆汽车消耗电能为 0.5 ~ 1.5 kW · h。预热冷却系统的电极加热器采用 24 ~ 36 V 低压电源，电极功率为 3 kW 左右。如果电能加热器利用电力网的电源时，发动机应接地，以保证安全。蓄电池预热通常只有在严寒地区应用。预热方法是在蓄电池的保温箱底部安放 200 ~ 300 W 的电加热器。

④ 红外线辐射加热器预热，如图 12-6 所示。红外线是利用煤气或液态煤气在陶瓷或

金属网内燃烧时产生的。红外线有很好的穿透性，在向壳体辐射时几乎不与空气作用，也不损失热能，热效率高。煤气压力为1.5～3 kPa。预热时，加热器放在发动机或传动系总成的底部。预热一辆货车的煤气消耗为0.4～1.0 m^3。气温在20 ℃时预热时间约1 h。

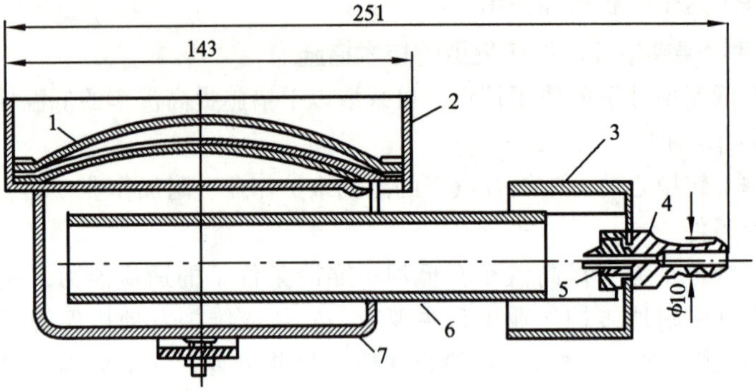

图12-6 红外线辐射加热器

1—耐热陶瓷或金属网；2—发射器；3—护照；4—接头；5—喷嘴；6—混合器；7—壳体

除上述几种预热方式以外，还可采用喷灯或其他单独的预热装置。

(3) 改善混合气形成条件

低温启动时开启发动机的进气预热装置，加热进气管道和进气气流。柴油机在低温条件下启动时，可采用低温启动液辅助启动。低温启动液是一种自燃点很低的乙醚混合液，使用时应注意安全。操作要领是：打开发动机盖，一人在车上打开启动开关，使发动机运转，另一人将低温启动液对准空气滤清器喷射，进气冲程时低温启动液随空气进入气缸，发动机即可启动。有些柴油机设有低温启动液的辅助启动装置，需要时，接通辅助启动装置的电路即可。发动机启动后应立即切断低温启动液电路。

(4) 合理使用燃料和润滑油

柴油机应根据气温条件，选择低凝点（低牌号）的柴油，或在柴油中掺兑灯用煤油，以改善柴油的低温流动性。润滑系统应换用较低黏度的冬季润滑油或冬夏季通用油。

(5) 保温

应切实做好汽车发动机的保温、防冻措施，确保汽车在一定热状态下工作和随时出车。严寒地区对发动机的保温，主要是对发动机和散热器采用保温套，将蓄电池装入夹层（其内应有保温材料）木制的保温箱内，采用双层油底壳或在油底壳外表面封上一层玻璃纤维进行保温。

冬季临时停车，不要将发动机熄火；较长时间停车，应将汽车停在带有暖气的车库中；行车过程中，应开启暖风装置，改善驾驶人和乘员的驾乘环境温度条件；根据发动机水温情况控制百叶窗的开度等。

视频

汽车在高原和山区条件下的使用

(6) 正确使用防冻液

在寒冷季节，发动机冷却系统使用防冻液，可防止缸体冻裂，减轻驾驶人劳动强度。

五、汽车在高原和山区条件下的使用

1. 高原和山区条件对汽车使用性能的影响

汽车在高原和山区条件下行驶时，由于海拔高、气压低、空气稀薄，从而使发动机动力性和经济性下降；山区道路线形复杂，视野（视线）受限，且路面技术条件差，制约了汽车的正常行驶。

（1）发动机动力性下降

随着海拔升高，气压降低，空气密度减小。海拔每增加 1 000 m，大气压力下降约 11.5%，空气密度约减小 9%。

当汽车在高海拔地区运行时会使发动机充气量下降，混合气变浓；又因大气压力降低，进气管真空度减小，真空点火提前装置的工作受到影响，点火推迟，压缩终了的压力和温度降低，混合气的燃烧速度缓慢。充气量下降和燃烧速率降低均会使发动机动力性降低，如图 12-7 所示。

海拔增高也影响汽车的速度性能。海拔每增高 1 000 m，加速时间和加速距离增长 50%，最高车速下降约 9%。

海拔增加也对发动机的怠速性能有很大影响。由于进气管真空度下降，进气量不足，发动机怠速转速下降，怠速稳定性变差。海拔每增加 1 000 m，怠速转速下降 50 r/min。

（2）发动机燃油消耗大

在高原山区行驶的汽车，充气量明显下降，若供油系统未经调整、校正，则随着海拔增加，空燃比变小，混合气变浓，发动机动力下降、油耗增加；山区道路复杂，汽车经常处于低挡大负荷行驶，导致油耗增大；高原山区气压低，燃料易挥发，气阻、泄漏倾向性大，使油耗增大，如图 12-8 所示。

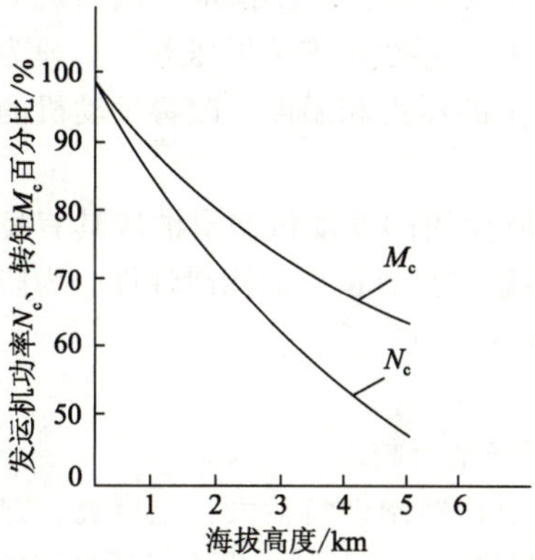

图 12-7　发动机功率、转矩与海拔高度的关系

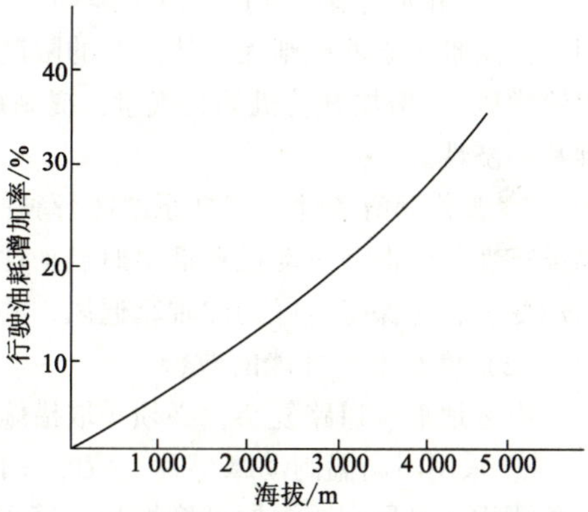

图 12-8　海拔高度对汽车行驶耗油量的影响

（3）润滑油易变质

高原山区行驶的汽车，行驶阻力大，发动机易过热，润滑油黏度变小，氧化速度加快；不完全燃烧，过浓的混合气窜入曲轴箱稀释润滑油，加快润滑油变质，发动机润滑条件恶化。

（4）制动性能变差

山区道路傍山临崖，弯多、坡长、坡陡、路面窄，行车时汽车制动器使用频繁。下长坡时，汽车行驶惯性大，为有效控制车速，需连续、长时间使用制动，制动器工作温度明显上升（高达 300 ℃以上）。温度过高时，制动摩擦片的摩擦系数明显下降，制动效能变差。

气压操作制动系统的汽车因泵气不足，液压操作制动系统的汽车制动液在管路中易蒸发形成“气阻”，使制动效能减弱或失灵，造成事故。

2. 汽车在高原和山区条件下使用时应采取的技术措施

根据汽车在高原和山区条件下的使用特点，可采取以下措施改善其使用性能。

（1）发动机性能的改善

① 根据使用条件合理选购汽车。需经常在高原地区使用，应购置专为高原地区设计制造的高原型汽车。

② 提高压缩比。经常在高原山区行驶的车辆，柴油车应选择增压柴油发动机，汽油车（如 EQ1090 汽车）可换装高原专用气缸盖，以增大发动机压缩比，提高发动机的动力性和经济性。

③ 调整油路。随着海拔增加，充气量减小，混合气变浓，燃料燃烧不完全。因此，应根据海拔调整循环供油量。

④ 调整电路。海拔增大后，发动机压缩终了的压力降低，火焰传播速度降低；又因空气压力降低，使真空提前装置受到影响，真空提前装置在相同工况下提前量减小；同时，压缩终了时缸内压力降低，火焰传播速度减慢。因此，可将点火提前角略为提前 2°～3°，也可调整火花塞和断电器触点间隙，以增强火花强度。

⑤ 蓄电池的维护。汽车在高原山区使用时，应经常检查蓄电池电解液，补充蒸馏水，调整其密度，以保证蓄电池的技术状况，提高点火系统的点火能量。

⑥ 采用含氧燃料。含氧燃料是指掺有酒精、丙酮及其他含氧化合物的燃料。由于掺入的燃料分子中都含有氧，在燃烧过程中，理论上所需的空气量减小，可补偿因气压低而产生的充气量不足的问题。

⑦ 采用进气增压装置。由于爆燃、排气温度过高等问题，增压技术在汽油机上的应用较为困难。柴油机则无上述问题的限制，因而可在进气系统中安装增压器（一般为废气涡轮增压），增加发动机的充气量，提高压缩行程终了的压力和温度，改善发动机的动力性和经济性。

⑧ 改善润滑条件。在高原地区行驶的车辆，其所使用的发动机润滑油应具有良好的黏温特性，以保证发动机在低温时启动性能良好，高温时具有良好的润滑性能。为防止润滑油变质，应保持良好的曲轴箱通风，并采用机油散热器散热。

（2）汽车安全性能的改善

山区地形、道路复杂，必须采取措施，确保汽车安全行驶。

① 采用耐高温制动摩擦片。汽车在山区行驶，制动器制动负荷大，温度高，热衰减现象严重。采用耐高温制动摩擦片（摩擦片温度高达 400 ℃以上时，仍能保证足够的制动力矩），是控制制动器热衰减过快的基础保障。

② 对制动器淋水降温。为防止制动器过热，下坡前开始对制动器外缘淋水冷却。利用冷却水及时带走制动过程的摩擦热量，是控制制动器热衰减过快的有效技术措施。

③ 利用发动机制动。汽车下长坡时，将变速器挂在上坡时所用挡位上，加速踏板处于较小开度位置，利用发动机的牵制作用控制车速。挡位越低，牵制作用越大，辅助制动效果越明显。

④ 采用辅助制动器。汽车辅助制动器有电涡流、液体涡流和发动机排气制动等类型，前两种一般用于山区或矿区的重型汽车。

⑤ 防止制动系统产生气阻。防止制动系统产生气阻的有效方法是采用不易挥发的矿油型制动液。国内外的汽车制动液多为醇醚、醇脂合成型。在山区使用的液压制动汽车，可选用具有优异的高温抗气阻性能和低温性能（如国产 JG5 或进口 DOT5 级别）的制动液。

⑥ 防止轮胎爆裂。海拔高度升高时，轮胎气压也会升高。在海拔 4 000 m 时，轮胎气压比在海平面时增加约 50 kPa；同时，轮胎传递驱动力较大或速度过高时，轮胎表面温度较高，橡胶强度变差。因此，在高原、山区行车时易爆胎而引发事故，需注意保持轮胎压

力不超过规定值，同时注意轮胎的工作温度。

⑦ 其他。应定期检查和维护汽车转向机构、照明系统，保持其良好的技术状况。

视频

汽车在坏路和无路条件下的使用

六、汽车在坏路和无路条件下的使用

坏路或恶劣道路是指泥泞的土路、冬季的冰雪道路和覆盖沙土的道路等。无路是指松软土路、耕地、草地和沼泽地等。

1. 坏路和无路条件对汽车使用性能的影响

汽车在坏路和无路条件下的使用特点：驱动轮与路面的附着力减小；车轮的滚动阻力增大；突出的障碍物也会影响汽车通过。坏路和无路条件使汽车的驱动——附着条件恶化。汽车在坏路和无路条件下使用时，燃料消耗量增大，比正常使用条件高出约 35% 。

汽车在松软的土路行驶，路面被破坏形成车辙，滚动阻力增大，甚至陷车而无法行驶。在泥泞道路上行驶时，由于附着系数降低，轮胎的滚动阻力增大，引起驱动轮打滑，使汽车的通过性变差。

汽车在沙路上行驶，因路面松散，受压后变形大，承受切向力的能力差，使附着系数降低，滚动阻力增大，沙路和流沙地容易使汽车的驱动轮打滑；尤其在流沙地上，车轮的滚动阻力系数可达 0.15 ~ 0.30 或更大，而驱动轮由于附着系数低而空转，影响汽车的通过性能。

雪路对汽车通过性的影响主要取决于雪的特性和深度。雪层的密度越大，其承受的压力也越大，雪层的密度、硬度都与气温和压实程度有关。气温低，雪层干而硬；气温高则相反。在公路上，被车轮压实后的雪层的厚度为 7 ~ 10 mm 时，对汽车正常行驶影响相对较小；如果雪层加厚，特别是松软的雪层会使汽车通过能力明显下降。经验表明，雪层厚度大于汽车离地间隙的 1.5 倍，雪的密度低于 450 kg/m^3 时，汽车便不能通过。

在结冰路面上行驶的汽车，特别是冬季车轮与冰面的附着系数降低到 0.1 以下时，车轮的滚动阻力与在刚性路面上相差不大。但为了保证行车安全，在冰路上行驶时，车速要低，行车间隔要大。尤其是在通过结冰河流时，需要检查冰的厚度和坚实状况，按选定路线平稳匀速通过，行车间隔要大，中途不准换挡，不准使用紧急制动，不允许停车。途中发现冰有裂痕时应及时避开绕行。

2. 汽车在坏路和无路条件下使用时应采取的技术措施

在坏路和无路条件下使用时，改善驱动轮与路面之间的附着条件，减少滚动阻力对提高汽车的通过性是很重要的。从使用方面改善汽车通过性的措施主要有：

（1）安装防滑链，提高附着力，防止车轮滑转

在汽车驱动轮上装防滑链，是提高车轮与路面附着系数的有效措施。防滑链的形式主要取决于路面状况和汽车行驶系的结构，防滑链有普通防滑链和履带链。

普通防滑链（见图 12-9）适用于冰雪路面和松软层不厚的土路，在黏土路上，当链齿塞满土时，使用效果则明显下降。履带链（见图 12-10）适用于松软层很厚的土路，它能保证汽车在坏路上，甚

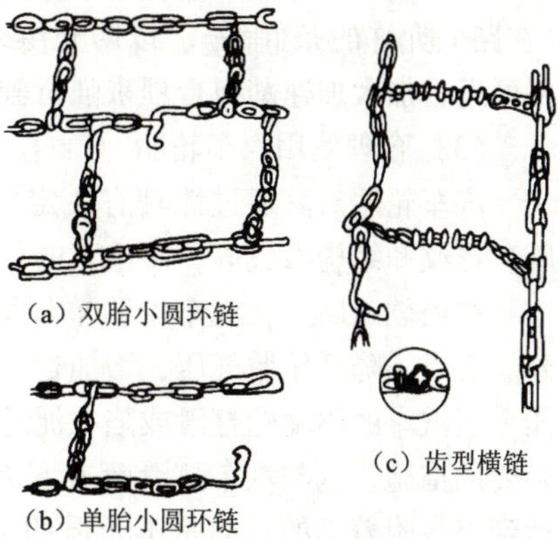

（a）双胎小圆环链　（b）单胎小圆环链　（c）齿型横链

图 12-9　普通防滑链

至驱动轮陷入土壤或雪内仍可以通过，菱形履带链还具有防侧滑的能力。防滑链的缺点是链条较重，拆装不方便，更重要的是装上防滑链后，汽车的动力性和经济性均下降，在硬路面上行驶冲击大，使轮胎和后桥磨损严重。克服短而难行的无路地段时，宜使用容易拆装的防滑块和防滑带，如图 12-11 所示。

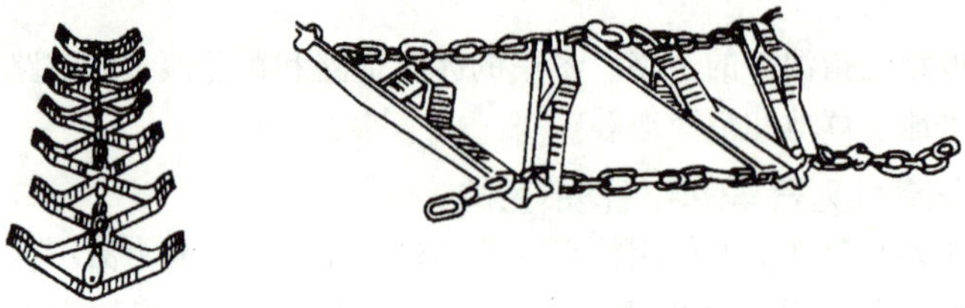

（a）菱形防滑链　　（b）直形防滑链

图 12-10　履带式防滑链

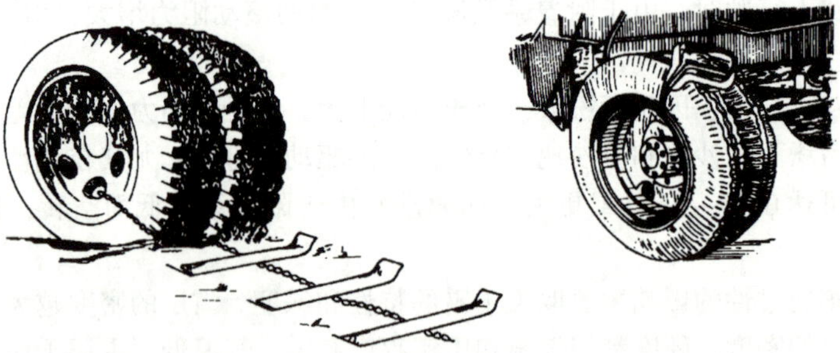

（a）防滑带　　（b）防滑块

图 12-11　汽车用防滑块和防滑带

（2）采用合理的驾驶方法

在恶劣的道路上行驶时，要选择好线路，尽可能避开泥泞和滑度较大的路面。通过泥泞或翻浆路时，最好一鼓作气地通过，途中不要换挡、停车。被迫停车后再起步时，如是空车，挂中速挡；如是重车，挂低速挡；轻踏加速踏板起步，使驱动力低于附着力，避免打滑。

松软道路附着系数很低，防止侧滑很重要。所以在驾驶时使用制动要特别小心，不准使用紧急制动，转向也不能过急，以免发生侧滑，尤其是坡道或急弯行驶时更要注意。若一旦出现侧滑，首先要抬起加速踏板降低车速，并立即将转向盘向着车轮侧滑的方向转动（在路面允许的条件下），以防止继续侧滑或发生事故。当车轮已陷入泥泞道路空转时，不可盲目加大加速踏板行程来强行驶出，以免越陷越深。此外，强行驶出易使机件损坏。

（3）合理使用汽车轮胎

汽车轮胎对其通过性具有决定性的影响。为了提高通过性，必须正确选择轮胎的气压、花纹和结构参数等，使汽车的行驶阻力较小，而又能获得最大的附着力。

在松软道路上，汽车轮胎单位面积的压力越大，滚动阻力越大，汽车的通过性就越差。所以，降低轮胎气压，增加轮胎宽度，可降低车轮的滚动阻力，提高汽车的通过性能。当汽车的驱动轮打滑或陷在泥泞路中时，为了减轻单位面积压力，卸下载物也是一种必要的措施。这与汽车打滑而未下陷时，有意增加后轴附近载质量，改变汽车附着质量，达到提高附着力的目的是不矛盾的。也可使用调压胎，驾驶人可在驾驶室内调节轮胎气压，可从正常气压降到极低的气压（49～68.6 kPa）。这样，轮胎的接地印迹面积可增大

2～3倍，印痕压强相应降低，使汽车在松软和泥泞的道路上的行驶性能得到改善。

轮胎花纹对滚动阻力和附着力的影响很大，要注意轮胎花纹的正确选择。普通花纹轮胎适合于在硬路面上行驶；越野花纹适合于在泥地、松软路面上行驶；而混合花纹轮胎适合于各种路面上行驶。使用断面加宽的特种轮胎——拱形轮胎和宽断面轮胎可以大大提高汽车的通过性。

(4) 采用自救或他救的方法

车轮已经陷入坑中时，可根据具体情况，采用自救或他救。他救就是用其他车辆拖出已陷入的汽车。无法他救时，可采用自救措施：若车桥没有触地时，可将坑铲成斜面，垫上碎石、灰渣等，然后用前进或后倒的方法将车驶出；如果车桥壳触地，车轮悬空时，可先在车轮下面垫上木板、树枝、碎石等物，再以低速挡驶出；如果驱动轮滑转时，也可以将绳索绑在树干（或木桩）和驱动轮上，如同绞盘那样使汽车驶出陷坑。

七、道路运输车辆技术等级的评定

汽车在使用过程中，其技术状况变化的程度随行驶里程或使用时间的长短不同和运行条件、使用强度、维修质量的不同有很大差异。

2023 年 4 月 24 日交通运输部令 2023 年第 3 号《道路运输车辆技术管理规定》道路运输车辆包括道路旅客运输车辆、道路普通货物运输车辆、道路危险货物运输车辆。

八、《家用汽车产品修理更换退货责任规定》

1. 总体要求

本法规共 6 章 42 条，规定了法规适用范围，明确了经营者的责任和义务，强调了三包责任免除，违规的处罚等。主要章节及内容节选见表 12-1。

表 12-1　主要章节及内容节选

章　节	主要内容
第一章 总则	• 三包政策适用范围：家用汽车产品，是指消费者为生活消费需要而购买和使用的乘用车 • 销售者首先担责、销售者依规定追偿 • 质检总局组织建立汽车三包信息公开制度，各级质量技术监督部门应依法负责产品质量申诉工作，和本行政区域内实行情况的监督管理
第二章 经营者义务	• 保证车辆合格，并配备相关随车文件 • 随车文件、维修文档、维修网点等资料均需及时向质检总局备案 • 建立并执行进货检查验收制度 • 向消费者查验车辆及随车文件，明示注意事项及三包要求等信息 • 备件由生产者提供或认可并检验合格，质量不低于生产装配线上的产品，要保持修理所需的零部件的合理储备 • 建立并执行修理记录存档制度 • 特殊情况时提供电话咨询服务和现场服务
第三章 三包责任	• 规定了包修期、三包有效期、易损件质保期限 • 规定了退、换整车及总成的要求 • 规定了每次修理时间自第 6 日起，给用户的补偿 • 规定了退换车时，用户应支付合理的车辆使用补偿
第四至六章	• 规定了三包责任免除、争议处理、罚则和附则 • 违背规定 1 次处罚 1 万～3 万元，记入质量信用档案，并向社会公布

2. 限时限次一览表（见表 12-2）

表 12-2 主要章节及内容节选

期限	易损耗零部件质量保证期	易损耗零部件质量保证期需满足汽车质量担保规范	可选类型		
			修理	换车	退车
60 日或 3 000 千米之内	新车 60 日或 3 000 千米内	制动系统失效、转向系统失效、车身开裂、燃油泄漏或者动力蓄电池起火的故障	√	√	√
		在三包凭证中明示的发动机、变速器、动力蓄电池、行驶驱动电机的主要零部件发生质量问题的，消费者可以选择免费更换总成	更换总成		
2 年/5 万千米	家用汽车包换包退期	严重安全性能故障累计进行 2 次修理，但仍未排除该故障或者出现新的严重安全性能故障的	√	√	√
		发动机、变速器、动力蓄电池、行驶驱动电机因其质量问题累计更换 2 次，仍不能正常使用的	√	√	√
		因发动机、变速器、动力蓄电池、行驶驱动电机、转向系统、制动系统、悬架系统、传动系统、污染控制装置、车身的同一主要零件质量问题累计更换 2 次后，仍不能正常使用的 发动机、变速器、动力蓄电池、行驶驱动电机的更换次数与其主要零部件的更换次数不重复计算	√	√	√
		同一质量问题累计修理超过 4 次的	√	√	√
		质量问题累计修理时间超过 30 日的	√	√	√
3 年/6 万千米	三包有效期外包修期内	家用汽车产品包修期不低于 3 年或 6 万千米	√		

任务实施

学生根据老师提供的检测报告单和评定标准确定某一汽车的技术等级。

任务评价（工作单）

序　号	项　目	技 术 等 级
1	整车装备与外观	
1.1	整车装备与标识	
1.2	车架、车身、驾驶室	
1.3	车门、车窗、刮水器	
1.4	驾乘座椅	
1.5	卧铺	
1.6	行李架（舱）	
1.7	安全出口、安全带	
1.8	车厢、地板、护轮板（挡泥板）	
1.9	车轮、轮胎	
1.10	悬架装置	
1.11	传动系、车桥	
1.12	转向节及臂，横、直拉杆及球销	

续表

序号	项目	技术等级
1.13	制动装置（行车、应急、驻车）	
1.14	螺栓、螺母紧固	
1.15	灯光数量、光色、位置	
1.16	信号装置与仪表	
1.17	漏气、漏油、漏水、漏电	
1.18	底盘异响	
1.19	发动机异响	
1.20	润滑	
1.21	灭火器	
1.22	车内外后视镜、前下视镜	
1.23	侧面、后下部防护装置	
2	动力性	
2.1	驱动轮输出功率	
2.2	滑行性能	
3	燃料经济性	
3.1	等速百千米油耗	
4	制动性	
4.1	制动力	
4.2	制动力平衡	
4.3	制动协调时间	
4.4	车轮阻滞力	
4.5	驻车制动	
5	转向操纵性	
5.1	转向轮横向侧滑量	
5.2	转向盘最大自由转动量	
5.3	悬架特性	
6	前照灯	
6.1	发光强度	
6.2	光速照射位置	
7	排放污染物控制	
7.1	汽油车双怠速污染物放	
7.2	柴油车排气可见污染物	
8	喇叭声级	
9	车辆防雨密封性	
10	车速表示值误差	
汽车技术等级		

汽车的技术等级考核评分表

时间：30 min　班级：________　考生姓名：________

序号	考 核 内 容	配分	评 分 标 准	扣分	得分
1	正确评定汽车技术等级	100	每错一项扣 50 分		

操作时间：__________　考核教师：__________

习　题

1. 低温对汽车使用性能有何影响？
2. 在低温条件下使用汽车时应采用什么技术措施？
3. 高温对汽车使用性能有何影响？
4. 在高温条件下使用汽车时应采用什么技术措施？
5. 高原山区对汽车使用性能有何影响？
6. 在高原山区下使用汽车时应采用什么技术措施？
7. 坏路和无路条件对汽车使用性能有何影响？
8. 在坏路和无路条件下使用汽车时应采用什么技术措施？
9. 一级车有哪些要求？

GB 18565—2016

附录A　道路运输车辆人工检验记录单

委托人：________ 号牌号码：________ 号牌种类：________ 挂车号牌：________ 检验日期：____年__月__日 记录单编号：________

分类	编号	检验项目	属性	评定	编号	检验项目	属性	评定	编号	检验项目	属性	评定	编号	检验项目	属性	评定
唯一性认定	1	号牌号码	★		4	车身颜色	★		7	VIN号	★		10	车厢栏板高度	★	
	2	车辆类型	★		5	发动机号	★		8	挂车架号	★		11	客车座（铺）位数	★	
	3	品牌型号	★		6	底盘号	★		9	外廓尺寸	★		/	/	/	/
故障信息诊断	12	发动机排放控制系统	★		13	制动防抱装置（ABS）	★		14	电动助力转向系统（EPS）	★		15	其他与行车安全相关的故障信息	★	
外观检查	16	助力转向传动带	★		30	示廓灯	★		44	客车车厢灯和门灯	■		58	固定集装箱箱体的锁止机构	★	
	17	空气压缩机传动带/齿轮箱	★		31	危险报警闪光灯	★		45	车身与驾驶室	■		59	安全架与隔离装置	★	
	18	燃料供给管路与部件	★		32	雾灯	★		46	对称部位高度差	★		60	灭火器材	★	
	19	车轮及螺栓、螺母	★		33	反射器与侧标志灯	★		47	外部和内部尖锐凸起物	★		61	警示牌	★	
	20	轮胎胎面状况	★		34	货车车身反光标识和尾部标志板	★		48	车身表面涂装	■		62	停车楔	★	
	21	轮胎花纹深度	★		35	导线绝缘层、线束固定	★		49	货车货箱、车门、栏板、底板和栏板锁止	★		63	危货排气管、隔热和熄灭火星装置	★	
	22	同轴轮胎规格和花纹	★		36	电缆线及连接蓄电池接头、绝缘套	★		50	驾驶室车窗玻璃附加物及镜面反光遮阳膜	★		64	危货切断总电源和隔离电火花装置	★	
	23	轮胎速度级别	★		37	穿过金属孔时的绝缘护套	★		51	后视镜和下视镜	★		65	危货导静电拖地带	★	
	24	轮胎气压	★		38	车门应急控制器	★		52	防眩目装置	★		66	危货运输车辆标志及标识	★	
	25	翻新轮胎的使用	★		39	应急门	★		53	安全带	★		67	危货罐体检验合格证明或报告	★	
	26	子午线轮胎	★		40	安全顶窗	★		54	侧面防护装置	■		68	气瓶、可移动罐（槽）紧固装置	★	
	27	备用轮胎	★		41	应急窗开启	★		55	后部防护装置	★		/	/	/	/
	28	前照灯与远、近、光光束变换	★		42	玻璃破碎装置	★		56	保险杠	★		/	/	/	/
	29	转向灯	★		43	门、窗玻璃	■		57	汽车列车牵引装置和安全锁止机构	★		/	/	/	/

GB 18565—2016

附录A　道路运输车辆人工检验记录单（续）

分类	编号	检验项目	属性	评定	编号	检验项目	属性	评定	编号	检验项目	属性	评定	编号	检验项目	属性	评定
运行检查	69	起动性能	■		74	制动踏板	★		79	传动件异响	■		84	除雾、除霜装置	★	
	70	柴油发动机停机装置	★		75	驻车制动装置	★		80	指示器与仪表	★		/	/		/
	71	发动机低、中、高速运转	■		76	转向盘最大自由转动量	★		81	卫星定位系统车载终端	★		/	/		/
	72	制动报警装置	★		77	离合器	■		82	风窗刮水器	★		/	/		/
	73	气压制动弹簧储能装置	■		78	变速器	■		83	风窗洗涤器	■		/	/		/
底盘检查	85	发动机密封性	■		90	转向机构部件连接	★		95	车桥密封性	■		100	万向节与轴承	★	
	86	制动管路	★		91	转向机构部件技术状况	★		96	拉杆和导杆	★		101	排气管和消声器	■	
	87	制动泵（缸）及气（油）路	★		92	转向助力装置	★		97	悬架弹性元件	★		/	/	/	/
	88	缓速器	★		93	车架	★		98	悬架部件连接	★		/	/	/	/
	89	储气筒	★		94	车桥的可视裂纹及变形	★		99	减振器	■		/	/	/	/

数据记录	轮胎花纹深度（mm）	单车（记录不合格轮胎） 转向轮：______ 其他轮：______ 挂车：______	车身与驾驶室	1. 轻微开裂、锈蚀和明显变形___处 2. 缺陷部位□有 □否影响安全性和密封性	车身表面涂装	1. □有 □无明显破损； 2. 补漆颜色与原色□有 □否一致	不合格项汇总	唯一性认定
								故障信息诊断
	门、窗玻璃	1. □齐全完好； 2. □有 □无大于25mm且易破碎的裂纹和穿孔； 3. 密封□良好 □不良	对称部位高度差（mm）	单车　前左：___前右：___ 后左：___后右：___ 半挂　左：___右：___ 全挂　前左：___前右：___ 后左：___后右：___	转向盘最大自由转动量（°）	______		外观检查
								运行检查
								底盘检查
	外廓尺寸（单车）	长：　mm 宽：　mm 高：　mm	外廓尺寸（挂车）	长：　mm 宽：　mm 高：　mm	外廓尺寸（列车）	长：　mm 宽：　mm 高：　mm	车厢栏板高度（mm）	单车______ 挂车______
							备注：	
							检验员（签字）	年　月　日

附录B　道路运输车辆性能检验记录单

委托人：________ 道路运输证号：________ 检验类别：________ 业务类型：________ 检验线别：________ 检验日期：________ 检验记录单编号：________

号牌号码		号牌种类		挂车牌照号		挂车类型		车辆出厂日期	
注册登记日期		VIN号		车辆型号		发动机号		车身颜色	
行驶总里程（km）		驱动型式		转向轴悬架形式		挂车轴数		压燃式发动机额定功（kW）	
点燃式额定扭矩/转速	N·m；r/min	燃料类别		驱动轮轮胎规格型号		总质量（kg）		车高（mm）	
前轮距（mm）		客车车长（mm）		客车类型等级		货车车身型式		驱动轴数	
驱动轴空载质量（kg）		牵引车满载总质量（kg）		并装轴形式		转向轴数		前照灯制式	
客车座位（铺）数		单车（主车）轴数		外廓尺寸（长×宽×高）（mm）	单车：______；挂车：______				
远光束能否单独调整		驻车轴		车厢栏板高度（mm）	单车：______；挂车：______				

项目	检验结果				判定
动力性	达标功率 kW	额定车速 km/h	加载力 N	稳定车速 km/h	/
燃料经济性	等速百公里油耗标准限值　L/100 km；实测值：　L/100 km				

制动性 — 台架检验 — 原始数据

车轴	水平称重轮荷 daN 左轮	水平称重轮荷 daN 右轮	复合台称重轴荷daN	动态轮荷 daN 左轮	动态轮荷 daN 右轮	行车制动力 daN 左轮	行车制动力 daN 右轮	驻车制动力 daN 左轮	驻车制动力 daN 右轮	判定
一轴										/
二轴										
三轴										
四轴										
五轴										
六轴										

制动性 — 台架检验 — 整车

单车	水平称重　daN	整车制动率　%	驻车制动率　%					
汽车列车	水平称重　daN	整车制动率% 牵	整车制动率% 挂	驻车制动率%	制动协调时间s			
制动时序		1轴	2轴	3轴	4轴	5轴	6轴	/
时间s	轴制动力达到5%静态轴荷							/
时序	轴制动力达到5%静态轴荷							
整车制动率比%（牵引车/列车）		整车制动率比%（挂车/列车）						

制动性 — 台架检验 — 单轴

车轴	轴制动率 %	制动不平衡率 %	过程差最大点 daN 左轮	过程差最大点 daN 右轮	车轮阻滞率 % 左轮	车轮阻滞率 % 右轮	判定
一轴							/
二轴							
三轴							
四轴							
五轴							
六轴							

制动性 — 路试

行车制动	初速度：　km/h	试车道宽度：　m	制动距离：　m
	MFDD：　m/s^2	制动稳定性：	汽车列车制动协调时间：　s
驻车制动	驻车坡度：　%	不少于5 min坡道驻车情况：	

排放性 — 汽油车

双怠速法 高怠速 CO %	高怠速 HC 10^{-6}	λ	低怠速 CO %	低怠速 HC 10^{-6}	稳态工况 5025 CO %	5025 HC 10^{-6}	5025 NO 10^{-6}	稳态工况 2540 CO %	2540 HC 10^{-6}	2540 NO 10^{-6}	简易瞬态工况 CO g/km	HC g/km	NO g/km	HC+NO g/km	判定

排放性 — 柴油车

自由加速法 光吸收系数 m^{-1} 1	2	3	平均	滤纸烟度 BSU 1	2	3	平均	加载减速工况 光吸收系数 m^{-1} 100%	90%	80%	实测最大轮边功率/kW	判定

悬架				
前轴	左吸收率：　%	右吸收率：　%	左右差：　%	
后轴	左吸收率：　%	右吸收率：　%	左右差：　%	

前照灯

项目	灯高 mm 近光	灯高 mm 远光	远光光强 cd	远光偏移 垂直H	远光偏移 水平 mm/10 m	近光偏移 垂直H	近光偏移 水平 mm/10 m	判定
								/
左外								/
左内								
右内								
右外								

车速表	km/h	
侧滑量	第一转向轮　m/km	
	第二转向轮　m/km	
喇叭	声压级______dB（A）	
不合格项汇总		

检验工位照片		
制动检验工位	灯光检验工位	动力性检验工位

参 考 文 献

[1]余志生. 汽车理论[M]. 6 版. 北京:机械工业出版社,2018.

[2]段伟,郭微,陈阳. 汽车检测与故障诊断技术[M]. 武汉:华中科技大学出版社,2023.

[3]李婕. 汽车检测技术[M]. 2 版. 北京:机械工业出版社,2018.

[4]徐志军. 汽车运用工程[M]. 北京:机械工业出版社,2022.

[5]彭勇,李书舟,肖卫兵. 汽车故障诊断[M]. 武汉:华中科技大学出版社,2018.

[6]徐华东. 发动机与汽车理论[M]. 北京:人民交通出版社股份有限公司,2017.

[7]谭克诚,杨玲玲. 汽车检测设备与维修工具[M]. 北京:机械工业出版社,2019.

[8]刁立福. 汽车性能与使用技术[M]. 北京:水利水电出版社,2023.

[9]戴建营. 汽车使用性能与检测[M]. 2 版. 北京:中国人民大学出版社,2021.

[10]巩航军. 汽车使用性能与检测技术[M]. 2 版. 北京:人民交通出版社股份有限公司,2017.

[11]杨益明. 汽车使用性能与检测[M]. 4 版. 北京:人民交通出版社股份有限公司,2022.

[12]李兴卫. 汽车使用性能与检测[M]. 成都:西南交通大学出版社,2016.

[13]张建俊. 汽车诊断与检测技术[M]. 2 版. 北京:人民交通出版社股份有限公司,2015.

[14]卢华、李彦. 汽车检测与故障诊断[M]. 北京:化学工业出版社,2016.

[15]陈焕江. 汽车检测与诊断技术[M]. 3 版. 北京:人民交通出版社股份有限公司,2022.

[16]仇雅莉. 汽车整车性能与检测[M]. 北京:机械工业出版社,2023.

[17]赵英勋. 汽车检测与故障诊断[M]. 2 版. 北京:机械工业出版社,2022.